Supply Chain Management

Prozess- und unternehmensübergreifendes
Management von Qualität, Kosten und
Liefertreue

von
Professorin
Dr. Ruth Melzer-Ridinger

Oldenbourg Verlag München Wien

Bibliografische Information der Deutschen Nationalbibliothek

Die Deutsche Nationalbibliothek verzeichnet diese Publikation in der Deutschen
Nationalbibliografie; detaillierte bibliografische Daten sind im Internet über
<http://dnb.d-nb.de> abrufbar.

© 2007 Oldenbourg Wissenschaftsverlag GmbH
Rosenheimer Straße 145, D-81671 München
Telefon: (089) 4 50 51-0
oldenbourg.de

Lektorat: Wirtschafts- und Sozialwissenschaften, wiso@oldenbourg.de
Herstellung: Anna Grosser
Coverentwurf: Kochan & Partner, München
Gedruckt auf säure- und chlorfreiem Papier
Gesamtherstellung: Druckhaus „Thomas Müntzer" GmbH, Bad Langensalza

ISBN 978-3-486-58259-8

Vorwort

Über Supply Chain Management sind in den letzten Jahren viele Publikationen erschienen – der Internet-Buchhändler Amazon nennt bereits 500 Titel zum Thema Supply Chain Management.

Die vorliegende Publikation zum Supply Chain Management darf jedoch als einzigartig bezeichnet werden. Es ist die bisher einzige Veröffentlichung, die sich mit dem Thema **problem- und zielorientiert** auseinandersetzt. Die Darstellung ist deshalb gegliedert nach den Zielen des Supply Chain Management:

* Kostenmanagement
* Versorgungssicherheit für interne Kunden und Termintreue für externe Kunden
* Qualität der fremdbezogenen Produkte und Dienstleistungen.

Supply Chain Management ist ein Managementkonzept, das **ganzheitliches** Denken und eine ganzheitliche Entscheidungsfindung fordert. Ein Managementkonzept liefert keine Rezepte oder einen Werkzeugkasten mit Instrumenten, sondern formuliert Leitlinien und Referenzmodelle, an denen sich Denken und Handeln ausrichten sollen. In dem vorliegenden Buch wird gezeigt, wie dieses Managementkonzept in der **Praxis** umgesetzt werden kann.

Das Buch wendet sich an Leser, die Vorkenntnisse über die Instrumente und Handlungsfelder der Materialdisposition, der Produktionsplanung und des Einkaufs haben.

Die Darstellung ist so angelegt, dass das Buch auch kapitelweise gelesen werden kann.

Für Dozenten und Studierende werden weiterführendes Material und Präsentationsfolien auf der homepage des Oldenbourg Verlags angeboten.

Für jede Art von Anregung und Kritik ist die Autorin dankbar (melzer-ridinger@ba-mannheim.de).

Mannheim August 2007

Inhaltsverzeichnis

**Kapitel IV: Prozess- und unternehmensübergreifendes Management
der Qualität von Zulieferprodukten   195**

Abbildungsverzeichnis

Kapitel I:
Das Managementkonzept Supply Chain Management

1 Warum Supply Chain Management?

Supply Chain Management hat die **Aufgabe**, den physischen Material- und Warenfluss innerhalb und zwischen Unternehmen und die zugehörigen dispositiven und administrativen Prozesse so zu gestalten und zu betreiben, dass eine fehlerfreie, störungsrobuste, schnelle und wirtschaftliche Versorgung des Endkunden gewährleistet ist (vgl. Lawrenz 2001 S. 45). Akteure des Supply Chain Management sind die Hersteller und ihre Lieferanten, die Handelsunternehmen und logistische Dienstleister.

Die Leistungsfähigkeit einer Supply Chain soll nach den Empfehlungen des SCOR-Modells[1] (Alicke 2005 S. 181f) kundenorientiert gemessen werden an der Lieferleistung und Flexibilität sowie an internen Kostenzielen und dem Kapitaleinsatz. Die folgenden Kennzahlen werden im SCOR-Modell als Key Performance Indicators (KPIs) definiert (vgl. Lawrenz u. a. 2001 S. 33, Kotzab 2003, Schramm-Klein 2004 S. 32f, Becker 2006 S. 417)

*   Termintreue und Lieferbereitschaftsgrad,

*   kumuliertes Bestandsvolumen entlang der Supply Chain,

*   Länge der Auftragsdurchlaufzeit (time-to-customer),

*   Flexibilität: Zeitraum, der für eine Anpassung an strukturelle Bedarfsänderungen und zufällige Abweichungen benötigt wird. Die Anpassung ist erreicht, sobald alle Partner der logistischen Kette ihre für optimal erachteten Kennzahlen nach einem Anpassungsvorgang wieder erreicht haben,

*   Kapazitätsauslastung.

Die **konventionelle Arbeitsweise** des Supply Chain Management ist gekennzeichnet durch eine kostenorientierte Los- und Bestellmengenoptimierung, die einen Ausgleich zwischen losfixen Rüstkosten bzw. bestellmengenfixen Bestellabwicklungskosten und Bestandskosten sucht, durch eine prognosegesteuerte Nachproduktion und durch große Puffer in den Durchlaufzeiten, Produktionskapazitäten und Beständen, um trotz fehlerhafter Absatzprognose einen akzeptablen Lieferservice zu erreichen (vgl. Abb. 1-1). Gleichzeitig werden die Rahmenbedingungen in der eigenen Fertigung (Qualitätsprobleme, Kapazitätssituation, lange und stark streuende Durchlaufzeiten, Rüstkosten und -zeiten) nicht als Gestaltungsvariable betrachtet – vielmehr passt sich die konventionelle Logistik durch Puffer in Plan-Durchlaufzeiten, Kapazitäten an diese Gegebenheiten an. Ungewissheit über Beschaffungszeiten und Versorgungsstörungen, die die eigene Terminzuverlässigkeit bedrohen, werden nicht ursäch-

---

[1]   Das Supply Chain Operations Reference-Modell (SCOR) wurde als branchenübergreifender Standard für das Supply Chain Management vom Supply Chain Council entwickelt. SCOR basiert auf der Grundüberlegung, dass sich alle supply chain-Aufgabenstellungen und Aktivitäten den grundlegenden Supply Chain-Prozessen PLANEN-BESCHAFFEN-HERSTELLEN-LIEFERN zuordnen lassen. Mit dem SCOR-Modell sollen einheitliche, vergleichbare und bewertbare Prozessmodelle von SC erstellt werden können. SCOR definiert SC-Managementprozesse und vergleicht sie mit best practices, Benchmarkingdaten und Softwarefunktionalitäten. SCOR liefert ein Rahmenwerk, eine Standardterminologie und allgemeine Kennzahlen für ein benchmarking der Supply Chain. Vgl. Corsten 2001, S. 140–151, Geimer 2001 S. 115–138, Marbacher 2001 S. 314–320.

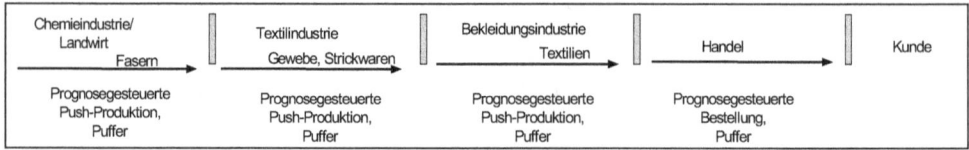

Chemieindustrie/ Landwirt Fasern	Textilindustrie Gewebe, Strickwaren	Bekleidungsindustrie Textilien	Handel	Kunde
Prognosegesteuerte Push-Produktion, Puffer	Prognosegesteuerte Push-Produktion, Puffer	Prognosegesteuerte Push-Produktion, Puffer	Prognosegesteuerte Bestellung, Puffer	

Abb. 1-1: konventionelle Supply Chain am Beispiel der Textilindustrie

lich bekämpft, sondern durch Sicherheitsbestand im Materiallager bewältigt. Als Instrument zur Verbesserung der Terminzuverlässigkeit erkennt die konventionelle Supply Chain also nur Bestände und Kapazitätspuffer, deren Steigerung Kosten verursacht (Konflikt). In Situationen, in denen die Puffer nicht ausreichen und eine Lieferterminverzögerung droht oder bereits eingetreten ist, wird akutes Störungsmanagement eingesetzt (vgl. hierzu Abschnitt 4.2 in Kapitel III). Ein weiteres Instrument der konventionellen Logistik ist der Einsatz schneller Transportmittel, der Verzicht auf die räumliche und zeitliche Bündelung von Transporten und die Beschäftigung leistungsfähiger logistischer Dienstleister um die Transportzeit zum Kunden so kurz und zuverlässig wie möglich zu gestalten. Die genannten Instrumente führen zu hohen Transportkosten. Um die Transportentfernung zum Kunden und damit auch die Gefahr von Transportverzögerungen möglichst gering zu halten, plädiert die konventionelle Logistik für eine Bevorratung der Enderzeugnisse in der Nähe des Kunden. Diese dezentrale Lagerhaltung steigert die fixen Lagerkosten und die Kapitalbindungskosten.

Supply Chain Management war bereits in der jüngeren Vergangenheit durch die **Konflikte** zwischen den Zielen Kosten und Lieferservice einem starken Druck ausgesetzt. Aktuelle Erhebungen und Umfragen belegen, dass die **Anforderungen** an das Supply Chain Management in Zukunft weiter steigen werden:

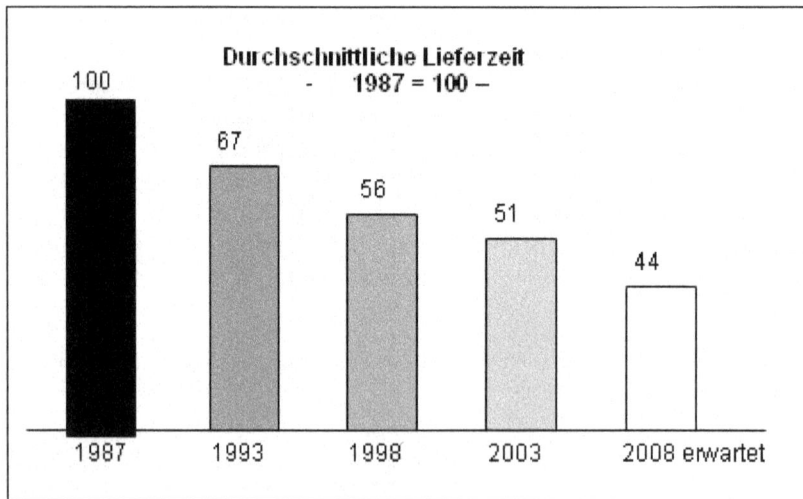

Abb. 1-2: Entwicklung der Lieferzeiten seit 1987 (vgl. ELA 2004 S. 15)

Lieferfehler

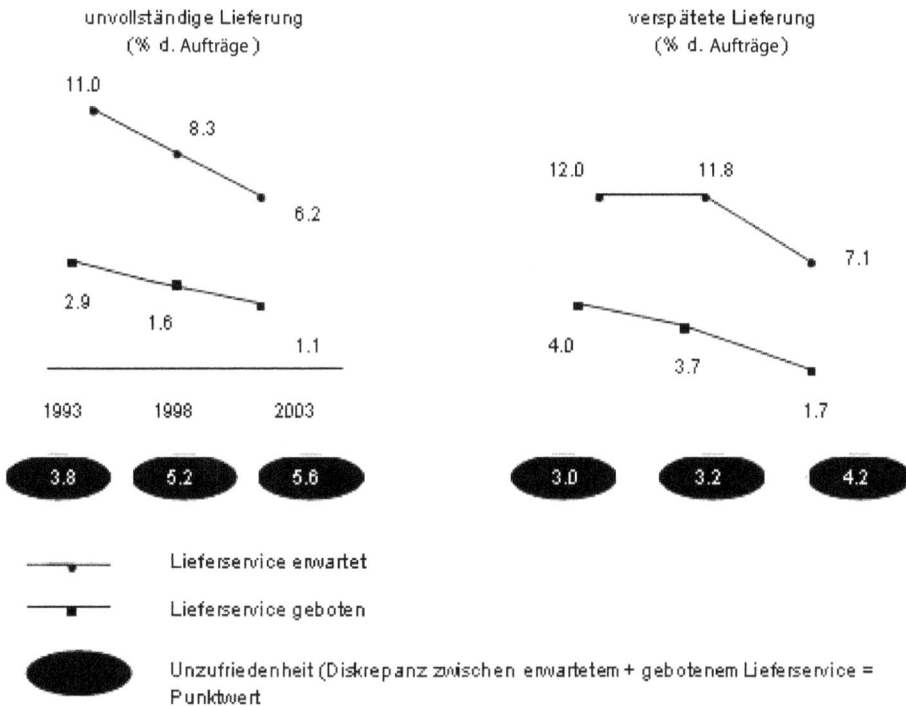

unvollständige Lieferung
(% d. Aufträge)

11.0

8.3

6.2

2.9
1.6

1.1

1993   1998   2003

3.8   5.2   5.6

verspätete Lieferung
(% d. Aufträge)

12.0   11.8

7.1

4.0
3.7

1.7

3.0   3.2   4.2

Lieferservice erwartet

Lieferservice geboten

Unzufriedenheit (Diskrepanz zwischen erwartetem + gebotenem Lieferservice = Punktwert

Abb. 1-3: Entwicklung der wahrgenommenen Lieferqualität (vgl. ELA 2004 S. 16)

Abbildung 1-2 und 1-3 zeigen, dass die befragten Unternehmen in den letzten Jahren große Erfolge erzielt haben bei der Verbesserung des Lieferservice: die durchschnittliche Lieferzeit wurde bis 2003 halbiert und auch die Kennzahlen ‚unvollständige Lieferungen' und ‚verspätete Lieferungen' haben sich verbessert. Trotz erheblicher Leistungssteigerung ist die Zufriedenheit des Kunden jedoch nicht gestiegen, sondern hat sich im Gegenteil verschlechtert (vgl. Abb. 1-3): durch gestiegene Kundenerwartungen an den Lieferservice ist die Diskrepanz zwischen Erwartung und Leistung (gemessen als Punktwert der Unzufriedenheit in Abb. 1-3) sogar noch gewachsen.

Die Erfüllung der gestiegenen und weiter steigenden Kundenerwartungen wird erschwert durch steigende **Variantenvielfalt** im Absatzprogramm des Herstellers und wachsende Zahl der Artikel im Handelssortiment (vgl. Abb. 1-4). Mit steigender Anzahl der Artikel, die auf der Basis von Absatzprognosen gefertigt, beschafft und aufs Lager gelegt werden, steigt die Wahrscheinlichkeit, dass die artikelbezogenen Absatzprognosen falsch sind und die falsche Farb- oder Ausstattungsvariante, die falsche Packungsgröße oder Sprachvariante bevorratet wird. Gleichzeitig steigt das Risiko Überbestände nicht mehr absetzen zu können, weil die **Produktlebenszyklen** immer kürzer werden (vgl. Abb. 1-5).

Artikelvielfalt
- 1998 = 100 -

206

155   153

149
137

127
100   100   100

Alle   Handel, Pharma,   Automobil
              Telekommunikation

☐ 1998   ▨ 2003   ■ 2008 (erwartet)

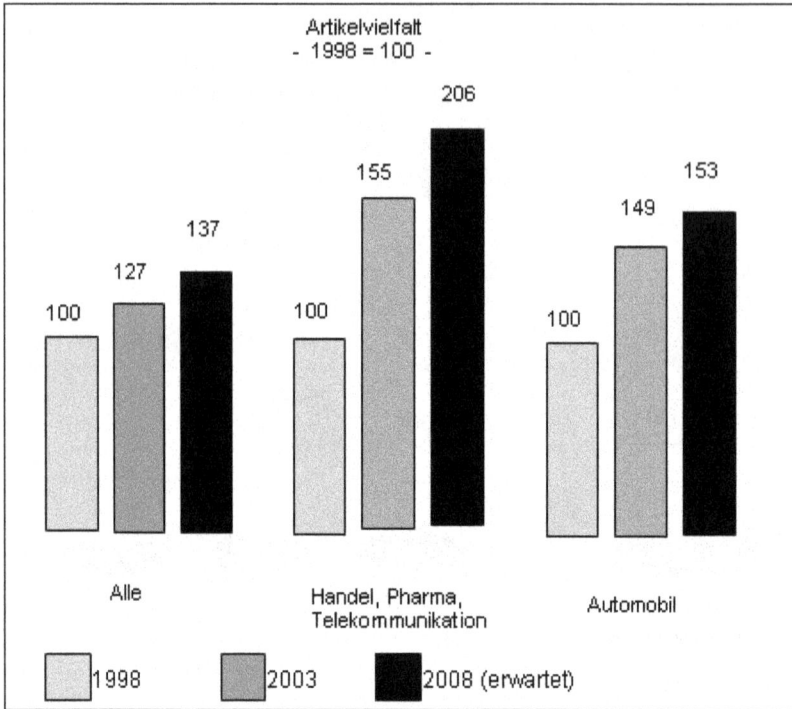

Abb. 1-4: Entwicklung der Variantenvielfalt (vgl. ELA 2004 S. 19)

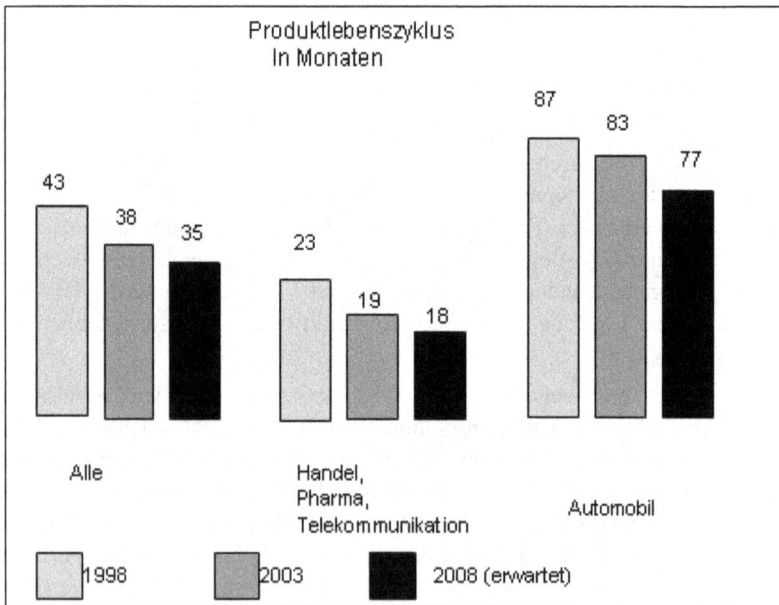

Produktlebenszyklus
In Monaten

87
83
77

43
38   35
23
19   18

Alle   Handel,   Automobil
              Pharma,
              Telekommunikation

☐ 1998   ▨ 2003   ■ 2008 (erwartet)

Abb. 1-5: Entwicklung der Produktlebenszyklen (vgl. ELA 2004 S. 18)

Die konventionelle Arbeitsweise zur Versorgung der Produktion und des Absatzmarktes ist dem wachsenden Druck durch steigende Variantenvielfalt, durch geringe Fertigungstiefe, durch erhöhte Anfälligkeit aufgrund von global und single sourcing, durch verkürzte Produktlebenszyklen, durch Preisdruck und durch gestiegene Kundenerwartungen an den Lieferservice nicht mehr gewachsen.

Viele Unternehmen schenken daher den **Symptomen** einer schlechten Supply Chain Performance eine größere Beachtung (Prockl 2001 S. 62f; Melzer-Ridinger 2003 S. 18f.) und nehmen bewusst wahr,

- dass die Bestände hoch sind und dennoch eine unfriedigende Termintreue bzw. Lieferbereitschaft gemessen wird,

- dass die Kapazität im längerfristigen Durchschnitt nicht ausgelastet ist und dennoch häufig Kapazitätsengpässe auftreten,

- dass die vereinbarten Liefertermine mit hohem Personalaufwand durch Engpassmanagement und Terminjäger sichergestellt werden müssen,

- dass die Lieferanten und die eigene Fertigung lange Anpassungszeiten an Änderungen der Nachfrage am Absatzmarkt benötigen,

- dass die Absatzprognose große und systematische Prognosefehler aufweist, dass der Auftrageingang starken Schwankungen unterliegt, obwohl die Nachfrage der Finalkunden stabil ist (Peitscheneffekt),

- dass kurzfristige Änderungen des Produktionsplans an der Tagesordnung sind und der Einkauf mit Eil-Bestellaufträgen stark belastet ist, obwohl eine systemgestützte Bestandsführung und programmorientierte Materialdisposition praktiziert wird.

2   Was ist neu an Supply Chain Management?

Supply Chain Management hat die **Aufgabe**, den Materialfluss in, durch und aus dem Unternehmen und die zugehörigen Informations- und Koordinationsprozesse so zu gestalten und zu betreiben, dass eine fehlerfreie, störungsrobuste, schnelle und wirtschaftliche Versorgung des Endkunden gewährleistet ist (Lawrenz et al. 2001 S. 45).

Diese Aufgabe hat das Supply Chain Management mit der Logistik gemeinsam. Dennoch handelt es sich bei Supply Chain Management nicht um einen Modebegriff, sondern um ein **Managementkonzept**, das sich durch eine veränderte Wahrnehmung logistischer Fragestellungen und dadurch veränderte Abstimmungsprozesse und Zusammenarbeit in der Supply Chain auszeichnet (Knolmayer et al. S. 1–17; Walther, J. (2001) S. 11-3) (vgl. Abb. 2-1).

Ein Managementkonzept liefert keine Rezepte oder einen Werkzeugkasten mit Instrumenten, deren Anwendung automatisch Erfolg verspricht. Vielmehr formuliert ein Managementkonzept **Leitlinien** und **Referenzmodelle**, an denen sich Denken und Handeln ausrichten sollen.

Das Management-Konzept Supply Chain Management fordert eine veränderte Denkweise und Handhabung logistischer Fragestellungen:

- Verbesserungspotenziale werden weniger in den Einzelleistungen der Mitglieder des logistischen Kanals gesucht, als vielmehr an den **Schnittstellen.** Schnittstellen sind Punkte in einer Prozesskette, an denen ein Auftrag von einem Bearbeitungsprozess an einen anderen übergeben wird. Schnittstellen sind kritisch, weil sie Verzögerungen, Informationsverlust und (Doppel)Aufwand verursachen. Schnittstellen sind die Konsequenz der Arbeitsteilung. Typische innerbetriebliche Schnittstellen bestehen zwischen den Funktionsbereichen Vertrieb, Produktionsplanung/Materialdisposition und Einkauf bei der Auftragsabwicklung und zwischen Forschung & Entwicklung, Marketing, Produktion und Einkauf bei der Neuproduktentwicklung. Externe Schnittstellen bestehen zwischen Abnehmer und Lieferant.

  Schnittstellenprobleme zeigen sich als Ressortegoismus, bei dem jede Funktion unkoordiniert ihre Bereichsziele verfolgt, als Dominanz eines Teilbereichs, als Gefahr der persönlichen Ressentiments zwischen den Mitarbeitern und Führungskräften der Bereiche. Die Folge von Schnittstellenproblemen sind Insellösungen und Teiloptimierungen, unabgestimmte Vorgehensweisen und kurzfristige Aktionen, Misstrauen und Puffer (Bellmann 2002 S. 363ff).

- Supply Chain Management fordert Koordination, **ganzheitliches Denken und Handeln** innerhalb des Unternehmens. Es soll abteilungsorientiertes Denken und Handeln ablösen, das dadurch gekennzeichnet ist, dass der Entscheidungsträger nur solche Vor- und Nachteile wahrnimmt und bei seiner Entscheidung berücksichtigt, für die er unmittelbar zur Verantwortung gezogen wird. Die ganzheitliche Sichtweise kann auf die Produkte, Prozesse, Geschäftsbereiche und Standorte innerhalb eines Unternehmens angewendet werden (unternehmensinternes Supply Chain Management).

- Supply Chain Management erkennt, dass der **Wettbewerb** nicht zwischen einzelnen Unternehmen stattfindet, sondern **zwischen Supply Chains**. Das ganzheitliche Denken und Handeln soll daher auf die gesamte unternehmensübergreifende Wertschöpfungskette ausgedehnt werden, die idealtypisch vom ersten Vorlieferanten bis zum Finalkunden reicht (**unternehmensübergreifende Perspektive**). Statt Lösungen zu suchen und umzusetzen, die nur aus der Sicht des einzelnen Mitglieds der Supply Chain optimal sind, müssen Lösungen gefunden werden, die aus Sicht der gesamten überbetrieblichen Wertschöpfungskette optimal sind. Statt die Beziehung zum Lieferanten als Nullsummen-Spiel aufzufassen und die Beziehung nach dem Konfrontationsmodell zu gestalten und mit dem Partner in der Supply Chain fortwährend um kurzfristige Vorteile zu ringen, soll die Zusammenarbeit als Win-Win-Spiel verstanden und in Kooperation mit dem Lieferanten Lösungen gesucht werden, die nicht beabsichtigen, Kosten auf den schwächeren Partner zu überwälzen, sondern Aufgaben und Kosten auf die Stufe der logistischen Kette zu verlagern, die das optimale Kosten-Leistungsverhältnis aufweist.

- Der **Konflikt zwischen Verbesserung des Lieferservice und Kostenminimierung** wurde lange Zeit als natürlich und unvermeidbar hingenommen. Supply Chain Management zeigt, dass schlechte Termintreue und Lieferbereitschaft, hohe Bestände und Schwankungen der Kapazitätsauslastung häufig die gleichen Ursachen haben. Supply Chain Management entwickelt Konzepte, die Koordination in der Supply Chain zu verbessern und die Supply Chain zu entstören, um gleichzeitig kundenorientierte und finanzielle Key Performance Indicators zu verbessern.

- Supply Chain Management nimmt **Rahmenbedingungen** auf dem Beschaffungsmarkt (Lieferverzögerungen, nicht-spezifikationsgerechtes Material), in der eigenen Fertigung (hohe Rüstkosten, Ausschuss, Kapazitätsengpässe) und auf dem Absatzmarkt (Schwankungen und Ungewissheit der Nachfrage) nicht schicksalsergeben als Datum hin und stellt sich durch Puffer in den Beständen, Durchlaufzeiten und Kapazitäten auf diese Unwägbarkeiten und Rahmenbedingungen ein, sondern gestaltet diese Rahmenbedingungen strategisch mit Mitteln der Lieferanten- und Kontraktpolitik auf der buy-side und durch enge Zusammenarbeit mit Schlüsselkunden auf der sell-side.

- Supply Chain Management macht **Informations- und Abstimmungsdefizite** unter den Mitgliedern der Supply Chain für die unbefriedigende Performance der Supply Chain verantwortlich: Die Absatzprognose erfolgt auf den Stufen isoliert voneinander, zudem basiert sie ausschließlich auf den (verzerrten und verzögerten) Nachfrageimpulsen der jeweiligen abnehmenden Stufe statt auf der aktuellen Nachfrage des Endabnehmers oder zukunftsorientierten Informationen. Die Absatz- und Produktionsplanung der liefernden Stufe hat keine Information über Bestände in der logistischen Kette und die abnehmende Stufe (Produktionsplanung, Vertrieb, Kunde) hat keine Informationen über die Ressourcen der liefernden Stufe.

Die **Arbeits- und Wirkungsweise des Supply Chain Management** kann mit einer Analogie aus der Leichtathletik veranschaulicht werden: Während die Weltrekordzeit im 100 m-Sprint derzeit bei 9,78 Sekunden liegt, schaffte die schnellste 4×100 m-Staffel eine Zeit von 37,4 Sekunden – die 4 Einzelzeiten summieren sich dagegen zu einer Gesamtlaufzeit von 39,1 Sekunden. Die Überlegenheit der Staffelmannschaft gegenüber Einzelläufern ist auf die Koordination und Kooperation der Mannschaftsmitglieder zurückzuführen (Wildemann 2005

Fokus auf Schnittstellen

ganzheitliches Denken
und Handeln

unternehmensübergreifende
Perspektive

Supply Chain
Management

Lieferservice und
Kosten können
gleichzeitig verbessert
werden!

Rahmenbedingungen
auf dem Absatz- und
Beschaffungsmarkt sind
veränderbar

Informations- und
Abstimmungsdefizite
sind verantwortlich für
schlechte Performance

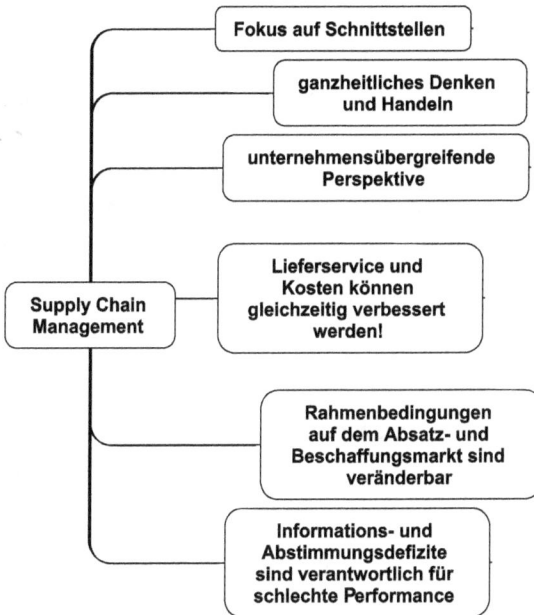

Abb. 2-1: Was ist neu am Supply Chain Management?

S. 504). Das Bild der Staffelmannschaft kann auf die Mitglieder des logistischen Kanals übertragen werden:

Lieferant, Hersteller und Handel bilden eine Staffelmannschaft, das Staffelholz ist der Kundenauftrag, der ins Ziel, zum Kunden, zu bringen ist. Die konventionelle Zusammenarbeit in der Supply Chain ist vergleichbar mit 4 Einzelläufern, die einzeln trainieren und ihre individuelle Laufzeit verbessern. Die Läufer finden sich, um einen 4×100 m-Staffel Wettkampf gemeinsam zu bestreiten, eine längerfristige gemeinsame Zusammenarbeit und gemeinsames Training ist nicht ausgeschlossen, wird aber nicht thematisiert. Die Läufer (Teilnehmer des logistischen Kanals) haben wenige Informationen oder Informationen aus zweiter Hand über die Rahmenbedingungen und individuellen Stärken und Schwächen der übrigen Mannschaftsmitglieder (andere Wettkampftermine, andere Mannschaften, in denen der Partner verpflichtet ist – Linkshänder, Spezialist für Langstrecken, Hürdenläufer).

Die Laufzeit dieser Staffelmannschaft wird – im besten Falle – die Summe der individuellen Laufzeiten der Einzelläufer betragen. Diese Leistung ist jedoch nur erreichbar, wenn jeder Läufer sekundengenau am Start ist, wenn es bei den einzelnen Läufen keine unvorhergesehenen Zwischenfälle gibt und wenn die Übergabe des Staffelholzes reibungslos gelingt. Die Laufzeit verzögert sich beispielsweise, wenn einer der Läufer noch an einem anderen Wettkampf teilnimmt und deshalb nicht bereit ist zur Stabübergabe, wenn einer der Läufer stolpert, sich verletzt oder in schlechter Form ist und wenn einer der Läufer das Staffelholz bei der Übergabe verliert. Leistungssteigerungen erzielt die Staffelmannschaft durch

- Steigerung der Einzelleistung,

- Vermeidung von Störungen und Zwischenfällen bei der Übergabe des Staffelholzes,

- „fliegenden Start" – der nachfolgende Staffelläufer beschleunigt bereits vor der Stabübergabe auf die Geschwindigkeit des Vorläufers.

Wie die Staffelmannschaft arbeitet die Supply Chain arbeitsteilig und ihre Leistung ist nicht nur von der individuellen Leistung der Partner abhängig, sondern von dem **Zusammenspiel** der Partner: Der Absatzerfolg des Herstellers ist von der Verfügbarkeit seiner Produkte im Regal des Händlers abhängig. Diese wird wiederum von den Dispositionsentscheidungen des Händlers und von der Lieferzeit und -zuverlässigkeit des Herstellers bestimmt[1]. Der Lieferservice des Herstellers ist wiederum von der Qualität seiner Absatzplanung, der Bestandsführung und der Bestellplanung des Händlers abhängig. Der Absatzerfolg des Herstellers ist auch von der Qualität der Absatzplanung des Handels abhängig: Wenn der Absatz unterschätzt wird, wird zu wenig bestellt und die Gefahr eines Stockouts (Regallücke) steigt.

Zudem muss der Hersteller nicht nur die eigenen Beschaffungs-, Fertigungs-, Auftragsabwicklungs- und Warenverteilprozesse beherrschen, sondern ist auch von der Lieferzeit und -zuverlässigkeit seiner Lieferanten abhängig (Prozessinterdependenzen[2]). Die zwischen Hersteller und Handel bestehenden Abhängigkeiten sind ausschnittsweise in Abb. 2-2 dargestellt.

Wie der Trainer der Staffelmannschaft fokussiert Supply Chain Management nicht die Einzelleistungen und die dort zu erzielenden Verbesserungspotenziale. Es sucht Schwächen an den **Schnittstellen** zwischen Abteilungen und Unternehmen. In der Zusammenarbeit zwischen Mitarbeitern der Prozessketten und Unternehmen werden Ausprägungen und Ursachen für Verschwendung und für Verzögerungen und Fehler in der Auftragsabwicklung gesucht. Dabei stößt das Supply Chain Management auf Verschwendung durch doppelte Prüfungen und Bestände, durch Puffer in Kapazitäten, Durchlaufzeiten und Beständen und durch unausgelastete Transportkapazitäten.

---

[1]   Ein weiterer Einflussfaktor ist die Zuverlässigkeit des logistischen Dienstleisters – er wird hier der Einfachheit halber dem Hersteller oder Handel zugerechnet.

[2]   Prozessinterdependenzen sind Leistungsverflechtungen. Sie sind dadurch gekennzeichnet, dass die Entscheidung einer vorgelagerten Stufe die entscheidungsrelevanten Umweltbedingungen der nachgelagerten Stufe verändern.

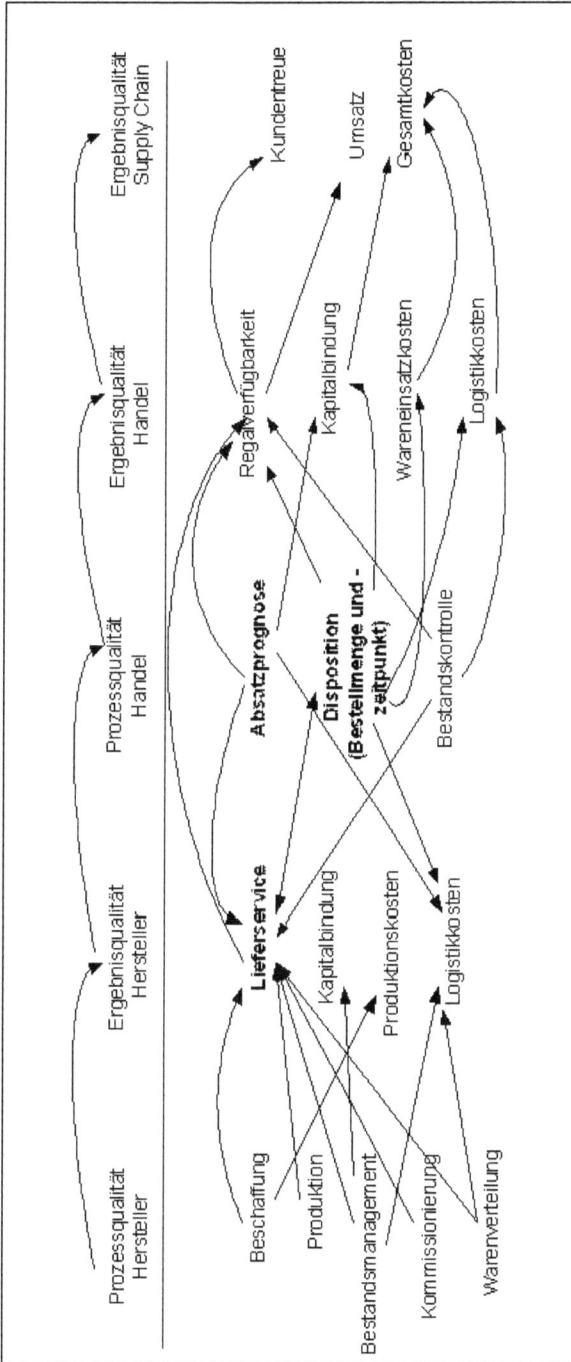

Abb. 2-2: Abhängigkeiten in der Supply Chain

3 Performance Measurement im Supply Chain Management

Die **Balanced Scorecard** ist ein Managementinstrument zur Implementierung von Strategien. Die Balanced Scorecard dient einer präziseren Formulierung und Quantifizierung einer definierten Strategie und dient als Bindeglied zwischen der Entwicklung einer Strategie und ihrer Umsetzung – sie schafft damit die Verbindung zwischen der strategischen und der operativen Ebene. Kaplan und Norton, die Begründer des Balanced Scorecard Konzepts, stellen die folgenden Defizite bei der Umsetzung von Strategien fest:

- Vision und Strategie werden häufig nicht umgesetzt (bis zu 90% der Strategien scheitern bei der Umsetzung),
- eine Verknüpfung der Strategie mit den Zielvorgaben für die Abteilungen und Mitarbeiter wird kaum vorgenommen (Mitarbeiter und Abteilungen werden nur an der Einhaltung von Budgets und kurzfristigen Leistungszielen gemessen),
- die Ressourcenallokation wird häufig nicht an der formulierten Strategie ausgerichtet,
- das Controlling stellt nur Informationen über die kurzfristige operative Leistung bereit.

Im Gegensatz zu konventionellen Kennzahlen und -systemen zeichnet sich die Balanced Scorecard durch die **Ausgewogenheit der Messgrößen** aus. Sie berücksichtigt unterschiedliche Anspruchs- und Interessengruppen des Unternehmens und erfasst Kennzahlen, die

- Ergebnisgrößen (wie Rentabilität, Marktanteil) und Leistungstreiber (wie Durchlaufzeit, Fehlerquote) messen, die in einem Ursache-Wirkungsverhältnis stehen,
- finanzielle (wie Cash-Flow) und nicht-finanzielle (wie Kundenzufriedenheit) KPIs (Key Performance Indicators) einbeziehen,
- extern orientierte Messgrößen (Anteilseigner und Kunden) und intern orientierte (Geschäftsprozesse und Mitarbeiterperspektive)

umfassen (vgl. Engelke/Rausch 2002 S. 189ff).

> Die Balanced Scorecard umfasst meist 4 Perspektiven, für die jeweils strategische Ziele, Messgrößen, Zielwerte und Maßnahmen festzulegen sind (vgl. Abb. 3-1):
>
> - Finanzielle Perspektive
> - Kundenperspektive
> - Interne Prozessperspektive
> - Lern- und Entwicklungsperspektive.

Wird die Balanced Scorecard auf den **Einkauf** angewendet, bilden die Stärken und Schwächen des Einkaufs und Chancen und Risiken, die sich aus Marktveränderungen ergeben werden, die Grundlage für die Strategieformulierung.

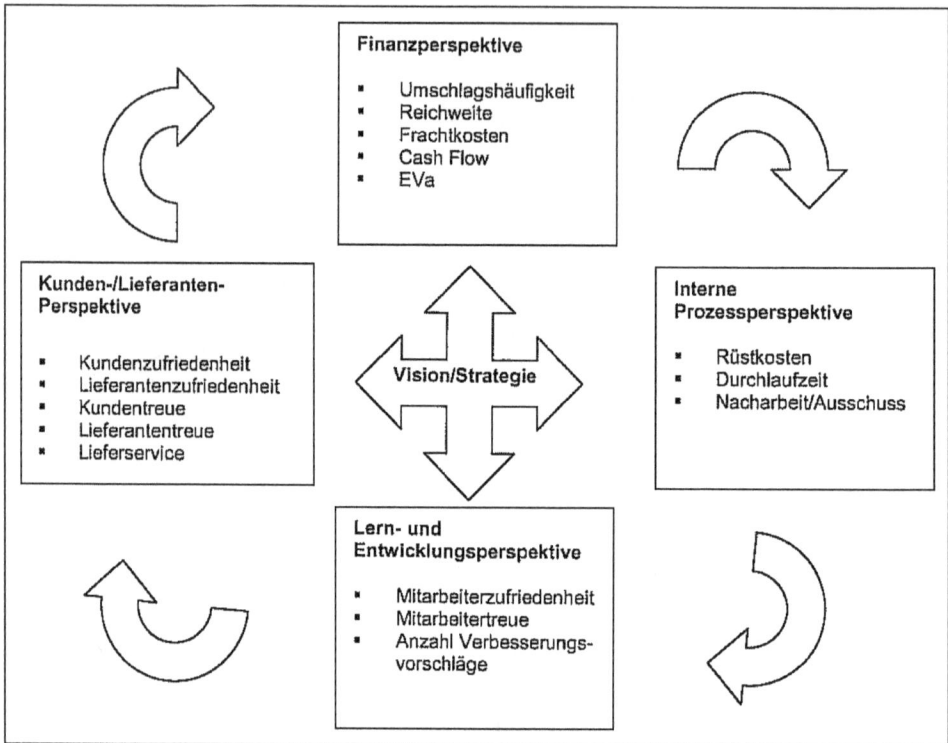

Abb. 3-1: Perspektiven der Balanced Scorecard

Aus der Strategie werden finanzielle Ziele (z. B. Savings), Marktziele (z. B. Performance der Lieferanten, Anteil an ABC-Lieferanten und Zufriedenheit der internen Kunden mit der Projektabwicklung), prozessorientierte Ziele (z. B. frühzeitige Einbindung des Einkaufs in den Angebotsprozess, Nutzung von IT-Tools zur Reduzierung der Prozesskosten) und interne Ziele (z. B. Verbesserung der Kommunikation zwischen den Einkaufsabteilungen, Verbesserung der Personalqualifikation, Ausbau des Materialgruppenmanagements durch Lead Buying) abgeleitet. Jedes Ziel wird mit einer Messgröße, entsprechenden Zielwerten und geeigneten Maßnahmen inhaltlich so weit wie möglich konkretisiert[1].

Eine Anwendung der Balanced Scorecard im Supply Chain Management zeigt die folgende Zusammenstellung (vgl. Abb. 3-2):

---

[1]   Vgl. weiterführend Germer 2005 S. 22f. O.V. 2005 S. 30, Zimmermann 2003, Werner (Balanced Scorecard), Brecht 2003 S. 909–933.

Perspektive der Balanced Scorecard	Strategische Teilziele	Kennzahl
Finanzperspektive	Kostenreduzierung	Logistikkosten zu Umsatz
		Versandkosten pro Mengeneinheit
	Reduzierung der Kapitalbindung	Bestandsreichweite
		Umlaufvermögen in € am Monatsende
Kunden- und Lieferantenperspektive	Steigerung der Kundenzufriedenheit	Reklamationsquote
		Zufriedenheitsindex
	Steigerung der Lieferflexibilität	Länge der frozen period für Kunden
		Zeitraum bis zur Anpassung an eine Verdoppelung und Halbierung des Absatzes
Prozessperspektive	Steigerung der Termintreue	Anteil Aufträge, die zum vereinbarten Liefertermin geliefert wurden
	Senkung der Durchlaufzeit	Durchschnittliche Dauer der Auftragsabwicklung
	Reduzierung der Fehlerquote	First Pass Yield
Innovations- und Lernperspektive	Prozessdenken der Mitarbeiter fördern	Anteil Mitarbeiter mit Erfahrung in anderen Funktionen
	Steigerung der Mitarbeiterzufriedenheit	Krankenstand Fluktuation Zufriedenheitsindex

Abb. 3-2: Anwendung der Balanced Scorecard im Supply Chain Management (in Anlehnung an Engelke/Rausch 2002 S. 191, Kaufmann 2002 S. 21)

4 Supply Chain Design

4.1 Fragestellungen des Supply Chain Design

Die von Kunden formulierten Anforderungen und die Prioritäten, die das Supply Chain Management zu erfüllen hat, sind nicht nur von Unternehmen zu Unternehmen, sondern häufig auch innerhalb eines Unternehmens von Produktgruppe zu Produktgruppe und von Kunde zu Kunde unterschiedlich. Supply Chain Management muss daher **differenziert** arbeiten und darf nicht **ein** Idealkonzept suchen. Die Ungleichbehandlung ist im Einkauf und im Bestandsmanagement bereits selbstverständlich (vgl. ABC-Analyse). Bei der strategischen Gestaltung der Supply Chain (Supply Chain Design) müssen die **Anforderungen** berücksichtigt werden, die sich aus dem Erzeugnisspektrum, der Auftragsauslösungsart und den Merkmalen der beschafften, produzierten und distribuierten Produkte ergeben (vgl. Alicke 2005 S. 143ff., Scheckenbach & Zeier 2003).

Das Supply Chain Design hat zunächst festzulegen (vgl. Abb. 4-1), welche Ziele im Supply Chain Management priorisiert verfolgt werden sollen (**Supply Chain Strategie**) und ob primär die Partner auf der Beschaffungs- oder der Absatzseite integriert werden sollen. Die Identifikation kritischer Kettenmitglieder ist die Grundlage für die Bestimmung des Integrationsumfangs.

Das Supply Chain Design legt auch die **Arbeitsteilung** der Partner fest und wirft die Frage (neu) auf, wer die Verantwortung und Kosten für Disposition, Lagerung und Prüfung übernehmen soll. Es ist zu entscheiden, wie viele **Lagerstufen** es geben und wo diese liegen sollen. Eine **Abstimmung** im Sinne von Berücksichtigung, Rücksichtnahme und Koordination zwischen Produkten, Funktionen und Kettenmitgliedern kann persönlich und fallweise erfolgen, indem sich die betroffenen Funktionsträger und Kettenmitglieder in einem Abstimmungsprocedere auf eine übergreifende Lösung einigen. Allgemeingültige/starre Regeln können in Verfahrensanweisungen bekannt gemacht und in der ERP-Software abgebildet werden und erreichen eine automatische Abstimmung.

4.2 Supply Chain Strategie

Die Supply Chain Strategie legt **Leistungsmerkmale** fest, durch die sich die Supply Chain auszeichnen soll (vgl. Lawrenz et al. 2001 S. 21, Becker 2002 S. 83).

Effiziente (lean) Supply Chains verfolgen primär das Ziel, Verschwendung zu eliminieren und die Produktion zu beruhigen. Eine kostenorientierte und kapazitätsorientierte Produktionsplanung stellt sicher, dass eine wirtschaftliche, hohe und gleichmäßige Auslastung der Fertigung erreicht wird. Zentralisierte Lagerhaltung in Verbindung mit indirekten Transportsystemen sichern den Lieferservice bei minimalen Gesamtkosten. Die Supply Chain wird nach dem Push-Prinzip gesteuert.

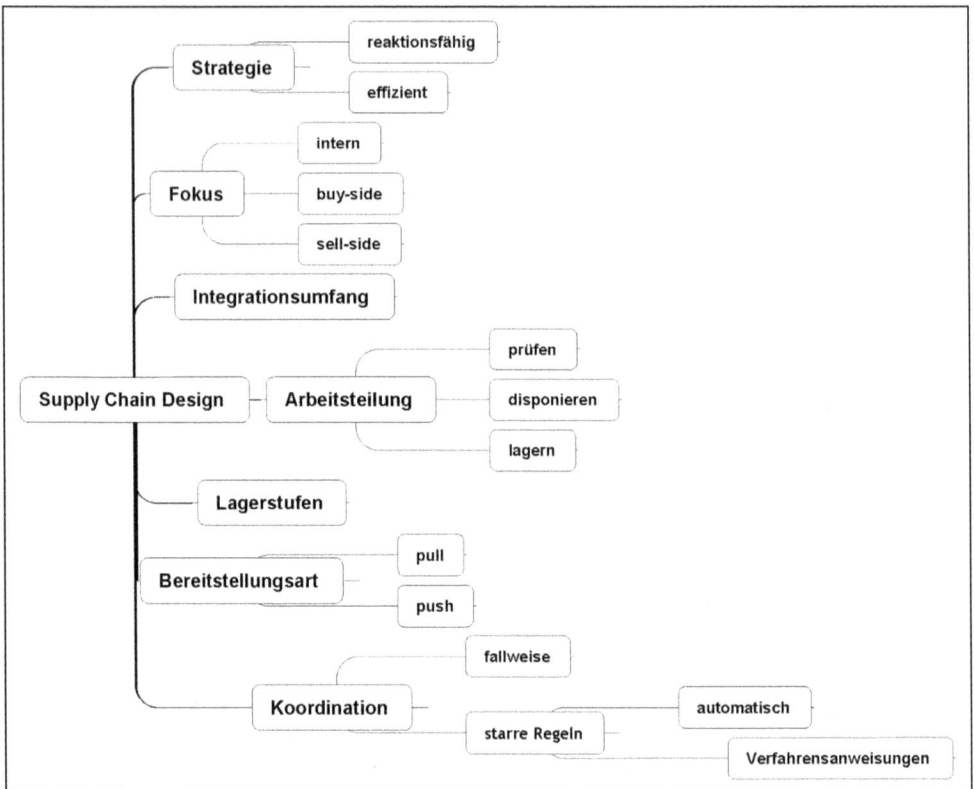

Abb. 4-1: Fragestellungen des Supply Chain Design

Wenn die hergestellten Erzeugnisse die Merkmale **funktionaler Produkte** aufweisen (vgl. Abb. 4-2), d. h. wenn die Nachfrage stabil und daher berechenbar ist und die Variantenvielfalt gering ist, wenn die Vergleichbarkeit der Produkte sehr hoch und ihr Deckungsbeitrag gering ist, wenn die Economies of Scale[1] hoch sind, und wenn die Rüstkosten in der Fertigung hoch sind, ist die effiziente Supply Chain Strategie zu wählen. Beispiele für Produkte, für die eine effiziente Supply Chain Strategie geeignet wäre, sind Zahnpasta, Zucker, Düngemittel.

Je kürzer die Lebenszyklen der Produkte, je promotionsintensiver und modeabhängiger die Produkte und daher unsicherer die Nachfrage, umso größer ist das Opportunitätskostenrisiko

---

[1] Economies of Scale entstehen, weil die Zunahme des quantitativen Outputs keine **proportionale** Zunahme des Inputs erforderlich macht. Die Verdoppelung der Fertigungskapazität erfordert nicht die Verdoppelung der Anschaffungsinvestition. Eine weitere Ursache für Größeneffekte ist die **Unteilbarkeit** der meisten Ressourcen. Diese Unteilbarkeit bedeutet, dass Unternehmen, die die Fixkosten der Ressource auf eine größere Ausbringungsmenge verteilen können, zu geringeren Stückkosten Erzeugnisse herstellen können. Die dritte Ursache für Skaleneffekte ist die Spezialisierung. Der Hersteller oder Dienstleister kann Skaleneffekte durch **Spezialisierung** erzielen, wenn er Vorgänge automatisieren und mechanisieren kann, wenn er Arbeiten von spezialisierten Arbeitskräften mit spezieller Ausrüstung durchführen lassen kann und wenn diese Arbeitskräfte über spezielles Wissen verfügen und Aufgaben schneller erledigen können. Vgl. Grant 2006 S. 323ff.

Funktionale Produkte		**Innovative Produkte**
Stabile Nachfrage		Stark schwankende Nachfrage
Langer Lebenszyklus		Kurzer Lebenszyklus
Wenige Varianten	⟺	Viele Varianten
Geringe Handelsspanne		Hohe Handelsspanne
Kundenfokus Preis/Kosten		Kundenfokus technische Innovation/ Service
Geringe Fehlbestandsrate		Große Fehlbestandsrate
Geringes Preisnachlassrisiko		Hohes Preisnachlassrisiko

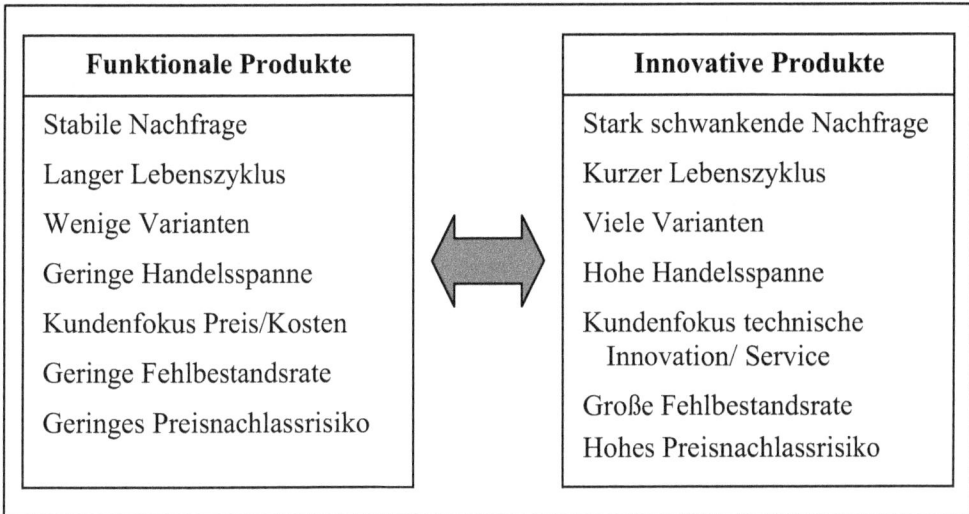

Abb. 4-2: Merkmale funktionaler und innovativer Produkte

durch stockouts und unverkaufte Ware am Ende der Saison und des Produktlebens. Modische Kleidung, Süßwaren, digitale Kameras sind in diese Produktgruppe der **innovativen Produkte** (vgl. Abb. 4-2) einzuordnen. Die Priorität des Supply Chain Management liegt hier auf der Fähigkeit der Supply Chain, kurze Durchlaufzeiten durch die gesamte Supply Chain zu erreichen (**Reaktionsfähige – agile – Supply Chains**). Sie senken die Abhängigkeit von Absatzprognosen, die gewöhnlich umso schlechter werden, je weiter sie in die Zukunft reichen. Reaktionsfähige Supply Chains legen besonderes Augenmerk auf die Produktionsflexibilität bezüglich Menge und Produktmix (Automatisierung, kurze Rüstzeiten) und wenden für Teile des Order-To-Payment-Prozesses das Pull-Prinzip an. Sie benötigen Puffer in den Kapazitäten und an Produktionsmaterial (Corsten 2002 S. 224f., Alicke 2005 S. 146ff. und S. 115). Eine erfolgswirksame Aufgabe ist das frühzeitige Prognostizieren der Marktnachfrage.

4.3   Lieferservicepolitik

Das Ergebnis der logistischen Prozesse ist der Lieferservice eines Anbieters. Lieferserviceleistungen sind Dienstleistungen, die dem Kunden ergänzend zu einem physischen Produkt angeboten werden. Sie machen das Produkt für den Kunden faktisch verfügbar und erzeugen Gebrauchsnutzen.

Lieferservicepolitik hat die Aufgabe, die Kundenerwartungen hinsichtlich des Lieferservice und das Lieferserviceangebot der konkurrierenden Anbieter zu untersuchen und darüber zu entscheiden, in welchem Umfange diese Erwartungen erfüllt werden können und sollen.

Komponenten und Instrumente des Lieferservice sind (vgl. Abb. 4-3):

- **Lieferbereitschaft** ab Lager bzw. **Regalverfügbarkeit** – falls das Produkt ab Lager zur Selbstabholung bereitgestellt wird, nimmt der Kunde die Qualität der Logistik als Verfügbarkeit wahr. Die Lieferbereitschaft kann gemessen werden an der Bedarfsmenge, die ab Lager bedient werden konnte im Verhältnis zur gesamten Bedarfsmenge einer Periode oder an der Anzahl Fehlmengentage einer Periode. Die wichtigsten Instrumente zur Erzielung einer hohen Lieferbereitschaft sind verlässliche Absatzprognosen, eine lagerhaltige statt auftragsorientierter Bereitstellung, Sicherheitsbestände und beherrschte Nachschubprozesse.
- **Lieferzeit** – falls der Artikel zum Kunden geliefert wird oder auftragsorientiert bereitgestellt wird und falls ein lagerhaltiges Erzeugnis eine Fehlmenge aufweist, ist die Lieferzeit Ausdruck des Lieferservice. Sie umfasst aus der Sicht des Kunden den Zeitraum von der Auftragserteilung bis zum Eintreffen der Ware beim Kunden oder am Verkaufspunkt. Kurze Lieferzeiten sind durch eine lagerhaltige Bereitstellung und hohe Lieferbereitschaft im Auslieferungslager sowie durch schnelle Kommissionier- und Transportprozesse zu erreichen. Im Falle einer auftragsorientierten Bereitstellung und im Falle einer Fehlmenge wird die Länge der Lieferzeit gegenüber dem Kunden außerdem durch die Wiederbeschaffungszeit des Artikels bestimmt.
- **Termintreue** – falls ein Liefertermin vorab vereinbart wird, ist die Fähigkeit des Anbieters, diesen einzuhalten, ein Maßstab für die Zuverlässigkeit des Anbieters. Eine hohe Termintreue erfordert zunächst eine verlässliche und individuelle Planung des Liefertermins und anschließend einen zuverlässigen Auftragsabwicklungsprozess.
- **Lieferqualität** – insbesondere bei Lieferungen frei Haus und Aufträgen, die mehrere Auftragspositionen umfassen, ist die Fähigkeit des Anbieters von Bedeutung, die richtigen Artikel, vollständige Lieferungen und unbeschädigte Ware zu liefern. Erfolgsfaktoren der Lieferqualität sind das Bestandsmanagement, der Kommissionierprozess, die Verpackung und der Transportprozess.
- **Lieferflexibilität** – sie bezeichnet die Fähigkeit und Bereitschaft eines Anbieters, auf individuelle Kundenwünsche hinsichtlich Abnahmemengen und -zeitpunkten, Verpackung oder Versandbedingungen einzugehen.
- **Informationsbereitschaft** – in Störungssituationen fordert der Kunde Informationen über den aktuellen Status der Auftragsabwicklung, bei individuellen Lieferterminvereinbarungen erwartet der Kunden verlässliche Angaben über den voraussichtlichen Liefertermin, bei Qualitätsproblemen fordert der Kunde Rückverfolgbarkeit einer Lieferung bis zum Lieferanten. Informationsbereitschaft bezeichnet die Fähigkeit eines Anbieters, diese Informationen jederzeit und kompetent geben zu können.

Die Lieferservicepolitik ist von hoher **strategischer Bedeutung**, da sie eine wichtige Rahmenbedingung für die Gestaltung der dispositiven und physischen Prozesse sowie des Lager- und Transportsystems bildet. Vorgaben über die Ziellieferbereitschaft, -lieferzeit und -treue sind ein wesentlicher Einflussfaktor auf die strategischen und operativen Entscheidungen des Bestandsmanagements.

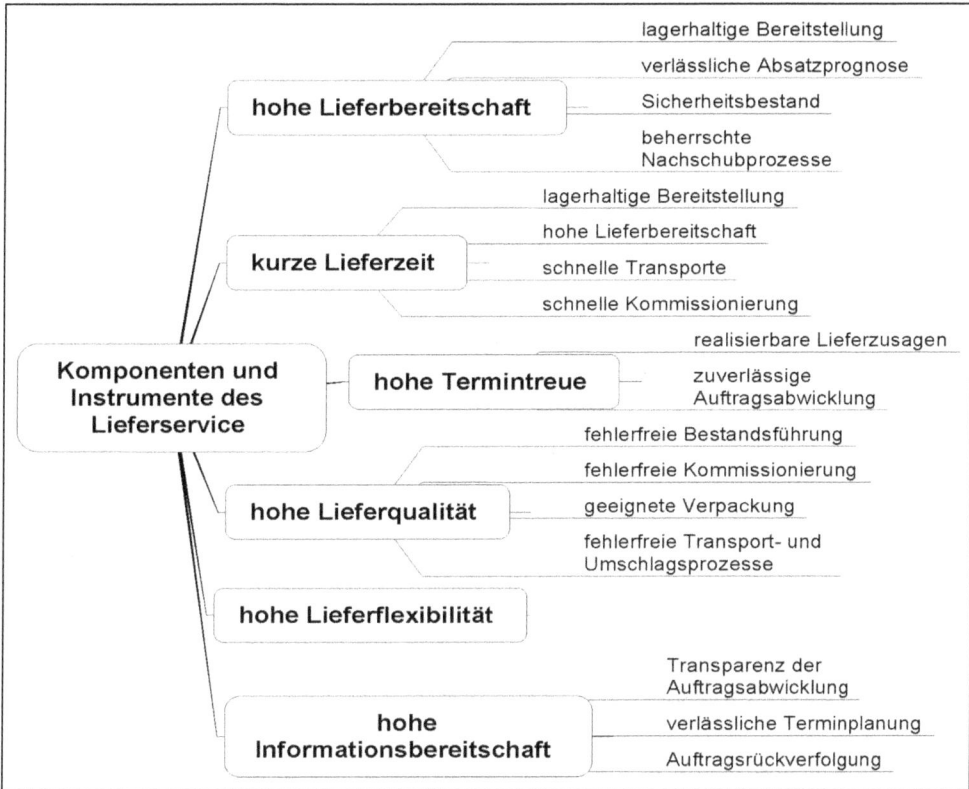

Abb. 4-3: Komponenten und Instrumente der Lieferservicepolitik

Eine Anpassungsstrategie passt sich einem „branchenüblichen" Lieferservice an. Lieferservice kann unter Umständen aber auch als Wettbewerbsinstrument eingesetzt werden, um Kundenzufriedenheit und Kundenbindung zu erzeugen und um zusätzliche Umsätze zu generieren.

Abbildung 4-4 zeigt das **Dilemma der Lieferservicepolitik**: Verbesserungen des Lieferservice steigern den Gewinn nicht automatisch – die Verbesserung des Lieferservice und die häufig damit einhergehende Kostensteigerung ist nicht in jedem Falle durch adäquat steigende Umsätze gerechtfertigt. Umsatzsteigerungen können sich aus steigenden Absatzmengen und/oder steigenden Preisen ergeben. Absatz- bzw. Umsatzsteigerungen sind zu erwarten, wenn der Kunde Unterschiede in den Lieferserviceleistungen der Anbieter bewusst wahrnimmt und diese Unterschiede für seine Marken- und Lieferantenwahl eine erhebliche Bedeutung haben.

Inwieweit Unterschiede in den Lieferserviceleistungen eines Anbieters bewusst wahrgenommen werden, ist zunächst vom **Ausmaß der Unterschiede** zwischen konkurrierenden Anbietern abhängig. Je geringer die Unterschiede, umso geringer ist die Chance des Anbieters,

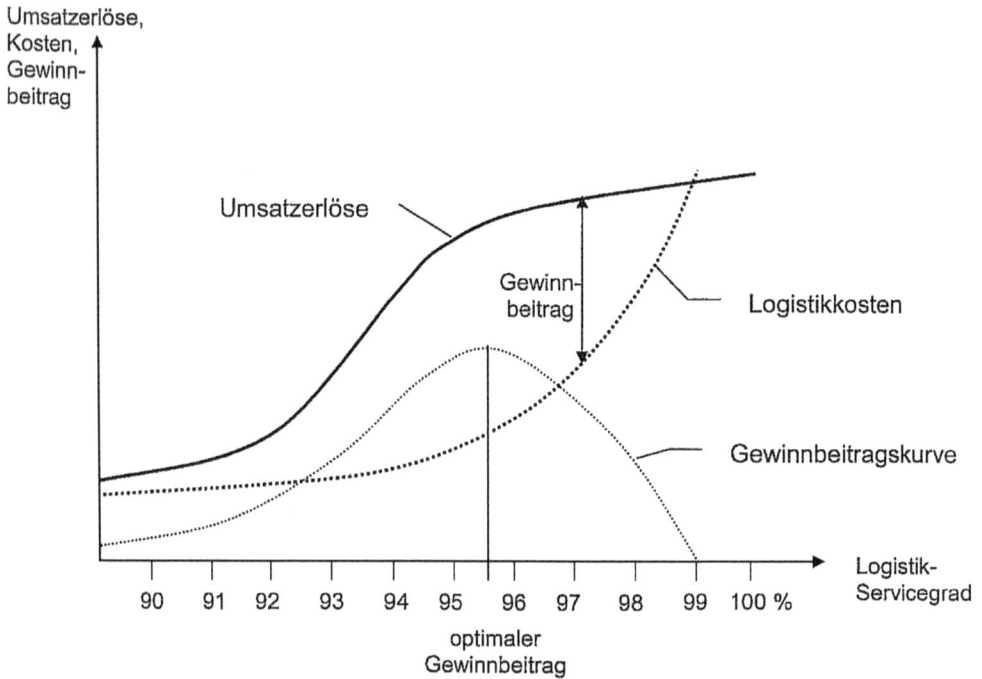

Abb. 4-4: Dilemma der Lieferservicepolitik (in Anlehnung an Pfohl 2004 S. 110)

sich durch einen guten Lieferservice zu profilieren. Geringe Verbesserungen gegenüber einem marktüblichen Lieferservice werden vom Kunden weniger wahrgenommen und wertgeschätzt als Verbesserungen eines bisher schlechten Lieferservice. Diese Aspekte erklären den abnehmenden Absatz- und Umsatzerfolg von Lieferserviceverbesserungen (vgl. nochmals Abb. 4-4).

Die **Wahrnehmung von Lieferserviceleistungen und -unterschieden** wird beeinflusst von Merkmalen des Kunden, des Produkts und der aktuellen Beschaffungssituation des Kunden:

Gewerbliche Kunden (Industrie, Handel, Handwerk) erfassen und beobachten den Lieferservice ihrer Lieferanten eher systematisch als **private Verbraucher** – professionelle Einkäufer führen zumindest für wichtige Lieferanten und regelmäßig beschaffte Produkte und Dienstleistungen eine systematische Lieferantenbeurteilung vor der Auftragsvergabe und eine laufende Lieferantenbewertung nach der Lieferung durch (Kap. IV, Abschnitt 6.3). Die Qualität der Lieferleistung wird regelmäßig ausgewertet und kann neben Preis, Produktqualität und anderen Kundendienstleistungen ein wesentliches Argument für oder gegen einen Anbieter sein.

Eine besonders hohe Sensibilität für Lieferserviceleistungen haben gewerbliche Kunden bei **Produkten**, die möglichst geringe Bestände aufweisen sollen (Gefahrgüter, hohe Kapitalbindung, hohes Bestandsrisiko durch Überalterung oder Verderb, sperrige Güter) und bei Produkten, die im Falle eines Stockouts hohe Fehlmengenkosten (z. B. Ersatzteile, Produktionsmaterial mit Mehrfachverwendung) verursachen.

Auch **Merkmale der Beschaffungssituation** beeinflussen die Sensibilität des gewerblichen Kunden für Lieferserviceleistungen und -unterschiede: Liegt beim Kunden ein Terminengpass vor, hat er ein besonders starkes Interesse an einem Anbieter, der schnell und flexibel liefert. Für Aktionsware ist zunächst die Termintreue als Fähigkeit, die vereinbarte Liefermenge zum vereinbarten Termin zu liefern, wichtiger als eine kurze Lieferzeit. Während der Laufzeit der Promotion ist bei überraschend hohem Absatzerfolg eine schnelle Nachlieferung von besonderer Bedeutung für den Absatzmittler, einerseits um drohenden Imageverlusten bei den Kunden vorzubeugen und andererseits um das Absatzpotenzial der Aktion voll auszuschöpfen.

Der **private Verbraucher** trifft seine Kaufentscheidungen weniger bewusst und rational als gewerbliche Kunden. Dennoch ist auch in dieser Branche der Lieferservice des Herstellers und des stationären oder des Versandhändlers von erheblicher Bedeutung für den kurzfristigen und langfristigen Absatzerfolg. Der private Verbraucher registriert die Verfügbarkeit oder Fehlmenge bewusst, wenn er die Absicht hatte, einen bestimmten Artikel zu kaufen **(geplanter Kauf)**. Ist der gewünschte Artikel nicht vorrätig, hat er die Alternativen einen anderen Artikel der gleichen Marke oder ein Substitutionsprodukt eines anderen Herstellers zu wählen, den Kauf zu verschieben, auf den Kauf zu verzichten oder den Händler zu wechseln und dort das gewünschte Produkt zu suchen.

Die Bereitschaft des Kunden, ein Substitutionsprodukt zu wählen, ist von seiner Marken- und Lieferantentreue, von der Dringlichkeit des Bedarfs und dem Angebot an geeigneten Substitutionsprodukten abhängig. Auch die Entfernung zu einem alternativen Handelsunternehmen und der Preis des gewünschten Artikels spielen dabei eine wesentliche Rolle. Im Falle des geplanten Kaufs hat die Regalverfügbarkeit demnach die Funktion, Umsatz-, Image- und Kundenverlust zu vermeiden. Abb. 4-5 zeigt die Ergebnisse einer empirischen Untersuchung über das Konsumentenverhalten in Fehlmengensituationen:

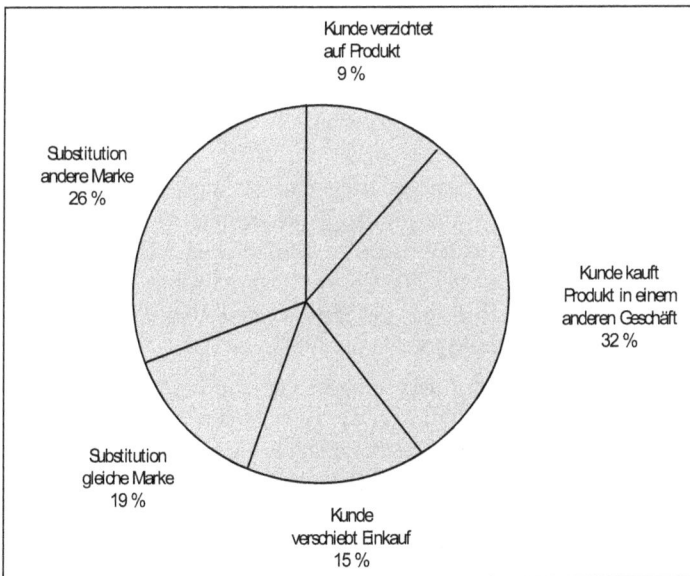

Abb. 4-5: Konsumentenverhalten bei Lieferunfähigkeit (Quelle Hertel 2005 S. 137)

Im Falle eines **generell geplanten Kaufs** hat der Kunde nur die Warengruppe geplant, in der kaufen möchte (z. B. Putzmittel, Süßwaren) und entscheidet vor Ort angesichts des verfügbaren Sortiments, welchen Artikel er kauft. Aus der Sicht des Handels ist hierbei die Verfügbarkeit eines bestimmten Artikels von untergeordneter Bedeutung. Er muss sicherstellen, dass der Kunde ein breites Sortiment vorfindet, aus dem er auswählen kann. Regalverfügbarkeit leistet hier einen Beitrag zur Imagebildung und ist Voraussetzung, dass der Kunde seine Kaufabsicht in die Tat umsetzt.

Im Falle des **Spontankaufs** hat die Regalverfügbarkeit eine besondere Bedeutung: Sie erinnert den Kunden an seinen Bedarf (z. B. Glühbirnen) oder weckt Bedarf (z. B. Süßwaren).

Der private Kunde wird bei Aktionsware besonders sensibel auf Bestandslücken reagieren. Fehlmengensituationen **verärgern** den Kunden besonders, wenn er das Geschäft wegen einer Aktion aufgesucht hat. Um den Vorwurf des „Lockvogelangebots" zu vermeiden, sollte die Aktionsware während der Gültigkeit des Angebots angemessen verfügbar sein.

Um das Verhältnis zwischen Kosten für Lieferservice und dessen absatzpolitische Wirkung zu optimieren, sollte eine **selektive Lieferservicepolitik** praktiziert werden. Diese zeichnet sich dadurch aus, dass sie gezielt und systematisch innerhalb des Sortiments (d. h. zwischen den Artikeln), zwischen Kunden und Absatzmärkten differenziert. Differenzierte Zielvorgaben machen differenzierte logistische Prozesse und eine differenzierte Bestandshaltung erforderlich. Abbildung 4-6 zeigt die Zielvorgaben einer differenzierten Lieferservicepolitik in einem Industrieunternehmen:

Lieferserviceklasse	Standardlieferzeit	Lieferbereitschaft des Lagers	Termintreue
Lagerhaltige Standardartikel	1 Arbeitstag bis Versand + Zustellzeit	98%	99% bis Versand
Lagerhaltige Konfektionsartikel	2 Arbeitstage bis Versand + Zustellzeit	99,33% für die benötigten Komponenten	98% bis Versand
Auftragsgefertigte Erzeugnisse	5 Arbeitstage bis Versand + Zustellzeit	99% für die benötigten Komponenten	97% bis Versand

Abb. 4-6: Selektive Lieferservicepolitik (in Anlehnung an Gudehus 2005 S. 141)

Lagerhaltige Standardartikel werden auf Vorrat gefertigt und bis zum Eintreffen eines Kundenauftrags eingelagert. Auftragsbezogen sind die Aufgaben Kommissionierung, Verpackung, administrative Auftragsabwicklung und Versand zu erfüllen. Die Aufgaben bis zur Bereitstellung der Ware für den Versand sollen bei 99% der Aufträge innerhalb 1 Arbeitstags erledigt werden. 98% der Aufträge sollen ab Lager geliefert werden können. Der Kunde erhält daher in 97% der Fälle termin- und mengengerecht die Lieferung ($98\% \cdot 99\% = 97\%$).

Lagerhaltige Konfektionsartikel werden im Auslieferungslager aus lagerhaltigen Komponenten zusammengestellt (z. B. ein Standarddrucker, dem ein landesspezifisches Kabel und eine Gebrauchsanweisung in der Landessprache beigefügt werden). Für die Komponenten wird ein sehr hoher Lieferbereitschaftsgrad als Ziel vorgegeben. Der Konfektionsartikel ist nur dann lieferfähig, wenn alle benötigten Komponenten verfügbar sind. Wenn der Konfektionsartikel beispielsweise aus 3 Komponenten besteht, die jeweils eine Lieferbereitschaft von 98% aufweisen würden, betrüge die Lieferbereitschaft des Konfektionsartikels nur $98^3\% = 94\%$. Um für den Konfektionsartikel einen Lieferbereitschaftsgrad von

98% zu erreichen, muss für die 3 Komponenten der hier geforderte Lieferbereitschaftsgrad von 99,33% vorgegeben werden.

In einem Handelsunternehmen würde eine entsprechende Differenzierung der Regalverfügbarkeit für **Artikel** sowohl Interessen des Händlers als auch Kundeninteressen berücksichtigen:

Für Artikel,

- die nur einen geringen Anteil am Umsatz haben,
- die für das Image der Verkaufsstätte eher unbedeutend sind,
- die einen geringen Deckungsbeitrag haben,
- die beim Kunden nur geringe Fehlmengenkosten verursachen,
- die innerhalb des angebotenen Sortiments leicht substituiert werden können,
- die hohe Bestandskosten und ein hohes Bestandsrisiko aufweisen,
- deren Absatz schlecht planbar ist (sporadischer Bedarf)

wird im Konzept der selektiven Lieferservicepolitik ein **geringerer Soll-Lieferbereitschaftsgrad** als internes Ziel vorgegeben.

Ein Industrieunternehmen, das an weiterverarbeitende Kunden liefert, sollte auch eine Differenzierung nach **Kunden** vornehmen. Diese kann sich an den Beständen beim Kunden orientieren und an der Dringlichkeit ihres Bedarfs. Kunden, die das gewünschte Produkt nicht bevorraten und gleichzeitig einen sehr dringenden Bedarf haben, sind für Unterschiede in der Lieferqualität sehr sensibel (Beispiel Ersatzteile) und sollten deshalb besonders schnell und zuverlässig beliefert werden können. Bei Kunden, die den Artikel regelmäßig benötigen und deren Bedarf weniger dringlich ist, weil Bestellaufträge ihrer Lagerergänzung dienen, werden kurzen und zuverlässigen Lieferzeiten nicht die gleiche Wertschätzung entgegenbringen.

Eine Differenzierung nach **Absatzmärkten** kann unterschiedlichen Wettbewerbsbedingungen und Entfernungen Rechnung tragen.

Eine besondere Herausforderung ist die Festlegung des Soll-Lieferbereitschaftsgrades für Artikel, die innerhalb ihrer Verkaufssaison (kurze Haltbarkeit, kurzer Produktlebenszyklus bzw. Saisonware) nur **einmal disponiert** werden können und deren Absatz nicht genau bekannt ist. Der Lieferbereitschaftsgrad wird in diesem Falle durch die Bestellmengen-Entscheidung festgelegt. Eine Lieferbereitschaft von 100% wird theoretisch erreicht, wenn die in der Verkaufsperiode höchste denkbare Absatzmenge beschafft und eingelagert wird. Wird diese Absatzmenge später nicht erreicht, entstehen Restbestände, die mit Preisabschlägen verkauft werden müssen oder entsorgt werden müssen (Restbestandskosten). Wird umgekehrt eine Bestellmenge geordert, die geringer als der spätere Absatz ist, entstehen Fehlmengenkosten. Zur Bestimmung des optimalen Lieferbereitschaftsgrades müssen also Restbestands- und Fehlmengenkosten abgewogen werden, allerdings sind diese – ebenso wie der Absatz – unsicher. In Kapitel II 3.2.2 wird ein mathematisches Modell erläutert, das auf diese Situation angewendet werden kann.

4.4   Fokus der Integration

Hersteller komplexer Produkte (Flugzeuge, Anlagen) arbeiten mit einer Vielzahl externer Partner auf der Beschaffungsseite zusammen und stehen auf der Absatzseite einer nur geringen Zahl von Kunden gegenüber. Die Terminzuverlässigkeit des Anbieters wird häufig weniger von der eigenen Fertigung bestimmt als vielmehr von der Zuverlässigkeit der Zulieferer. Bereits in der Angebotsphase und natürlich in der Realisationsphase der Auftragsabwicklung ist eine enge Abstimmung mit dem Beschaffungsmarkt erforderlich. Da die Fertigung und häufig auch die Entwicklung **auftragsbezogen** arbeitet, haben lange und schwankende Beschaffungszeiten einen direkten Einfluss auf die Länge der Lieferzeit gegenüber dem Kunden und die Termineinhaltung. In diesem Falle liegt der **Fokus** des Supply Chain Management auf der **buy-side**.

Andere Bedingungen stellen sich in Unternehmen, die aus vergleichsweise wenig fremdbezogenen Materialien eine große Zahl von (Packungs-, Ausstattungs-, Farb-, Länder-)Varianten herstellen. Für Produkte, die eine gleichmäßige Nachfrage aufweisen, ist hier eine **internes** Supply Chain Management ausreichend, um sicherzustellen, dass knappe Bestände und Kapazitäten den wichtigen Aufträgen zugewiesen werden und dass Vertrieb, Produktionsplanung und Einkauf sich so weit abstimmen, dass ungeprüfte Lieferterminzusagen und kurzfristige Belastungsanpassungen vermieden werden.

Große Variantenvielfalt in Verbindung mit kurzen Lebenszyklen und hoher Promotionsintensität stellt besondere Anforderungen an die unternehmensübergreifende Abstimmung mit der **sell-side**. Eine gemeinsame Absatzprognose und die Abstimmung von Aktionen, Produktneueinführungen und Produkteliminationen sind in diesem Umfeld erfolgswirksame Aufgaben des Supply Chain Management. Dieser Fokus ist für Konsumgüterhersteller typisch, die auf der sell-side eng mit Absatzmittlern kooperieren, um gegenüber dem Endabnehmer eine bestmögliche Produktverfügbarkeit bei möglichst geringen Kosten für die gesamte logistische Kette zu erreichen (vgl. Efficient Consumer Response ECR).

4.5   Umfang der Integration

Supply Chain Management ist ein Lernprozess und muss schrittweise eingeführt werden. Es erfordert hohe Investitionen und enge Bindungen und wird daher differenziert praktiziert. Supply Chain Design hat zunächst zu prüfen, wie viele Funktionen, Fertigungsstufen und Stufen des logistischen Kanals (Integrationsumfang) aufeinander abgestimmt werden sollten. Die verschiedenen Integrationsumfänge unterscheiden sich durch Art und Umfang der Abhängigkeiten, die bei der Entscheidungsfindung explizit berücksichtigt werden. Sie versprechen unterschiedlichen Nutzen (vgl. Heinzel 2001 S. 32–58, Knolmayer et al. (2000) S. 15ff):

1. Durch die **simultane Betrachtung von Artikelgruppen** bei der Bestell- und Bestandsplanung, bei der Festlegung der sourcing-Strategie und von Stammdaten (Plan-Durchlaufzeiten, Bereitstellungsart) sowie bei der Losoptimierung können innerhalb einer Funktion Kostensenkungspotenziale erschlossen und Engpässe vermieden werden.

2. Die **bilaterale Abstimmung von Funktionen** (Produktionsplanung und Versanddisposition, Einkauf und Produktionsplanung, Endmontage und Baugruppenfertigung) vermeidet Störungen durch spät erkannte Engpässe und verspricht Kostensenkungen durch die Abstimmung von Produktionsmengen und -terminen auf Transportkapazitäten.

3. Ein **prozessorientiertes** betriebliches Supply Chain Management (Vertrieb, Produktionsplanung, Einkauf) verspricht zuverlässigere Liefertreminvereinbarungen, geringere Schwankungen der Kapazitätsauslastung und geringere Puffer in den Beständen.

4. Ein **standortübergreifendes Supply Chain Management** stimmt die Bestandspolitik z. B. zwischen Zentrallager und Vertriebsgesellschaft ab, um Verschwendung durch doppelte Bestandshaltung zu vermeiden.

5. **Unternehmensübergreifendes Supply Chain Management** stimmt Bestellaufträge auf die Kapazitäts- und Versorgungssituation des Lieferanten ab, um gleichzeitig die Versorgungssicherheit des Abnehmers zu verbessern und die Logistikkosten des Lieferanten zu senken.

Grundlage für die Bestimmung des notwendigen und wirtschaftlichen Integrationsumfangs ist die Identifikation **kritischer Kettenmitglieder**: Sie zeichnen sich dadurch aus, dass ihre Belastbarkeit der Beanspruchung nicht gewachsen ist (vgl. Kaufmann/Germer 2001 S. 177–192).

Die **Beanspruchung** eines Kettenmitglieds bzw. eines Kettenabschnitts kann bestimmt werden durch

- Bedarfsmerkmale (Schwankungen, Ungewissheit des Bedarfs),
- Komplexität des Produktes,
- Macht (alternative Lieferanten, Wechselkosten),
- räumliche und kulturelle Distanzen.

Die **Belastbarkeit** des Kettenmitglieds kann bestimmt werden durch

- die Robustheit der Kette als Fähigkeit, plötzliche oder dauerhafte Änderungen des Bedarfs zu beherrschen,
- die Qualität des unternehmensübergreifenden Informationsflusses,
- die wirtschaftliche Stabilität der Unternehmen in der Kette,
- das Vertrauensniveau in der Kette.

Liegt ein Missverhältnis zwischen Belastbarkeit und Beanspruchung vor, kann Supply Chain Management mit den bestehenden Partnern das Ziel verfolgen, die Belastbarkeit zu steigern oder die Beanspruchung zu senken. Alternativ kann die Supply Chain neu gestaltet werden, indem die Partner ausgetauscht werden.

4.6   Koordination im Order-to-Payment-Prozess

Bei **konventioneller** Zusammenarbeit in der betrieblichen und unternehmensübergreifenden Prozesskette (vgl. Abb. 4-7) erfährt die liefernde Stufe von dem Bedarf der abnehmenden Stufe erst durch einen Kunden-, Produktions- oder Bestellauftrag. Jedes Mitglied der betrieblichen und unternehmensübergreifenden Prozesskette hat nur Kontakt zu seinen direkten Prozessnachbarn. Die Planung erfolgt **hierarchisch sukzessiv**: Die Weitergabe der Informationen im Auftragsabwicklungsprozess verläuft nur in eine Richtung. Die abnehmende Stufe unterstellt bei ihrer **isolierten** und **kostenorientierten** Optimierung der Auftragsmengen und -termine, dass die liefernde Stufe unbegrenzt lieferfähig ist und betrachtet die liefernde Stufe als „Befehlsempfänger". Bei der Optimierung von Auftragsmengen werden Zielkonflikte zwischen Aufträgen, Produkten und Fertigungsstufen ignoriert, die immer dann auftreten,

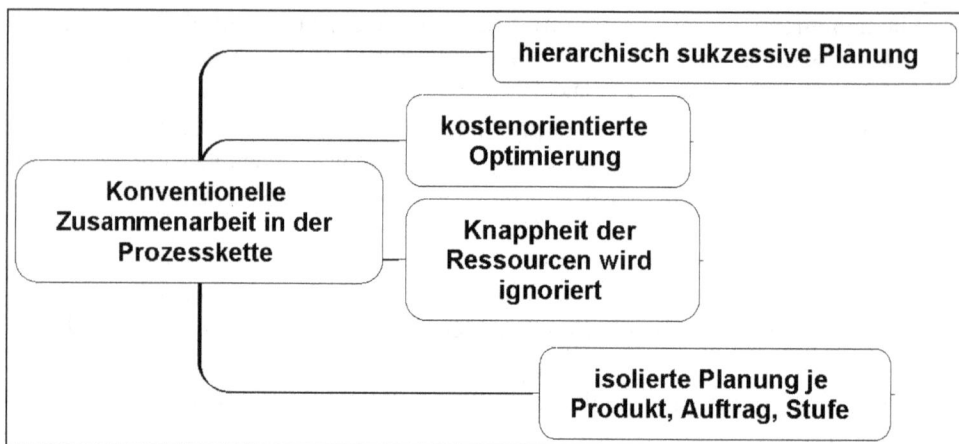

Abb. 4-7: Konventionelle Zusammenarbeit in der Prozesskette

wenn auf knappe Kapazitäten oder Bestände zugegriffen wird und wenn kostenoptimale Auftragsmengen die Auslastungs- und Lieferserviceziele beeinträchtigen.

Supply Chain Management stellt Informations- und Abstimmungsdefizite in der Prozesskette fest und sucht nach Konzepten, den Koordinationsbedarf (wer muss sich mit wem worüber in welchen Situationen abstimmen?) durch eine Änderung der Arbeitsteilung, Abläufe und Zuständigkeiten zu reduzieren oder durch persönliche bzw. regelbasierte Abstimmung zu befriedigen.

Anlässe für **Koordinationsbedarf** sind

1. Ein **akuter oder drohender Engpass**. Hier muss durch Koordination vermieden werden, dass knappe Kapazitäten, Bestände oder begrenzte Beschaffungsmöglichkeiten nicht für Lageraufträge, C-Kunden oder poor dogs ver(sch)wendet werden. Die Abstimmung muss hier vor allem zwischen Vertrieb, Produktionsplanung und Einkauf stattfinden. Eventuell sind Engpasslieferanten und Schlüsselkunden einzubeziehen.

2. **Kurzfristige Lieferwünsche.** Vor der Liefertermin zusage sollte eine Abstimmung zwischen Vertrieb, Produktionsplanung, Einkauf und Engpasslieferanten sicherstellen, dass der Liefertermin realisierbar ist ohne Terminengpässe auszulösen.

3. **Produktneueinführung und -elimination.** Das timing der Produktneueinführung sollte Restbestände alter Produkte berücksichtigen. Für alte Produkte sollte die Möglichkeit einer Umlagerung vor der Nachproduktion geprüft werden. Bei der Absatzplanung sind Kannibalisierungseffekte zu antizipieren.

4. **Aktionen.** Aktionen verursachen Absatzspitzen und anschließend Absatzeinbrüche, die in der Absatzplanung antizipiert werden sollten, um die Lieferfähigkeit zu sichern und Überbestände nach der Aktion zu vermeiden. Eine zeitliche Abstimmung der Aktionen mit den Kunden kann die Schwankungen des Auftragseingangs reduzieren.

5. **Bündelungspotenzial.** Die Koordination zwischen Versanddisposition und Produktions-planung verspricht unter Umständen eine Reduzierung der Liegezeit fertiger Erzeugnisse nach Fertigstellung und bessere Auslastung der Transportmittel. Die artikelübergreifende Bestellplanung vermeidet zeitnahe Bestellungen bei single source Lieferanten.

Koordination im Sinne von Abstimmung ist weit mehr als simple Information in Form von Auf-trägen und Auftragsbestätigungen. Die Weitergabe **vorauseilender Information** (forecasts, pos-Daten) erkennt und befriedigt den Informationsbedarf des Lieferanten, allerdings erwartet der Abnehmer kurze und zuverlässige Lieferzeiten auch bei stark schwankendem Bedarf und starker Abweichung von seiner Bedarfsvorhersage. Werden Informationen in beide Richtungen gesendet und der Partner bezieht diese in seine Überlegungen ein, liegt ein **Informationsaus-tausch** vor (Bereitstellung von Frühwarninformationen über drohende Versorgungsstörungen, aktuelle Absatzzahlen des Kunden, Bestände beim Lieferanten). Bei der Weitergabe und beim Austausch von Informationen trifft jeder Funktionsträger Entscheidungen, die für seinen Ver-antwortungsbereich optimal sind. Eine **Abstimmung** (Koordination) zwischen Funktionsträ-gern und Partnern der logistischen Kette bedeutet Rücksichtnahme auf Wirkungen einer Hand-lungsmöglichkeit auf andere Verantwortungsbereiche. Dies erfordert den Verzicht auf eigene Vorteile, um Vorteile für das Gesamtsystem zu erzielen (Knolmayer et al. 2000 S.72ff.).

Die **individuelle, fallweise Abstimmung** erfordert einen hohen Aufwand. Sie hat den Vor-teil außerordentlich flexibel auf wechselnde Situationen reagieren zu können. Sie ist ver-gleichbar mit einem Verkehrspolizisten, der auf einer belebten Kreuzung den Verkehr je nach Verkehrsaufkommen individuell und der Verkehrssituation angepasst regelt.

Allgemeingültige Regeln sind starr und gelten ungeachtet der aktuellen Situation. Sie sind mit einer Ampel oder starren Vorfahrtsregel vergleichbar. Ihr Vorteil ist der geringe Auf-wand. Sie können in Verfahrensanweisungen bekannt gemacht werden, sie regeln die Liefer-terminzusage bei nicht-vorrätigen Erzeugnissen, die Einhaltung einer frozen period, inner-halb derer keine Produktionsplanänderungen ohne Rücksprache durchgeführt werden und sie können in der ERP-Software abgebildet werden, wie die Reservierungspolitik. Sie sind je-doch in manchen Situationen unangemessen und müssen gegebenenfalls durch den Soft-wareanwender außer Kraft gesetzt werden.

Die Integration der Kettenmitglieder muss auch **mental** erfolgen. Eines der Hauptprobleme stellt die globale Verfügbarkeit aller Daten dar, die Voraussetzung für das unternehmensüber-greifende Supply Chain Management ist. Lieferanten wollen sich nicht als „gläserne Unterneh-men" präsentieren und ihre gesamten internen Unternehmensdaten den Supply Chain Partnern zu Verfügung stellen. Nur wenn alle Partner überzeugt sind, dass durch die Abstimmung eine Win-Win-Situation entsteht, entwickelt sich die Bereitschaft, vertrauliche Daten auszutauschen und die Belange der Supply Chain-Partner bei der Entscheidungsfindung zu berücksichtigen. Zur mentalen Integration ist auch die Veränderung von Einstellungen und Denkmustern zu zählen. In Zeiten einer explodierenden Variantenvielfalt und starken Kostendrucks ist eine grundlegende Änderung der Einstellung gegenüber Bedarfsunsicherheit und -schwankungen erforderlich, die Überwindung der von Misstrauen und dem Bemühen um Autonomie geprägten Denkmuster sind die neuen Erfolgsfaktoren im Bestandsmanagement (vgl. Melzer-Ridinger 2003 FAQ 30, 45, 63, 75; Zimmer 2001 S. 14ff).

4.7   Bereitstellungsart

Die Bereitstellung der eigengefertigten Teile und Enderzeugnisse kann grundsätzlich kundenanonym erfolgen und durch Absatzprognosen angestoßen werden (anonyme Vorratsfertigung und Warenverteilung in den Absatzkanal, **Push-Prinzip**). Die Bereitstellung kann alternativ auch kundenbezogen erfolgen und durch vorliegende Kundenaufträge angestoßen werden (auftragsorientierte Einzelfertigung und Warenverteilung, **Pull-Prinzip**). Die beiden Alternativen unterscheiden sich fundamental in den Kosten, der Auslastung und im Lieferservice (vgl. Becker 2005 S. 38ff):

Die Erzeugnisse, die nach dem Pull-Prinzip hergestellt und geliefert werden, können den **individuellen** Anforderungen des Kunden angepasst werden bzw. es kann eine große **Variantenvielfalt** angeboten werden.

Es entstehen keine Kapitalbindungskosten und keine Lagerfixkosten.

Bestandsrisiko[1] wird vermieden – ein Argument, das für Produkte mit großer Absatzunsicherheit und zugleich kurzen Lebenszyklen (wie elektronische Produkte, modische Textilien) oder saisonaler Nachfrage (wie Weihnachtsdekoration) sowie für verderbliche Produkte (wie Pharmazeutika und Lebensmittel) wichtig ist.

Das Pull-Prinzip wirft Probleme auf für den Lieferservice, die Materialkosten, die Fertigungskosten und Warenverteilkosten. Es stellt sehr hohe Anforderungen an die Qualität des Auftragsabwicklungsprozesses. Diese Anforderungen können nicht immer erfüllt werden oder ihre Erfüllung ist unwirtschaftlich:

Bei Anwendung des Pull-Prinzips können dem Kunden nur dann **kurze Lieferzeiten** angeboten werden, wenn in den auftragsbezogenen Prozessen kurze Durchlaufzeiten erreicht werden. Bei kundenanonymer Vorratsfertigung kann die Lieferzeit auch kurz gehalten werden, wenn die Beschaffung der Materialien oder die Produktion lange Zeit in Anspruch nimmt. Versorgungsstörungen und Störungen in der Fertigung oder auf dem Transportweg wirken sich schneller auf die Einhaltung der zugesagten Liefertermine (**Liefertreue**) aus, weil die geplanten Beschaffungs-, Durchlauf- und Transportzeiten keine Puffer mehr vorsehen.
Schwankungen des Auftragseingangs stellen für eine auftragsbezogene Fertigung ein erhebliches Problem dar. Während die anonyme Vorratsfertigung dieses Problem durch Sicherheitsbestände und Belastungsanpassungen löst, muss die auftragsorientierte Fertigung mit Kapazitätspuffern ausgestattet werden, um kurzfristige Nachfragespitzen bewältigen zu können oder muss über Kapazitäten verfügen, die kurzfristig an Belastungsspitzen und -täler angepasst werden können. Reichen die Kapazitätspuffer nicht aus und gelingt die Kapazitätsanpassung nicht ausreichend, schwanken die Lieferzeiten gegenüber dem Kunden und die **Liefertreue** wird beeinträchtigt.

Soll die Fertigung ganz oder teilweise auftragsorientiert durchlaufen werden, steigen die Anforderungen an die Warenverteilung, eine kurze und zuverlässige **Transportzeit** zu gewährleisten. Da bereits die Beschaffung des fremdbezogenen Materials und die Fertigung innerhalb der dem Kunden versprochenen Lieferzeit stattfinden müssen, muss der Transport des fertig gestellten Produkts schnellstmöglich durchgeführt werden. Das hat zur Folge, dass

---

[1]   Das Risiko, Erzeugnisse nicht oder nur zu erheblich reduzierten Preisen absetzen zu können.

schnelle (und teure) Transportmittel eingesetzt werden müssen, dass der Kunde direkt belie-fert wird und auf eine zeitliche und regionale Bündelung von Transportaufträgen verzichtet werden muss und daher mit schlecht ausgelasteten Transportmitteln und hohen **Transport-kosten** zurechnen ist.

Bei Anwendung des Pull-Prinzips muss mit höheren Fertigungs- und Materialkosten gerech-net werden. Mindermengenzuschläge, hohe Versand- und Bestellabwicklungskosten und entgangene Mengenrabatte treiben die **Materialkosten** nach oben. In der Fertigung werden Anlagen benötigt, die schnell umgerüstet werden können und auf kleine Fertigungsmengen ausgelegt sind. Diese verursachen häufig höhere Fertigungsstückkosten als Anlagen, die auf massenhafte Fertigung eines Produkts ausgerichtet sind. Auch die Mitarbeiter müssen in der Lage sein, sich kurzfristig auf unterschiedliche Anforderungen einzustellen und werden für diese Qualifikation i. d. R. besser bezahlt.

Die Vorteile des Pull-Prinzips entsprechen den Nachteilen des Push-Prinzips und umgekehrt. In der Vorratsfertigung werden Ersparnisse bei den Material- und Fertigungskosten durch große Beschaffungs- und Produktionsmengen erreicht (**economies of scale**). Die Fertigung und Materialbeschaffung kann unabhängig vom Absatzverlauf geplant werden. Dadurch können **günstige Preissituationen** auf dem Beschaffungsmarkt genutzt und Mengenrabatte erzielt werden und eine **gleichmäßige Kapazitätsauslastung** erreicht werden.

Die Variantenvielfalt des Absatzproduktes muss bei der anonymen Vorratsfertigung wegen der **Bestandskosten** und des **Lagerrisikos** beschränkt werden, kundenspezifische Ausfüh-rungen sind nicht möglich.

Bei jungen Produkten und Produkten mit sporadischem oder stark schwankendem Absatz ist die Absatzunsicherheit hoch. Die prognosegetriebene anonyme Vorratsfertigung benötigt daher hohe **Sicherheitsbestände** um die Lieferbereitschaft auch bei unerwartet hoher Nach-frage sicherzustellen. Bei saisonal nachgefragten, modischen und verderblichen Produkten besteht ein großes **Bestandsrisiko**.

Bei der Entscheidung für eine Bereitstellungsart entsteht demnach ein **Kostenkonflikt** zwi-schen den Lagerfix-, Kapitalbindungs- und Bestandsrisikokosten einerseits und den Ferti-gungs-, Transport- und Materialkosten andererseits. Zudem muss der **Kosten-Leistungs-konflikt** zwischen den Gesamtkosten und dem Lieferservice in die Entscheidungsfindung einbezogen werden.

Die Vor- und Nachteile der Bereitstellungsart müssen jeweils für jede Variante des Ender-zeugnisses und jedes Bauteil abgewogen werden. Ein Unternehmen praktiziert meist mehrere Bereitstellungsarten parallel. Zwischen den beiden Extremen anonyme Vorratsfertigung (Push-Prinzip) und Einzelfertigung (Pull-Prinzip) gibt es **Mischformen**, die jeweils Teile des Beschaffungs- und Produktionsprozesses kundenanonym und auftragsbezogen durchlaufen. Der Übergang von der zunächst anonymen Push-Fertigung zu einer auftragsbezogenen Mon-tage und Warenverteilung wird als Order-Penetration-Point (auch Point of Postponement) bezeichnet (vgl. Abb. 4-8). Fremdbezogene und eigengefertigte Bauteile, die als Mehrfach-verwendungsteile in mehrere Enderzeugnissen eingehen, werden prognoseorientiert und lagerhaltig bereitgestellt. Ihre Weiterverarbeitung zur Enderzeugnisvariante erfolgt auftrags-orientiert, wenn ein entsprechender Kundenauftrag vorliegt (vgl. Pfohl 2004 S. 42).

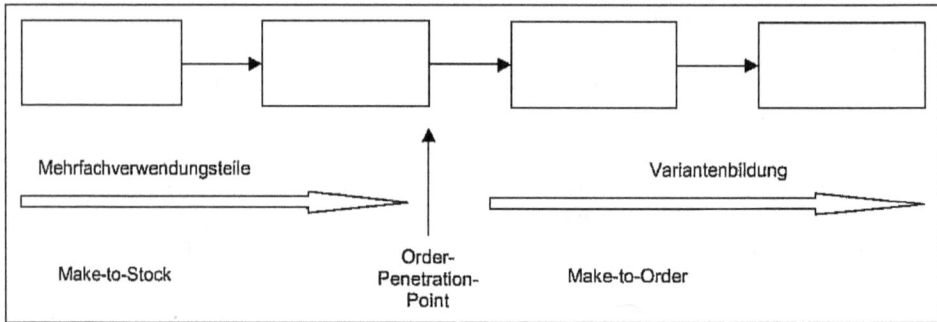

Abb. 4-8: Order-Penetration-Point

Nach dem Kriterium Order-Penetration-Point lassen sich die folgenden Mischformen aus Push- und Pull-Fertigung unterscheiden:

- **Vorratsfertigung – Make-to-Stock**
  Die Entwicklung und Konstruktion arbeiten unabhängig von einem Kundenauftrag. Das Produkt wird für längere Zeit nach gleichbleibender Stückliste und unverändertem Arbeitsplan in kostengünstigen Produktionslosen hergestellt, in einem Enderzeugnislager eingelagert und ab Lager geliefert. Die Fertigung wird durch Kundenaufträge, die zu Losen zusammengefasst werden oder durch Absatzprognosen (anonyme Vorratsfertigung) angestoßen. Diese Bereitstellung wird auch als lagerorientierte Bereitstellung oder Push-Fertigung bezeichnet.

- **Serielle Baukastenfertigung mit auftragsbezogener Montage – Assemble-to-Order**
  Die Herstellung erfolgt in großen Produktionslosen und in anonymer Vorratsfertigung, soweit die Erzeugnisse auf **gleichen** Komponenten und Baugruppen aufbauen. Die Montage des Enderzeugnisses erfolgt, wenn der Kundenauftrag vorliegt nach individuellen Vorgaben des Auftrags.

- **Auftragsfertigung – Make-to-Order**
  Die Entwicklung des Erzeugnisses erfolgt kundenanonym, die Beschaffung des Materials und die Produktion der Teile und des Enderzeugnisses werden durch einen Kundenauftrag ausgelöst.

- **Einzelfertigung – Engineer-to-Order**
  In der Entwicklung und Konstruktion wird nach den Angaben des Kunden (Pflichtenheft) ein individuelles, kundenspezifisches Produkt entwickelt. Auch die Beschaffung und alle Fertigungsstufen werden auftragsbezogen durchlaufen.

Bei der **Festlegung des Order-Penetration-Points** sind die oben erläuterten Vor- und Nachteile zu berücksichtigen. Das Portfolio in Abb. 4-9 zeigt eine Klassifikation von Produkten nach ihrer Absatzunsicherheit und dem Verhältnis von Produktionsdurchlaufzeit und geforderter Lieferzeit.

Ist die Durchlaufzeit länger als die geforderte Lieferzeit (Durchlaufzeit/Lieferzeit ≥ 1), ist der Kunde also nicht bereit auf das Produkt zu warten, ist ein Make-to-Stock- Prozess notwendig. Ist dabei jedoch gleichzeitig die Absatzunsicherheit hoch, ist der Make-to-Stock-Prozess wegen der Bestände und des Bestandsrisikos ungünstig. Für Produkte mit kurzen Lieferzeitforderun-

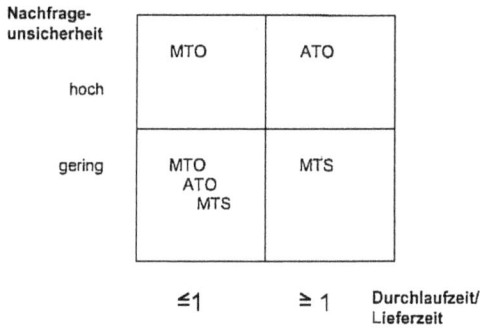

MTO- Make-to-Order
MTS - Make-to-Stock
ATO - Assemble-to-Order

Abb. 4-9 : Festlegung der Bereitstellungsart für Erzeugnisse (in Anlehnung an Alicke 2005 S. 134)

gen und hoher Absatzunsicherheit ist eventuell die Bereitstellungsart Assemble-to-Order möglich. Wenn ein Assemble-to-Order-Prozess die Lieferzeitforderungen nicht erfüllt, muss entweder die Absatzunsicherheit reduziert werden oder die Durchlaufzeit verkürzt werden.

Packungs-, Ausstattung-, Farb- und Ländervarianten verursachen eine hohe Variantenvielfalt
im Produktions-, Beschaffungs- und Absatzprogramm[1].

Eine große Zahl Varianten führt häufig zu hohen Beständen und gleichzeitig schlechtem
Lieferservice, wenn die Beschaffung und Fertigung kundenanonym erfolgen. Das Konzept
der späten Variantenbildung (**Postponement**) verlagert die variantenbildenden Schritte im
Herstellungsprozess in Richtung Kunde.

Die späte Variantenbildung verbessert die Prognosegenauigkeit und die Bestände sind flexibler nutzbar.

Beispiel: Drucker von Hewlett-Packard:
Die Drucker werden in Amerika hergestellt und von einem europäischen Distributionszentrum auftragsbezogen in die europäischen Länder geliefert. Die Ländervarianten unterscheiden sich durch das Handbuch in Landessprache, Typenschilder und Netzteile. Anfang
der 90er Jahre hat HP das Konzept der späten Variantenbildung eingeführt: statt wie bisher
die Druckervarianten in den USA in anonymer Vorratsfertigung herzustellen, werden nun
generische Drucker hergestellt und nach Europa geliefert. Erst im Distributionszentrum
werden die länderspezifischen Komponenten hinzugefügt (vgl. Alicke 2005 S. 136f). Da
die Drucker in einem unspezifischen Zustand im Distributionszentrum liegen, sind sie für
jedes Land geeignet. Überbestände der Ländervariante 1 und gleichzeitig Fehlmengen der
Ländervariante 2 treten daher nicht mehr auf.

---

[1]   Bsp. Jeans: Durch 5 verschiedenen Längen, je 5 Bundweiten für Männer und Frauen, 6 Farben
und 5 Schnitte entstehen $5 \cdot 5 \cdot 2 \cdot 6 \cdot 5 = 1.500$ Varianten.

Das Konzept **Mass Customization**[1] verfolgt das Ziel, Produkte **kundenindividuell** zu **Kosten der Serienfertigung** zu fertigen. Der Order-Penetration-Point wird upstream verschoben: Konventionell wird Massenware wie Kleidung und Schuhe anonym im Push-Prinzip hergestellt, der order-penetration-point liegt konventionell auf der Ebene des Einzelhandels. Der Jeans-Hersteller *Levis*, der Hemdenhersteller *Eterna,* und der Sportschuhhersteller *Creo Interaktive* (www.creo.de) bieten dem Kunden die Möglichkeit, in den Produktionsprozess einzugreifen und ein passgenaues Hemd oder perfekt passende Schuhe zu bestellen. Gleichzeitig wird nur produziert, was bestellt wird. Der Verlag *Pegastar AG* (http://www.pegastar.com) stellt personalisierte Bücher her. Das Konzept Mass Customization unterscheidet sich von der individualisierten Einzelfertigung dadurch, dass die Individualisierung nur an einigen – für den Kunden relevanten – Komponenten möglich ist und nur innerhalb genau definierter Ausmaße und Anpassungsschritte. Diese eingeschränkte Flexibilität erlaubt dem Hersteller eine hohe Standardisierung seiner Prozesse. Der Kunde akzeptiert eine Lieferzeit. Der Hersteller muss kurze Durchlaufzeiten erreichen. Die Produkte sind modular aufgebaut. Sie weisen einen hohen Anteil Gleichteile auf, die Individualität des Enderzeugnisses wird gegen Ende der Fertigung durch kompatible Bauteile erreicht.

4.8   Gestaltung des Lager- und Transportsystems – Gestaltung der physischen Prozesse

Die **Gestaltung des Lagersystems** (auch Lagerhausmanagement) entscheidet über die Zahl der Lagerstufen und die Zahl und Standorte der Lager auf jeder Stufe. Jeder Lagerstufe werden Beschaffungsquellen und interne Kunden (z. B. Filialen) oder regionale Absatzgebiete als Lieferpunkte zugeordnet. Für jedes Lager ist festzulegen, welche Aufgaben (Lagern, Umverteilen, Preisauszeichnung, Aufarbeitung, Retourenbearbeitung) es übernehmen soll, weiterhin ist über ihre Größe (Palettenstellplätze) und technische Ausstattung sowie über das Kommissioniersystem zu entscheiden.

Die logistische Kette vom Hersteller über den Handel zum Kunden kann ein- oder mehrstufig gestaltet werden: Das **einstufige** Logistiksystem (**Streckenbelieferung**) liefert die Ware vom Hersteller direkt zur Filiale, in mehrstufigen Systemen werden bestellte Produkte über **Logistikzentren** geliefert, die die Funktion eines Zentral- oder Regionallagers oder eines Transitterminals wahrnehmen.

In Industrie und Handel ist in den letzten Jahren eine starke Reduzierung der Lagerstufen zu beobachten, die als Zentralisierung der Bestände bezeichnet wird (vgl. Abb. 4-10).

Der Verzicht auf Lagerstufen – d. h. die Zentralisierung von Beständen – verspricht **Einsparungen** durch geringeren Ausgleichs- und Sicherheitsbestand sowie durch geringere Lagerfixkosten:

Der kostenoptimale **Ausgleichsbestand** von Artikeln mit regelmäßigem Bedarf[2] ist proportional zur Wurzel aus dem Periodenbedarf. So ist bei einer Verdopplung des Bedarfs nur mit

---

[1]   Vgl. http://www.oscar.de/newsletter/nl_masscustom_prinzipien.pdf

[2]   Zur Optimierung des Ausgleichsbestands mit dem Andler-Modell vgl. Melzer-Ridinger 2004 S. 195.

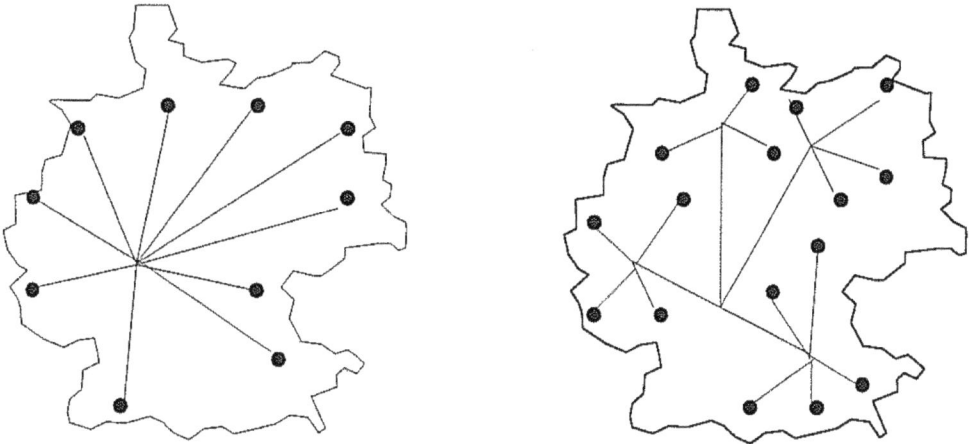

Abb. 4-10: Zentrale und dezentrale Bestandshaltung

einem Anstieg des mittleren Bestands um einen Faktor $\sqrt{2} = 1,41$, also nur um 41% zu rechnen, wenn die Bestände optimal disponiert werden. Wegen des unterproportionalen Anstiegs der Bestände sind die Lagerhaltungskosten eines Artikels mit regelmäßigem Bedarf sehr viel geringer, wenn der Gesamtbedarf des Artikels aus einem Zentrallager statt aus mehreren dezentralen Lagern beliefert wird (vgl. Gudehus 2005 S. 396f).

Eine vereinfachte Faustregel verdeutlicht die Wirkung und Bedeutung der Zentralisierung auf den Ausgleichsbestand: **Durch eine Zentralisierung der Bestände aus N dezentralen Lagern mit den gleichen Sortimenten und den gleichen Bedarfen lässt sich der Gesamtbestand in einem Zentrallager bei optimaler Bestands- und Nachschubdisposition um einen Faktor $1/\sqrt{N}$ gegenüber dem Gesamtbestand der dezentralen Lager senken.**

Beispiel:
Wenn 5 dezentrale Auslieferungslager je einen Bedarf von 20.000 Stück im Jahr bedienen, wenn ein Bestellkostensatz von 80 € und ein Lagerhaltungskostensatz von 10% p. a. und Einstandskosten von 2,50 €/Stück angenommen werden, beträgt die optimale Bestellmenge für das Auslieferungslager 3.578, der mittlere Ausgleichsbestand je Auslieferungslager beträgt also 1.789 Stück und 8.945 Stück im dezentralen Lagersystem.
Wird der Gesamtbedarf der 5 Auslieferungslager (100.000 Stück) von einem Zentrallager aus geliefert und gelten dort die gleichen Kostensätze, beträgt die optimale Nachschubmenge für das Zentrallager 8.000 Stück, der mittlere Ausgleichsbestand 4.000 Stück. Nach der Faustformel $1/\sqrt{N}$ ergäbe sich durch die Zentralisierung eine Bestandssenkung um $1/\sqrt{5} = 0,447 \cdot 8.945 = 3.998,45$.

Im Zentrallager kann darüber hinaus ein **niedrigerer Sicherheitsbestand** gehalten werden bzw. es kann die Lieferbereitschaft des Lagersystems gegenüber der dezentralen Lagerung verbessert werden. Da das Zentrallager eine größere Zahl von Kunden bedient, werden sich Bedarfsspitzen und -täler der Kunden teilweise ausgleichen. Die im Zentrallager beobachtete

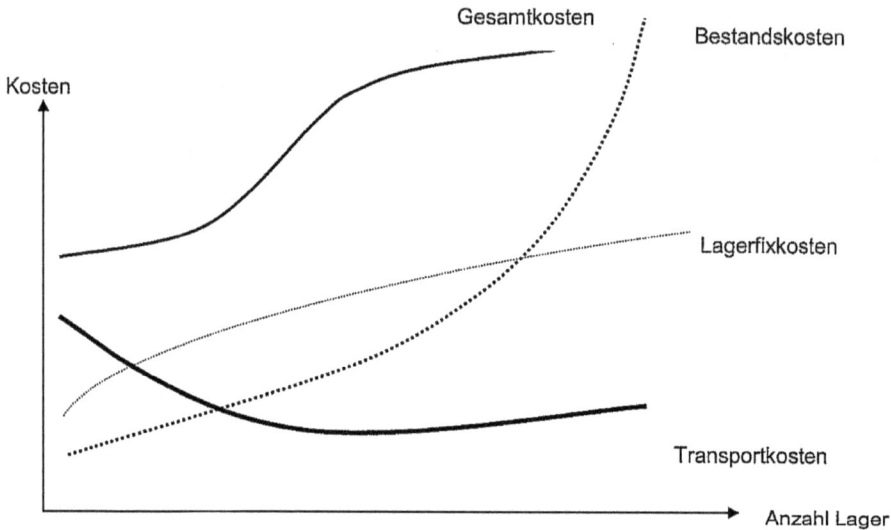

Abb. 4-11: Abhängigkeit der gesamten Logistikkosten von der Anzahl der Lagerstufen (in Anlehnung an Grant 2006 S. 246)

Streuung des Bedarfs (Varianz) steigt nur unterproportional, wenn die Bestände zentralisiert werden.

Eine Zentralisierung der Bestände verspricht **weitere Einsparungen bei den Lagerfixkosten.** Infolge des höheren Durchsatzes reduzieren sich bei gleicher Technik die Lagerpersonal- und Lagerplatzkosten eines Zentrallagers im Vergleich zu kleinen dezentralen Lagern (economies of scale). In einem größeren Zentrallager sind durch den Einsatz automatischer Transport- und Kommissioniersysteme die Kosten für Ein- und Auslagerung und Kommissionierung geringer.

Andererseits vermindern sich die Einsparungen in der gesamten Lieferkette vom Lieferanten bis zur Filiale um die **Mehrkosten für den Transport**, die aus einer größeren Entfernung des Zentrallagers von den Verkaufspunkten und aus vergleichsweise kleinen Transportmengen resultieren.

Bei der Bestimmung der Anzahl Lagerstufen, die ein Lagersystem haben sollte, sind deshalb die Konflikte zwischen den Transportkosten gegenüber den Lagerfix-, und Lagerbestandskosten zu berücksichtigen (vgl. Abb. 4-11).

Die kostenorientierte Betrachtung muss darüber hinaus ergänzt werden um eine Untersuchung des erzielbaren **Lieferservice**. Die größeren Transportentfernungen zu den Kunden bergen ein erhöhtes Risiko, dass die angestrebte Lieferzeit und Termintreue nicht gewährleistet werden kann. Ein besonderes Problem bilden dabei die Zollabfertigung und der Wechsel von Transportmitteln (vgl. weiterführend Bowersox 2006 p. 212-217, Müller-Hagedorn 1998 S. 509–513, Stölzle u. A. 2004 S. 45-47).

Um den Konflikt zwischen sinkenden Bestandskosten und steigenden Transportkosten zu reduzieren, wurden in der Praxis **indirekte Transportsysteme** entwickelt.

In einem indirekten/mehrstufigen Transportsystem wird der Güterfluss an mindestens einem Punkt unterbrochen (vgl. zum folgenden Gudehus 2005 S. 23ff). Ein Logistikzentrum, das meist von einem logistischen Dienstleister betrieben wird, nimmt die Funktion eines Auflösungs- und/oder Konzentrationspunkts wahr.

Wird zwischen Liefer- und Empfangspunkt eine Sammelstation (**Konzentrationspunkt**) geschaltet, wird

- eine von verschiedenen Lieferpunkten eintreffende homogene Gütermenge (eine artikelreine Lieferung, Menge eines bestimmten Gutes) zu größeren Gütermengen zusammengefasst (Umschlagsprozess, sammeln) oder

- eine von einem oder verschiedenen Lieferpunkten eintreffende heterogene Gütermenge zu Sortimenten zusammengefasst und an die Empfangspunkte weitergeleitet (Umschlagsprozess, sortieren).

Wird zwischen Liefer- und Empfangspunkt eine Verteilstation (**Auflösungspunkt**) geschalten, wird

- eine von einem Lieferpunkt eintreffende homogene Gütermenge in kleinere homogene Güterflüsse zu verschiedenen Empfangspunkten aufgelöst (Umschlagsprozess, auflösen) oder

- eine von einem Lieferpunkt eintreffende heterogene Gütermenge (eine Menge verschiedener Produkte) in kleinere heterogene oder homogene Güterflüsse zu verschiedenen Empfangspunkten aufgelöst (Umschlagsprozess, sortieren).

Die Logistiksysteme in der Praxis sind meist „**hybride**", als sie je nach Sendungsgröße sowohl einstufige Direktbelieferung als auch gebrochene/indirekte Transporte über Konsolidierungsknoten vorsehen.

Sind wenige Großkunden von vielen weit verteilten Lieferanten über große Entfernungen zu beliefern, ist eine 2-stufige Logistikstruktur mit einem Warenfluss über einen Umschlagspunkt zweckmäßig, der sich als **Konzentrationspunkt**/Sammelstation in der Nähe der Lieferanten befindet. Soll eine große Zahl flächenverteilter Kunden von wenigen Lieferanten über große Entfernungen versorgt werden, kann es sinnvoll sein, die Ware über einen **Auflösungspunkt**/Verteilstation in der Region der Kunden zu transportieren.

Bei einer Versorgung vieler Kunden (Handelsfilialen) durch viele weit entfernte Lieferanten kann ein 3-stufiges Transportsystem mit einem Konzentrationspunkt in der Nähe der Lieferanten und einem Auflösungspunkt in der Nähe der Kunden vorteilhaft sein. In den bestandslosen Umschlagsstationen werden Warenumschlag und Transportbündelung nach dem Crossdocking-Verfahren (sortiert nicht) oder nach dem Transshipment-Verfahren (sortiert filialgerecht) abgewickelt (vgl. Gudehus 2005 S. 885ff).

Bei der Gestaltung der Transportkette ist der **Konflikt** zwischen dem Ziel einer kurzen **Transportdauer** und **Kostenminimierung** zu lösen:

Die minimale Transportdauer wird durch eine Transportkette erreicht, die Liefer- und Empfangspunkt ohne Unterbrechung verbindet. Bei einer einstufigen Transportkette werden jedoch vergleichsweise geringe Transportmengen über große Entfernungen transportiert (Stückgutverkehr). Die ungebrochene Transportkette hat den Vorteil geringer Transportdauer und den Nachteil hoher Transportkosten.

In mehrstufigen Logistiksystemen wird **zwischen den Umschlagspunkten eine Senkung der Transportkosten** erreicht, da durch Bündelung der Transporte großvolumige und preisgünstige Transportmittel (Bahn, Sattelzüge) eingesetzt werden können und eine hohe Auslastung der Transportmittel und -hilfsmittel (Behälter, Paletten, Container) erreicht wird. Durch Zusammenfassen der Warensendungen von einem oder mehreren Lieferanten und die filialgerechte Kommissionierung und Anlieferung beim Kunden, reduziert sich für den Kunden die Anzahl der Anlieferungen. Auch die Distributionskosten zu den Filialen werden im Vergleich zur Streckenbelieferung geringer.

Die Umwege und Unterbrechungen durch Umschlagsvorgänge benötigen Zeit und verursachen Kosten. Sie sind potentielle Ursache für Transportschäden und Verzögerungen. Von einer Verzögerung ist regelmäßig nicht nur ein Transportauftrag betroffen, sondern auch die Kundenaufträge, die auf der Strecke zugeladen werden sollen. Es ist daher eine intensive Abstimmung zwischen dem Versender, Empfänger und den Transitterminals erforderlich, um bei Verzögerungen adäquat reagieren zu können. Der logistische Dienstleister muss die Umladevorgänge sicher, schnell und kostengünstig abwickeln können, er muss ein wirksames Störungsmanagement beherrschen und ein Netz von Transitterminals betreiben oder Kooperationen betreiben.

Die Transportzeit verlängert sich auch ohne Störungen durch die Umwege und Unterbrechungen. Dadurch entsteht ein erhöhter Druck, die kaufmännische und logistische Abwicklung beim Versender zu beschleunigen.

Beispiel:
Eine Baumarktkette mit einem Sortiment von ca. 60.000 Artikeln wird von 1.200 Lieferanten beliefert. Die über Deutschland und das angrenzende Ausland verteilten 80 Baumärkte wurden bisher frei Haus beliefert. Die Filialen wurden in hohem Maße durch die große Anzahl ungeregelt über den Tag eintreffenden Sendungen unterschiedlichsten Umfangs belastet: Die Baumärkte erhielten täglich 30-60 Lieferungen, die Spitzenbelastung der Warenannahme lag bei über 100 Lieferungen. Die Belastung der Filialmitarbeiter durch logistische Tätigkeiten lag bei 30–35% der Arbeitszeit. Der Lieferumfang streute zwischen 1 Paket, mehreren Paletten und vollen LKW-Ladungen.

Die Baumarktkette führte an optimalen Standorten 2 Logistikzentren ein, die als Crossdocking-, Transshipmentstation oder Lager fungieren. Die bisher einheitliche Direktbelieferung der Filialen wurde durch 4 Geschäftsprozessvarianten ersetzt:

- Sendungen mit mehr als 5 Paletten oder über 1 t Gewicht, großvolumige und unverträgliche Waren (Teppich, Gefahrgut, Zement, Düngemittel) werden von den Lieferanten als Ganz- oder Teilladung direkt an die Baumärkte geliefert (Prozess 1).
- Lieferungen, die größer sind als ½ Palette pro Baumarkt, werden über das Logistikzentrum im Crossdocking-Verfahren abgewickelt (Prozess 2).
- Kleinere Sendungsumfänge durchlaufen im Logistikzentrum das Transshipment-Verfahren (Prozess 3).
- Aktions- und Importware wird im Logistikzentrum artikelrein angeliefert und gelagert (Prozess 4).

(Quelle: Gudehus 2005 S. 945)

4.9   Lieferantenmanagement

Supplier Relationship Management (SRM) fordert eine systematische und differenzierte Gestaltung der Zusammenarbeit mit Lieferanten unter Berücksichtigung der Lieferantenwechselkosten und des Wertes eines Lieferanten für den Abnehmer. Unternehmensübergreifendes Supply Chain Management ist nur in engen, langfristigen und partnerschaftlichen Beziehungen zu Lieferanten möglich (single sourcing vgl. Abb. 4-12): Für die informationstechnische, mentale und organisatorische Integration sind erhebliche Investitionen erforderlich. Die Partner in der logistischen Kette können diese nur in langfristigen Beziehungen amortisieren. Enge und langfristige Lieferantenbeziehungen sind Voraussetzung für die Bildung von Vertrauen, Kenntnis und Erfahrungen über die Leistungsfähigkeit und den Leistungswillen der Partner (Bund/Granthien 2001 S. 137ff). Im operativen Tagesgeschäft ist eine langfristige single source Beziehung eine wesentliche Erleichterung (wenn nicht die organisatorische Voraussetzung) für eine Abstimmung der Bestellaufträge auf die Auslastungs- und Beschaffungssituation des Lieferanten. Der Produktionsplaner des Abnehmers hat in einer single source Beziehung die Möglichkeit zu erkennen, ob er mit seinen Bestellaufträgen beim Lieferanten einen Engpass oder unerwünschte Belastungsschwankungen und damit eventuell vermeidbare Kosten auslöst (vgl. Arnold/ Warzog 2001 S. 23f).

Unternehmen, die Supply Chain Management praktizieren, sollten jedoch nicht ausschließlich in engen, partnerschaftlichen und langfristigen Lieferantenbeziehungen (single sourcing) arbeiten. Vielmehr sollte die Beziehungen differenziert gestaltet werden auf einem Kontinuum, das die folgenden charakteristischen Ausprägungen hat (vgl. Corsten/Gabriel 2002):

- **Einzelbestellungen** – Der Abnehmer geht keine über den einzelnen Bestellauftrag hinausgehenden Verpflichtungen ein.

- **Multiple sourcing** – Der Gesamtbedarf wird gezielt auf mehrere Lieferanten verteilt (Bedarfssplitting). Aus der Liste der zugelassenen Lieferanten wird fallweise ein Lieferant ausgewählt, der lieferfähig ist und den günstigsten Preis anbietet.

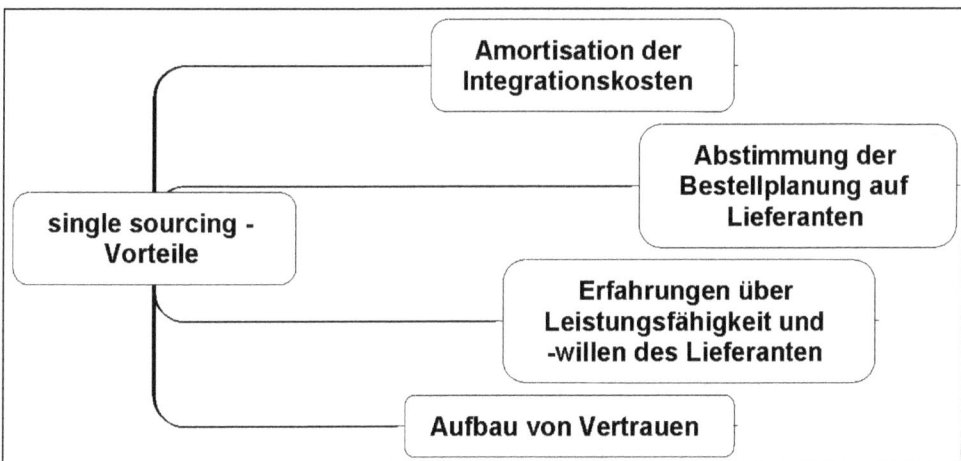

Abb. 4-12: Vorteile einer single source Beziehung

- **Single sourcing** in langfristigen Geschäftsbeziehungen (Vorzugslieferant) – Der strategische Einkauf bestimmt einen Lieferanten, bei dem in einer festgelegten Periode bestellt wird und vereinbart auf Basis einer geplanten Abnahmemenge Preise, Lieferungs- und Zahlungskonditionen. Die operative Bestellabwicklung kann dezentral durchgeführt werden. In der konventionellen Lieferbeziehung werden Prüfungen, Bestandshaltung und Dispositionsaufgaben doppelt und isoliert voneinander durchgeführt. Der Lieferant plant seine Fertigung und Materialbeschaffung auf der Grundlage historischer Absatzmengen, ohne Kenntnis über den zukünftigen Bedarf des Kunden. Die daraus resultierende Bedarfsunsicherheit wird mit Puffern in Beständen, Kapazitäten und Engpassmanagement bewältigt. Auch der Abnehmer hält Bestände im Materiallager, da er die Liefertreue des Lieferanten nur aus Erfahrung beurteilt. Die Bestellaufträge des Kunden sind nicht auf Transportmittelkapazitäten und nicht auf Fertigungskapazitäten abgestimmt. Der Lieferant muss schwankenden Absatz ausgleichen. Bei **kollaborativem single sourcing** (unternehmensübergreifendes Supply Chain Management) stellt der Abnehmer seinen Lieferanten forecasts zur Verfügung, mit denen er seinen voraussichtlichen Materialbedarf ankündigt. Diese forecasts werden rollierend überarbeitet und schrittweise präzisiert. Vendor Managed Inventory (VMI) überträgt die Dispositionsverantwortung auf den Lieferanten. Bei kooperativer Disposition tauschen Lieferant und Abnehmer Bestands- und Kapazitätsdaten aus. Eine sog. stock-to-stock-Anlieferung vermeidet die Qualitätsprüfung im Wareneingang des Abnehmers. Zur Sicherung der Materialqualität werden umfassende Qualitätsmanagementvereinbarungen und Prüfvereinbarungen abgeschlossen.

Einzelbestellungen sind für Beschaffungsobjekte geeignet, die sinkenden Preisen oder starken Preisschwankungen unterliegen (vgl. Abb. 4-13). Einzelbestellungen werden auch für Objekte getätigt, die einmalig oder selten benötigt werden oder einem raschen technologischen Wandel unterworfen sind. Multiple sourcing mit Volumenverträgen wird mit dem Ziel einer hohen Versorgungssicherheit oder um Preisdruck auszuüben praktiziert. Nachteilig ist der hohe Aufwand für Ausschreibung und Angebotsvergleich, deshalb lohnt sich multiple sourcing nur, wenn das Beschaffungsobjekt einen hohen Anteil am Einkaufsvolumen verursacht. Der Bestellvorgang lässt sich aufgrund der im System hinterlegten Lieferanten-Stammdaten effizient abwickeln. Single sourcing wird für direktes Produktionsmaterial an-

Geschäftsmodell	Beschaffungsobjektmerkmale, vorrangige Ziele
Einzelbestellungen	Sinkende Preise, starke Preisschwankungen, einmaliger, seltener Bedarf
Multiple sourcing + Volumenverträge	Versorgungssicherheit und Preisvorteile durch Wettbewerbsdruck, wegen hoher Kosten für Ausschreibung und Angebotsvergleich nur für A-Material
Single sourcing (Vorzugslieferant)	Hohe abnehmerspezifische Investitionen gefordert, Prozesskosteneinsparung, Preisvorteile durch Bedarfsbündelung
kollaboratives single sourcing	Hohes Versorgungsrisiko, hohe Bestandskosten

Abb. 4-13 : Differenzierte Gestaltung der Beziehung zu Lieferanten

gewendet, wenn vom Lieferanten hohe abnehmerspezifische Investitionen in Entwicklung, Qualitätsmanagement, Logistik oder Produktionsausstattung erwartet werden. Mit dem Ziel der Prozesskostensenkung wird dieses Modell auch im Bereich geringwertiger indirekter Produkte (z. B. Büromaterial) praktiziert. Unternehmensübergreifendes Supply Chain Management lohnt sich für Beschaffungsobjekte, die ein hohes Versorgungsrisiko wegen starker Bedarfsschwankungen aufweisen und für die doppelte und hohe Bestände vermieden werden sollen (vgl. Arnold 1996 Sp. 1861–1874).

Supply Chain Management kann nicht verordnet werden. Eine kollaborative Beziehung kann deshalb nur aufgebaut werden mit Lieferanten, bei denen der Abnehmer einen hohen Kundenwert aufweist.

Der Lieferant orientiert die Zusammenarbeit mit Kunden und seine Aktivitäten zur Neugewinnung von Kunden an der Attraktivität des Kunden (Customer Relationship Management). Dabei wird die Attraktivität eines Kunden nicht nur am Umsatz bemessen. Zur Ermittlung des Kundenwerts werden tatsächliche und potenzielle Absatz-, Umsatz- und Kostendaten über alle Produkte und Geschäftsbereiche hinweg ermittelt. Dabei spielen die Betreuungskosten, die der Kunde verursacht, eine wesentliche Rolle. Hohe Umsätze sind aus der Sicht des Lieferanten dann weniger attraktiv, wenn der Kunde sporadischen oder dringlichen Bedarf hat oder von den Anforderungen anderer Kunden abweichende Spezifikationen benötigt.

5   Anforderungen an die Supply Chain Management-Mitarbeiter

Die intensive Zusammenarbeit über Abteilungs-, Funktions- und Unternehmensgrenzen hinweg erfordert das Erkennen und Berücksichtigen von Wirkungen eigener Entscheidungen auf andere Funktionsträger und den Verzicht auf Vorteile im eigenen Verantwortungsbereich zugunsten der Vermeidung ganzheitlicher Nachteile. Supply Chain Management setzt daher prozessorientiert und ganzheitlich denkende und handelnde Mitarbeiter voraus und Kooperationswillen und Teamfähigkeit aller Beteiligten (vgl. Knolmayer u. a. 2000 S. 19f, Bund/Granthien 2001 S. 129ff).

Supply Chain Management verändert die **Rolle des Einkäufers** – der konventionelle Einkäufer betrachtet die Rahmenbedingungen, die vom Vertrieb, Marketing und in der Produktionsplanung gesetzt werden, als unabänderlich: Spezifikationen, kurzfristige Terminzusagen, Variantenvielfalt, niedrige Bestände und kurzfristige Änderungen des Produktionsplans haben auf der Ebene des Einkaufs viele kleine Bestellungen, sporadischen und dringlichen Bedarf zur Folge. Der Supply Chain Manager hinterfragt die Ursache-Wirkungsketten, die zu diesen Rahmenbedingungen führen, und stellt sie kritisch in Frage.

Die Leistungen des Einkaufs in den Aufgabenbereichen Informationsmanagement, Versorgungsmanagement und Flexibilität, Qualitätsmanagement und Preismanagement beeinflussen die Prüf- und Fehlerkosten, die Bestandskosten, die Fertigungskosten, die Qualität des

Konventionelle Produktionsplanung	Produktionsplanung im Supply Chain Management
Für den Abnehmer optimale Produktions- und Bestellaufträge	Auf die Kapazitäts- und Bestandssituation des Lieferanten abgestimmte Abrufe
isolierte Planung je Identnummer	Verbunddisposition
Verantwortung für Lager-, Rüst- und Bestellkosten	Verantwortung auch für Engpass-, Fehlmengen-, Einstands-, Transport-, Kapazitätsanpassungs- und Stillstandskosten
Optimale Produktion bildet Grundlage für Bestellplanung und Versanddisposition	Abstimmung der Produktions-, Bestell- und Distributionsplanung
Lange Liege- und Durchlaufzeiten der Aufträge zugunsten geringer Stillstandszeiten der Arbeitsplätze	Verschärfter Konflikt zwischen Stillstandszeiten und Liegezeiten durch Druck auf Durchlaufzeiten
Hohe Anforderungen an den Lieferservice werden durch Bestände gewährleistet	Bestände werden durch Planungsqualität ersetzt

Abb. 5-1: Veränderungen der Produktionsplanung im Supply Chain Management

Enderzeugnisses sowie den Lieferservice gegenüber dem Kunden. Der umfassend denkende Supply Chain Manager erkennt diese Wirkungen und berücksichtigt sie in seiner Entscheidungsfindung.

Supply Chain Management erweitert auch die **Verantwortung der Produktionsplanung** (vgl. Abb. 5-1) – ihr Einfluss auf die Kosten für Engpassmanagement, Kapazitätsanpassungskosten, Transportkosten und Stillstandskosten wird stärker als bisher wahrgenommen. Der Verkürzung der Durchlaufzeiten wird große Bedeutung beigemessen. Das Bemühen um kurze Liegezeiten der Produktionsaufträge erzwingt häufig lange Stillstandszeiten der Arbeitsplätze und gefährdet das Ziel einer hohen Kapazitätsauslastung. Während der Produktionsplan bisher die Basis für die Bestellplanung und die Planung der Warenverteiltransporte bildete (Sukzessivplanung), wird künftig eine Abstimmung der Bestell-, Produktions- und Distributionsplanung gefordert, um Verbesserungspotenziale beim gesamten Transportaufwand zu realisieren. Lieferservice wird nicht mehr durch Puffer in den Beständen und Kapazitäten sichergestellt. Gefordert ist, Puffer durch Planungsqualität zu ersetzen.

6   Informationstechnologie als Enabler und Restriktion im Supply Chain Management

Die informatorische Integration der an der Auftragsabwicklung, an der Produktentwicklung, an den Marketingentscheidungen beteiligten Funktionsträger und der Mitglieder der unternehmensübergreifenden Prozesskette ist eine wesentliche Voraussetzung für Supply Chain Management (vgl. Abb. 6-1). Bei der Verbesserung und radikalen Umgestaltung der Geschäftsprozesse soll die Informationstechnologie die Rolle des **Supporters** einnehmen, indem sie praktizierte Prozesse automatisiert, beschleunigt und die Fehlerrate reduziert (dies gilt insbesondere für indirektes Material und Nicht-Produktionsmaterial) (vgl. Dolmetsch 2000). Sie übernimmt die Rolle des **Integrators**, indem sie Daten und Funktionen integriert und offen legt, welche Auswirkungen Aktivitäten und Unterlassungen eines Funktionsträgers in anderen Abschnitten der Prozessketten verursachen. Die wahre Kraft der Informationstechnologie liegt jedoch darin, dass sie es möglich macht, alte Regeln zu brechen und neue Arbeitsweisen zu erzeugen. In dieser Rolle wird die Informationstechnologie zum **Enabler** neuer Arbeitsteilung und Abläufe (vgl. Mau 2000 S. 83).

Das Medium Internet nimmt im unternehmensübergreifenden Supply Chain Management eine zunehmend bedeutende Rolle ein als innovative Plattform für die unternehmensüber-

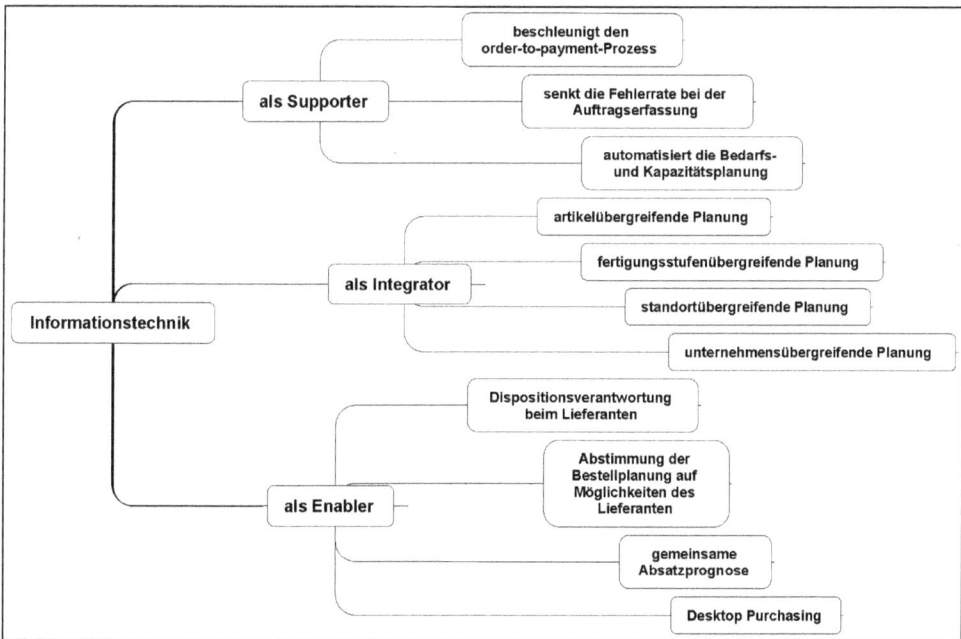

Abb. 6-1: Rolle der Informationstechnik im Supply Chain Management

greifende Zusammenarbeit. Collaboration ist vor diesem Hintergrund nicht einfach eine Verknüpfung einzelner ERP-Systeme mit Internet-Technologien. Es handelt sich nicht um einen Datenaustausch anstelle papierbasierter Bestellung oder klassischer EDI. Collaborative Planning geht noch einen Schritt weiter: Der Lieferant erhält forecasts und Lieferabrufe der Kunden, die Partner gewähren gegenseitig Einblick in die Produktionsplanung und Bestandssituation. Auf der Basis eines Intranets können in Konzernen mit verteilten Standorten die Vorteile eines zentralen strategischen Einkaufs realisiert werden (Bedarfsbündelung, Austausch von Erfahrungen über Lieferanten), ohne die Vorteile einer dezentralen Bestellabwicklung aufgeben zu müssen (vgl. Corsten/Gössinger 2001 S. 120f).

7 Hindernisse bei der Einführung von Supply Chain Management

Die funktions- und objektorientierte Arbeitsteilung ist für Supply Chain Management ungeeignet. Der einzelne Mitarbeiter überblickt jeweils nur Teile der Prozesskette und hat keine Informationen über Abhängigkeiten und Zielkonflikte (**Intransparenz**). Häufig fehlt die Bereitschaft, ganzheitlich optimale Entscheidungen zu treffen (**Ressortegoismus**). Intransparenz und **Komplexität** werden auch verursacht durch die große Variantenvielfalt, die auf knappe Ressourcen zugreift sowie durch Zielpluralität (Lieferservice, Kosten, Kapazitätsauslastung). Der Zusammenhang zwischen Kundenauftrag und Bestellauftrag geht durch Losbildung auf den Fertigungsstufen verloren. Nervöse Systemreaktionen verursachen **undurchsichtige Dynamik** in der Prozesskette. Supply Chain Management schafft Abhängigkeiten und schränkt die Flexibilität ein. Für die informationstechnische Integration sind erhebliche **Investitionen** erforderlich, deren Finanzierung und Vorteilhaftigkeit zu klären ist. Die einzelnen Unternehmen geben einen Teil ihrer Autonomie auf und gewähren dem Partner Einblick in sensible Daten. Die Neustrukturierung der Material- und Informationsflüsse ändert die bisherige Aufgabenteilung zwischen Zulieferer und Abnehmer. Kosten und Nutzen hierfür müssen **fair** aufgeteilt werden (vgl. Little 1999).

Forschungsbedarf besteht noch zur Frage der Aufteilung von Effizienzgewinnen unter den Mitgliedern der Supply Chain, zu einer kapazitätsorientierten Produktionsplanung, die eine hohe und gleichmäßige Auslastung verspricht und zur gesamtkostenminimalen Gestaltung und Lenkung der Supply Chain, also zur stufenübergreifenden Bestimmung von Sicherheits- und Ausgleichsbeständen, des Order-Penetration-Points und der Preispolitik (vgl. Behr-Karla/Jahn 2003 S. 139ff).

8   Literatur zu Kapitel I

Alicke, K.: Planung und Betrieb von Logistiknetzwerken. Unternehmensübergreifendes Supply Chain Management. Springer Verlag 2005

Arnold, U., Warzog, F.: Supply Chain Management – Konzeptabgrenzung und branchentypische Differenzierung. In: Arnold, U., Mayer, R., Urban, G. (Hrsg.): Supply Chain Management. Unternehmensübergreifende Prozesse, Kollaboration, IT-Standards. Bonn 2001 S. 15–47

Arnold, U.: Sourcing Konzepte. In: Kern, W. (Hrsg.): Handwörterbuch der Produktionswirtschaft. 2. Aufl. Stuttgart 1996 Sp. 1861–1874.

Becker, J., Winkelmann, A.: Handelscontrolling. Optimale Informationsversorgung mit Kennzahlen. Berlin Heidelberg 2006

Becker, T.: Supply Chain Prozesse, Gestaltung und Optimierung. In: Busch, A., Dangelmaier, W. (Hrsg.): Integriertes Supply Chain Management. Theorie und Praxis effektiver unternehmensübergreifender Geschäftsprozesse. Wiesbaden 2002

Becker, T.: Prozesse in Produktion und Supply Chain optimieren. Berlin Heidelberg 2005

Behr-Karla, C., Jahn, A.: Effizienzgewinne und Optionspreismodelle in Value Chain Networks. In: Bogaschewsky, R. (Hrsg.): Integrated Supply Management. Einkauf und Beschaffung: Effizienz steigern, Kosten senken. Köln 2003 S. 139–151

Bellmann, K.: Produktion und Beschaffung – Management einer innerbetrieblichen Schnittstelle. In: Hahn, D., Kaufmann, L. (Hrsg.): Handbuch Industrielles Beschaffungsmanagement. 2. Aufl. Wiesbaden 2002 S. 361–379

Best, F., Thonemann, U., W.: Supply Chain Engineering. In: Supply Chain Management II/2003 S. 7–15

Bowersox, D., Closs, D., Bixby Cooper, M.: Supply Chain Logistics Management. 2nd Ed. Mc Graw-Hill 2006

Brecht, L.: Performance Management von Beschaffungsprozessen. In: Boutellier, R., Wagner, S., Wehrli, H.: Handbuch Beschaffung. Strategie, Methoden, Umsetzung München Wien 2003 S. 909–933

Bund, M., Granthien, M.: Ganzheitliches Beziehungsmanagement in der supply chain. In: Walther, J., Bund, M. (Hrsg.): Supply Chain Management. Neue Instrumente zur kundenorientierten Gestaltung integrierter Lieferketten. Frankfurter Allgemeine Zeitung 2001, S.129–155.

Cooper, M.C., Ellram, L.M.: Characteristics of Supply Chain Management and the Implications for Purchasing and Logistics Strategy. International Journal of Logistics Management Vol. 4 No. 2 (1993) S. 13–24.

Corsten, D., Gabriel, C.: Supply Chain Management erfolgreich umsetzen. Grundlagen, Realisierung und Fallstudien. Berlin 2002

Corsten, H., Gössinger, R.: Einführung in das Supply Chain Management. München Wien 2001

Dolmetsch, R.: Elektronischer Handels- und Informationsaustausch. München 2000

ELA European Logistics Association (Hrsg.), Differentiation for Performance Excellence in Logistics 2004. Hamburg 2004

Ehrlenspiel, K.: Konstruktion. In: Kern, W. (Hrsg.): Handwörterbuch der Produktionswirtschaft. 2. Aufl. Stuttgart 1996 Sp. 904–922

Engelke, M., Rausch, A.: Supply Chain Management mit Hilfe von Key Performance Indikatoren. In: Stölzle, W., Gareis, K. (Hrsg.): Integrative Management und Logistikkonzepte. Wiesbaden 2002. S. 183–204

Geimer, H., Becker, T.: Mit dem Supply Chain Operations Reference-Modell (SCOR) Prozess optimieren. In: Lawrenz, O., Hildebrand, K., Nenninger, M., Hillek, T.: Supply Chain Management. Konzepte, Erfahrungsberichte und Strategien auf dem Weg zu digitalen Wertschöpfungsnetzen. 2. Aufl. Wiesbaden 2001 S. 115–138.

Germer, T., Wintermantel, F.: Flexibler Rahmen für das Einkaufscontrolling. In: Beschaffung Aktuell 1/2005 S. 22f

Grant, R., M., Nippa, M.: Strategisches Management. Analyse, Entwicklung und Implementierung von Unternehmensstrategien. München 2006

Gudehus, T.: Logistik. Grundlagen, Strategien, Anwendungen. 3. Aufl. Berlin Heidelberg 2005

Heinzel, H.: Gestaltung integrierter Lieferketten aus Basis des Supply Chain Operations Reference-Modells. In: Walther, J., Bund, M. (Hrsg.): Supply Chain Management. Neue Instrumente zur kundenorientierten Gestaltung integrierter Lieferketten. Frankfurter Allgemeine Zeitung 2001, S. 32–58.

Kaufmann, L., Germer, T.: Controlling internationaler Supply Chains: Positionierung – Instrumente – Perspektiven. In: Arnold, U., Mayer, R., Urban, G. (Hrsg.): Supply Chain Management. Unternehmensübergreifende Prozesse, Kollaboration, IT-Standards. Bonn 2001 S. 177–192

Kaufmann, L.: Purchasing and Supply Management – A conceptual Framework. In: Hahn, D., Kaufmann, L. (Hrsg.): Handbuch Industrielles Beschaffungsmanagement. 2. Aufl. Wiesbaden 2002 S. 3–33

Knolmayer, G., Mertens, P., Zeier, A.: Supply Chain Management auf Basis von SAP-Systemen. Perspektiven der Auftragsabwicklung für Industriebetriebe. Berlin 2000

Lawrenz, O., Hildebrand, K., Nenninger, M., Hillek, T.: Supply Chain Management – Konzepte, Erfahrungsberichte und Strategien auf dem Weg zu digitalen Wertschöpfungsnetzen. Wiesbaden 2001

Little, A.: A European Supply Chain Survey. Brüssel 1999

Luczak, H., Wiendahl, H.-P., Weber, J. (Hrsg.): Logistik Benchmarking. Praxisleitfaden mit LogiBEST. Heidelberg 2000

Marbacher, A.: Demand & Supply Chain Management. Bern Stuttgart 2001

Mau, M.: Supply Chain Management – Realisierung von Wertschöpfungspotentialen durch ECR-Kooperationen zwischen mittelständischer Industrie und Handel im Lebensmittelsektor. Frankfurt 2000

Melzer-Ridinger, R.: Materialwirtschaft und Einkauf. Band 1: Beschaffung und Supply Chain Management 4. Aufl. München 2004

Melzer-Ridinger, R.: FAQ Supply Chain Management. Troisdorf 2003

Müller-Hagedorn, L.: Der Handel. Stuttgart 1998

Otto, A., Kotzab, H.: Ziel erreicht? Sechs Perspektiven zur Ermittlung des Erfolgsbeitrags des Supply Chain Management. In: Hahn, D., Kaufmann, L. (Hrsg.): Handbuch Industrielles Beschaffungsmanagement. 2. Aufl. Wiesbaden 2002 S. 125–150

o.V.: Dr. Oetker - „Sich den Spiegel vorhalten". Beschaffung Aktuell 1/2005 S. 30

Pfleghar, T., Decker, W.: Erfolgsfaktor Data Warehouse in der Beschaffung. In: Buchholz, W., Werner, H. (Hrsg.): Supply Chain Solutions. Stuttgart 2001 S. 115–127

Pfohl, H.C.: Logistiksysteme. Betriebswirtschaftliche Grundlagen 7. Aufl. Berlin 2004

Prockl, G.: Enterprise Resource Planning und Supply Chain Management. In: Walther, J., Bund, M. (Hrsg.): Supply Chain Management. Neue Instrumente zur kundenorientierten Gestaltung integrierter Lieferketten. Frankfurter Allgemeine Zeitung 2001, S. 59–78

Scheckenbach, R., Zeier, A.: Collaborative SCM in Branchen. Bonn 2003

Schramm-Klein, H.: Steigerung der Effektivität und Effizienz durch den Einsatz moderer IT-Systeme im Handel. In: Zentes, J., Biesiada, H., Schramm-Klein, H.: Performance Leadership im Handel. Frankfurt 2004 S. 29–60

Stölzle, W., Heusler, K., F., Karrer, M.: Erfolgsfaktor Bestandsmanagement. Zürich 2004

Thonemann, U., Behrenbeck, K., Küpper, J., Magnus, K.: Supply Chain Excellence im Handel: Trends, Erfolgsfaktoren und Best-Practice-Beispiele. Wiesbaden 2005

Walther, J.: Konzeptionelle Grundlagen des Supply Chain Management. In: Walther, J., Bund, M. (Hrsg.): Supply Chain Management. Neue Instrumente zur kundenorientierten Gestaltung integrierter Lieferketten. Frankfurter Allgemeine Zeitung 2001, S. 11–31.

Werner, H.: Die Balanced Scorecard im Supply Chain Management. Teil 1: Distribution 31. Jg. Heft 4 (2000) S. 8–11, Teil 2: Distribution 31. Jg. Heft 5 (2000) S. 14–15

Werner, H.: Supply Chain Management. 1. Aufl. Wiesbaden 2000

Zimmer, K.: Koordination im Supply Chain Management – Ein hierarchischer Ansatz zur Steuerung der unternehmensübergreifenden Planung. Wiesbaden 2001

Zimmermann, K.: Supply Chain Balanced Scorecard. Unternehmensübergreifendes Management von Wertschöpfungsketten. Wiesbaden 2003

Kapitel II:
Umfassendes Kostenmanagement für fremdbezogene Produkte und Dienstleistungen

1 Vom preisorientierten Einkauf zum umfassenden Kostenmanagement

1.1 Kostenverantwortung und Kosteneinfluss der Beschaffung

Die Arbeit der Mitarbeiter und -innen in den Abteilungen Produktionsplanung/Material-disposition, Einkauf, Wareneingang/Qualtätsprüfung und Lager, die gemeinsam für die Beschaffung bzw. das Supply Chain Management verantwortlich sind, bewegt sich im Spannungsfeld der Ziele Versorgungssicherung, Flexibilität, Qualität, Kosten und Umweltschutz (vgl. Abb. 1-1).

Obwohl das Kostenziel schon lange im Mittelpunkt des Interesses steht, sind die in der Beschaffungstheorie vorliegenden Erkenntnisse als Stückwerk zu bezeichnen und über eine Vielzahl von Veröffentlichungen verstreut. Im Folgenden werden Handlungsfelder, Potenziale und insbesondere Interdependenzen zwischen Instrumenten des Kostenmanagements systematisch und umfassend dargestellt.

Kostenmanagement in der Beschaffung befasst sich zunächst mit der Frage, mit welchen Kostenarten und Kosteneinflussfaktoren es sich beschäftigen sollte (Aufgabe/Gegenstand des Kostenmanagements).

Die Abteilungen der Beschaffung (also Produktionsplanung/Materialdisposition, Einkauf, Wareneingang/Qualitätsprüfung, Lager) verantworten die auf ihren Kostenstellen direkt anfallenden Personal-, Sach- und Kapitalkosten und die ihnen durch spezifische Schlüssel zugerechneten Umlagekosten, die zusammen die Materialgemeinkosten bilden (vgl. Abb. 1-2). Der Einkauf verantwortet neben den Einkaufsgemeinkosten die den Beschaffungsobjekten

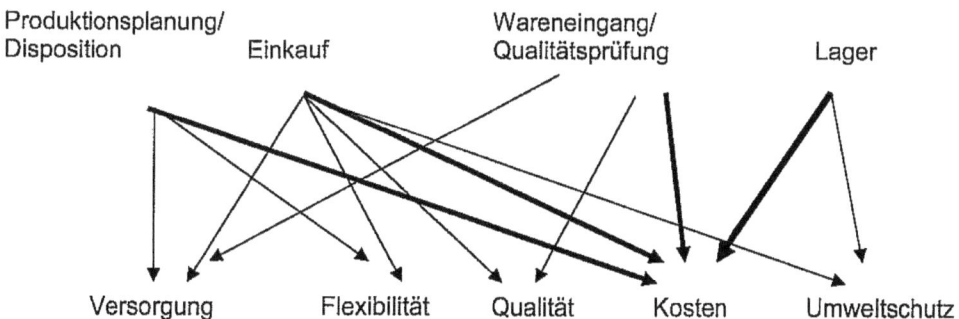

Abb.1-1: Abteilungen und Ziele der Beschaffung

Beschaffungsabteilung	Verantwortung für
Einkauf	Einstandskosten Einkaufsgemeinkosten: 　Personalkosten für Einkäufer 　Sachkosten
Qualitätsprüfung	Prüfgemeinkosten: 　Prüfmittel 　Prüfanlagen 　Personalkosten für Prüfpersonal
Lager	Lagergemeinkosten: 　(kalkulatorische) Miete für 　Lagerraum 　Abschreibungen auf 　Lagerausstattung 　Personalkosten für 　Lagerverwaltung und -handling
Produktionsplanung/ Disposition	Bestandskosten: 　Kapitalbindung, 　Verderb, Schwund Dispositionsgemeinkosten: 　Personalkosten für Disponenten
Materialkosten =	Einstandskosten　　　　　　　　　(Materialeinzelkosten) + Einkaufsgemeinkosten + Prüfgemeinkosten + Lagergemeinkosten　　　　　　Materialgemeinkosten + Bestandskosten + Dispositionsgemeinkosten

Abb. 1-2: Kostenverantwortung der Beschaffungsabteilungen: Materialkosten

zurechenbaren Materialeinzelkosten, die Einstandskosten[1]. Auf die durch Schlüsselung der Kostenstelle belasteten Umlagekosten hat die Beschaffung keinen Einfluss. Sie werden deshalb nicht weiter diskutiert und sind in Abb. 1-2 nicht aufgeführt.

Die **Bedeutung** des Materialkostenmanagements für den Unternehmenserfolg ist abhängig von der Materialintensität der in einem Unternehmen hergestellten Produkte und von der Umsatzrendite:

Bei einem Anteil der Materialkosten am Umsatz von 50% und einer Umsatzrendite von 3% bewirkt eine Reduzierung der Materialkosten um 5% eine Gewinnsteigerung um 83%[2]. Abbildung 1-3 stellt Materialkostenreduzierungen und dadurch ausgelöste Gewinnsteigerungen für alternative Umsatzrenditen gegenüber:

Der Einfluss der Beschaffung auf die im order-to-payment-Prozess anfallenden Kosten beschränkt sich jedoch nicht auf die Materialkosten. Vielmehr beeinflusst der Beschaffungsmitarbeiter mit seinen Entscheidungen und Leistungen auch Kosten, die auf anderen Kostenstellen zu

---

[1]　Die Einstandskosten entsprechen dem um Preisnebenbedingungen korrigierten Angebotspreis für ein Beschaffungsobjekt. Zur Definition vgl. im Einzelnen 1.3.1.

[2]　Vgl. auch die detaillierten Ausführungen in Abschnitt 1.3.1.

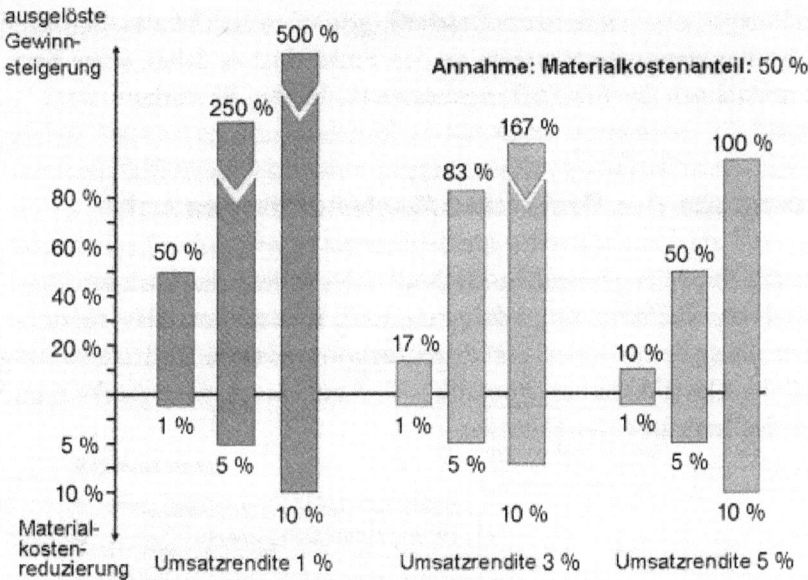

Abb. 1-3: Bedeutung des Materialkostenmanagements für den Unternehmenserfolg (Quelle: Muschinski 2006 S. 247)

verantworten sind (vgl. Abb. 1-4). Die Leistungen der Beschaffung, also die Termin- und Mengentreue, die Beschaffungszeit und Flexibilität, die Qualitätszuverlässigkeit wirken als **Kostentreiber in den nachgelagerten Abteilungen des order-to-payment-Prozesses**. Gelingt beispielsweise die Bereitstellung des Produktionsmaterials nicht termingerecht, muss die Fertigung umgeplant werden, es werden Anlagen und Mitarbeiter nicht optimal ausgelastet, es müssen Eillieferungen zum Kunden organisiert werden, es müssen Teillieferungen versandt werden oder Pönale gezahlt werden. Diese Wirkungen mangelnder Beschaffungsleistung erscheinen auf den Kostenstellen Vertrieb und Fertigung oder werden in der Kostenrechnung wegen ihrer mangelnden Quantifizierbarkeit (z. B. **Opportunitätskosten** des verärgerten Kunden) nicht erfasst. Nur ein umfassender Ansatz im Sinne des Supply Chain Management gewährleistet, dass in der Entscheidungsfindung auch die Kostenwirkungen berücksichtigt werden, die nicht auf der eigenen Kostenstelle verantwortet werden (vgl. hierzu Abschnitt 1.2). Das Bestellverhalten des abnehmenden Unternehmens kann auch Auswirkungen auf die Material-, Fertigungs-, Versand- und Bestandskosten des **Lieferanten** haben, wenn geplante oder zugesagte Abnahmemengen nicht eingehalten oder wenn kurzfristige und dringende Bestellungen platziert werden, die den Lieferanten zu kurzfristiger Beschaffung, Fertigung oder Eiltransporten zwingen. Diese Kosten werden gegebenenfalls im Preis auf das abnehmende Unternehmen überwälzt. Wenn das Bestellverhalten des abnehmenden Unternehmens **Ursache für Lieferverzögerungen oder Mindermengenlieferungen** ist, muss das abnehmende Unternehmen die eigenen Bestände erhöhen, um die Versorgung der internen Kunden zu sichern. Nur ein unternehmensübergreifendes Kostenmanagement trägt diesen Ursache-Wirkungsbeziehungen Rechnung.

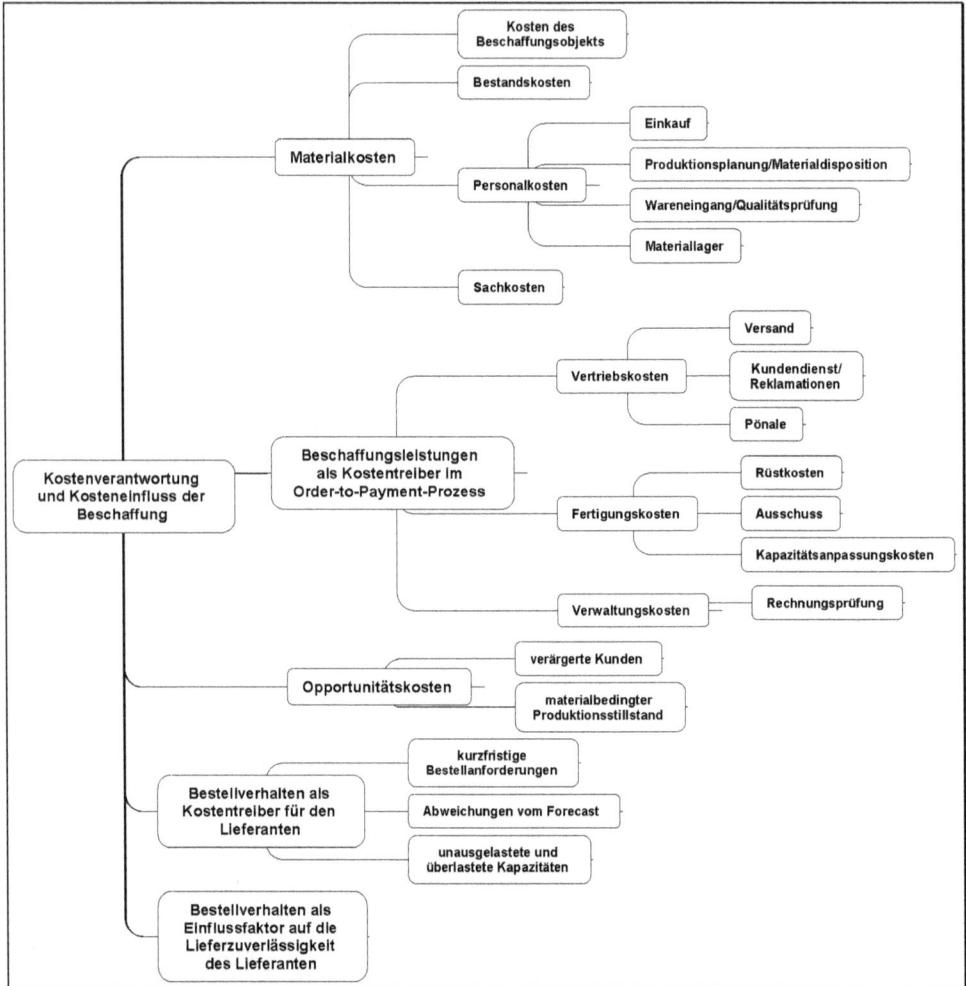

Abb. 1-4: Kostenverantwortung und Kosteneinfluss der Beschaffung

---

Die Funktion Beschaffung verantwortet die Materialkosten, beeinflusst aber auch die Vertriebs-, Verwaltungs- und Fertigungskosten des eigenen Unternehmens. Darüber hinaus beeinflusst die Beschaffung die Kosten des Lieferanten.

1.2   Aktives und umfassendes Kostenmanagement

Kostenverantwortung und Kosteneinfluss sind in der Beschaffung häufig **nicht deckungsgleich**. Die Möglichkeiten des Mitarbeiters, die Kosten, die er verantwortet, auch zu beeinflussen, sind häufig beschränkt: der Einkauf verantwortet beispielsweise die Höhe der

Einstandskosten, häufig nehmen aber die Technik und der Vertrieb erheblichen Einfluss auf die Lieferantenwahl. Der Einkauf verantwortet zwar die Personalkosten auf der Kostenstelle Einkauf, hat jedoch nur geringen Einfluss auf die Zahl und Dringlichkeit der Bestellaufträge, die abzuwickeln sind. Die Materialdisposition verantwortet die Bestandskosten, hat jedoch keinen Einfluss auf die Bestandsverursacher Lieferantenauswahl und Qualität der Absatzplanung.

Konventionelles Kostenmanagement arbeitet **isoliert** und verhält sich **passiv** gegenüber Einflussfaktoren der Kostenentstehung, die außerhalb seiner Kompetenzen festgelegt werden. Das bedeutet, dass der Funktionsträger seine Bemühungen zur Verbesserung der Kostensituation auf die Kostenarten beschränkt, die er verantwortet und auf die Einflussfaktoren, die er selbst gestalten kann. Auswirkungen seiner Entscheidungen, Tätigkeiten und Unterlassungen, die in anderen Verantwortungsbereichen Kostenvor- und -nachteile verursachen, werden ignoriert. Einflussfaktoren auf die Kostenentstehung, die außerhalb des eigenen Kompetenzbereichs festgelegt werden, werden als Datum hingenommen. Konventionelles Kostenmanagement im Einkauf konzentriert sich auf die Einstandskosten und Personalkosten im Einkauf. Im Rahmen der Kompetenzen des Einkaufs können die Instrumente Lieferantenpolitik, Anfragetätigkeit, Beschaffungsmarktforschung und Softwareunterstützung eingesetzt werden. Die Dringlichkeit der Bestellaufträge, spezifische Anforderungen an das Beschaffungsobjekt, Bedarfsunsicherheit und Teilevielfalt, die den Handlungsspielraum des Einkaufs einengen und wesentliche Einflussfaktoren auf die Kostenentstehung bilden, werden jedoch als unveränderliches Datum hingenommen. Genauso passt sich die Disposition an die vom Einkauf geschaffenen Rahmenbedingungen an, d. h. sie betrachtet die Länge der Beschaffungszeit, die Mengen- und Termintreue der Lieferanten als nicht beeinflussbar und richtet ihre Bestandsentscheidungen daran aus.

Ein Materialkostenmanagement, das den Prinzipien des **Supply Chain Management** folgt, verhält sich gegenüber den Kosteneinflussfaktoren, die außerhalb der Abteilungskompetenzen liegen, **aktiv** und erweitert die funktionsorientierte Sichtweise zu einer **prozess- und unternehmensübergreifenden** Sichtweise. Angewendet auf das Materialkostenmanagement fordert Supply Chain Management im Einzelnen (vgl. Abb. 1-5):

- Die Einflussfaktoren auf Einstands-, Bestands- und Beschaffungspersonalkosten werden nicht als unveränderliches Datum hingenommen. Eine prozessorientierte Sichtweise des Materialkostenmanagements betrachtet auch die **beschaffungsfremden Mitarbeiter** in der Entwicklung, in Marketing, Vertrieb, Produktionsplanung und Versand als **Akteure** des Materialkostenmanagements. Die unternehmensübergreifende Perspektive des Materialkostenmanagements bezieht auch **Lieferanten** und **externe Kunden** auf dem Absatzmarkt in die Betrachtung ein.

- Umfassendes Kostenmanagement ist mehr als „Preisdrückerei". Umfassendes Materialkostenmanagement berücksichtigt **alle entscheidungsrelevanten Kosten** bei der Entscheidungsfindung. Entscheidungsrelevant sind die Kostenarten, die durch eine Handlungsalternative verändert werden, unabhängig vom Ort und Zeitpunkt ihres Anfallens. Je nach Fragestellung sind Preise, Einstandskosten, total cost of ownership, life cycle cost, Kosten der eigenen Prozesskette oder die Gesamtkosten der Supply Chain entscheidungsrelevant (vgl. hierzu Abschnitt 2.1).

- Umfassendes Materialkostenmanagement trifft seine Entscheidungen nicht isoliert für einzelne Beschaffungsobjekte, sondern für **Beschaffungsobjektgruppen** (z. B. Packmittel,

Rohstoffe, Büromaterial, Werkzeuge). Unter Umständen treten bei anderen Beschaffungsobjekten des Beschaffungsprogramms Nachteile auf, die die ursprünglichen Vorteile übertreffen. Wird beispielsweise für jedes Beschaffungsobjekt isoliert der günstigste Lieferant gesucht, werden die Kosten einer hohen Lieferantenzahl übersehen. Wird beispielsweise für jedes Beschaffungsobjekt isoliert die kostengünstigste Bestellmenge und der günstigste Bestelltermin bestimmt, wird eventuell eine große Zahl zeitnaher Bestellungen beim Lieferanten erzeugt, die hohe Bestellabwicklungskosten verursachen und Ursache einer Versorgungsstörung sein könnten.

- Umfassendes Kostenmanagement sucht nicht mehr die günstigste Lösung im eigenen Verantwortungsbereich. Prozessorientiertes Kostenmanagement betrachtet den **order-to-payment-Geschäftsprozess ganzheitlich,** d. h. Abhängigkeiten zwischen Entscheidungen und Leistungen der Funktionen Fertigung, Vertrieb, Marketing, Entwicklung und Beschaffung werden systematisch analysiert und in der Entscheidungsfindung berücksichtigt. Standortübergreifendes Kostenmanagement bezieht Wirkungen der eigenen Entscheidungen auf **andere Lagerstandorte oder Produktionsstätten,** die dem eigenen Unternehmen oder Konzern angehören, in die Entscheidungsfindung ein und stellt deren Rahmenbedingungen in Frage. Lagerergänzungsaufträge der eigenen Vertriebsgesellschaften werden terminlich und mengenmäßig geändert, wenn sie zu Kapazitätsengpässen oder unausgelasteten Transportkapazitäten führen. Im Zentrallager werden höhere Bestände und Transportkosten in Kauf genommen, wenn die Einsparungen in den dezentralen Auslieferungslagern diese rechtfertigen. Die Notwendigkeit für ein unternehmensübergreifendes Kostenmanagement begründet sich darin, dass nicht einzelne Hersteller von Produkten miteinander konkurrieren, sondern logistische Ketten. Wird die Analyse von Abhängigkeiten, Vor- und Nachteilen über die eigenen Standort- oder Unternehmensgrenzen hinaus ausgedehnt, werden Handlungsmöglichkeiten danach beurteilt, ob sie für die **gesamte Supply Chain** Vorteile bieten. Die Mitglieder des logistischen Kanals verzichten auf eine Kostenüberwälzung via Machtausübung und nehmen Kostennachteile im eigenen Unternehmen zugunsten von Vorteilen für die gesamte logistische Kette in Kauf. Die zwischenbetriebliche Arbeitsteilung, Koordination und die unternehmensübergreifenden Geschäftsprozesse werden in Frage gestellt.

> **Umfassendes Kostenmanagement bezieht auch solche Kostenwirkungen in die Entscheidungsfindung ein, die nicht auf der eigenen Kostenstelle verantwortet werden. Umfassendes, aktives Kostenmanagement stellt Einflussfaktoren der Kostenentstehung in Frage, die außerhalb des eigenen Zuständigkeitsbereichs festgelegt werden.**

Die **Umsetzung** dieser Forderungen trifft in der Praxis auf erhebliche Probleme (vgl. Abb. 1-6):

- Die **Erfassung** der entscheidungsrelevanten Kostenwirkungen bereitet Probleme,
  - wenn diese an anderen Stellen in der Prozesskette,
  - wenn diese außerhalb des eigenen Standorts,
  - wenn diese außerhalb des eigenen Unternehmens, beim Kunden oder Lieferanten auftreten,

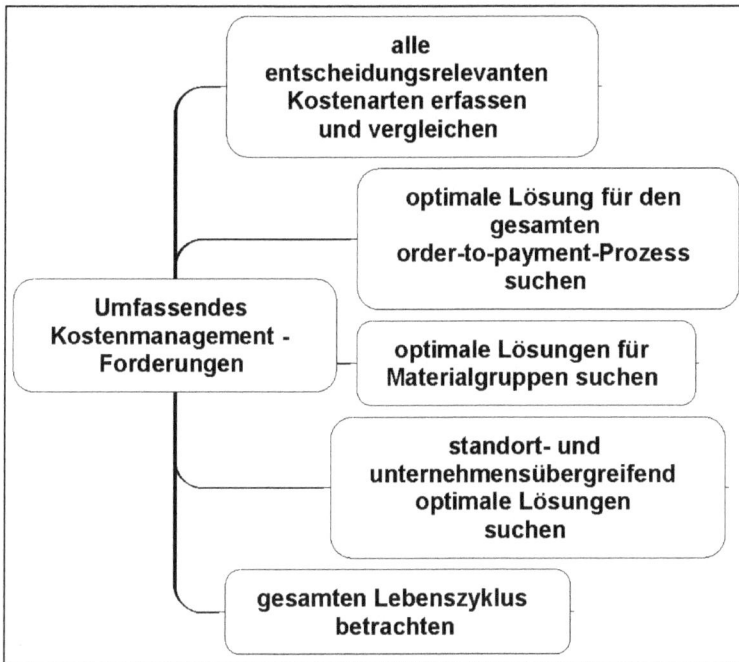

Abb. 1–5: Umfassendes Kostenmanagement

- wenn mehrere Einflussfaktoren der Kostenentstehung gleichzeitig geändert werden oder sich durch veränderte Umweltbedingungen ändern,

- wenn die Kostenwirkungen Opportunitätskostencharakter haben, ist ihre Erfassung und Quantifizierung besonders schwierig und strittig. So stellt sich die Frage, wie hoch die Fehlmengenkosten für einen verärgerten, unzufriedenen Kunden sind, der nicht termin-, mengengerecht und in der richtigen Qualität beliefert werden konnte. Ein weiteres Erfassungsproblem wird durch die Unsicherheit erzeugt, mit der Kostenwirkungen entstehen. Dabei können das Auftreten der Kosten (z. B. die Gefahr einer Pönale), die Höhe der Kostenwirkungen und der Zeitpunkt der Kostenentstehung unsicher sein. Eventuell wird es möglich und sinnvoll sein, der Unsicherheit dadurch Rechnung zu tragen, dass Eintrittswahrscheinlichkeiten angegeben werden.

- Sind die Kostenwirkungen adäquat erfasst und in € quantifiziert, stellen sich Probleme beim **Vergleich** der Kostenvor- und -nachteile: Beim Vergleich von Handlungsmöglichkeiten ist entsprechend den Forderungen des Total Cost Approach jeweils die Summe der relevanten Kosten zu bestimmen und zu vergleichen. Dabei tritt das Problem auf,

  - dass die Kostensteigerungen und -senkungen zu **unterschiedlichen Zeitpunkten** auftreten können: Häufig müssen kurzfristig Kostensteigerungen hingenommen werden, um langfristig Kostensenkungen zu erreichen (oder umgekehrt). Dem daraus resultierenden Bewertungsproblem kann durch Auf- und Abzinsen der Kosten Rechnung getragen werden.

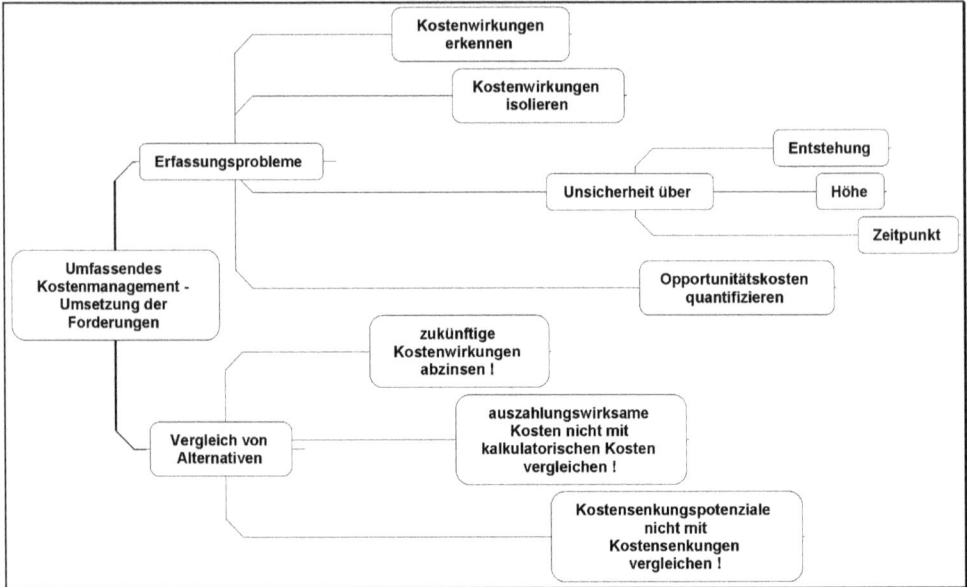

Abb. 1-6: Umsetzung der Forderungen eines umfassenden Kostenmanagements

- dass die Kosten unterschiedlichen Charakter haben können: Haben die Kostensenkungen den Charakter **kalkulatorischer Einsparpotentiale**, die durch aktive Maßnahmen und nur langfristig erschlossen werden können (z. B. Einsparung an Personal-Arbeitsstunden werden nur durch Personalfreisetzung wirksam), sollten diese nicht unmittelbar mit auszahlungswirksamen Kostenänderungen verglichen werden. Dieses Bewertungsproblem tritt zum Beispiel bei der Beurteilung des outsourcing von Einkaufsleistungen auf. Der Einkauf von Einkaufleistungen spart Personalarbeitszeit ein, die anderweitig etwa für strategische Aufgaben genutzt werden kann oder durch Freisetzung von Einkäufern zur langfristigen Reduzierung der Personalkosten im Einkauf führt. Kurzfristig entstehen jedoch zusätzlich auszahlungswirksame Einstandskosten für Dienstleistungen.

- Auch beim Vergleich von **Opportunitätskosten** mit aufwandsgleichen oder zahlungswirksamen Kosten ist zumindest ein Hinweis auf den unterschiedlichen Charakter der Kosten erforderlich. Ein methodischer Ansatz, diesem Bewertungsproblem Rechnung zu tragen, ist bisher nicht bekannt.

1.3   Handlungsfelder eines umfassenden Materialkostenmanagements

1.3.1   Kosten des Beschaffungsobjekts

Die Einstandskosten umfassen die Gesamtkosten für die physische und rechtliche Verfügbarmachung des Beschaffungsobjekts bis an den Wareneingang des abnehmenden Unternehmens.

Zur Berechnung der Einstandskosten wird der Angebotspreis des Lieferanten um kostenrelevante Lieferungs- und Zahlungsbedingungen bereinigt.

Die Verantwortung für die Einstandskosten des Beschaffungsobjekts liegt beim Einkauf. Erfolge bei den Einstandskosten haben in der Praxis einen hohen Stellenwert. Dieser ist darauf zurückzuführen, dass

- Einstandskostenerfolge dem Einkäufer direkt zugerechnet werden können (seine Beurteilung und sein Gehalt werden gelegentlich auch von seinen Einstandskosten- oder Preiserfolgen abhängig gemacht),
- Einstandskostenerfolge kurzfristig wirksam werden,
- Einstandskostenerfolge wegen des Hebeleffekts auf den Gewinn intern gut vermarktet werden können.

Ist der Anteil der Kosten des Beschaffungsobjekts an den Gesamtkosten (Materialintensität) hoch und die Umsatzrendite gering, bewirkt bereits eine geringe Senkung der Materialkosten eine erhebliche Steigerung des Gewinns. Das folgende Beispiel demonstriert diese Hebelwirkung (vgl. auch Stölzle u. A. 2004 S. 27f):

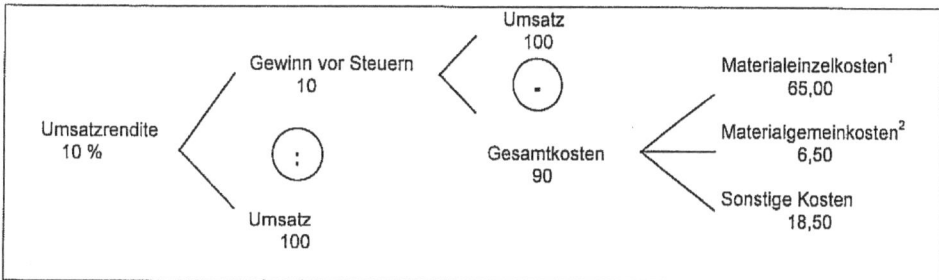

Eine **Senkung der Materialeinzelkosten um nur 5%** steigert den Gewinn von bisher 10 auf 13,25 – das entspricht einer Steigerung um 32,25%.

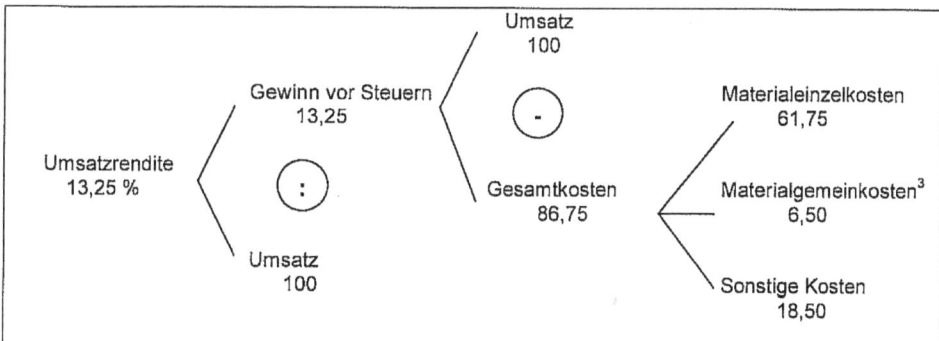

---

[1]   Der Anteil der Materialeinzelkosten am Umsatz sei 65%.
[2]   Die Materialgemeinkosten betragen 10% der Materialeinzelkosten.
[3]   Es wird angenommen, dass die Materialgemeinkosten und sonstigen Kosten Fixkostencharakter haben.

Eine **Umsatzsteigerung um 5%** steigert dagegen den Gewinn nur von 10 auf 11,75 – die Umsatzrendite steigt auf 11,19% – das entspricht einer Steigerung um 11,19%.

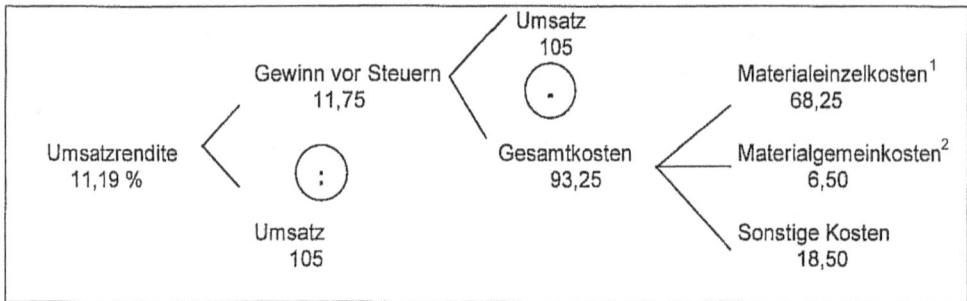

In diesem Beispiel, das durch eine hohe Materialintensität – einen hohen Anteil der Materialeinzelkosten am Umsatz – gekennzeichnet ist, **verspricht die Senkung der Materialeinzelkosten im Vergleich zur Umsatzsteigerung also fast die dreifache Wirkung auf den Gewinn.**

Das auf die Kosten des Beschaffungsobjekts fokussierte Materialkostenmanagement (vgl. Abb. 1-7) führt Preis- und Total Cost-Analysen durch, um alternative Lieferquellen, sourcing-Strategien, Materialien und alternative Preisvereinbarungen zu vergleichen und das Bestellverhalten zu optimieren. Hierzu vergleicht es die Höhe, Entwicklung und die Zusammensetzung der Einstandskosten, der total cost of ownership bzw. der life cycle cost. Darüber hinaus werden die Einflussfaktoren auf das eigene Preisverhalten und das Preisverhalten des Anbieters untersucht, um Ansatzpunkte zu finden, dieses zielorientiert zu beeinflussen (vgl. Abschnitt 2).

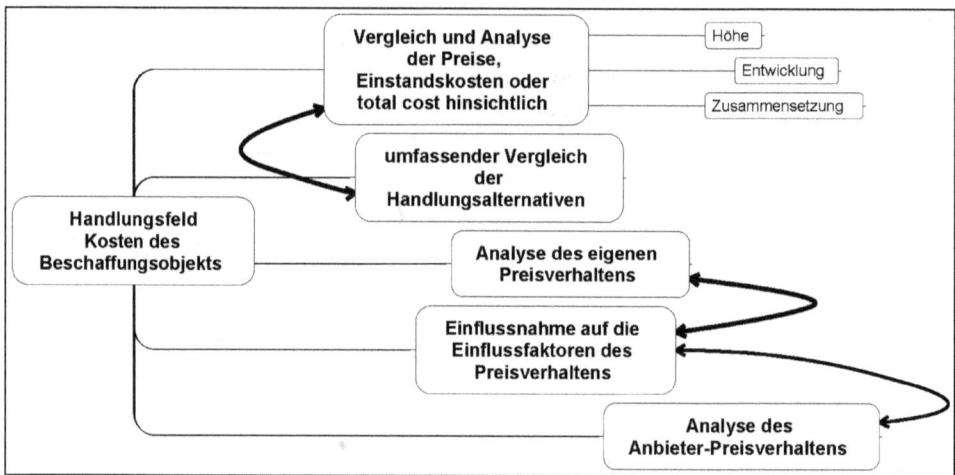

Abb. 1-7: Handlungsfeld Kosten des Beschaffungsobjekts

---

[1]   Der Anteil der Materialeinzelkosten am Umsatz sei wiederum 65%.

[2]   Es wird angenommen, dass die Materialgemeinkosten und sonstigen Kosten Fixkostencharakter haben.

1.3.2   Bestandskosten

Lagerkosten entstehen einerseits unabhängig von der eingelagerten Menge und unabhängig von dem Lagerwert für die Bereitstellung von Lagerraum und -ausstattung (Kosten für Miete bzw. Opportunitätskosten, Abschreibungen). Diese Kosten für Lagerraum und -ausstattung sind kurzfristig nicht beeinflussbar (fixe Kosten). Das im Lager gebundene Kapital verursacht (Opportunitäts-)Kosten, wenn das Material vor der Verarbeitung bezahlt werden muss und Fremdkapitalzinsen aufzuwenden sind oder Anlagezinsen entgehen. Kapitalbindungskosten sind durch kurzfristige Entscheidungen über Bestelltermine und -mengen beeinflussbar (variable Kosten) und können durch Konsignationslager auf den Lieferanten überwälzt werden. Bestand verursacht neben den genannten Kapitalbindungskosten auch ein Bestandsrisiko durch Schwund, Verderb und technische oder modische Überalterung. Bestandskosten werden in der Praxis durch einen Prozentsatz auf den Bestandswert erfasst.

Ziel des Bestandsmanagements ist nicht die Bestandssenkung und auch nicht die Bestandskostensenkung, sondern der optimale Bestand. Das Bestandsmanagement muss die Kosten berücksichtigen, die durch geringere Bestände eingespart, aber auch – bei anderen Kostenarten, in anderen Prozessschritten oder bei anderen Identnummern – zusätzlich auftreten. Der optimale Bestand trägt den Kosten- und Leistungskonflikten Rechnung.

Bestandsmanagement untersucht die hard und soft facts, die (vermeintlich) dazu führen, dass Sicherheitsbestand gehalten werden muss und dass Ausgleichs- oder Spekulationsbestand wirtschaftlich sind (vgl. Abb. 1-8). **Bestandsmanagement nimmt gezielt Einfluss auf diese Bestandsverursacher** (vgl. Abschnitt 3).

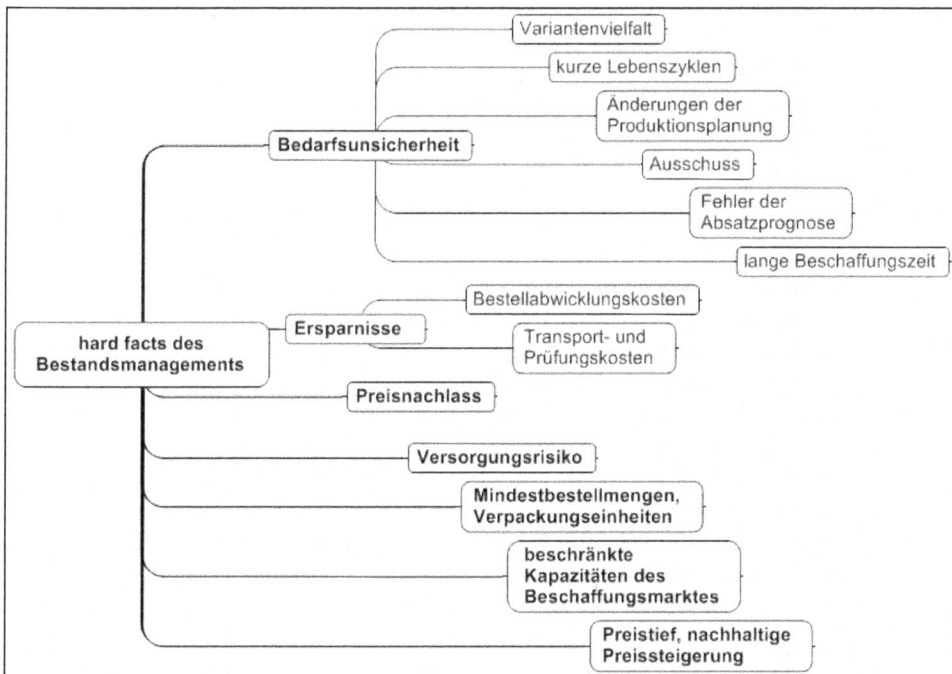

Abb. 1-8: Motive (hard facts) für Bestände

1.3.3   Beschaffungspersonalkosten

Für die Beschaffungsmitarbeiter und die dort erstellten Leistungen (Bedarfsplanung, Bestellabwicklung, Beschaffungsmarktforschung, Verhandlungen etc.) entstehen Personal- und Sachkosten, die **Gemeinkostenkostencharakter** haben oder wegen des Erfassungsaufwands als solche behandelt werden. Gemeinkosten wurden lange Zeit aufgrund ihres Fixkostencharakters als **unabänderlich** betrachtet. Dies ist auch auf die mangelnde Transparenz der Gemeinkostenentstehung zurückzuführen, da die Kostenstellenrechnung zwar eine Trennung nach Kostenarten vornimmt, aber keine verursachungsgerechte Zuordnung auf Leistungen und Beschaffungsobjekte, für die diese Kosten entstanden sind, erlaubt.

Das (Material)Gemeinkostenmanagement widmet sich besonders den bisher vernachlässigten Beschaffungspersonalkosten und gibt damit die auf Beschaffungsobjekte fokussierte Sichtweise im Kostenmanagement auf. Insbesondere für geringwertige Beschaffungsobjekte ist ein Gemeinkostenmanagement von großer Bedeutung – es wird in der Literatur als **C-Teile-Management** bezeichnet. In der Materialgruppe der geringwertigen Beschaffungsobjekte besteht nämlich die Gefahr, dass die Beschaffungspersonalkosten die Ersparnisse bei den Einstands- und Bestandskosten übersteigen.

Das (Material)Gemeinkostenmanagement geht in mehreren Schritten vor:

- Die Gemeinkostenanalyse befasst sich zunächst mit der Frage, für welche Beschaffungsleistungen Kosten in welcher Höhe entstehen und welche Einflussfaktoren (Kostentreiber) auf die Kosten wirken. Kostentreiber bilden Ansatzpunkte, die Gemeinkosten zu reduzieren.

- Die Kostentreiber werden in gestaltbare und unveränderliche Kostentreiber unterteilt. Aus der Sicht der Abteilung Einkauf ist der Kostentreiber Anzahl der neuen Lieferanten durch die Lieferantenpolitik gestaltbar, der Kostentreiber Teilevielfalt jedoch häufig ein Datum, da diese von der Produktentwicklung festgelegt wird.

- Im letzten Schritt werden Konzepte entwickelt, die Einfluss nehmen auf die identifizierten Kostentreiber.

Entsprechend dieser Vorgehensweise ergibt die Analyse der Einkaufsgemeinkosten die folgenden Ansatzpunkte (vgl. Abb. 1-9):

- **Einkaufspersonalkosten** entstehen für Leistungen, die in der operativen Bestellabwicklung **bedarfsabhängig**, also für Bestellanforderungen, erbracht werden: Prüfung der Bestellanforderung, Suche nach Lieferanten, Ausschreibung, Angebotsvergleich, Verhandlung, Terminverfolgung, Prüfen der Auftragsbestätigung, Lieferung und Rechnung, Lieferantenbewertung. Sie werden als **Bestellabwicklungskosten** bezeichnet. Daneben fallen Aufgaben an, die **unabhängig** von einem aktuellen Bedarf auftreten – die für diese Aufgaben anfallenden Kosten werden auch als **Transaktionskosten** bezeichnet. Hierzu zählen die Stammdatenpflege in der ERP-Software, die Beschaffungsmarktforschung, die funktionsübergreifende Zusammenarbeit, die Zulassung und Pflege von Lieferanten, die Verhandlung mit Lieferanten und die Entwicklung von Beschaffungsstrategien.

- Operative bedarfsabhängige Bestellabwicklungskosten werden zum einen bestimmt durch (vgl. Abb. 1-9) die **Zahl der Bestellanforderungen**, die pro Periode bearbeitet werden. Diese ist wiederum abhängig von der Teilevielfalt, von der Bereitstellungsart, von der Höhe des Ausgleichsbestands und der Lieferantenpolitik (single sourcing bietet die Möglichkeit, Bedarfe mehrerer Identnummern in einem Bestellauftrag zusammenzufassen). Die operativen, bedarfsabhängigen Bestellabwicklungskosten werden zum anderen beeinflusst durch die **Arbeitszeit**, die für die Einkaufsleistungen (Bestellauftrag prüfen, Lieferantensuche, Anfragetätigkeit, Angebotsvergleich, Verhandlungen, Kontaktpflege, Stammdatenpflege etc.) aufgewendet wird. Die für eine Bestellanforderung anfallende Personalarbeitszeit wird von **Bedarfsmerkmalen** bestimmt: seltener oder einmaliger Bedarf erfordert einen hohen Aufwand vor der Auftragsvergabe – die Spezifikation muss erarbeitet und abgestimmt werden, Lieferanten sind zu suchen und zu beurteilen, Angebote einzuholen und zu vergleichen. Dringender Bedarf benötigt eine persönliche Kontaktaufnahme zu Lieferanten, um deren kurzfristige Lieferfähigkeit zu prüfen und eine Beschleunigung der administrativen und logistischen Prozesse zu erreichen. Die Kostentreiber stehen offensichtlich untereinander in einer Ursache-Wirkungs-Beziehung und bilden einen „Treiberbaum“, eine Hierarchie. Die **Organisation** der Beschaffung wirkt als Kostentreiber, da sie Einfluss nimmt auf die Routine und das Wissen der Mitarbeiter. Sie ist verantwortlich für Doppelaufwand und Informations- und Abstimmungsaufwand zwischen den Prozessbeteiligten.

- Die Höhe der Transaktionskosten (vgl. Abb. 1-9) wird durch den Kostentreiber **Teilevielfalt** beeinflusst. Eine hohe Teilevielfalt hat nicht nur eine steigende Anzahl von Bestellanforderungen zur Folge, sondern auch eine steigende Zahl von Stammdaten, die gepflegt werden müssen, Lieferanten, die zugelassen und bewertet werden müssen sowie eine steigende Zahl von Warenanlieferungen und Rechnungen. Die **Zahl und Zuverlässigkeit der Lieferanten** wirken als weitere Treiber der Transaktionskosten, da die bedarfsunabhängigen Aufgaben der Beschaffung umfangreicher werden und unzuverlässige Lieferanten eine intensivere Überwachung benötigen. Die vom Einkauf praktizierte **Sourcing-Strategie** bildet einen weiteren Einflussfaktor auf die Transaktionskosten: langfristige Verträge mit wenigen Stammlieferanten reduzieren die Zahl der Verhandlungen und Lieferantenzulassungsverfahren. Auch die Entscheidung über den Umfang der **Einkaufsleistungen**, der je Beschaffungsobjekt aufgewendet wird, beeinflusst die Transaktionskosten – Beispiele sind Art und Umfang des Lieferantenzulassungs- und -bewertungsverfahrens, die Häufigkeit und Intensität der Beschaffungsmarktforschung.

- Werden die Kostentreiber der Einkaufspersonalkosten danach klassifiziert, welche Abteilung **direkten Einfluss** auf sie hat, stellt sich heraus, dass die Bedarfsmerkmale außerhalb des Einkaufs, in der Entwicklung und in der Disposition festgelegt werden. Eine Veränderung der Bedarfsmerkmale erfordert prozess- und unternehmensübergreifende Anstrengungen. Die sourcing-Strategie befindet sich jedoch ebenso wie die Entscheidung über den Umfang der Einkaufsleistungen je Beschaffungsobjekt innerhalb des Handlungsspielraums des Einkaufs und bilden geeignete Ansatzpunkte, auch abteilungsorientierte Konzepte zu entwickeln, die Einkaufspersonalkosten zu senken. Die Zusammenarbeit mit Stammlieferanten und der Abschluss von Rahmenverträgen reduzieren den Aufwand für Beschaffungsmarktforschung, Anfragetätigkeit und Verhandlungen. Der Einkauf kann den Umfang der Einkaufsleistungen für ein Beschaffungsobjekt differenzieren, d. h. der Leistungsumfang wird systematisch daraufhin gestaltet, welche Kosten die Leistung verursacht und welchen Nutzen sie im Hinblick auf die Qualitäts-, Versorgungs- und Flexibilitätsziele stiftet **(Value Management)**. Leistungen, denen kein Nutzen (mehr) gegenübersteht, werden eliminiert, Leistungen mit schlechtem Kosten-Nutzen-Verhältnis werden reduziert

oder fremdbezogen. Das **Geschäftsprozessmanagement** bemüht sich um Kostensenkung durch Vereinfachung, Standardisierung und Automatisierung der Geschäftsprozesse (z. B. Einsatz von ERP-Systemen, DTP-Systemen).

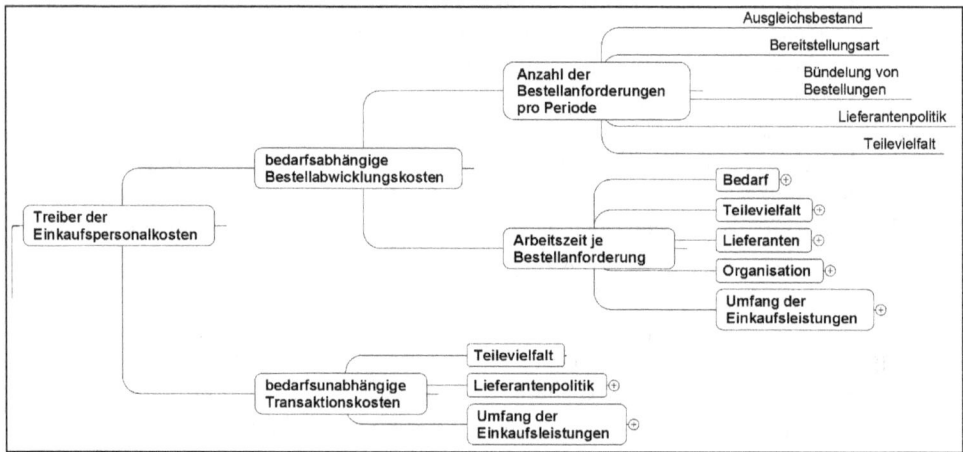

Abb. 1-9: Treiber der Einkaufspersonalkosten

Analog sind die Treiber der Personalkosten in den Abteilungen Disposition, Qualitätsprüfung, Wareneingang und Lager festzustellen und zu prüfen, ob und wie diese beeinflusst werden können.

1.4   Kontinuierliches und systematisches Kostenmanagement

Die Verbesserung der Kostensituation des Unternehmens ist eine kontinuierliche Aufgabe. Jeder Beschaffungsmitarbeiter ist daher **regelmäßig** gefordert, Kostenverbesserungsprojekte vorzuschlagen und durchzuführen. Allerdings werden dabei häufig eher **intuitiv Einzelideen** gesammelt, wobei die Gefahr besteht, dass auf diesem Wege nicht alle Potenziale ausgeschöpft werden.

Systematisches Kostenmanagement zeichnet sich dagegen dadurch aus, dass lukrative **Projekte**, die schnell und mit geringem Aufwand erhebliche Verbesserungspotenziale versprechen, durch einen **Filterprozess** ausgewählt werden, der in Abschnitt 1.4.1 gezeigt werden soll.

Ein weiteres Kennzeichen eines systematischen Kostenmanagements ist die **differenzierte** Vorgehensweise, die den Merkmalen des Beschaffungsobjekts und der Beschaffungssituation angepasste und **operational formulierte Ziele** verfolgt. Ziel des Kostenmanagements ist nicht immer und ausschließlich die Minimierung der Kosten! Zielinhalte und operationale Formulierungen für ein Kostenverbesserungsprojekt werden in Abschnitt 1.4.2 erläutert.

Die Beschaffung verfügt über ein großes Repertoire an operativen und strategischen **Instrumenten**, die grundsätzlich geeignet sind, die Kostensituation zu verbessern. Allerdings sind diese nicht für jedes Beschaffungsobjekt wirksam oder ihr Einsatz hat ungünstige Nebenwirkungen oder ein ungünstiges Kosten-Nutzen-Verhältnis. Systematisches Kostenmanagement setzt daher auch die Instrumente differenziert ein. Angesichts der Vielfalt und Vielzahl der Beschaffungsobjekte und der komplexen Wirkungsbeziehungen ist ein individueller Zuschnitt der Instrumente in der Regel nicht möglich. In der Praxis können Beschaffungsobjekte zu Materialgruppen zusammengefasst werden und anschließend Kostenverbesserungsprogramme entwickelt werden, die auf die Eigenheiten der Materialgruppe zugeschnitten sind.

1.4.1   Erfolgversprechende Projekte gezielt auswählen

Angesichts der Vielzahl und Vielfalt der Beschaffungsobjekte, der Vielzahl der Lieferanten und Dienstleister, der Vielzahl und Vielfältigkeit der Aufgaben und Abläufe in Unternehmen, ist die gezielte Auswahl von Projekten und die operationale Formulierung eines Projektziels eine erfolgskritische Aufgabe des Kostenmanagements. Die Auswahl und Formulierung eines Projekts muss einen Filterprozess mit den folgenden Schritten durchlaufen:

Es ist zunächst zu klären, ob Verbesserungspotenzial bei den Einstandskosten, bei den Bestandskosten oder den Beschaffungspersonalkosten (**Handlungsfeld des Kostenmanagements**) erschlossen werden soll.

Eine Klassifizierung des Beschaffungsprogramms auf der Grundlage einer ABC-Analyse des Einkaufswerts p. a. gibt hier erste Hinweise: Bei A-Beschaffungsobjekten, die den höchsten Anteil am Einkaufswert verursachen, entspricht eine geringe prozentuale Einsparung bei den Einstandskosten einer hohen absoluten Einsparung, während bei geringwertigen C-Beschaffungsobjekten sehr hohe prozentuale Einsparungen über eine große Anzahl von Identnummern realisiert werden müssen, um adäquate absolute Einsparungen zu erreichen. Ein Vergleich der gezahlten Preise mit den Preisen der Beschaffungskonkurrenten, mit den Marktpreisen und den Kosten des Lieferanten gibt weitere Hinweise auf Beschaffungsobjekte, die hinsichtlich des Handlungsfelds Einstandskosten (total cost of ownership, life cycle cost) Erfolg versprechen.

Geringwertige C-Beschaffungsobjekte weisen Verbesserungspotenzial dagegen eher bei den Sach- und Personalkosten der Beschaffungsabteilungen auf. Sie weisen häufig ein krasses Missverhältnis von Bestellwert und Kosten des Beschaffungsprozesses auf. Hier sollten sich Bemühungen auf die Standardisierung, Vereinfachung und Automatisierung der Geschäftsprozesse richten.

Bestandskostensenkungspotenziale werden durch eine ABC-Analyse des Bestandswertes und die Ermittlung von Bestandskennzahlen wie die Lagerreichweite erkannt (vgl. Abb. 1-10).

Weiterhin ist zu beachten, ob die Kostenarten bzw. Beschaffungsobjekte schon in der **Vergangenheit Gegenstand von Verbesserungsprojekten** waren. So haben die regelmäßig und über längere Zeiträume in unveränderter Spezifikation beschafften direkten Materialien vielfach den Charakter von A-Produkten mit einem hohen Anteil am jährlichen Einkaufswert

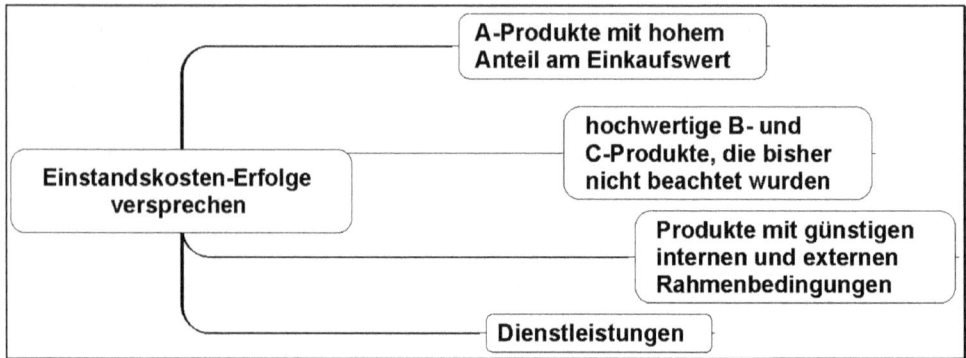

Abb. 1-10: Welche Beschaffungsobjekte versprechen Einstandskostensenkungs-Erfolge ?

und genießen die erhöhte Beachtung des Einkaufs. Bei dieser Beschaffungsobjektgruppe sind weitere Verbesserungspotenziale im Bereich der Einstandskosten häufig nicht oder nur mit sehr großem Aufwand erzielbar.

Im Gegensatz zu der viel beachteten Gruppe des direkten Produktionsmaterials hat die Beschaffungsobjektgruppe **Dienstleistungen** in der Praxis häufig bisher wenig systematische Versuche erfahren, die Kostensituation zu verbessern, obwohl in dieser Beschaffungsobjektgruppe Ausgaben in Millionenhöhe getätigt werden für Marketingleistungen (Beratung, Druckerzeugnisse, Werbeagentur etc.), für Dienstreisen (Hotel, Flüge, Taxi etc.), IT (Beratung, Software, Hardware etc.), logistische Dienstleistungen (warehousing, Kommissionierung, Transport, Verpackung etc.), für technische Dienstleistungen (Wartung, Ersatzteile, Rüsten etc.), facility management (Reinigung, security service, Gärtner etc.). In der Praxis scheitert ein systematisches Kostenmanagement häufig bereits in der Phase der Kostenanalyse, da dem Einkauf nur unzureichende Daten darüber vorliegen, welche Dienstleistungen bei welchen Dienstleistern bezogen werden – diese Dienstleistungen werden häufig direkt vom Marketingleiter, vom IT-Leiter und vom Fertigungsleiter bezogen, ohne den Einkauf einzubinden – ca. 30% des Einkaufsvolumens wird gar nicht oder nur unzureichend vom strategischen Einkauf bearbeitet (vgl. Zurlino 2005 S. 24f).

Die hinsichtlich **Einstandskosten Erfolg versprechenden Beschaffungsobjekte** werden in einem weiteren Schritt klassifiziert in Beschaffungsobjekte, die günstige bzw. ungünstige **Rahmenbedingungen** für ein preisorientiertes Kostenmanagement aufweisen (vgl. Abb. 1-11). Rahmenbedingungen sind die externen und internen Einflussfaktoren der Kostenentstehung. Hierzu zählen die Bedingungen auf dem Absatz- und Beschaffungsmarkt, aber auch die im eigenen Unternehmen herrschende Machtverteilung zwischen Vertrieb und Beschaffung, die Bedarfsmerkmale, die eigene Absatz- und Beschaffungsstrategie. Die Identifikation der Einflussfaktoren der Kostenentstehung ist zum einen erforderlich, um den zeitlichen und monetären Aufwand eines Kostensenkungsprojekts abschätzen zu können, zum anderen, um feststellen zu können, in wessen Gestaltungskompetenz der Einflussfaktor liegt. Einflussfaktoren, die vom Entscheidungsträger selbst festgelegt werden, können kurzfristig und ohne Beteiligung der Prozessnachbarn verändert werden und werden deshalb priorisiert Gegenstand eines Verbesserungsprojekts.

Rahmenbedingung

günstig   **3**   **! 1**

ungünstig   **4**   **2**

gering   hoch   **Erfolgspotenzial**

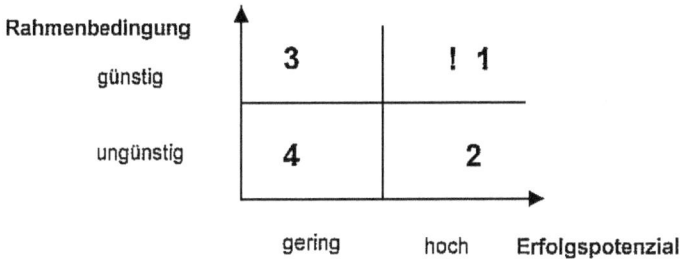

Abb. 1-11: Gezielte Auswahl von Einstandskostenerfolg versprechenden Objekten

So sind die Chancen, die Preise für Beschaffungsobjekte zu beeinflussen tendenziell günstig, wenn die Bedarfsmenge groß und regelmäßig ist, die geforderte Spezifikation von zahlreichen Anbietern in vergleichbarer Qualität geliefert werden kann und die Gesamtangebotsmenge auf dem Beschaffungsmarkt die Gesamtnachfrage übersteigt. Vorgaben des Kunden auf dem Absatzmarkt, Knappheit auf dem Beschaffungsmarkt und unregelmäßiger und dringlicher Bedarf sind eher ungünstige Rahmenbedingungen, um erfolgreich preisorientiertes Kostenmanagement zu betreiben. Priorität genießen die Beschaffungsobjekte, die in Abb. 1-11 in Quadrant 1 eingeordnet werden.

Die Materialgruppe des direkten Produktionsmaterials ist häufig auch bezüglich des **Bestandskostensenkungspotenzials** weniger ergiebig: Diese Materialgruppe wird bereits programmorientiert geplant, wird von liefertreuen Lieferanten bezogen und häufig und bedarfsnah angeliefert. Da (scheinbar) von geringerer Bedeutung für das Bestandsmanagement, wurde den C-Beschaffungsobjekten im Bestandsmanagement bisher weniger Beachtung geschenkt: das Lager wird verbrauchsorientiert aufgefüllt, großzügige Sicherheitsbestände sichern die Lieferbereitschaft und große Bestellmengen werden mit Preisnachlässen des Lieferanten begründet.

Bestandssünder in dieser C-Produktklasse sind Beschaffungsobjekte, die nur sporadisch benötigt, aber dauernd oder dezentral bevorratet werden, die hohe Bestände haben, zwar geringwertig, aber sperrig oder gefährlich sind, kurze Lebenszyklen aufweisen und gegen Ende ihres Lebens in großen Mengen bestellt werden.

Grundlage für die Formulierung von **Verbesserungsprojekten bei den Personal- und Sachkosten** ist eine Analyse der Geschäftsprozesse. Verbesserungspotenziale versprechen Prozesse und Aufgaben, die besonders zeit- und personalkostenintensiv sind, für die eine Softwareunterstützung fehlt und bei denen Doppelaufwand wegen Informationsdefiziten oder Fehlern auftritt. Das Geschäftsprozessmanagement sucht nach Möglichkeiten Prozesse zu vereinfachen, zu beschleunigen und zu automatisieren (vgl. Becker 2005 S. 216ff).

Eine **Gemeinkostenanalyse** untersucht, für welche Beschaffungsobjekte und Leistungen (z. B. Anfragetätigkeit, Beschaffungsmarktforschung, Verhandlung, Planung des Materialbedarfs) Gemeinkosten in welcher Höhe entstehen. Eine differenzierte Gestaltung der Arbeitsweise in den Beschaffungsabteilungen macht den Leistungsumfang vom Kosten-Nutzen-Verhältnis abhängig.

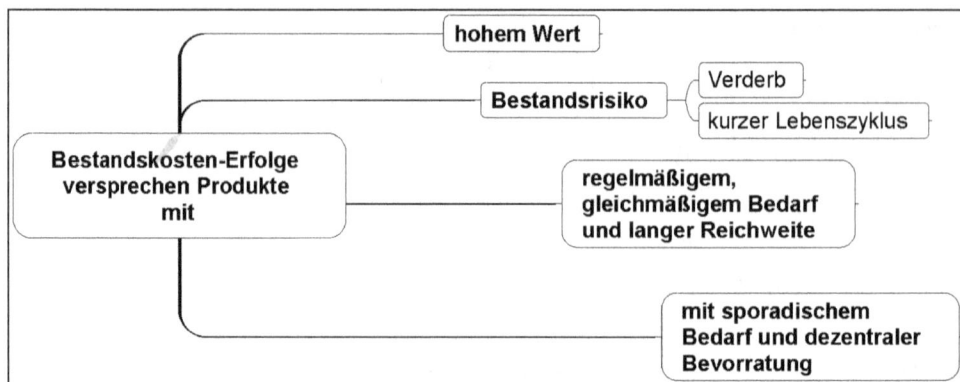

Abb. 1-12: Welche Produkte versprechen Bestandskosten-Erfolge ?

Die **Analyse der Kostentreiber** ergibt die Verursacher von Personal- und Sachkosten (z. B. Anzahl der dringlichen Bestellaufträge, Qualität der Absatzplanung) und prüft deren Beeinflussbarkeit (vgl. Abschnitt 4).

1.4.2   Differenzierte Erfolgsmaßstäbe für das Kostenmanagement

Systematisches Kostenmanagement benötigt operationale und differenzierte Erfolgsmaßstäbe, um klare Projektziele formulieren zu können, um Handlungsmöglichkeiten umfassend vergleichen zu können und die Erfolge des Kostenmanagements nachträglich messen zu können.

Die Kostensituation eines Unternehmens ist gekennzeichnet durch das Kostenniveau, Kostenverhalten, die Kostenstruktur und das Kosten-Leistungs-Verhältnis. Als mögliche Ziele des Kostenmanagements kommen daher in Frage (vgl. Abb. 1-13):

- Senkung des Kostenniveaus,
- Verbesserung des Kostenverhaltens,
- Verbesserung des Kosten-Leistungs-Verhältnisses und
- Verbesserung der Kostenstruktur.

Senkung des Kostenniveaus
Die Bemühungen des Kostenmanagements richten sich primär, aber – wie die späteren Ausführungen zeigen werden – nicht ausschließlich auf eine **Senkung** der Einstands-, Bestands- und Personalkosten.

Die Bedeutung eines Kostenmanagements mit dem Ziel der Senkung des Kostenniveaus wird sich gerade für deutsche Unternehmen in den nächsten Jahren erhöhen. Die Intensität des Kostendrucks ist zurückzuführen auf die Internationalisierung des Wettbewerbs und die fortschreitende Angleichung der Produkte, die hohen Lohn- und Lohnnebenkosten in Deutschland, einen stagnierenden bzw. schrumpfenden Heimmarkt und zunehmende Kosten zur Vermeidung und in Folge von Umweltbelastungen.

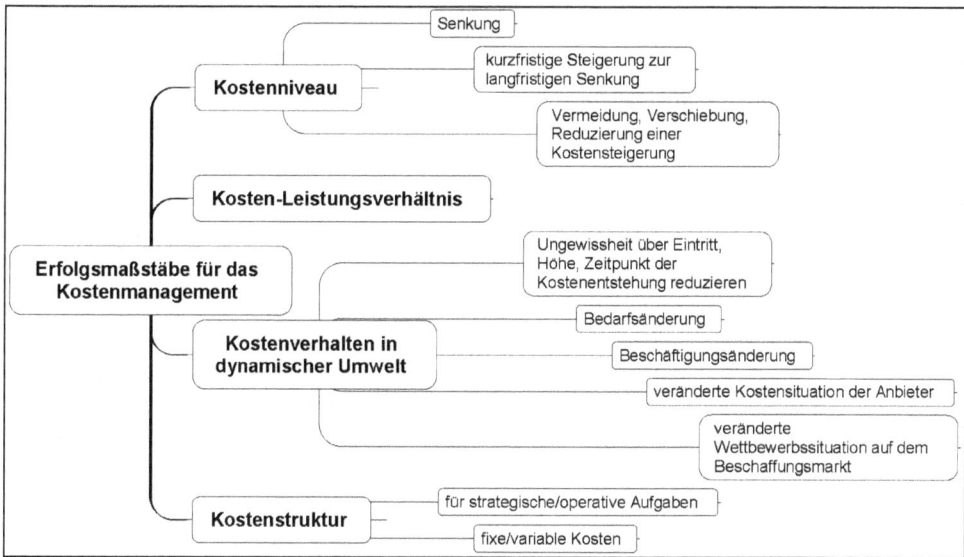

Abb. 1-13: Erfolgsmaßstäbe für das Kostenmanagement

Ausprägungen von Kostensenkungserfolgen sind:

- (Absolute) Senkung der Kosten des Beschaffungsobjekts, der Personal- oder Bestandskosten,

- Abwehr bzw. Reduzierung von Steigerungen der Kosten

- Hinauszögern von Steigerungen der (Einstands)Kosten und/oder

- Vermeidung starker Schwankungen der (Einstands)Kosten. Aus Gründen der Kalkulationssicherheit sind langfristig stabile Einstandskosten stark schwankenden Einstandskosten, die zu vergleichbaren Durchschnittskosten führen, vorzuziehen.

Erfolge im Kostenmanagement sind relativ!

Die Leistungsfähigkeit des preisorientierten Kostenmanagements im Einkauf kann beispielsweise gemessen werden

- an den Einstandskosten des erfolgreichsten Beschaffungskonkurrenten,

- am Trend der Einstandskosten,

- an den Kosten des Lieferanten,

- an der Differenz zwischen dem Angebotspreis und den Einstandskosten nach Verhandlung und/oder

- an den Einstandskosten der Vergangenheit.

Verbesserung des Kostenverhaltens
Zur langfristigen Sicherung der Wettbewerbsfähigkeit in dynamischen Umweltsituationen und bei schwankenden Absatzmengen ist die Verbesserung des Kostenverhaltens von großer Bedeutung:

Die **Kostenelastizität** (auch -flexibilität) misst die Beeinflussbarkeit der Kosten als

- Zeitraum, in dem Kosten abgebaut werden können, z. B. bei Beschäftigungsrückgang,
- Anpassungsfähigkeit an veränderte Bedingungen auf dem Beschaffungsmarkt, z. B. eine veränderte Wettbewerbssituation oder eine veränderte Kostensituation des Lieferanten und als
- Anpassungsfähigkeit an veränderte Bedarfe, z. B. Änderung des Beschaffungsprogramms durch verändertes Nachfrageverhalten der Kunden auf dem Absatzmarkt.

Entscheidungen und Aktivitäten, die zu einer langfristigen Bindung an Lieferanten, Lieferländer oder bestimmte Materialien führen, machen das Unternehmen unbeweglich. Bei einer vorübergehenden oder nachhaltigen (quantitativen oder qualitativen) Änderung des Bedarfs oder der Rahmenbedingungen auf dem Beschaffungsmarkt ist eine schnelle Anpassung entweder nicht möglich oder mit wirtschaftlichen Nachteilen verbunden. So führt die Vereinbarung eines Festpreises in Zusammenhang mit Abnahmeverpflichtungen zu Preisnachteilen, wenn der Marktpreis eines Beschaffungsobjektes unerwartet sinkt. Die Entscheidung, Fertigungsleistungen fremd zu vergeben, steigert die Kostenelastizität, da bisher fixe Kosten variabilisiert werden.

Verbesserung des Kosten-Leistungs-Verhältnisses

Kostenmanagement mit dem Ziel, Kostensenkungen zu erreichen oder die Kostenelastizität zu verbessern, stellt die Leistungsseite nicht in Frage. Im Gegensatz dazu berücksichtigt das **Value Management** (eine Weiterentwicklung der Gemeinkostenwertanalyse) auch die Leistungen und den erzeugten Nutzen.

Value-Management gestaltet systematisch das Kosten-Nutzen-Verhältnis der in den Abteilungen erstellten Leistungen.

Leistungen können reduziert oder ihre Erstellung eingestellt werden, wenn der durch sie gestiftete Nutzen die verursachten Kosten nicht rechtfertigt. Beispielsweise erwirtschaftet eine intensive Anfragetätigkeit ein ungünstiges Kosten-Nutzen-Verhältnis, wenn die Preisunterschiede der Anbieter gering sind oder das Beschaffungsobjekt einen geringen Anteil am Einkaufswert des Unternehmens hat.

Aus der Sicht des Value Management können die Kosten aber auch steigen, wenn eine Leistung zu einer Steigerung der Wettbewerbsfähigkeit führt, die die ansteigenden Kosten rechtfertigt. Leistungen des Funktionsbereichs Beschaffung sind die Erreichungsgrade der Ziele Versorgungssicherung, Qualität und Flexibilität.

Verbesserung der Kostenstruktur

Die Analyse der Kostenstruktur befasst sich mit der Frage, für welche Tätigkeiten (operative und strategische), in welchen Abteilungen (Einkauf, Disposition, Wareneingang, Lager), für welche internen Kunden (Projekte, Geschäftsbereiche, Funktionen), für welche Lieferanten und welche Beschaffungsobjekte Kosten in welcher Höhe entstehen, auf welche Kostenarten sich diese verteilen und welchen Charakter (Einzel-, Gemeinkosten, fixe, variable Kosten) diese Kosten haben.

Eine Veränderung der Kostenstruktur verfolgt das Ziel, das Kostenverhalten, das Kosten-Leistungs-Verhältnis und/oder das Kostenniveau zu verbessern. Das Ziel Verbesserung der Kostenstruktur hat demnach den Charakter eines Unterziels/Instruments.

Projekte zur Verbesserung der Kostenstruktur stellen

- das Verhältnis der Einstands- zu den Personalkosten,
- das Verhältnis der Bestandskosten zu den Personalkosten,
- das Verhältnis der Einstands- zu den Bestandskosten,
- das Verhältnis der Kosten für die Erfüllung strategischer Aufgaben zu den Kosten für operative Aufgaben,
- das Verhältnis der fixen zu den variablen Kosten und
- das Verhältnis der Einkaufskosten zu Dispositionskosten, Prüfungskosten und Bestands-kosten

in Frage.

Ergebnis eines solchen Projekts zur Verbesserung der Kostenstruktur ist beispielsweise die Anweisung an den Einkauf, bei geringwertigen C-Produkten eine breite Ausschreibung und einen umfassenden Angebotsvergleich zu unterlassen. Um Arbeitszeit für strategische Auf-gaben zu gewinnen, wird auf mögliche Einkaufspreiserfolge verzichtet. Ein hoher Bestand (und damit Kapitalbindungskosten) kann durch Einsparungen bei den Bestellabwicklungs-, Prüf- und Dispositionskosten gerechtfertigt sein.´

2 Kostenmanagement mit dem Fokus Preis und Total Cost des Beschaffungsobjekts

2.1 Angebots- und Total Cost-Vergleich

Angebotspreise von Lieferanten sind nur direkt vergleichbar, wenn sie die gleichen Preisnebenbedingungen beinhalten. Diese regeln, welcher Vertragspartner die Verantwortung und Kosten für Transport, Versicherung, Verpackung, Zoll trägt sowie Zahlungsfristen und Skontobedingungen, von der Bestellmenge einer Artikelnummer abhängige Rabatte und vom Umsatz (Auftragswert über eine Periode und für mehrere Artikelnummern) abhängige Boni. Darüber hinaus ist es in vielen Beschaffungssituationen nicht ausreichend, auf der Grundlage der Kosten bis zur Übergabe des Beschaffungsobjekts an den Abnehmer eine Vergabeentscheidung zu treffen, Werkstoffe miteinander zu vergleichen oder strategische Entscheidungen im Bereich der Beschaffungsprogrammpolitik und Lieferantenpolitik zu begründen. Aus diesem Grunde haben sich **verschiedene Kostenabgrenzungen** herausgebildet, die unterschiedliche Kostenwirkungen erfassen:

Die **Einstandskosten** umfassen die Gesamtkosten für die rechtliche und physische Verfügbarmachung des Beschaffungsobjekts bis an den Wareneingang des abnehmenden Unternehmens. Zur Berechnung der Einstandskosten wird der Angebotspreis des Lieferanten um kostenrelevante Lieferungs- und Zahlungsbedingungen bereinigt:

```
  Angebotspreis
–  Rabatt
–  Skonto
–  Bonus
+  Verpackungskosten
+  Versicherungskosten
+  Transportkosten, Porto
+  Zoll
=  Einstandskosten
```

Der Angebotsvergleich auf der Grundlage der Einstandskosten unterstellt implizit, dass sich die Angebote nur in den **Lieferungs- und Zahlungsbedingungen** unterscheiden.

Die Kostenabgrenzung **total cost of ownership** erweitert die Perspektive der Einstandskosten um unternehmensinterne Kosten, die vor und nach der Verfügbarmachung des Beschaffungsobjekts aufgewendet werden müssen. Hierunter fallen **Transaktionskosten** (für Information und Abstimmung mit dem Lieferanten, für Lieferantenauswahl und Verhandlungen), Bestellabwicklungskosten, Prüfkosten und Bestandskosten für Sicherheitsbestände und Ausgleichsbestände (vgl. Stölzle 1999 S. 294 – 303, Baumgarten, Darkow 2003).

Die Abgrenzungen Einstandskosten und total cost of ownership haben gemeinsam, dass sie den Vergleich auf die Kaufphase beschränken und dass nur die Kosten ermittelt werden, die im Verantwortungsbereich der Beschaffungsfunktionen anfallen.

Die Kostenabgrenzung total cost of ownership ist geeignet

- beim Vergleich von Anbietern mit **unterschiedlichem Lieferservice** (Lieferzeit, -zuverlässigkeit, Anlieferrhythmen, Mindestbestellmengen), um Unterschieden bei den erforderlichen und wirtschaftlichen Ausgleichs- und Sicherheitsbeständen Rechnung zu tragen,

- beim Vergleich von Anbietern mit **unterschiedlicher Qualitätszuverlässigkeit**, um Unterschiede bei den Prüfkosten abzubilden,

- beim Vergleich von Eigenerstellung und Fremdbezug einer Leistung oder eines Produkts,

- beim Vergleich von global und local sourcing,

- beim Vergleich von single und multiple sourcing (vgl. Abschnitt 2.5).

In Entscheidungssituationen, in denen sich Vor- und Nachteile einer Handlungsmöglichkeit erst langfristig (und häufig außerhalb der Kostenverantwortung des Einkaufs) zeigen, ist es erforderlich, den Kostenvergleich auf die Verwendungs- und Entsorgungsphase auszudehnen und die sog. **life cycle cost** zu betrachten. Ein Kostenvergleich auf der Basis von life cycle cost berücksichtigt explizit trade-off-Beziehungen zwischen Einstandskosten und **Folgekosten**. Bei der Beschaffung von langlebigen Gebrauchsgütern (Investitionsgütern) können kostenrelevante Unterschiede zurückzuführen sein auf unterschiedliche Rüstkosten, Wartungskosten, Kosten für Ersatzteile, Ausfallkosten und Instandhaltungsmaterial und Abbruchkosten am Ende der Nutzungsdauer.

Auch beim Vergleich von Materialalternativen und Verpackungssystemen wird eine life cycle Betrachtung erforderlich,

- wenn sich die Alternativen im Hinblick auf Wiederverwendbarkeit (z. B. sortenreine gegenüber gemischten Kunststoffen, Mehrwegverpackungen gegenüber Einwegverpackungen) oder Entsorgung unterscheiden,

- wenn alternative Spezifikationen verglichen werden. Unterschiede ergeben sich möglicherweise in der Verarbeitungsqualität und den hierdurch beeinflussten Kosten für Ausschuss, Nacharbeit und Fehlerfolgekosten beim Kunden auf dem Absatzmarkt.

Die **Preis- bzw. Kostenstruktur-Analyse** zerlegt den Angebotspreis in seine Kostenbestandteile und einen Gewinnbestandteil. Sie versucht die Kalkulation des Lieferanten nachzuvollziehen, die Kostenstruktur des Lieferanten offen zu legen. Die Durchführung einer Preisstrukturanalyse verspricht für das Kostenmanagement folgende **Vorteile**:

- Die Kenntnis der Kostenstruktur des Lieferanten gibt Informationen über die kurz- und langfristige Preisuntergrenze des Lieferanten und damit seinen **Verhandlungsspielraum**.

- Die Kenntnis der Zusammensetzung der Stückkosten in Verbindung mit Informationen über Preisentwicklungen auf dem Beschaffungsmarkt des Lieferanten bildet die Grundlage für eine Verhandlung zur **Abwehr** von (ungerechtfertigten) **Preiserhöhungen** und begründet die **Forderung** nach **Preissenkungen**.

- In Verbindung mit der Analyse des Kostenänderungsrisikos bei Kostenelementen des Lieferanten können auch Aussagen gemacht werden, ob ein Angebotspreis aktuell und dauerhaft **kostendeckend** ist und lässt Rückschlüsse zu, ob ein aktuell ermittelter Kostenvorteil ein **nachhaltiger** Vorteil ist.

- Eine Preisstrukturanalyse ist auch ein wichtiges Instrument zur Unterstützung des Einkäufers bei Verhandlungen über **Preisgleitklauseln** (vgl. Abschnitt 2.5.3), die Art und Umfang von Preisänderungen bei langfristigen Verträgen regeln.

Bei der **Durchführung** der Preisstrukturanalyse wird zunächst auf der Basis der Informationen über das Produkt (Fertigungsverfahren, Einsatzstoffe etc.) versucht, die Kostenarten zu ermitteln, die für das Produkt von Bedeutung sind. Hierbei kann von gebräuchlichen Kalkulationsschemata ausgegangen werden:

Materialkosten
+ Fertigungskosten
+ Verwaltungs- und Vertriebskosten
+ Sondereinzelkosten
+ Forschungs- und Entwicklungskosten
+ Gewinn
= Angebotspreis

Bei der Preisstrukturanalyse sollte versucht werden, Einzel- und Gemeinkosten getrennt anzugeben, um Informationen über die absolute (kurzfristige) Preisuntergrenze (diese liegt bei den variablen Einzelkosten) und die langfristige Preisuntergrenze (diese liegt bei den gesamten Selbstkosten) zu erhalten.

Bei den Einzelkosten handelt es sich um die Kosten, die dem einzelnen Produkt direkt zurechenbar sind und unmittelbar von der Fertigungsmenge abhängig sind. Zu den Einzelkosten zählen insbesondere das Fertigungsmaterial und die Fertigungslöhne, darüber hinaus die Sondereinzelkosten der Fertigung und des Vertriebs.

Zur Bestimmung der Einzelkosten ist es jeweils erforderlich, die Mengen- und Wertkomponente der Kostenart zu ermitteln.

Für die Materialeinzelkosten bedeutet dies, dass eine „Stückliste" für das Produkt erstellt werden muss und dass die Einstandskosten des Lieferanten für die Einsatzstoffe zu ermitteln sind. Hierzu sind detaillierte Informationen über die technischen Eigenarten des Beschaffungsobjektes und über die Beschaffungsmärkte des Lieferanten erforderlich. Zur Bestimmung der Fertigungseinzelkosten muss der zur Herstellung einer Einheit des Beschaffungsobjektes erforderliche Zeitaufwand (Mengenkomponente) bestimmt werden und mit dem Stundenlohn in Abhängigkeit von der Qualifikation der Arbeiter und geltenden Lohnsätzen bewertet werden. Dabei bereitet vor allem die Schätzung der Fertigungszeiten Schwierigkeiten, denn Voraussetzung hierfür ist eine detaillierte Kenntnis des Produktionsprozesses und der Arbeitsabläufe beim Lieferanten. Zu den Sondereinzelkosten der Fertigung zählen Kosten für Spezialwerkzeuge, Modelle, Schnitte und Spezialvorrichtungen, die nur der Herstellung bestimmter Erzeugnisse dienen. Als Sondereinzelkosten des Vertriebs treten vor allem Ko-

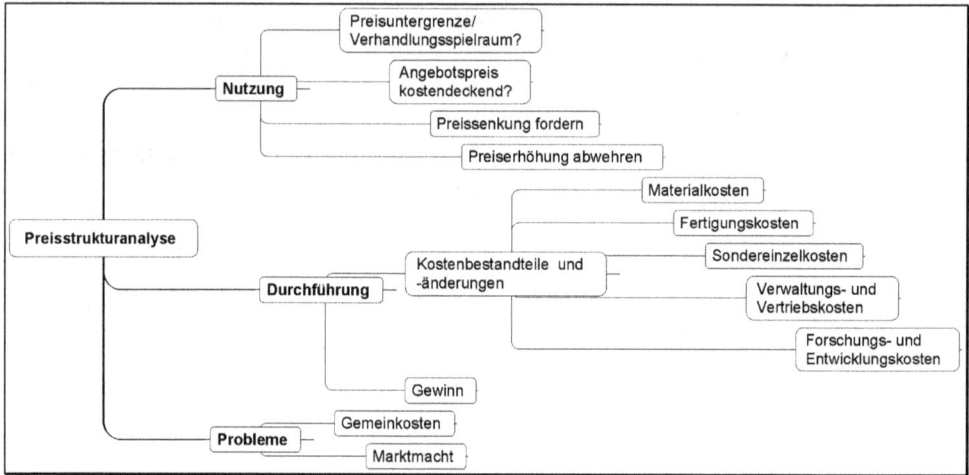

Abb. 2-1: Preisstrukturanalyse

sten für Verpackungsmaterial, Frachtkosten und Transportversicherung auf. Da einige Sondereinzelkosten in den Angeboten der Lieferanten getrennt ausgewiesen werden, bereitet ihre Ermittlung keine großen Schwierigkeiten.

Die Ermittlung der Gemeinkosten, die dem Produkt nicht direkt zurechenbar sind und über Verrechnungssätze und Bezugsgrößen auf die Kostenträger verteilt werden, bereitet bei der Preisstrukturanalyse noch erheblich größere Probleme als die Ermittlung der Einzelkosten. Zu den Gemeinkosten zählen die Materialgemeinkosten, die Fertigungsgemeinkosten, die Verwaltungs-, Forschungs- und Entwicklungsgemeinkosten und die Vertriebsgemeinkosten.

Angebots- und Kostenvergleiche sowie die Preisstrukturanalyse decken Unterschiede auf und unterstützen bei der Auswahl der günstigsten Handlungsalternative. Da sie keinen Einfluss nehmen auf das Preisverhalten oder die Einflussfaktoren des Preisverhaltens, sind sie als passive Instrumente des Kostenmanagements einzuordnen. Aktives preisorientiertes Kostenmanagement sucht nach Instrumenten, das eigene Preisverhalten und/oder das Preisverhalten des Anbieters zu beeinflussen. Die Einflussnahme setzt wiederum voraus, dass der Einkäufer Ausprägungen (Merkmale, Erscheinungsformen) und Determinanten (Einflüsse, Bestimmungsfaktoren) des eigenen Preisverhaltens und des Preisverhaltens auf Seiten des Anbieters kennt (vgl. Abschnitt 2.2).

2.2   Ausprägungen und Determinanten des Preisverhaltens

2.2.1   Ausprägungen und Determinanten des Abnehmer-Preisverhaltens

Das Preisverhalten des Abnehmers (vertreten durch den Einkäufer) ist dadurch geprägt, dass der Einkäufer eine **derivative** („abgeleitet" aus dem Bedarf des Absatzmarktes, des internen Kunden) **Nachfrage** bedient. Spezifikation, Menge und Termin sind dem Einkäufer vorgegeben, seine Möglichkeiten, Kaufzeitpunkte zu verschieben, Mengen und Spezifikation zu verändern oder Konsumverzicht zu üben, sind stark beschränkt. Zudem ist das Beschaffungsverhalten

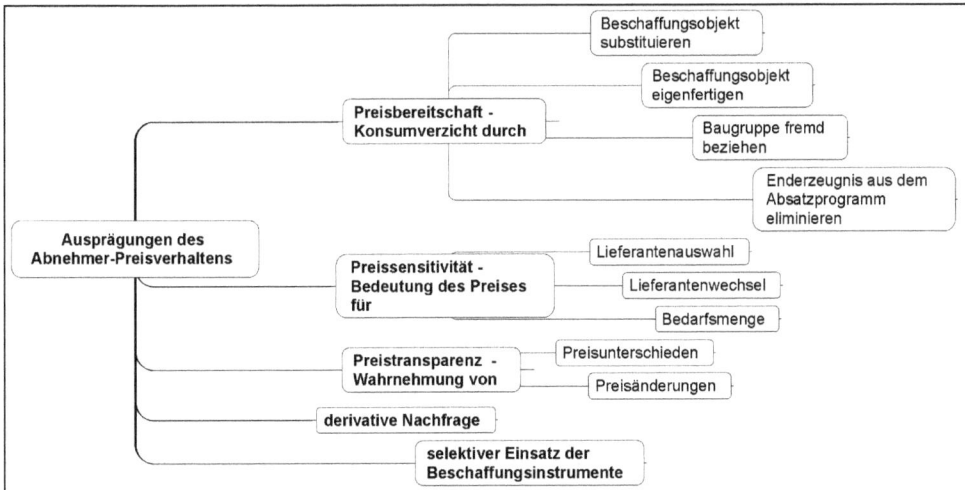

Abb. 2-2: Ausprägungen des Abnehmer-Preisverhaltens

gekennzeichnet durch einen **differenzierten**, **selektiven** Einsatz der Beschaffungsinstrumente (Beschaffungsmarktforschung, Lieferantenpolitik, Kontraktpolitik, Bestellverhalten etc.), d. h. dass die Instrumente **nicht** auf alle Beschaffungsobjekte, Lieferanten und Beschaffungssituationen **gleich** angewendet werden.

Das Preisverhalten des Abnehmers kann mittels 3 Merkmalen beschrieben werden (vgl. Abb. 2-2):

- Unter **Preisbereitschaft** wird der Maximalpreis verstanden, zu dem ein Beschaffungsobjekt überhaupt (fremd)bezogen wird. „Konsumverzicht" übt der Abnehmer durch die Entscheidung, ein Material zu substituieren oder die Fertigungstiefe zu reduzieren und die Beschaffung damit auf einen Lieferanten zu übertragen. Ein bisher fremdbezogenes Bauteil kann eventuell selbst erstellt werden. Eine weitere Konsequenz „prohibitiver" Preise ist die Entscheidung, das entsprechende Enderzeugnis aus dem aktuellen oder strategischen Absatzprogramm zu entfernen.

- Die **Preissensitivität** beschreibt die Reaktion des Abnehmers auf Preisänderungen und wahrgenommene Preisunterschiede. Sie äußert sich in der Bedeutung des Preises als Kriterium bei der Lieferantenerstauswahl (d. h. der Gewichtung des Entscheidungskriteriums Preis bzw. total cost), in der Bereitschaft den Lieferanten zu wechseln und in der Wirkung des Preises auf die Bedarfsmenge. Bei abgeleiteter Nachfrage besteht zwischen der Materialbedarfsmenge und dem Materialpreis nur dann ein Zusammenhang, wenn der Absatzerfolg des Enderzeugnisses vom Beschaffungspreis dieses Materials wesentlich beeinflusst wird: Nur wenn das Material einen wesentlichen Anteil an den Gesamtkosten des Enderzeugnisses verursacht und Materialkostensteigerungen im Absatzpreis für das Enderzeugnis weitergegeben werden und wenn dadurch die Absatz- und Produktionsmenge zurückgeht, ist ein Zusammenhang zwischen Materialpreis und Materialbedarfsmenge zu beobachten (dies könnte z. B. bei Rohkaffee der Fall sein). In der Regel wird die Preissensitivität des industriellen Einkäufers daher durch die Bedeutung des Preises als Entscheidungskriterium der Lieferantenwahl und durch die Bereitschaft zu einem Lieferantenwechsel geprägt.

- Die **Preistransparenz** beschreibt die Wahrnehmung von Preisunterschieden und Preisänderungen. Sie ist Voraussetzung für Preissensitivität. Die Preistransparenz ist abhängig von der Intensität der Beschaffungsmarktforschung, die der Einkäufer für das betrachtete Produkt betreibt sowie von den Methoden der Preisstellung der Anbieter und von deren Kommunikation.

Aktives Kostenmanagement ist u. A. darauf gerichtet, das eigene Preisverhalten (das Preisverhalten des Abnehmers) günstig zu beeinflussen, d. h. die Preistransparenz und Preissensitivität zu steigern. Um dieses Ziel zu erreichen, müssen die **Einflussfaktoren** auf das eigene Preisverhalten geklärt werden. Anschließend müssen die erkannten Determinanten daraufhin überprüft werden, ob sie aus der Sicht des Einkaufs veränderbar sind (**Gestaltungsvariable**) oder den Charakter eines **Datums** haben, also unveränderlich sind.

Das Abnehmer-Preisverhalten wird beeinflusst (Determinanten) durch Merkmale des Beschaffungsobjekts und des Kundenauftrags bzw. Enderzeugnisses, für den das Beschaffungsobjekt benötigt wird. Preistransparenz und -sensitivität des Abnehmers werden beim Wiederholungskauf durch die Unbeweglichkeit der Nachfrage eingeschränkt. Aktuelle interne und externe Rahmenbedingungen wirken in allen Kaufsituationen und auf alle Ausprägungen des Preisverhaltens (vgl. Abb. 2-3):

- **Determinante Beschaffungsobjekt:**
  Aufgrund des selektiven Einsatzes der Einkaufsinstrumente werden sich Bemühungen des Einkaufs, Preisunterschiede und -änderungen zu registrieren, auf die Beschaffungsobjekte konzentrieren, die einen **hohen Anteil an den Gesamtkosten des Absatzprodukts** bilden oder als **A-Material** (gemessen als Anteil am gesamten Einkaufsvolumen) klassifiziert werden. Umgekehrt hat der Angebotspreis eine untergeordnete Bedeutung für das Verhalten des Abnehmers, wenn das betrachtete Beschaffungsobjekt von großer Bedeutung ist für die Qualität des Absatzprodukts (z. B. sicherheitskritisches Teil) oder wenn das Beschaffungsobjekt ein hohes Versorgungsrisiko aufweist.
  Hinsichtlich der **Einzigartigkeit des Bedarfs** kann die Abstufung eigene Zeichnungsteile, lieferantenspezifische Teile, mehrfach angebotene Teile und Normteile vorgenommen werden. Zeichnungsteile zeichnen sich dadurch aus, dass die Auftragsvergabe häufig mit der Erstellung von Formen, Spezialwerkzeugen sowie -einrichtungen verbunden ist. Sie bringen den Abnehmer in Abhängigkeit vom Lieferanten genau wie bei Teilen, die nur von einem bestimmten Lieferanten angeboten werden (vgl. Klein 2005 S. 983). Mit der Anzahl der Lieferanten, die ein Teil in vergleichbaren Qualitäten (Commodity) gleichzeitig anbieten, verbessert sich die Wahrnehmung von Preisunterschieden (Preistransparenz) und die Preissensitivität des Abnehmers steigt.
  Das Kriterium **Bedarfsstruktur** beschreibt die Regelmäßigkeit und Vorhersagbarkeit des Bedarfs. Unterschieden wird zwischen Einzelbedarf, Wiederholbedarf, Serienbedarf. Klassischerweise konzentrieren sich die Bemühungen des Preismanagements auf A-Produkte, die sich durch einen hohen und regelmäßigen Serienbedarf auszeichnen. Einzelbedarf genießt häufig aufgrund eines geringeren Anteils am Einkaufsvolumen weniger Aufmerksamkeit im Preismanagement. Die Preissensitivität wird daher bei Produkten des Serienbedarfs besonders stark ausgeprägt sein, über Preise und Preisunterschiede

besteht bei den A-Materialien – bedingt durch intensive Anfragetätigkeit und Beschaffungsmarktforschung – genaue Kenntnis (Preistransparenz). Bei komplexen physischen Produkten und nicht-standardisierten Dienstleistungen ist es dagegen häufig nicht möglich oder nicht wirtschaftlich, zahlreiche Angebote einzuholen oder vorliegende Angebote sind nicht vergleichbar.

- **Determinante Enderzeugnis bzw. Kundenauftrag:**
  Da der Einkauf derivative Nachfrage bedient, sind für direktes Produktionsmaterial auch die Merkmale des Enderzeugnisses bzw. des Kundenauftrags von Bedeutung, in die das betrachtete Beschaffungsobjekt eingeht. Akzeptiert der Vertrieb **Vorgaben des Kunden**, eine bestimmtes Material zu verwenden oder einen bestimmten Anbieter zu beschäftigen, geht der Vertrieb auf local-content-Forderungen des Kunden oder auf Forderung nach Kompensationsgeschäften ein, sinkt die Anzahl der alternativen Handlungsmöglichkeiten. Je geringer die Anzahl vorliegender Angebote umso geringer wird die Preistransparenz des Abnehmers und die Preissensitivität.

- **Determinante Lieferant – Unbeweglichkeit der Nachfrage:**
  Unbeweglichkeit der Nachfrage beschreibt das Interesse des Abnehmers am Wiederholungskauf und damit das Vorliegen von Markteintrittsbarrieren für neue Anbieter. Je höher die Unbeweglichkeit der Nachfrage, umso geringer die Preissensitivität und die Preistransparenz.
  Das Interesse am Wiederholungskauf kann technische, ökonomische, rechtliche und psychologische Ursachen haben:
  Technische Ursachen hat das Interesse am Wiederholungskauf, wenn eine Anfangsinvestition die Freiheitsgrade der Folgeinvestitionen einschränkt. **Ökonomische Ursachen** für die Unbeweglichkeit der Nachfrage liegen dann vor, wenn der Abnehmer erhebliche Investitionen aufwenden musste, um eine Geschäftsbeziehung aufzubauen. Diese können in gemeinsamer Produktentwicklung, in einer Finanzierung von Werkzeugkosten, in der Anpassung von Abläufen, Verhandlungen u. ä. bestehen. Im Falle des Lieferantenwechsels müssen diese Investitionen mindestens teilweise als verloren angesehen werden und bei einem neuen Lieferanten in ähnlicher Weise getätigt werden. Anstrengungen und Risiken des Abnehmers bei einem Lieferantenwechsel werden als **Wechselkosten** bezeichnet. Neben Investitionskosten bilden **Erfahrungen** des Abnehmers aus dem Erstkauf eine ökonomische Ursache für Unbeweglichkeit der Nachfrage: Beim Erstkauf entscheidet sich der Abnehmer aufgrund von Erwartungen für einen Anbieter. Bestätigen die Erfahrungen des Abnehmers seine Erwartungen, steigt seine Neigung zum Wiederholungskauf, weil sich das Risiko der Kosten-Nutzenbestimmung verringert. Bei der Wahl zwischen zwei ansonsten als gleich empfundenen Anbietern wird der Abnehmer dem Anbieter mit dem **geringeren Risiko** den Vorzug geben. Weiterhin sinken aufgrund der Erfahrung mit einem Anbieter die **Transaktionskosten**: Schnittstellen zum Lieferanten sind geklärt, Vertragsmuster und soziale Beziehungen sind erprobt, Entscheidungsprozesse werden Routine.
  Hat der Nachfrager sich durch eine Abnahmeverpflichtung an einen Lieferanten vertraglich gebunden, liegt eine **rechtliche Ursache** der Unbeweglichkeit vor. Eine quasi-rechtliche Determinante der Nachfrage-Unbeweglichkeit liegt dann vor, wenn der Lieferant ein verbundenes Unternehmen ist und die Konzern-Richtlinie eine Priorisierung ver-

bundener Unternehmen vorschreibt.

Eine **psychologische Ursache** der Nachfrage-Unbeweglichkeit bildet die Trägheit des Abnehmers: auch wenn der Abnehmer beim Erstkauf unzufrieden war, wird der Abnehmer nicht sofort abwandern. Die Neigung zum Wiederholungskauf wird auch dadurch verstärkt, dass der industrielle Einkäufer eine Fehlentscheidung bei der Lieferantenwahl eingestehen muss, um einen Lieferantenwechsel vorzunehmen. Ein Lieferantenwechsel wird vermieden, wenn der Einkäufer persönliche Beziehungen zu Mitarbeitern des Lieferanten aufgebaut hat.

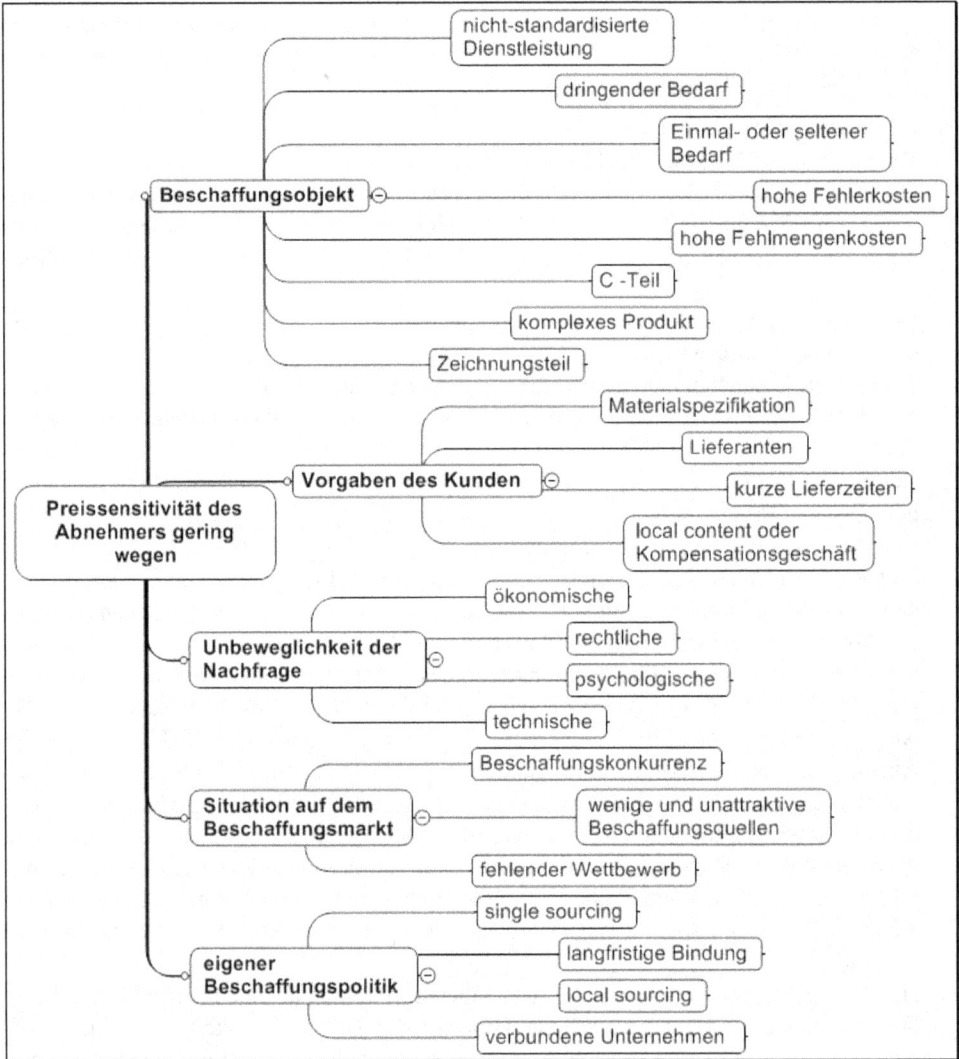

Abb. 2-3: Ursachen für geringe Preissensitivität

- **Determinante Beschaffungssituation:**
  Die aktuelle und strategische Beschaffungssituation des Abnehmers wird geprägt durch die eigene **Beschaffungspolitik** und **Bedingungen auf dem Beschaffungsmarkt.** Single sourcing und langfristige Bindung an Lieferanten erhöhen die Unbeweglichkeit der Nachfrage, die Preissensitivität wird reduziert. Als **externe Rahmenbedingungen** auf dem Beschaffungsmarkt wirken die Anzahl und Attraktivität der Bezugsquellen auf die Preissensitivität des Abnehmers. Die Verfügbarkeit, die Qualität und der Preis von Substitutionsmaterial bestimmen die Preisbereitschaft mit.

In Abb. 2-3 sind nochmals die Ursachen für eine geringe Preissensitivität zusammengestellt, wie sie oben erläutert wurden. Der Überblick zeigt, dass die Möglichkeiten des Einkaufs, die Preissensitivität zu steigern, sehr begrenzt sind: **Die Einflussfaktoren auf die Preissensitivität werden meist außerhalb des Einkaufs im Verantwortungsbereich von Vertrieb und Marketing, in der Entwicklung und Konstruktion und in der Produktionsplanung/ Materialdisposition festgelegt.** Eine frühzeitige Einbindung des Einkaufs in den Prozess der Bedarfsklärung und der Formulierung von Spezifikationen und Lastenheften sowie eine funktionsübergreifende Zusammenarbeit sind geeignet, ungünstige Beschaffungsobjekt-Merkmale und ungünstige Beschaffungssituationen zu vermeiden (vgl. Bülow/Halbleib 2005 S. 30f, Zurlino/Jäger 2005 S. 24f). Instrumente, die die Beschaffung weitgehend in „Eigenregie" umsetzen kann, werden in den Abschnitten 2.4–2.6 dargestellt.

2.2.2   Ausprägungen und Determinanten des Anbieter-Preisverhaltens

Das Preisverhalten des Anbieters äußert sich in der Art der **Preisdarstellung** und Preiskommunikation, in der **Höhe** und **Differenzierung** seiner veröffentlichten Preise, in der Bereitschaft, dem anfragenden Unternehmen ein detailliertes und individuelles Preisangebot zu unterbreiten (**Angebotsbereitschaft**) und in seiner **Verhandlungsbereitschaft** (vgl. Abb. 2-4):

- Die häufigste Form der Preisdarstellung und -kommunikation ist die publizierte Preisliste. Anonyme Listenpreise werden von Anbietern veröffentlicht, die einem großen Kundenkreis Standardprodukte (**Commodities**) anbieten. Mit der Veröffentlichung der Listenpreise ist ein bestimmter Zeitraum verbunden, in dem sich der Anbieter an diese Preise gebunden fühlt. **Listenpreise** haben im Industriegütergeschäft häufig wenig mit den tatsächlichen Preisen gemein – vielmehr dienen sie als Ausgangspunkt für die Preisverhandlung und haben damit häufig den Charakter von Höchstpreisen, auf die Rabatte und Boni gewährt werden. Preisnachlässe werden entsprechend fester interner Vorgaben gewährt oder werden individuell ausgehandelt. Bei Produkten, die **individuell** nach Kundenspezifikation in Einzelfertigung oder auch Serienfertigung hergestellt werden, also bei Komponentenspezialitäten, Einzelaggregaten, Systemen und komplexen Anlagen werden **individuelle Angebotspreise** genannt, die als formales Preisangebot dem anfragenden Unternehmen mitgeteilt werden (**Ausschreibung, Submission**) oder als Verhandlungsgrundlage dienen.

- Die Preisbildung für Industriegüter zeichnet sich durch ein hohes Maß an **Preisdifferenzierung** aus. Statt eines Einheitspreises für alle Kunden und unabhängig von der abgenommenen Menge werden die Preise von bestimmten Kundenmerkmalen abhängig gemacht. Bei der nicht-linearen Preisbildung sinkt der Preis pro Einheit mit zunehmender

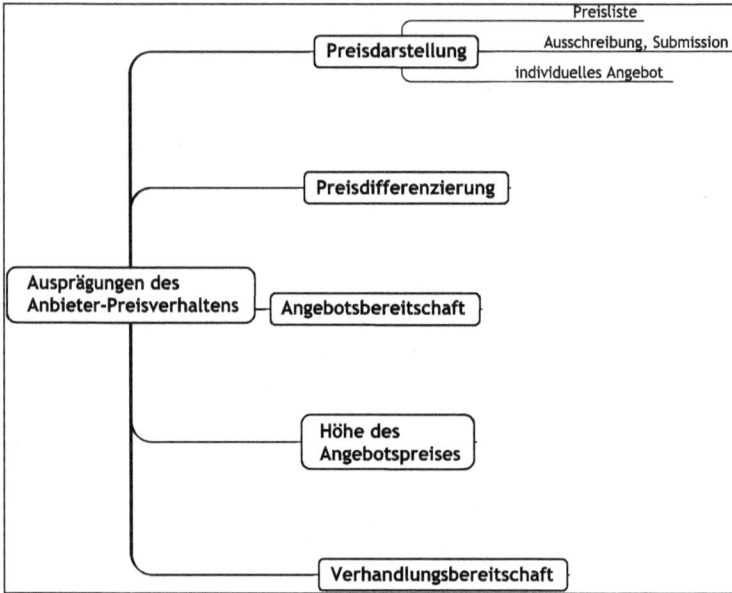

Abb. 2-4: Ausprägungen des Anbieter-Preisverhaltens

Bezugsmenge. Eine Form der nicht-linearen Preisbildung ist der Mengenrabatt. Beim durchgerechneten Rabatt wird der jeweilige Rabattsatz auf die gesamte Bezugsmenge angewendet. Beim angestoßenen Rabatt gilt der Rabattsatz dagegen nur für das jeweils angegebene Mengenintervall. Nichtlineare Preisbildung tritt auch in der Form der Bonusgewährung auf. Im Unterschied zum Rabatt ist der Bonus nicht mengenabhängig sondern wertabhängig und wird auf einen einzelnen Auftragswert oder einen Jahresumsatz gewährt. Während Mengenrabatte nur mit einem einzelnen Artikel erreicht werden können, kann der Abnehmer durch geschickte Bündelung seiner Nachfrage auch bei geringen Abnahmemengen in den Genuss von Boni kommen.

Das Anbieter-Preisverhalten wird grundsätzlich von den gleichen Determinanten beeinflusst wie das Abnehmer-Preisverhalten (vgl. Abb. 2-5):

- **Determinante Produkt:**
  Merkmale des Produkts (Phase des Lebenszyklus, Kosten, Nutzen des Produkts, Preisstrategie) beeinflussen die **Höhe** des Angebotspreises. In vielen Fällen spielen die **Kosten** bei der Preisfindung eine untergeordnete Rolle. Dies ist zum einen darauf zurückzuführen, dass die Kosten zum Zeitpunkt der Angebotsabgabe noch nicht exakt feststellbar sind. Die Preisfindung des Anbieters ist zum anderen wegen der Nachteile der kostenorientierten Preisbildung eher marktorientiert, d. h. sie berücksichtigt die Determinanten Kunde und Rahmenbedingungen.
  Kostenorientierte Überlegungen sind jedoch mindestens die Grundlage für die Bestimmung der kurz- und langfristigen Preisuntergrenze und bilden den wichtigsten Anlass für Preisänderungen. Viele Anbieter überprüfen ihre Preise regelmäßig.

- **Determinante Kunde/Interesse an der Geschäftsbeziehung**
  Die **Angebots- und Verhandlungsbereitschaft** des Anbieters wird durch seine Unbeweglichkeit des Angebots d. h. durch sein Interesse an der Aufrechterhaltung bzw. der Errichtung einer Geschäftsbeziehung zum Kunden beeinflusst.
  Bei bereits bestehenden Geschäftsbeziehungen liegt – analog zur Unbeweglichkeit der Nachfrage auf Seiten des Kunden (vgl. Abschnitt 2.2.1) – eine mehr oder weniger starke **Unbeweglichkeit des Angebots** vor. Auch der Anbieter hat ökonomische, rechtliche und psychologische Motive, alte Kunden zu halten.
  Das ökonomische Interesse des Anbieters an der Geschäftsbeziehung kann auch mit der Anreiz-Beitragstheorie beschrieben und interpretiert werden[1]. **Beiträge** leistet der Anbieter in die Geschäftsbeziehung, indem er die geforderten Produktmerkmale produziert und Lieferserviceleistungen anbietet. Unregelmäßiger und dringender Bedarf des Kunden, wachsender und sinkender Bedarf, von den Erwartungen der übrigen Kunden abweichende Spezifikationen werden vom Anbieter als Beitrag in die Geschäftsbeziehung interpretiert, für die er mit adäquaten Anreizen belohnt werden will. Auch das Eingehen vertraglicher Verpflichtungen ist als Beitrag des Anbieters zu verstehen.
  Die subjektiv wahrgenommenen Beiträge werden vom Anbieter den **Anreizen** gegenübergestellt, die eine Geschäftsbeziehung verspricht:

  - relatives Umsatzpotenzial, d. h. Umsatzpotenzial des Kunden im Vergleich zu dem größten anderen Kunden,

  - relatives Erfolgspotenzial, gemessen an den Kunden-Deckungsbeiträgen,

  - Referenzpotenzial, die Ausstrahlungskraft zur Akquisition neuer Kunden,

  - Synergiepotenzial im Bereich der vertikalen Kooperation.

- **Determinante aktuelle Rahmenbedingungen**
  Die produkt- und kundenbezogenen Determinanten der Angebots- und Verhandlungsbereitschaft eines Anbieters bleiben über längere Zeiträume vergleichsweise stabil. Das Preisverhalten eines Anbieters wird auch durch die aktuelle Situation in seinem Unternehmen und auf dem Absatzmarkt geprägt:

  - Anzahl und Preise der Wettbewerber,

  - Kapazitäts- und Liefersituation des Anbieters und der Wettbewerber,

  - Zielvorgaben und aktueller Erreichungsgrad der Ziele (Absatz- und Umsatzziele, Deckungsbeitragsziele).

  Das Preisverhalten des Anbieters wird dabei weniger durch die objektiv gegebene Angebotssituation geprägt, als vielmehr von der subjektiv wahrgenommenen. Die Wahrnehmung und Bewertung von Beiträgen, die vom Lieferanten gefordert werden, wird beein-

---

[1] Sie wurde im Personalwesen entwickelt und erklärt das Verhalten eines Mitarbeiters im Unternehmen: Solange der Mitarbeiter subjektiv ein Gleichgewicht der geleisteten Beiträge (Engagement, Arbeitszeit, Weiterbildung) und der empfangenen Anreize (Gehalt, Arbeitsumfeld, Karrieremöglichkeiten) wahrnimmt, ist er mit dem Arbeitsplatz zufrieden. Ist dieses Gleichgewicht aus seiner Sicht gestört, wird er zunächst versuchen, das Gleichgewicht wiederherzustellen, indem er seine Beiträge senkt (er macht keine Überstunden mehr). Parallel wird er seine Suchaktivitäten nach einem neuen Arbeitsplatz steigern und bei einem nachhaltig gestörten Gleichgewicht der Anreize und Beiträge das Unternehmen verlassen. Dieses Erklärungsmodell ist auf die Lieferanten-Kunden-Beziehung übertragbar.

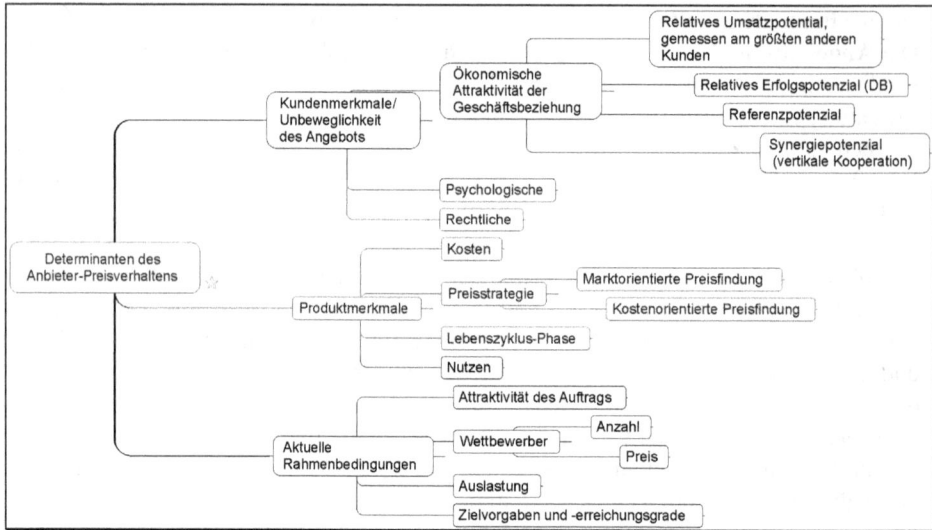

Abb. 2-5: Determinanten des Anbieter-Preisverhaltens

flusst von der aktuellen Kapazitätsauslastung des Anbieters, von seinen technischen, organisatorischen und finanziellen Möglichkeiten und seiner Marktstrategie und Marktposition. Externe Einflüsse auf die Wahrnehmung und Bewertung der Beiträge, die ein Anbieter leistet, sind die Marktpreisentwicklung, die Anzahl Anbieter, die Markteintrittsbarrieren für Konkurrenten. Wie bei der Bewertung der Attraktivität einer Geschäftsbeziehung, werden die vom Abnehmer geforderten Mengen-, Qualitäts- und Modalitätsleistungen vor dem Hintergrund der Fähigkeiten und Ziele des Anbieters bewertet. Bei der Beurteilung der Attraktivität eines Auftrags spielen jedoch aktuelle Merkmale der internen Situation beim Anbieter eine größere Rolle als bei der Beurteilung der Attraktivität der Geschäftsbeziehung.

2.3   Verhaltensweisen im preisorientierten Kostenmanagement: Anpassungs- und Beeinflussungsstrategie

Die Strategie des preisorientierten Kostenmanagements legt das grundsätzliche Verhalten gegenüber dem eigenen Preisverhalten und dem Preisverhalten der Anbieter fest (vgl. Abb. 2-6):

Eine **Anpassungsstrategie** verhält sich gegenüber den Ausprägungen und Determinanten des Preisverhaltens passiv, weil

• Determinanten des Preisverhaltens als unbeeinflussbar (Datum) eingestuft wurden,

• Determinanten des Preisverhaltens als nicht-wirtschaftlich beeinflussbar eingestuft wurden,

• Ausprägungen des Preisverhaltens (beim Anbieter und/oder beim Abnehmer) als günstig eingeschätzt werden.

Die Anpassungsstrategie arbeitet wirkungsorientiert. Sich ergebende Kostensenkungschancen werden genutzt, Kostennachteile werden zeitlich verschoben oder vermindert.

Die **Beeinflussungsstrategie** arbeitet ursachenorientiert und versucht die internen (betriebsgerichtete Beeinflussung) und externen (absatz- und beschaffungsmarktgerichtete Beeinflussung) Einflussfaktoren auf das Preisverhalten zu verändern. Maßnahmen mit dem Ziel, ungünstige Bedarfsmerkmale wie Dringlichkeit, Spezifität und Schwankungen des Bedarfs zu reduzieren, wären der betriebsgerichteten Beeinflussung zuzurechnen. Die Gestaltung der Anfragen mit dem Ziel, die Attraktivität als Kunde oder die Attraktivität des Auftrags in den Augen des Anbieters zu steigern, wäre ein Instrument der marktgerichteten Beeinflussung.

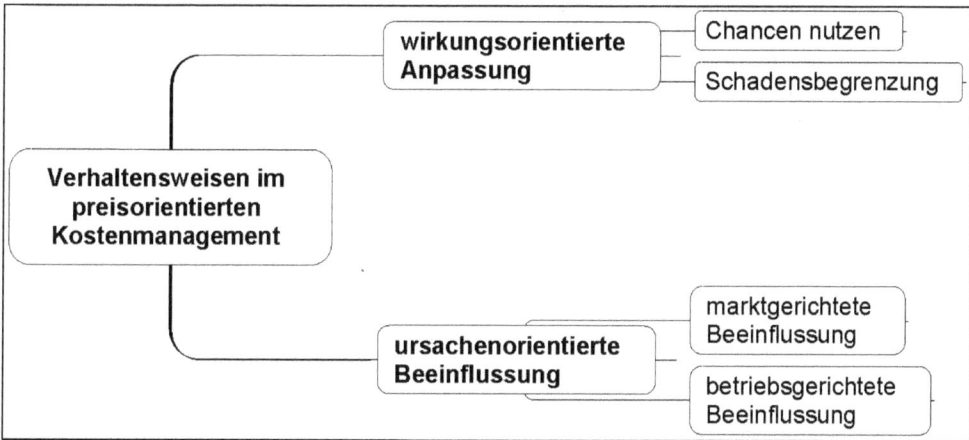

Abb. 2-6: Verhaltensweisen im preisorientierten Kostenmanagement

2.4 Operatives Bestellverhalten als Instrument des preisorientierten Kostenmanagements

Die Errechnung wirtschaftlicher Bestellmengen und -termine ist organisatorisch der Materialdisposition zugeordnet. Die errechneten Bestellmengen und -termine werden im Einkauf abgestimmt auf Mindestbestellmengen, Rabattstaffeln, Verpackungseinheiten und Transportkapazitäten des Lieferanten. Bei der Optimierung des Ausgleichsbestands werden günstige Rabatt- und Bonusbedingungen auf dem Beschaffungsmarkt genutzt, soweit dies angesichts der Bestandskosten wirtschaftlich ist (vgl. 2.4.1). Bei der Optimierung des Spekulationsbestands werden derzeit günstige Preise auf dem Beschaffungsmarkt soweit genutzt als dies durch Bestandskosten gerechtfertigt ist oder ungünstige Preisentwicklungen zeitlich verschoben, indem zum noch günstigen Preis eine Spekulationsmenge in den Bestand gelegt wird (vgl. 2.4.2). Die Optimierung der Bestellmenge und des Bestelltermins wird der Anpassungsstrategie zugerechnet, weil sie keinen Einfluss nimmt auf die Determinanten des eigenen Bestellverhaltens oder die Determinanten des Lieferanten-Preisverhaltens.

2.4.1   Bestellmengenoptimierung zur Ausnutzung von Rabatten

Die Bestellmengenoptimierung hat die Aufgabe, einen prognostizierten Jahresbedarf in mehrere gleich große Bestellmengen aufzuteilen (verbrauchsorientierte Disposition) oder die tagesgenau prognostizierten Nettobedarfsmengen zu größeren Bestellmengen zusammenzufassen. Dabei sollen die durch die Bestellmenge beeinflussten Kosten möglichst gering sein.

Bei verbrauchsorientierter Disposition wird das ANDLER-Modell genutzt, um eine wirtschaftliche Bestellmenge zu bestimmen. Sie wird als feste Bestellmenge in den Materialstammdaten hinterlegt. Das ANDLER-Modell basiert auf der Überlegung, dass eine hohe Bestellmenge einerseits die Bestellhäufigkeit im Planungshorizont und damit die Bestellkosten reduziert, andererseits den durchschnittlichen Lagerbestandswert und damit die Bestandskosten erhöht.

Als optimale Bestellmenge ist die Bestellmenge gesucht, die die Summe aus Lagerkosten und Bestellkosten pro Jahr (p. a.) minimiert (vgl. Abb. 2-7). Die Einstandskosten und Fehlmengenkosten werden als nicht entscheidungsrelevant betrachtet (vgl. Melzer-Ridinger 2004 S. 193–198). Die errechnete Bestellmenge ist nur dann kostenminimal, wenn der Lieferant keine bestellmengenabhängigen Preisnachlässe gewährt und wenn der Preis im Planungszeitraum unverändert bleibt. Gewährt der Lieferant von der jeweiligen Bestellmenge abhängige Preisnachlässe, sollte die errechnete Bestellmenge einer weiteren Prüfung unterzogen werden, die feststellt, ob die Wahrnehmung eines Rabatts wirtschaftlich sinnvoll ist. Unterliegt die betrachtete Identnummer Preisschwankungen oder werden nachhaltige Preisänderungen erwartet, ist die Anwendung des ANDLER-Modells nicht sinnvoll. Hier ist eine spekulative Bestellplanung erforderlich, die in Abschnitt 2.4.2 erläutert wird. Das ANDLER-Modell unterstellt weiterhin, dass der Jahresbedarf sicher ist und im Planungshorizont jederzeit zu gleichen Konditionen bestellt werden kann. Sind diese Bedingungen nicht

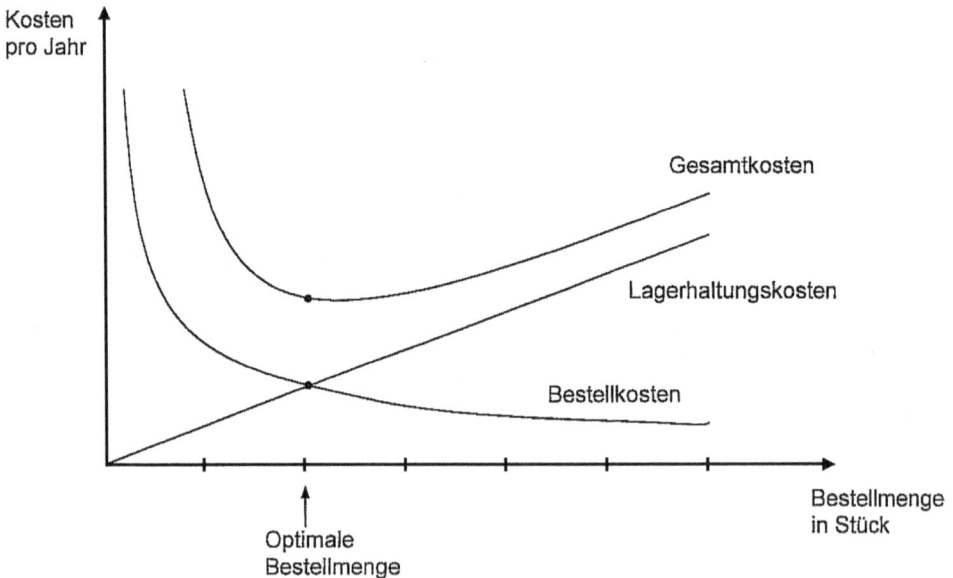

Abb. 2–7: Grafische Bestimmung der kostenminimalen Bestellmenge

erfüllt, liegt eine Entscheidungssituation vor, in der die Unsicherheit des Bedarfs explizit in die Betrachtung einbezogen werden sollte (vgl. hierzu Abschnitt 3.3.3 stochastische Bestellmengenoptimierung).

Das folgende Beispiel zeigt, wie das Ergebnis des ANDLER-Modells zu modifizieren ist, wenn der Lieferant einen von der Bestellmenge abhängigen Preisnachlass (Mengenrabatt) gewährt:

Jahresbedarf der Identnummer	50.000 Stück
Bestellkostensatz	100€
Lagerkostensatz	0,15 (15%) p. a. des durchschnittlichen Lagerwerts
Einstandskosten	5€ je Stück

Das ANDLER-Modell errechnet als kostenminimale Bestellmenge (Q):

$$Q = \sqrt{\frac{2 \cdot 50.000 \cdot 100}{5 \cdot 0,15}} = 3.651$$

Es wird nun angenommen, dass der Lieferant ab einer Mindest-Bestellmenge von 10.000 Stück einen Rabatt in Höhe von 0,10€ je Stück gewährt. Die Einstandskosten sinken auf 4,90€. Um die Vorteilhaftigkeit der Inanspruchnahme des Rabatts zu prüfen, sind die (Bestell- + Bestands- + Einstandskosten) der errechneten „wirtschaftlichen" Bestellmenge mit den Gesamtkosten der Rabattmindestmenge zu vergleichen.

Bestellmengen größer als die Rabattmindestmenge können außer Betracht bleiben, da der Vergleich der Bestell- und Lagerkosten gezeigt hat, dass jede Abweichung der Bestellmenge von 3.651 Stück die Bestell- + Lagerkosten erhöht. Eine Steigerung der Bestellmenge über die Rabattmindestmenge hinaus, ist daher nicht sinnvoll, wenn – wie hier angenommen wird – nur eine Rabattstaffel gilt.

In diesem Beispiel sind die steigenden Lagerkosten durch Ersparnisse bei den Einstandskosten und Bestellkosten gerechtfertigt:

	Bestellmenge 3.651	Bestellmenge 10.000
Einstandskosten p.a	50.000 · 5 = 250.0000	50.000 · 4,90 = 245.000
Bestellkosten p.a	50.000 : 3.651 · 100 = 1.369,49	50.000 : 10.000 · 100 = 500
Bestandskosten p.a	3.651 : 2 · 5 · 0,15 = 1.369,13	10.000 : 2 · 4,90 · 0,15 = 3.675
Gesamtkosten p.a	252.738,62	249.175,00

2.4.2   Spekulative Bestellmengenoptimierung

Von spekulativem Einkauf spricht man dann, wenn die Beschaffung auf steigende Preise in der Zukunft spekuliert und gezielt höhere Lagerkosten in Kauf nimmt als im Hinblick auf den wirtschaftlichen Ausgleichsbestand (der Einsparungen bei den Bestellkosten und den

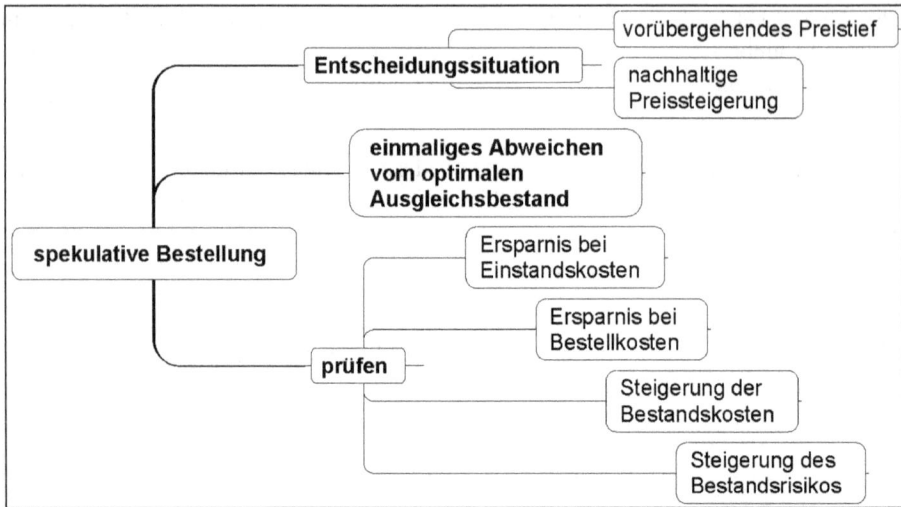

Abb. 2-8: Spekulative Bestellung

mengenabhängigen Einstandskosten einerseits und zusätzliche Lagerkosten gegenübergestellt) optimal erscheint.

Spekulative Überlegungen im Einkauf sind in den folgenden Entscheidungssituationen angezeigt (vgl. Abb. 2-8):

- für das betrachtete Material gilt für einen befristeten Zeitraum ein geringerer Einstandspreis (Sonderangebot, börsennotierte Rohstoffe),

- der Lieferant kündigt eine Preiserhöhung für die Zukunft an bzw. der Einkauf rechnet mit steigenden Preisen.

Gilt die Preisänderung nur vorübergehend, ist eine nachhaltige Änderung der Bestellpolitik nicht sinnvoll. Vielmehr ist zu prüfen, ob eine einmalige größere Bestellmenge zu dem derzeit gültigen Einstandspreis zu einer Senkung der Kosten führt und welche optimale Höhe diese einmalige Bestellmenge mit spekulativem Charakter hat.

Die Vorteilhaftigkeit und die optimale Höhe einer spekulativen Bestellmenge werden bestimmt durch das Verhältnis zwischen

- zusätzlich entstehenden Lagerkosten einerseits und den

- Ersparnissen bei den Bestellkosten und den

- Ersparnissen bei den Materialeinstandskosten andererseits.

Zu berücksichtigen sind Personalkosten für die Datenbeschaffung, die Suche nach sinnvollen spekulativen Bestellmengenalternativen und für deren Vergleich.

Ersparnisse durch eine spekulative Bestellmenge entstehen außerdem bei den Fehlmengenkosten: die einmalige hohe Bestellmenge reduziert die Bestellhäufigkeit in der Planungsperiode und damit die Fehlmengenwahrscheinlichkeit unter sonst gleichen Bedingungen. Da die Wirkung auf die Fehlmengenkosten in der Regel nicht quantifizierbar ist, bleibt sie bei den nachfolgenden Überlegungen außer Betracht.

Zur Bestimmung der optimalen spekulativen Bestellmenge müssen die relevanten Gesamtkosten (Bestellkosten p. a. + Bestandskosten p. a. + Einstandskosten p. a.) für die betrachteten Alternativen verglichen werden:

Beispiel:

- Von einem Rohstoff werden pro Monat regelmäßig 2.000 Stück benötigt. Der Rohstoff wird in einem Bestellrhythmussystem disponiert.

- Die Bestellkosten betragen 200€.

- Die Bestandskosten betragen 20% p. a. des durchschnittlichen Lagerwerts.

- Der Einstandspreis beträgt 50€/Stück.

- Der Bestellrhythmus ist 0,5 Monate, es wird jeweils eine Bestellmenge von 1.000 Stück bestellt.

Aufgrund einer vorübergehenden Senkung des Einstandspreises auf 48€ soll geprüft werden, ob einmalig zusätzlich zu der normalen Bestellmenge von 1.000 Stück eine spekulative Bestellmenge geordert werden sollte und wie hoch diese sein sollte. Dabei wird davon ausgegangen, dass zu dem günstigeren Preis nur eine Bestellung möglich ist, anschließend gilt wieder der Normalpreis von 50€/Stück. Nach Verbrauch des Spekulationsbestands wird wieder im Bestellrhythmus 0,5 Monate bestellt.

Es werden vier alternative spekulative Bestellmengen verglichen – zu den 1.000 Stück sollen zusätzlich alternativ bestellt werden 0, 1.000, 5.000 oder 11.000 Stück:

	Bestellmenge 1.000 + 0 (Reichweite 0,5 Monate)	Bestellmenge 1.000 + 1.000 (Reichweite 1 Monat)	Bestellmenge 1.000 + 5.000 (Reichweite 3 Monate)	Bestellmenge 1.000 + 11.000 (Reichweite 6 Monate)
Einstandskosten p. a.	$23.000 \cdot 50$ $1.000 \cdot 48$ $= 1.198.000$	$22.000 \cdot 50$ $+ 2.000 \cdot 48$ $= 1.196.000$	$18.000 \cdot 50$ $+ 6.000 \cdot 48$ $= 1.188.000$	$12.000 \cdot 50$ $+ 12.000 \cdot 48$ $= 1.176.000$
Bestellkosten p. a.	$23 \cdot 200$ $+ 1 \cdot 200$ $= 4.800$	$22 \cdot 200$ $+ 1 \cdot 200$ $= 4.600$	$18 \cdot 200$ $+ 1 \cdot 200$ $= 3.800$	$12 \cdot 200$ $+ 1 \cdot 200$ $= 2.600$
Bestandskosten p. a.	$1.000/2 \cdot 50 \cdot 0,2 \cdot$ $23/24 + 1.000/2 \cdot$ $48 \cdot 0,2 \cdot 1/24$ $= 4.991,67$	$2.000/2 \cdot 48 \cdot 0,2 \cdot$ $1/12 + 1.000/2 \cdot 50 \cdot$ $0,2 \cdot 11/12$ $= 5.383,33$	$1.000/2 \cdot 50 \cdot 0,2 \cdot$ $9/12 + 6.000/2 \cdot 48 \cdot$ $0,2 \cdot 3/12$ $= 10.950$	$1.000/2 \cdot 50 \cdot 0,2 \cdot$ $6/12 + 12.000/2 \cdot$ $48 \cdot 0,2 \cdot 6/12$ $= 31.300$
Gesamtkosten p. a.	1.207.791,67	1.205.983,33	1.202.750	1.209.900

Die Gesamtkosten p. a. des Szenarios (1.000 normale Bestellmenge + 1.000 Stück spekulative Bestellmenge) setzen sich zusammen aus:

Einstandskosten: 2.000 Stück werden zum günstigeren Preis bezogen, der Rest des Jahresbedarfs zum Normalpreis 50€.

Bestellkosten: Die spekulative Bestellmenge reduziert die Bestellhäufigkeit um 1 Bestellung. Es werden insgesamt 23 Bestellungen im Jahr erforderlich.

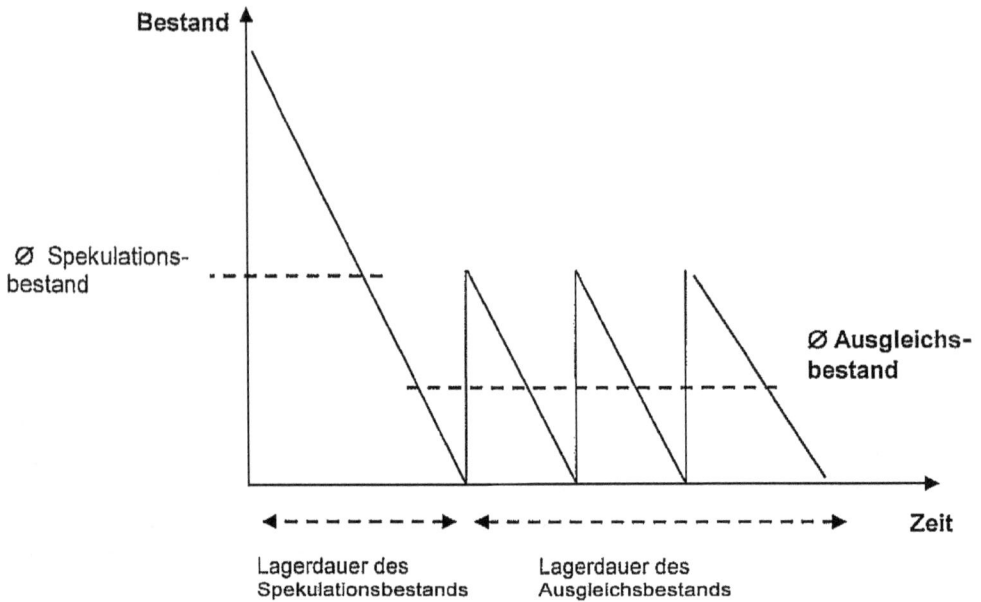

Abb. 2-9 Bestandsverlauf bei spekulativer Bestellung

Bestandskosten: Der Bestandsverlauf ist in Abb. 2-9 abgebildet. Die Bestellmenge 2.000 Stück verursacht für 1 Monat einen durchschnittlichen Bestand von 2.000 : 2, bewertet zum Preis 48€. Der Lagerkostensatz p. a. ist daher auf 1 Monat umzurechnen. 11 Monate des Jahres liegt ein durchschnittlicher Bestand von 1.000 : 2, bewertet mit 50€.

Von den betrachteten Alternativen ist also offensichtlich die Alternative 6.000 Stück die günstigste: die gestiegenen Bestandskosten werden durch die Ersparnisse bei den Einstandskosten und den Bestellkosten überkompensiert. Die Ersparnis gegenüber der normalen Bestellmenge ist hier am größten.

2.4.3   Verbundbestellung zur Ausnutzung von Auftragswertbonus

Konventionelle ERP-Systeme planen die Bestellmengen und -termine für jede Materialidentnummer **isoliert**. Bedarfsmengen werden systemtechnisch nur zu einer größeren Bestellmenge zusammengefasst, wenn sie die gleiche Materialidentnummer betreffen. Dabei tritt häufig die Situation auf, dass in kurzen Zeiträumen mehrfach bei einem Lieferanten Bestellungen geordert werden, die eine oder wenige Auftragspositionen umfassen. Diese Bestellungen werden häufig beim Lieferanten wiederum isoliert bearbeitet und in mehreren Lieferungen angeliefert.

Verbundbestellungen werden für mehrere Materialidentnummern gebildet, die beim gleichen Lieferanten bestellt werden.

Eine Verbundbestellung kann gebildet werden, indem entweder die **Bestellmengen** der Systemvorschläge **übernommen** werden und die Bestellungen auf einen **gemeinsamen Anlieferungstermin** zusammengefasst werden oder indem Anlieferungstermine **und** Bestellmen-

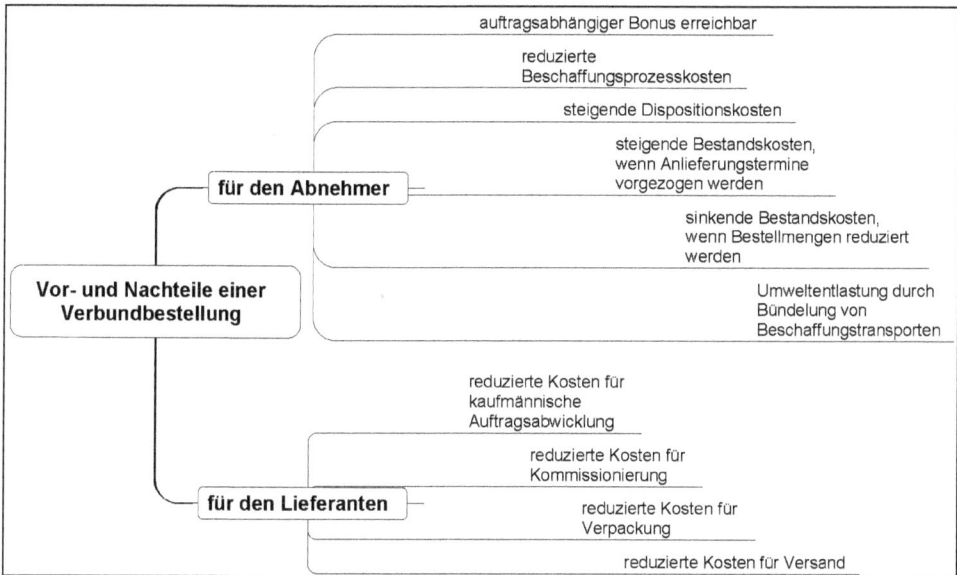

Abb. 2-10: Vor- und Nachteile einer Verbundbestellung gegenüber Einzelbestellungen

gen in Frage gestellt werden. Die Beurteilung der Vorteilhaftigkeit einer Verbundbestellung ergibt sich aus der Gegenüberstellung der folgenden Vor- und Nachteile einer Verbundbestellung (vgl. Abb. 2-10):

- durch die Verbundbestellung ist eventuell ein **auftragswertabhängiger Bonus** erreichbar,

- Verbundbestellungen senken die **Bestellkosten** durch geringeren administrativen und logistischen Aufwand für Bestellabwicklung, Wareneingang, Rechnungsprüfung,

- Verbundbestellungen verursachen **zusätzlichen personellen Aufwand** in der **Materialdisposition** des Abnehmers, da sie von der Software nicht automatisch optimiert werden,

- Verbundbestellungen steigern die **Bestandskosten**, wenn Bestellungen terminlich vorgezogen werden und gleichzeitig die Bestellmengen unverändert bleiben,

- Verbundbestellungen bieten ein **Bestandssenkungspotenzial**, wenn die System-Bestellmengenvorschläge verworfen werden (vgl. Abschnitt 3.2),

- Verbundbestellungen reduzieren die **Umweltbelastung,** wenn Beschaffungstransporte reduziert werden,

- Verbundbestellungen senken **beim Lieferanten die Kosten** für die kaufmännische Auftragsabwicklung, die Kommissionierung, Verpackung und den Transport der Ware. Selbst wenn dem Abnehmer keine oder nur geringe Kostenvorteile entstehen, kann die gemeinsame Bestellung zeitnaher Materialbedarfe demnach ein Instrument unternehmensübergreifender Kostensenkung bilden.

Das nachfolgende **Beispiel** zeigt, wie bei der gemeinsamen Disposition von mehreren Identnummern vorzugehen ist. Das Beispiel macht auch deutlich, dass das gemeinsame Bestellen mehrerer Artikel für den Abnehmer nicht in jedem Falle kostengünstiger ist als Einzelbestellungen.

Betrachtet werden die Artikel 1, 2, 3 für die die folgenden Stammdaten hinterlegt sind:

Artikelstammdaten	Artikel 1	Artikel 2	Artikel 3
Einstandskosten/Stck. (€):	10	15	12
Bestandskostensatz (€/Stck./Tag):	0,0055	0,0082	0,0065
fixe Bestellkosten (€):	100	100	100

Für die folgende Bedarfssituation errechnet die Software auf Grundlage der angegebenen Stammdaten 3 Bestellvorschläge:

Bedarfstermin	10.6.	10.7.	20.7.	30.7.	Bestellmengenvorschlag/ Anlieferungstermin
Artikel 1 Nettobedarf	250	80	350	50	730 / 10.6.
Artikel 2 Nettobedarf		200	800	100	1.100 / 10.7.
Artikel 3 Nettobedarf			10	150	160 / 20.7

Artikel 1, 2, 3 werden bei dem gleichen Lieferanten bestellt, eine Verbunddisposition und Verbundbestellung verursacht 130€ fixe Bestellkosten. Der Lieferant gewährt einen Auftragswertbonus von 1% ab einem Bestellwert von 25.000€.

Um die Vorteilhaftigkeit einer Verbundbestellung prüfen zu können, werden zunächst die Gesamtkosten der systemgestützten Bestellvorschläge errechnet. Sie dienen als Vergleichsmaßstab für alternative Verbundbestellungen:

	Artikel 1	Artikel 2	Artikel 3	Kosten für Artikel 1–3
Bestellmenge (Stück)	730	1100	160	
Anlieferungstermin	10.6.	10.7.	20.7.	
Bestandskosten der Bestellmenge (€)	103,95[1]	82,00	9,75	195,70
Bestellkosten (€)	100,00	100,00	100,00	300,00
Einstandskosten (€)	7.300,00	16.500,00	1.920,00	25.720,00
Gesamtkosten				26.215,70

[1] Um die Bestandskosten der Bestellmenge zu errechnen, wird die Lagerdauer der Bedarfsmengen - Anlieferungstermin bis Bedarfstermin - bestimmt und jeweils mit der Bedarfsmenge und dem Lagerkostensatz je Stück und Tag multipliziert: Der Nettobedarf 250 wird zum Bedarfstermin angeliefert (Bestandskosten 0). Der Nettobedarf 80 lagert 30 Tage (Bestandskosten: 80 · 30 · 0,0055) etc. Um die Bestandskosten der Bestellmenge zu bestimmen, werden die Bestandskosten der Bedarfsmengen addiert: 13,20 + 77,00 + 13,75= 103,96.

Bei den von der Software vorgeschlagenen Einzelbestellungen sind die Bestellwerte (Einstandskosten) jeweils zu gering, um den Bonus zu erreichen.

Verbundbestellung Alternative 1:

Die von der Software vorgeschlagenen Bestellmengen werden übernommen, die Artikel werden gemeinsam bestellt und angeliefert. Die Bestellkosten und Einstandskosten werden reduziert, die Lagerkosten hingegen steigen:

	Artikel 1	Artikel 2	Artikel 3	Kosten für Artikel 1–3
Bestellmenge (Stück)	730	1100	160	
Anlieferungstermin	10.6.	10.6.	10.6.	
Bestandskosten der Bestellmenge (€)	103,95	352,60	51,35	507,90
Bestellkosten				130,00
Einstandskosten (€) = Bestellwert - Bonus				25.720,00 −257,20
Gesamtkosten Verbundbestellung Alternative 1				26.100,70

Verbundbestellung Alternative 2:

Die Steigerung der Lagerkosten ist in Alternative 1 auf Artikel 2 zurückzuführen. Eine Verbesserung der Lösung wird erreicht, wenn 2 Verbundbestellungen ausgelöst werden:

	Artikel 1	Artikel 2	Artikel 3	Gesamtkosten für Artikel 1–3
Verbundbestellung 1 Bestellmenge (Stck) Anlieferungstermin Bestandskosten (€) Bestellkosten (€) Einstandskosten (€)	330 10.6. 13,20	200 10.6. 49,20		62,40 130,00 6.300,00
Verbundbestellung 2 Bestellmenge (Stck) Anlieferungstermin Bestandskosten (€) Bestellkosten (€) Einstandskosten (€)	20.7. 2,75	20.7. 8,20	20.7. 9,75	20,70 130,00 19.420,00
Gesamtkosten Verbundbe- stellungen Alternative 2				26.063,10

Obwohl bei der Bildung von 2 Verbundbestellungen kein Auftragswertbonus erreicht wird, sinken die Kosten im Vergleich zu der Alternative 1, nur eine Verbundbestellung zu bilden.

2.5   Lieferanten- und Kontraktpolitik als Instrument des preisorientierten Kostenmanagements

Die Lieferanten- und Kontraktpolitik obliegt (offiziell) dem Einkauf, wenn auch die technischen Abteilungen sowie der interne und externe Kunde nicht selten erheblichen Einfluss auf die Lieferantenwahl nehmen. Die Lieferantenpolitik trifft in der Regel keine Entscheidungen für einzelne Beschaffungsobjekte, sondern für Warengruppen oder das gesamte Beschaffungsprogramm. Als Führungsentscheidungen werden sie dem operativen Mitarbeiter in Form von Verfahrensanweisungen, Richtlinien und Zielen vorgegeben. Typische Beispiele sind Verfahrensanweisungen, die die Lieferantenauswahl hinsichtlich Kriterien, Informationsquellen und Gewichtung regeln, Richtlinien zur bevorzugten Beschäftigung verbundener Gesellschaften, Zielvorgaben zur Steigerung des Anteils internationaler Lieferanten am gesamten Einkaufsvolumen oder zur Erschließung bestimmter Länder als Beschaffungsquellen. Abbildung 2-11 zeigt die Festlegungen der Lieferantenpolitik (vgl. auch Melzer-Ridinger 2004 Abschnitt 6.2.2).

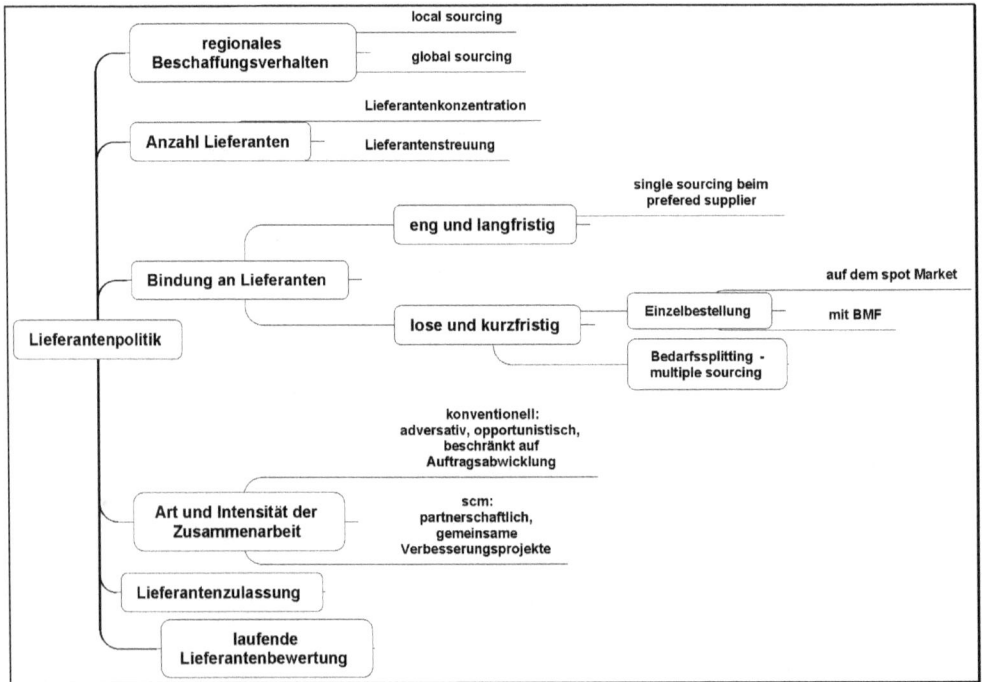

Abb. 2-11: preisrelevante Festlegungen im Rahmen der Lieferantenpolitik

2.5.1   Single versus Multiple Sourcing

Die Festlegungen der Lieferantenpolitik sind (neben ihrer Bedeutung für die Ziele Liefertreue und Qualitätszuverlässigkeit) eine wesentliche Determinante des Abnehmer-Preisverhaltens und beeinflussen zugleich das Anbieter-Preisverhalten. Von besonderer Bedeutung und kontrovers diskutiert sind die Entscheidungen über die **Zahl der Lieferanten und die Bindung** an

Lieferanten, die schlagwortartig mit den Alternativen single gegenüber multiple sourcing bezeichnet wird.

> **Single Sourcing** bedeutet, dass der Abnehmer für das betrachtete Beschaffungsobjekt mit einem Stammlieferanten zusammen arbeitet, mit dem ein langfristiger Kontrakt über die einzelne Bestellung hinaus geschlossen wird. Bezogen auf eine Gruppe von Beschaffungsobjekten (z. B. die Gruppe Verpackungsmaterial) kann Single Sourcing auch eine systematische Reduzierung der Lieferantenzahl bedeuten. Diese wird durch sog. Universalanbieter erreicht, die möglichst viele Güter der Beschaffungsobjektgruppe anbieten, die sie selber eventuell nur als Handelsware führen.
>
> **Multiple Sourcing** (Lieferantenwechselpolitik) bedeutet, dass für eine Materialgruppe mehrere Lieferanten zugelassen sind. Für jede Bestellung wird neu und ausschließlich auf der Grundlage des Preises über den Lieferanten entschieden. Die Lieferanten werden hinsichtlich der Qualität als austauschbar betrachtet und kommuniziert.

Befürworter des Multiple **Sourcing** argumentieren, dass der Wettbewerb zwischen den Lieferanten gefördert wird und die Lieferanten bereit sind, zur Preisuntergrenze anzubieten. Diese Argumentation ist richtig, wenn auf dem Beschaffungsmarkt Überkapazitäten herrschen. Zu beachten sind hierbei jedoch die Transaktions- (Auditierungskosten, Stammdatenpflege, Vertragsentwurf und -verhandlung) und Bestellabwicklungskosten des Abnehmers. Für geringwertige Beschaffungsobjekte sind möglicherweise die Kosten für die mehrfache Lieferantenzulassung und die Kosten für die Anfragetätigkeit zu hoch. Multiple Sourcing ist vor allem für hochwertige Beschaffungsobjekte mit hohem Bedarf und Commodity-Charakter attraktiv.

Befürworter des Single Sourcing argumentieren, dass langfristige Vereinbarungen und Bindungen die Attraktivität der Geschäftsbeziehung für den Lieferanten steigern und ihn motivieren, Preisnachlässe zu gewähren. Der Lieferant hat Kostenersparnisse im Vertrieb und kann bei entsprechender Gestaltung der Zusammenarbeit seinen Kapazitätsbedarf und den Materialbedarf präziser planen. Die Kostensenkungen beim Lieferanten werden via Preissenkungen an den Abnehmer weitergegeben. Der Lieferant nimmt beim Single Sourcing den Wettbewerb als schärfer wahr als beim Multiple Sourcing. Der Schaden, einen Auftrag nicht zu erhalten, ist wesentlich höher als beim Multiple Sourcing, weil über größere Auftragsvolumina verhandelt wird.

Um das Auftragsvolumen und dadurch das Interesse des Lieferanten an der Geschäftsbeziehung und damit seine Verhandlungsbereitschaft zu steigern, wird das Single Sourcing mit einer Bedarfsbündelung kombiniert (Zentraleinkauf, Paketkauf).

2.5.2   Vereinbarungen zur Steigerung der Attraktivität der Geschäftsbeziehung

Um die Vorteile des Single Sourcing zu nutzen, ohne die Nachteile hinnehmen zu müssen, ist eine geschickte Vertragsgestaltung nötig.

- **Vertragslaufzeit und Kündigungsmöglichkeit:**
  Eine für den Lieferanten attraktive Vertragslaufzeit steigert die Attraktivität der Geschäftsbeziehung. Der Abnehmer sollte nicht auf einer langfristigen Beziehung bestehen,

wenn auf dem Beschaffungsmarkt Beschaffungskonkurrenz besteht. Wenn der Lieferant hohe Investitionen in den Aufbau der Geschäftsbeziehung tätigen muss (kundenspezifische Entwicklung, Aufbau von Anlagen und Werkzeugen), ist eine lange Vertragslaufzeit sinnvoll, bis zu life cycle-Verträgen. Eine Kündigungsmöglichkeit des Abnehmers und u. U. auch des Lieferanten bei nicht marktgerechten Preisen ist vorzusehen, um die Abhängigkeit zu verringern (z. B. wenn der Marktpreis 10% über bzw. unter dem vereinbarten Preis ist, kann der Abnehmer bzw. der Lieferant kündigen).

- **Pflichten des Abnehmers:**
  Abnahmemengen sollten nicht als Absichtserklärungen, sondern als Verpflichtung vereinbart/formuliert werden. Häufig wird die Verpflichtung mit einer Konventionalstrafe untermauert, die der Abnehmer zu zahlen hat, wenn sein Bedarf unter der vereinbarten Abnahmemenge bleibt. Bei unsicherem Bedarf ist daher die Vereinbarung einer Abnahmeverpflichtung zu vermeiden. Große bzw. wachsende Abnahmemengen sind aus der Sicht des Lieferanten nicht in jedem Falle attraktiv. Wachsende Bedarfsmengen erfordern u. U. eine Erweiterungsinvestition des Lieferanten, deren Amortisation möglicherweise nicht gesichert ist und deshalb für den Lieferanten nicht attraktiv ist. Produktverwendungszusagen des Abnehmers versprechen, dass bestimmte Bauteile in Enderzeugnisse verarbeitet werden, die ein gutes Qualitätsimage besitzen und unterstützen damit das Marketing des Lieferanten.

2.5.3   Preisvereinbarungen in langfristigen Verträgen

In Single Source Beziehungen werden – wie erläutert – häufig Verträge abgeschlossen, die über eine Bestellung und Lieferung hinaus Gültigkeit haben sollen. Wenn im Zeitraum zwischen Vertragsabschluss und Lieferung(en) ein Kostenänderungsrisiko beim Lieferanten oder ein Marktpreisrisiko besteht, ist nicht nur die Höhe des Preises, sondern auch die Art der Preisvereinbarung von großer Bedeutung. Lieferant und Abnehmer können sich alternativ auf einen Festpreis, einen unbestimmten Preisvorbehalt oder eine Preisgleitklausel einigen.

Festpreisvereinbarungen zeichnen sich dadurch aus, dass weder Lieferant noch Abnehmer in der Vertragslaufzeit neu über den Preis verhandeln können, es sei denn, ein Vertragspartner kann sich auf eine ‚Störung der Geschäftsgrundlage‘ nach § 313 BGB[1] berufen. Dem Vertragsrücktritt bzw. der Änderung des Vertragspreises sind dadurch enge Grenzen gesetzt,

---

[1]   §313 BGB:
(1)Haben sich Umstände, die zur Grundlage des Vertrags geworden sind, nach Vertragsschluss schwerwiegend verändert und hätten die Parteien den Vertrag nicht oder mit anderem Inhalt geschlossen, wenn sie diese Veränderung vorausgesehen hätten, so kann Anpassung des Vertrags verlangt werden, soweit einem Teil unter Berücksichtigung aller Umstände des Einzelfalls, insbesondere der vertraglichen oder gesetzlichen Risikoverteilung, das Festhalten am unveränderten Vertrag nicht zugemutet werden kann.
(2)Einer Veränderung der Umstände ist es gleich, wenn wesentliche Vorstellungen, die zur Grundlage des Vertrags geworden sind, sich als falsch herausstellen.
(3)Ist eine Anpassung des Vertrags nicht möglich oder einem Teil nicht zumutbar, so kann der benachteiligte Teil vom Vertrag zurücktreten. An die Stelle des Rücktrittsrechts tritt für Dauerschuldverhältnisse das Recht zur Kündigung.

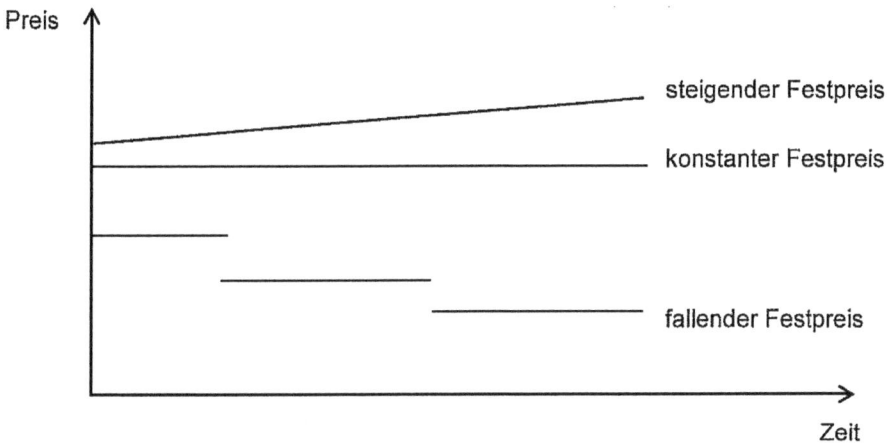

Abb. 2-12: Varianten einer Festpreisvereinbarung

dass eine Berufung auf die Störung der Geschäftsgrundlage nur dann anerkannt wird, „wenn das Gleichgewicht von Leistung und Gegenleistung so stark gestört ist, dass die Grenze des übernommenen Risikos überschritten und das Interesse der benachteiligten Partei auch nicht mehr annähernd gewahrt ist". Dieses Gleichgewicht wäre nur dann stark gestört, wenn Kostensteigerungen beim Lieferanten zu existenzgefährdenden Verlusten führen würden. Insbesondere dann, wenn der Lieferant das Kostenrisiko mit der Sorgfalt eines ordentlichen Kaufmanns bei Vertragsabschluß hätte voraussehen können, ist eine Berufung auf die Störung der Geschäftsgrundlage nicht möglich.

Festpreisvereinbarungen müssen keine konstanten Preise festlegen (vgl. Abb. 2-12). In der Praxis werden – unter Berufung auf den Erfahrungskurveneffekt – auch im Zeitablauf sinkende Preise vereinbart. Auch die Festlegung von zukünftigen Preissteigerungen ist eine Festpreisvereinbarung.

Festpreise (vgl. Abb. 2-13) sind für den Abnehmer insofern von **Vorteil**, als er eine gesicherte **Kalkulationsbasis** für seine Absatzpreise hat, wenn er diese längerfristig festlegen muss oder will. Festpreise bieten dem Einkäufer auch den Vorteil, dass er die in der nächsten Periode entstehenden **Plankosten** und Auszahlungen mit hoher Sicherheit kalkulieren kann. Festpreise sind auch ein Instrument, den **Bestellabwicklungsaufwand** für Beschaffungsobjekte, die wiederholt beschafft werden, zu reduzieren. Insbesondere für geringwertige Produkte lohnt es sich unter diesem Aspekt häufig, auf kurzfristige Preisvorteile zu verzichten.

Da dem Lieferanten bewusst ist, dass er eine Preisänderung in der Vertragslaufzeit wahrscheinlich nicht erreicht, muss er **Kostenänderungen** in der Preiskalkulation berücksichtigen. Unterschätzt er die Kostensteigerung seiner Produktionsfaktoren, reduziert sich zunächst seine Gewinnspanne. Kann der Lieferant die gestiegenen Kosten durch den Festpreis nicht decken, besteht die Gefahr, dass der Lieferant freiwillig oder unfreiwillig aus dem Markt ausscheidet und sich so langfristig die Angebotssituation für den Abnehmer verschlechtert. Trägt der Abnehmer die gestiegenen Kosten nicht wenigstens teilweise mit, fehlen dem Lieferanten möglicherweise die finanziellen Spielräume, in neue Produkte und Qualitätsverbesserung zu investieren. Eine weitere Gefahr unterschätzter Kostensteigerung

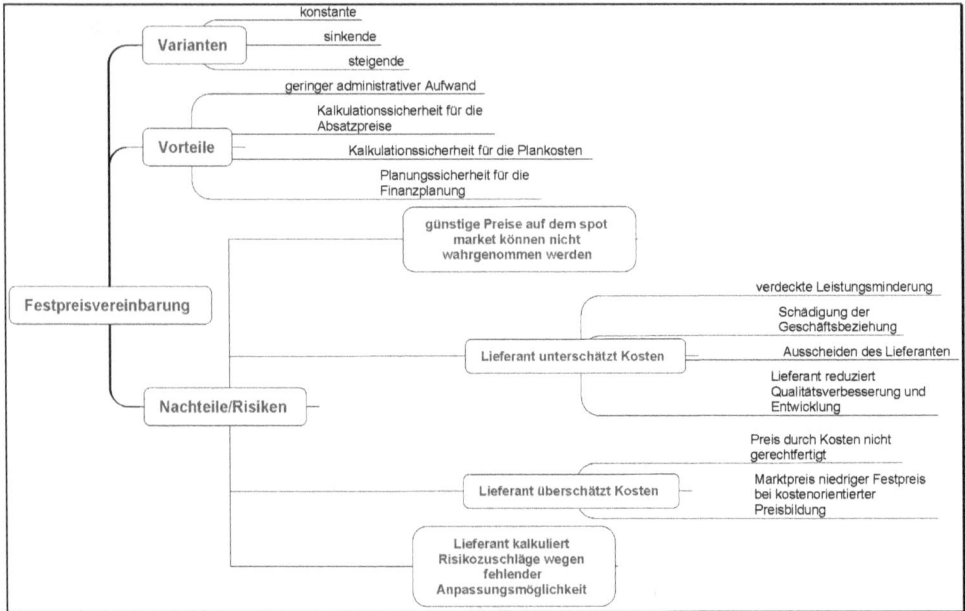

Abb. 2-13: Festpreisvereinbarung

besteht darin, dass der Lieferant versuchen könnte, durch versteckte Leistungsminderung (z. B. Einsatz einer schlechteren Materialqualität) einen kalkulatorischen Ausgleich für nicht eingeplante Kostensteigerungen zu erreichen.

Überschätzt der Lieferant zukünftige Kostensteigerungen, zahlt der Abnehmer einen Preis, der nicht durch die entstehenden Kosten gerechtfertigt ist. Der auf dem Spot-Markt sich einstellende Preis wird – sofern keine marktorientierte, sondern eine kostenorientierte Preisfindung vorzufinden ist – niedriger liegen als der vereinbarte Festpreis.

Ein weiterer **Nachteil** einer konstanten Festpreisvereinbarung besteht für den Abnehmer darin, dass ein Risikozuschlag für zukünftige Kostensteigerungen sofort und für die gesamte Vertragslaufzeit gezahlt werden muss.

Für (unbestimmte) **Preisvorbehaltsklauseln** existieren in der Praxis verschiedene Formulierungen. Bei Preisvereinbarungen wie z. B. unverbindlicher Richtpreis, Circa- oder Ungefähr-Preis ist die Preisangabe, sofern nichts anderes vereinbart, ein Mindestpreis, den der Lieferant zum Liefertermin einseitig erhöhen kann. Wird die Klausel „Preis freibleibend" oder „Preisbestimmung vorbehalten" vereinbart, beinhaltet der Vertrag keine bezifferte Preisangabe, an der sich der Einkäufer orientieren kann. Die Preisfestsetzung zum Lieferzeitpunkt bzw. bei Rechnungsstellung wird hier ebenfalls vom Lieferanten einseitig vorgenommen. Bei Serienprodukten und Verbrauchsgütern ist häufig die Preisklausel „gültig ist der Listenpreis am Liefertag" vorzufinden.

Unbestimmte Preisvorbehalte können in Rahmenverträgen im multiple sourcing vereinbart werden. Solange der Abnehmer keine Abnahmeverpflichtung eingeht und alternative Lieferquellen hat, wird der Lieferant seine Preise an den Marktpreisen orientieren, so dass der Abnehmer kein Preisrisiko eingeht.

Unbestimmte Preisvorbehalte sind dagegen bei langfristigen Einzelverträgen aufgrund der einseitigen Risikobelastung des Abnehmers nur dann zu akzeptieren, wenn der Abnehmer völlig vom Lieferanten abhängig ist. In diesem Falle ist er dem Lieferanten jedoch auch bei einer Festpreisvereinbarung ausgeliefert – diese hat jedoch gegenüber dem unbestimmten Preisvorbehalt den Vorteil, dass der Abnehmer den Preis vorher kennt.

In den Ausführungen zu Festpreisvereinbarungen wurde deutlich, dass der Lieferant seine Kostenänderungsrisiken nur dann auf den Abnehmer überwälzen kann, wenn der kalkulierte Risikozuschlag die zukünftigen Kostensteigerungen abdeckt und der sich ergebende Festpreis vom Abnehmer akzeptiert wird. Ist die Richtung und das Ausmaß der Kostenentwicklung ungewiss, wird es daher nicht zu einer Festpreisvereinbarung kommen, da das Preisrisiko von den Vertragsparteien als zu hoch empfunden wird.

Ist ein unbestimmter Preisvorbehalt aus der Sicht des Abnehmers unvorteilhaft, weil ein Einzelvertrag abgeschlossen wird oder der Abnehmer vom Lieferanten abhängig ist, bietet der Abschluss einer **Preisgleitklausel** die Möglichkeit, eine kostenorientierte Preisfindung vorzunehmen, die die Kostenänderungsrisiken in einem bestimmten Umfang auf den Abnehmer überwälzt.

Im Vergleich zur unbestimmten Preisvorbehaltsklausel handelt es sich deshalb bei der Preisgleitklausel um einen **bestimmten** Preisvorbehalt.

Die beiden Vertragspartner vereinbaren bei Vertragsabschluss einen Basispreis und eine Formel, die die Veränderung des zukünftigen Preises in Abhängigkeit von der Veränderung der so genannten „Gleitgrößen" bestimmt.

In einer einfachen Version der Preisgleitklausel vereinbaren die Parteien einen Festpreisanteil (a), sie einigen sich auf eine Material- und Lohnart, die die Veränderung des Preises bestimmen sollen und vereinbaren einen Materialanteil (m) und einen Lohnanteil (l).

Der jeweilige Preis ergibt sich dann nach der Formel:

$$P_1 = P_0 \left(a + m \cdot \frac{M_1}{M_0} + l \cdot \frac{L_1}{L_0} \right)$$

Dabei bezeichnen:

a = nicht gleitender Preisanteil
m = Anteil der Materialkosten am Preis
l = Anteil der Lohnkosten am Preis
M_0 = Materialkosten am Basisstichtag
M_1 = Materialkosten am Abrechnungsstichtag
L_0 = Lohnkosten am Basisstichtag
L_1 = Lohnkosten am Abrechnungsstichtag

Der Preis wird also aufgespalten in einen prozentualen Material- und einen prozentualen Lohnkostenanteil sowie einen unveränderlichen Preisbestandteil.

Beispiel:

Die Vertragspartner einigen sich darauf, dass der Materialanteil 30%, der Lohnanteil 50% und der unveränderliche Preisbestandteil 20% betragen soll. Als Werkstoff, der die Entwicklung der Materialkosten widerspiegeln soll, wird Gusseisen festgelegt. Die Entwicklung der Lohnkosten wird am Facharbeitereckloh gemäß Manteltarifvertrag für Arbeiter der Metallindustrie in Baden-Württemberg gemessen. Als Basisstichtag wird der Tag des Vertragsabschlusses, als Abrechnungsstichtag der Tag der Lieferung vereinbart. Am Basisstichtag wird ein Preis von 50.000€ ausgehandelt. Auf der Grundlage des derzeit gültigen Stundenlohns für Facharbeiter von 30€ und eines Gusspreises von 58€ ergibt sich die folgende Preisgleitklausel:

$$P_1 = 50.000 \cdot \left(0,20 + \frac{0,30 \cdot 58}{58} + \frac{0,50 \cdot 30}{30}\right)$$

Zum Zeitpunkt des Vertragsabschlusses setzt sich der Preis zusammen aus:

$$50.000 = 10.000 + 15.000 + 25.000$$

Preis = fester Preisanteil + Materialkostenanteil + Lohnkostenanteil

Beträgt der Gusspreis am Tag der Lieferung 55€ und der Lohn 32€, wird der gültige Preis errechnet als:

$$P_1 = 50.000 \cdot \left(0,20 + \frac{0,30 \cdot 55}{58} + \frac{0,50 \cdot 32}{30}\right)$$

$$P_1 = 10.000 + 14.244,18 + 26.666,67 = 50.890,85$$

Die Lohnsteigerung um 6,67% berechtigt den Lieferanten nicht, im gleichen Umfang den Preis zu erhöhen, gleichzeitig muss er die Materialkostensenkung um 5,2% nicht komplett weitergeben.

Bei der **Gestaltung** von Preisgleitklauseln (Kostenelementsklauseln) sind von den Vertragsparteien die Kostenelemente, Gewichtungsfaktoren und Stichtage festzulegen. Die Vor- und Nachteile einer Preisgleitklausel für Lieferant und Abnehmer sind vor allem von den vereinbarten **Kostenelementen** und den **Gewichtungsfaktoren** abhängig (vgl. Abb. 2-14):

Die einfache Preisgleitklausel unterscheidet lediglich zwischen Material- und Lohnkosten. Damit unterstellt sie eine Homogenität bzw. gleichmäßige Kostenentwicklung der verschiedenen in das Endprodukt eingehenden Materialien. In der Praxis verändern sich jedoch die Kosten der einzelnen Materialien in unterschiedlichem Umfang und in verschiedene Richtungen. Um zu verhindern, dass der Abnehmer einen – unter Kostengesichtspunkten – nicht

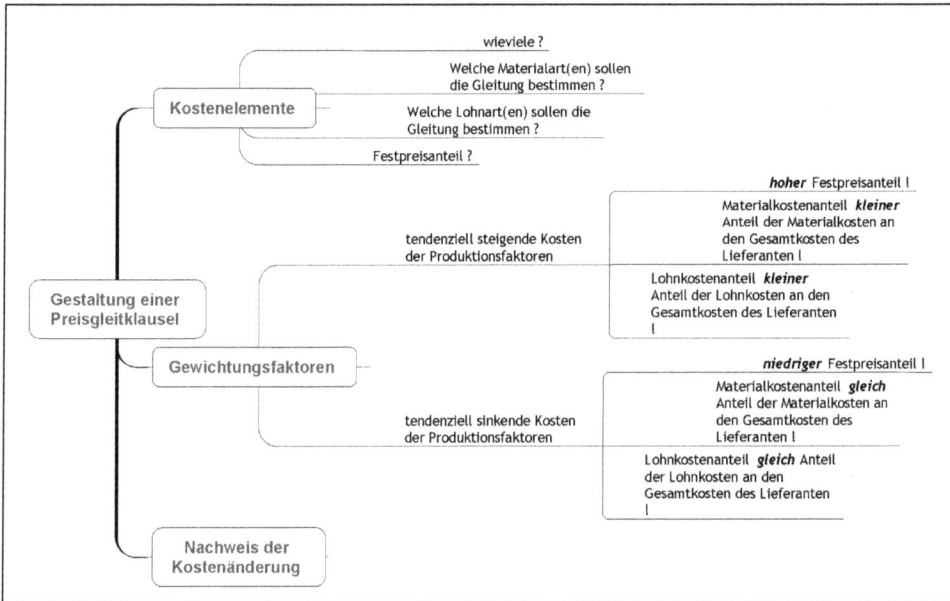

Abb. 2-14: Gestaltung einer Preisgleitklausel

gerechtfertigten Preis zahlt, wenn der Preis des die Gleitung bestimmenden Materials steigt, die übrigen Materialien aber nicht oder in geringerem Umfang, müsste die Preisgleitformel sehr differenziert ausgestaltet werden.

Gegen eine umfangreiche Preisgleitformel spricht der Aufwand für die Kontrolle der Kostenänderungen und die geringe Bereitschaft des Lieferanten, einen genauen Einblick in seine Kostenstruktur zu geben.

Bei der Auswahl des Materials, das die Gleitung bestimmen soll, werden auch die Nachweise einer Kostenänderung vereinbart. Je nach Materialart kommen öffentliche Statistiken (z. B. Bundesanzeiger, Börsennotierungen) oder die Eingangsrechnungen des Lieferanten in Frage.

Ebenso wie die Materialkosten sind auch die Lohnkosten in der einfachen Preisgleitformel undifferenziert als ein Kostenblock festgelegt, wodurch die aufgrund unterschiedlicher Qualifikationen bedingten variierenden Lohnkosten (z. B. Hilfslöhne, Meisterlöhne, Technikergehälter) nicht berücksichtigt werden.

In welchem Umfang der Lieferant Kostenänderungsrisiken auf den Abnehmer überwälzt, wird im Wesentlichen von den vereinbarten **Gewichtungsfaktoren** bestimmt.

Entspricht der Gewichtungsfaktor a dem Anteil der Fixkosten an den Gesamtkosten des Lieferanten, der Gewichtungsfaktor m dem Anteil der Materialkosten an den Gesamtkosten und der Gewichtungsfaktor l dem Anteil der Lohnkosten an den Gesamtkosten, verursacht – sofern keine Einschränkungen vereinbart sind – jede Kostenänderung beim Lieferanten eine entsprechende Preisänderung für den Abnehmer. Eine Übereinstimmung der Preisgleitklausel mit der Kostenstruktur ist für komplexere Produkte nicht möglich, weil die Formel sonst alle Kostenelemente aufnehmen müsste.

Ein Gewichtungsanteil m, der dem tatsächlichen Anteil der Materialkosten an den Gesamtkosten entspricht, ist für den Abnehmer insofern unvorteilhaft, als sie dem Lieferanten die Möglichkeit gibt, jede Materialkostensteigerung auf den Abnehmer zu überwälzen. Er ist dadurch nicht dem Zwang ausgesetzt, aktives Beschaffungsmarketing zu betreiben oder spekulativ einzukaufen, um Kostensteigerungen zu vermeiden oder wenigsten in ihrem Umfang zu begrenzen.

Ein Gewichtungsanteil l, der dem tatsächlichen Anteil der Lohnkosten an den Gesamtkosten entspricht, hat für den Abnehmer analog den Nachteil, dass der Lieferant nicht gezwungen ist, seine Kostenstruktur zu verbessern.

Mit der Vereinbarung eines Festkostenanteils a soll verhindert werden, dass Kostensteigerungen im Fix- und Gemeinkostenbereich des Lieferanten auf den Abnehmer überwälzt werden. Dahinter steht der Gedanke, dass der Abnehmer nur die Kosten und Kostensteigerungen tragen soll, die durch seinen Auftrag verursacht werden.

Die Vereinbarung eines hohen Festkostenanteils hat andererseits den Nachteil, dass Rationalisierungserfolge im Gemein- und Fixkostenbereich allein dem Lieferanten zugute kommen und daher von ihm eher angestrebt werden als Kostensenkungen bei den Material- und Fertigungskosten. Da Rationalisierungserfolge im Gemein- und Fixkostenbereich nur langfristig zu erzielen sind, gilt dieses Argument nur für Verträge mit mehrjähriger Laufzeit.

Die Ausführungen machen deutlich, dass im Vorhinein nicht eindeutig festgestellt werden kann, welche Vor- und Nachteile eine Preisgleitklausel für den Abnehmer hat. Bei tendenziell steigenden Kosten der verschiedenen Produktionsfaktoren ist ein hoher Festkostenanteil und ein Material- und Lohnanteil, der kleiner ist als der tatsächliche Kostenanteil, für den Abnehmer erstrebenswert. Dieser Vorteil erweist sich jedoch bei sinkenden Kosten als Nachteil.

Zur Vorbereitung der Verhandlungen über die Gestaltung der Preisgleitklausel sollte der Abnehmer Informationen über die Kostenstruktur des Abnehmers haben. Legt der Lieferant seine Kalkulation nicht offen, kann sich der Einkäufer mit einer ‚**Preisstrukturanalyse**' behelfen. Hierzu werden auf der Basis des Schemas der Zuschlagskalkulation die Material- und Fertigungseinzelkosten sowie die Material-, Fertigungs-, Vertriebs- und Verwaltungsgemeinkosten ermittelt. Aus der Differenz zwischen Preis und errechneten Selbstkosten ergibt sich der Gewinnaufschlag des Herstellers. Zur Berechnung der Materialeinzelkosten sind Informationen über Art, Mengen und Preise der im Produkt verarbeiteten Materialien notwendig. Diese erhält der Einkäufer z. B. durch Marktforschung auf den Beschaffungsmärkten des Lieferanten. Die Ermittlung der Fertigungseinzelkosten ist dagegen schwieriger. Zunächst müssen die Fertigungszeiten berechnet und entsprechend der jeweiligen Stundenlohnsätze bewertet werden. Das Abschätzen der benötigten Fertigungsstunden setzt genaue Kenntnisse über Fertigungsverfahren und Prozessabläufe beim Lieferanten voraus. Als Grundlage für die Stundenlohnsätze können Tarifverträge herangezogen werden. Noch weitaus schwieriger ist die Ermittlung der Gemeinkosten. Durch Betriebsbesichtigungen beim Lieferanten kann sich der Einkäufer einen ersten Eindruck über Lagergröße und -ausstattung (relevant für Materialgemeinkosten), Alter und Wert der Fertigungsmaschinen (Fertigungsgemeinkosten) sowie Größe des Verwaltungs- und Vertriebsapparates verschaffen. Darüber hinaus ist die vom Statistischen Bundesamt veröffentlichte Untersuchung über „Die Kostenstruktur in der Wirtschaft" ein wichtiges Instrument zur Ermittlung der branchenspezifischen Gemeinkosten.

Die Gestaltung der Preisgleitformel und die Kontrolle der Kostenveränderungen sind für das beschaffende Unternehmen sehr aufwändig. Die Kontrolle der Kostenveränderungen verlangt vom Einkäufer eine kontinuierliche Marktbeobachtung der relevanten Kostenelemente.

Nachteile von Preisgleitklauseln für den Abnehmer:
- Preisgleitklauseln bestimmen des Preis ungeachtet der aktuellen Marktpreise,
- Kostensteigerungen werden auf den Abnehmer überwälzt,
- auf den Lieferanten wird kein Zwang ausgeübt, seine Kostenstruktur und seine Einstandspreise zu optimieren,
- Kostensenkungen bei Kostenarten, die im Festpreisanteil enthalten sind, kommen allein dem Lieferanten zugute.

Abb. 2-15: Nachteile von Preisgleitklauseln für den Abnehmer

Schwierigkeiten ergeben sich dabei vor allem bei Produkten mit einem hohen Anteil fremdbezogener Halb- und Fertigfabrikaten, bei denen nicht auf öffentliche Indices/Statistiken zurückgegriffen werden kann.

Ein erheblicher Nachteil der Preisgleitformel besteht in der ‚Automatik‘ der Preisgleitung, die den Preis unabhängig vom jeweiligen Marktpreis ausschließlich kostenorientiert ermittelt. Bei sinkenden Spotpreisen hat der Abnehmer daher ein erhebliches Preisrisiko, bei steigenden Spotpreisen der Lieferant. Eine erhebliche Diskrepanz zwischen den Spotpreisen und den Kontraktpreisen wird sich ergeben, wenn sich innerhalb der Vertragslaufzeit die Angebots- und/oder die Nachfragesituation erheblich verändert.

Zur Reduzierung der Nachteile der Preisgleitklausel entwickelte die Praxis die so genannten **Entschärfungsklauseln** (vgl. Abb. 2-16): Für den Hersteller und den Lieferanten ist der Marktpreis eine Vergleichsgröße, an der die Vorteilhaftigkeit des Vertragspreises gemessen wird. Wenn der entsprechend den Bezugsgrößen angepasste Vertragspreis den veränderten Verhältnissen auf dem Markt nicht entspricht, sollte es den Vertragsparteien möglich sein, einseitig eine Preisverhandlung einzuberufen, um die Preisfindungsrechnung oder den Preis als solches anzupassen. Diese Vereinbarung bezeichnet man als Hausse- bzw. Baisse-Klausel (**Korrekturklausel**). Durch eine **Selbstbeteiligungsklausel**, die der Preisvereinbarung beige-

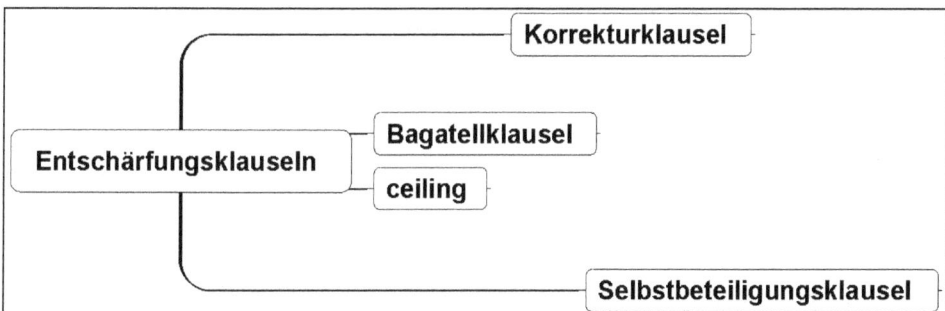

Abb. 2-16: Entschärfungsklauseln

fügt wird, wird der Lieferant an den Kostenveränderungen seines Betriebes beteiligt. Dadurch trägt der Abnehmer nicht mehr das alleinige Risiko von Preiserhöhungen. Die Vertragspartner können auch einen maximalen Preis vereinbaren (**ceiling**). Eine Preisfindungsrechnung hat den Nachteil, dass sich der Preis auch an geringste Kostenänderungen anpasst, jede Lieferung hat einen anderen Preis. Die ständige Neuberechnung des Preises würde die Zeit in Anspruch nehmen, die man durch die Bildung der Preisgleitklauseln einsparen wollte. Um die permanente Preisanpassung zu vermeiden, werden **Bagatellklauseln** vereinbart. Preisänderungen werden in diesem Falle erst wirksam, wenn sie einen bestimmten Mindestbetrag überschreiten.

2.5.4   Local versus Global sourcing

Durch unterschiedliche Kostenstrukturen ergeben sich in verschiedenen Ländern unterschiedliche Produktionsbedingungen. Wichtige Unterschiede können in den Rohstoff- und Betriebsmittelkosten, in Arbeitskosten (Stundenlöhne und Lohnnebenkosten, Arbeitszeit), Energiekosten und Raumkosten liegen. Bei lohnintensiver Fertigung spielen die geringeren Löhne der Low Cost Countries, die dort üblichen längeren Arbeitszeiten und die höhere Zahl der Arbeitstage p. a. eine bedeutende Rolle (vgl. Tab. 2-1).

Die Produktionskostenvorteile der Anbieter in Asien, Lateinamerika und Osteuropa werden jedoch durch erhöhte Transport-, Verpackungs-, Versicherungskosten und Zölle gemindert. Abbildung 2-17 zeigt den Vergleich der Einsparpotenziale bei der Beschaffung eines Anzugs, differenziert nach Produktions- und Logistikkosten.

Die Möglichkeit des global sourcing kann in Preisverhandlungen mit inländischen Anbietern als Druckmittel eingesetzt werden. Durch die Androhung eines Lieferantenwechsels sieht sich die deutsche Zulieferindustrie meistens gezwungen, weiteren Preisreduzierungen zuzustimmen.

	Lohnkosten pro Minute (in US $)	Einsparungen im Verhältnis zu Deutschland
Deutschland	0,39	–
Großbritannien	0,25	36%
Türkei	0,17	56%
Mexiko	0,15	62%
Tunesien	0,11	72%
Indien	0,10	74%
China	0,10	74%
Ägypten	0,10	74%
Madagaskar	0,09	77%
Russland	0,07	82%

Tabelle 2-1: Lohnkostenunterschiede zwischen ausgewählten Beschaffungsregionen und Deutschland (Heymans 2004 S. 101)

Wo Einkäufer am günstigsten einkaufen
Weltweite Beschaffungskosten in der Textilwirtschaft

Produktions- Logistik-   Einspar-
kosten   kosten   potenzial
in Euro   in Euro   in %*

*KSA-Berechnungsbeispiel für Einsparpotential
bei der Beschaffung eines Anzugs
Basis: Produktion in Deutschland

69.87 0,17   13.17 0,50   10,21 0,57
Deutschland   Rumänien   Ukraine
              80%   85%

81%
12.68 0,53
Bulgarien

90%
6.06 1,04
China

65%

73%
18.37 0,48
Türkei

91%
4,74 1,24
Pakistan

23,30 1,04
Hongkong

88%
7.43 1,08
Indien

91%
4.85 1,18
Vietnam

Grafik: medXtra
Quelle: KSA 2005

Mit geringen Produktionskosten bietet China das
größte Margenpotenzial. Dennoch kann ein
Produktionsstandort in Osteuropa sinnvoll sein, der kurze
Lieferzeiten bei geringen Transportkosten garantiert.

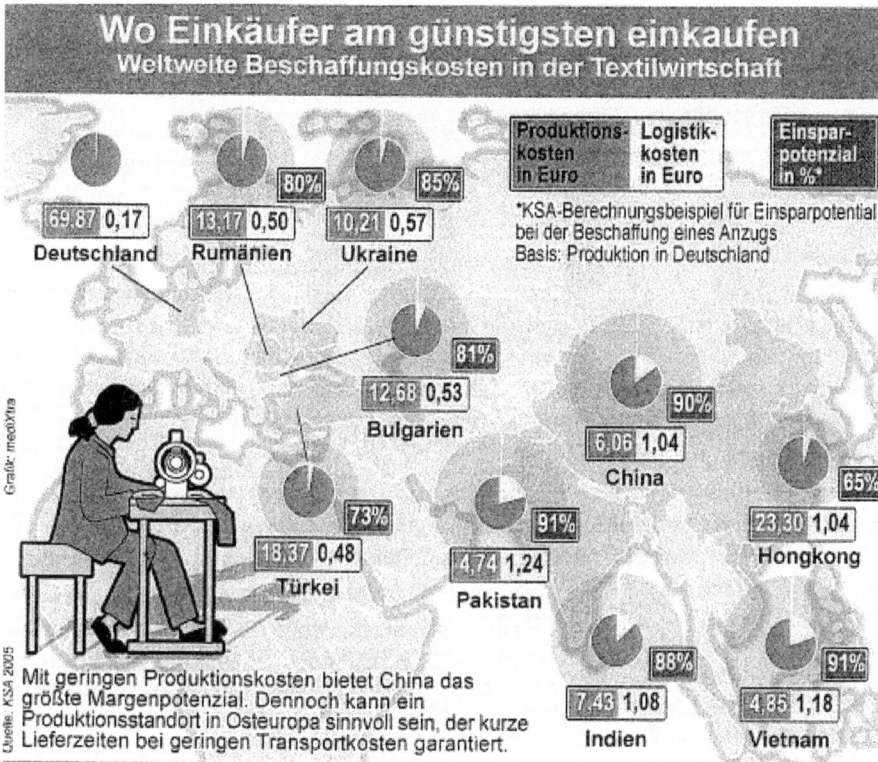

Abb. 2-17: Einsparpotenziale durch global sourcing (Decker 2005 S. 28)

Den Vorteilen des global sourcing ist eine Reihe von Risiken gegenüberzustellen (vgl. Abb. 2-18):

- Werden global sourcing-Aktivitäten nur gestartet, um mit den niedrigen Preisen die lokalen Lieferanten bezüglich der Preise erpressen zu können, ist damit zu rechnen, dass die Kreativität, die Innovationen und der Kooperationswille seitens der Zulieferer nachlässt.

- Ein geringerer technischer Entwicklungsstand, eine geringere Ausprägung des Qualitätsbewusstseins und andere technische Normen im Lieferland können ein erhöhtes Qualitätsrisiko verursachen.

- Aus der Verschiedenheit der Rechtssysteme und -ordnungen der am internationalen Beschaffungsprozess beteiligten Nationen resultiert ein rechtliches Risiko. Diese Unsicherheit liegt nicht nur in der „formalen" Unkenntnis der ausländischen Gesetze, sondern vor allem auch in der fehlenden Kenntnis ihrer praktischen Handhabung und Auslegung; denn geschriebenes Recht und Rechtswirklichkeit weichen in manchen Ländern erheblich voneinander ab.

- Für in Fremdwährung abgeschlossene Verträge besteht ein Währungsrisiko, die Gefahr einer Veränderung der Währungsrelation nach Vertragsschluss zuungunsten des beschaffenden Unternehmens.

- Unterschiedliche Sprache, Kultur, Mentalität, Religion, abweichende Sitten und Gebräuche sowie verschiedene Bildungs- und Wertesysteme der betroffenen Nationen verursachen ein Kommunikationsrisiko, das zu Missverständnissen und Fehlinterpretationen bei Kaufvertragsverhandlungen führen kann.

- Durch die wachsende Entfernung zum Lieferanten verlängert sich die Beschaffungszeit. Kurzfristiger Materialbedarf kann nicht durch kurzfristige Bestellungen befriedigt werden. Der Beschaffungstransport wird störungsanfälliger. Auch beeinflussen unterschiedliche Mentalitäten die Lieferzeit und -zuverlässigkeit in hohem Maße.

Der Abnehmer kann sich durch den Aufbau von Sicherheitsbeständen vor langen und störanfälligen Beschaffungszeiten schützen. Eine umfassende Lieferantenbeurteilung vor der ersten Auftragserteilung, eine eingehende Information des Lieferanten über die geforderten Merkmale des Beschaffungsobjektes und die Vereinbarung von wirksamen Gewährleistungs- und Schadenersatzregelungen für fehlerhafte und verspätete Lieferungen sind unabdingbar, steigern aber den Aufwand im Einkauf (Transaktionskosten).

Zu berücksichtigen ist eventuell auch ein erhöhter Aufwand für eine präzise und frühzeitige Materialbedarfsplanung, die durch die reduzierte Flexibilität notwendig wird. Um sich vor fehlerhaften Lieferungen zu schützen, werden umfangreichere Qualitätsprüfungen notwendig.

Der Preisvorteil des internationalen Anbieters wird durch diese erhöhten Kosten geschmälert, eventuell überkompensiert. Eine Ermittlung der total cost of ownership versucht einen umfassenden Kostenvergleich anzustellen. Nicht immer wird es möglich sein, die Nachteile und Risiken des global sourcing monetär zu quantifizieren. In diesem Falle kann man sich mit einem Punktbewertungsverfahren behelfen.

Global sourcing verspricht Preisvorteile vor allem für Produkte und Dienstleistungen, die personalintensiv hergestellt werden und für Produkte, die einen hohen Materialkostenanteil aufweisen und in der Nähe dieses Lieferanten gefördert werden.

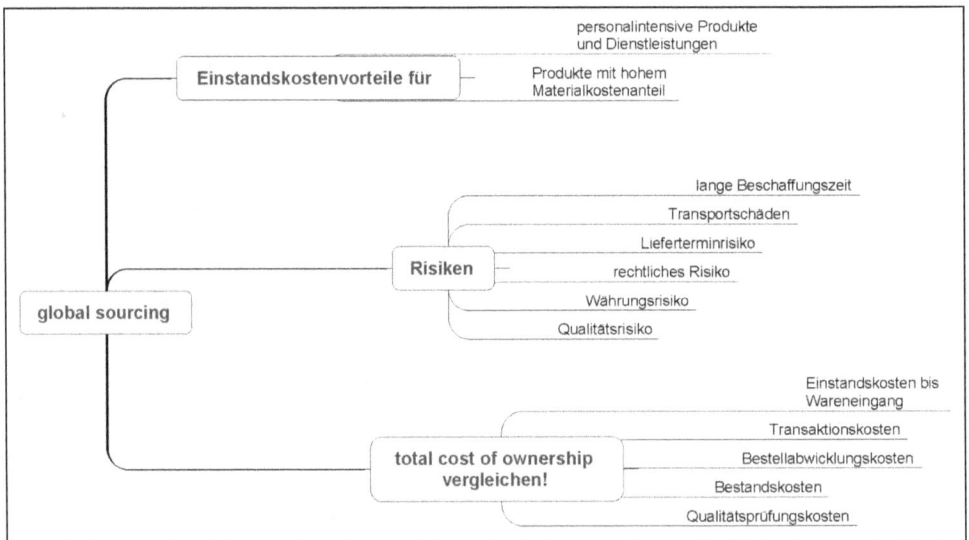

Abb. 2-18: Chancen und Risiken des global sourcing

Abbildung 2-19 stellt die in den Abschnitten 2.3–2.5 erläuterten Instrumente des preisorientierten Kostenmanagements nochmals zusammen und ordnet sie der Anpassungs- und Beeinflussungsstrategie zu:

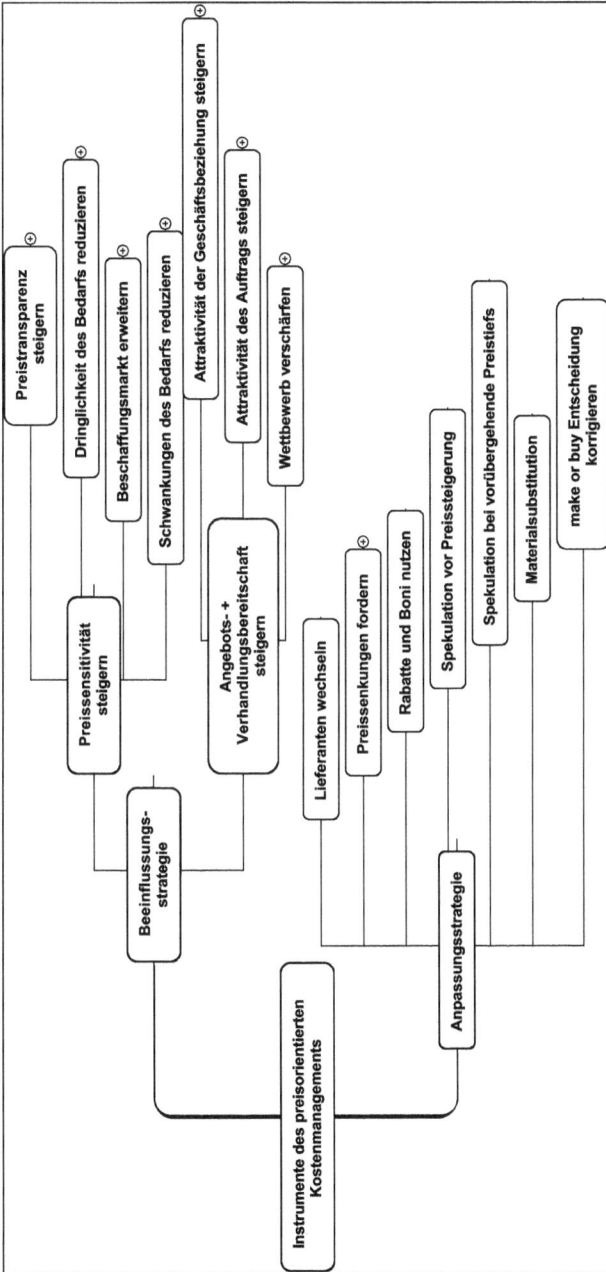

Instrumente des preisorientierten Kostenmanagements

- Beeinflussungsstrategie
  - Preissensitivität steigern
    - Preistransparenz steigern
    - Dringlichkeit des Bedarfs reduzieren
    - Beschaffungsmarkt erweitern
    - Schwankungen des Bedarfs reduzieren
  - Angebots- + Verhandlungsbereitschaft steigern
    - Attraktivität der Geschäftsbeziehung steigern
    - Attraktivität des Auftrags steigern
    - Wettbewerb verschärfen
- Anpassungsstrategie
  - Lieferanten wechseln
  - Preissenkungen fordern
  - Rabatte und Boni nutzen
  - Spekulation vor Preissteigerung
  - Spekulation bei vorübergehende Preistiefs
  - Materialsubstitution
  - make or buy Entscheidung korrigieren

Abb. 2-19: Instrumente des preisorientierten Kostenmanagements

2.6   Grenzen und Gefahren des preisorientierten Kostenmanagements

Die Erfolge des preisorientierten Kostenmanagements sollten **groß** genug sein, um die Kosten der Entwicklung und des Einsatzes von Strategien und Instrumenten zu kompensieren.

Neben Personal- und Sachkosten für Anfragetätigkeit, Angebotsvergleiche, Verhandlungen, Analyse des Preisverhaltens und Preisstrukturanalyse muss mit Nachteilen des preisorientierten Kostenmanagement gerechnet werden, die den Erfolg beeinträchtigen oder gar überkompensieren können. Diese Opportunitätskosten des preisorientierten Kostenmanagements wurden in den vorigen Abschnitten jeweils erläutert und werden hier nochmals aufgeführt und jeweils ein Beispiel genannt:

- Höhere Einstandskosten bei **anderen** Beschaffungsobjekten: Die Einsparungen bei einem Beschaffungsobjekt werden durch überhöhte Preise bei anderen Identnummern, die beim gleichen Lieferanten bezogen werden und bei denen der Abnehmer für ihn ungünstige Determinanten des Preisverhaltens aufweist (z. B. dringenden, abweichenden, geringen Bedarf), wieder kompensiert.

- Kostennachteile in **einkaufsfremden** Verantwortungsbereichen auf vor- oder nachgelagerten Prozessstufen: Zur Erzielung von Rabatten und Boni ist ein erhöhter Aufwand in der Disposition erforderlich.

- Kostennachteile in **späteren** Phasen des Produktlebenszyklus: Anschaffungskostenvorteile einer Anlage werden eventuell durch höheren Instandhaltungs-, Reparatur- oder Entsorgungsaufwand wettgemacht.

- **Leistungsnachteile**, die durch erhöhten Aufwand in anderen Verantwortungsbereichen ausgeglichen werden müssen: Versorgungs- und Qualitätsrisiken verursachen Prüfkosten, Lagerkosten und/oder Fehlmengen und Fehlerkosten.

Wie bereits im 1. Abschnitt angesprochen, sind die Einflussmöglichkeiten des Einkaufs auf die Preise und total cost der fremdbezogenen Beschaffungsobjekte eher gering. 90 bis 95%

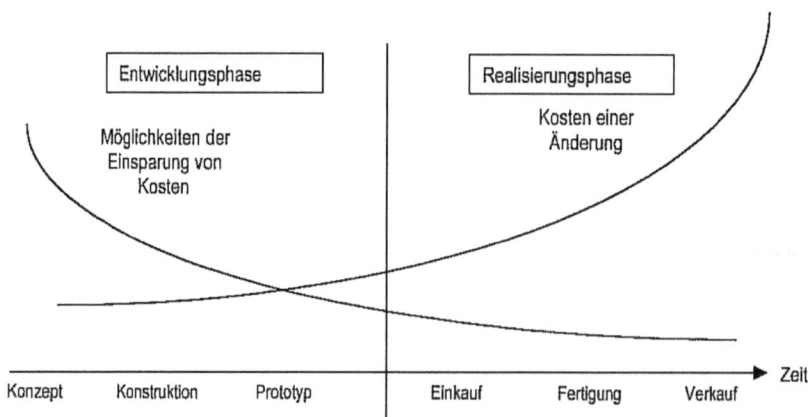

Abb. 2-20: Kosteneinfluss der Produktentwicklung (Homburg/Daum 1997 S. 106)

der Herstellkosten eines Produkts werden in der Produktentwicklung festgelegt (vgl. Pechek 2003 S. 23). **Die Möglichkeiten der Kostenbeeinflussung in der Beschaffungs- und Produktionsphase eines Produkts sind dagegen eher marginal** (vgl. Abb. 2-20). Die Produktentwicklung hat die Aufgabe, möglichst auf Commodities und standardisiertes Material zurückzugreifen und die Variantenexplosion durch eine weitgehende Nutzung von Mehrfachverwendungskomponenten zu begrenzen. Bei der Beschaffung von Investitionsgütern verspricht eine Standardisierung Kostenersparnisse bei den Anschaffungs-, Betriebskosten und Transaktionskosten (vgl. Burghardt/Germer/ Sippel 2002).

3 Kostenmanagement mit dem Fokus Bestandskosten

3.1 Bestandsverursacher: hard und soft facts des Bestandsmanagements

Bestandsmanagement untersucht die Motive für die Bestandshaltung und sucht nach Instrumenten, bestandsverursachende Rahmenbedingungen zu ändern. Ziel des Bestandsmanagements ist dabei nicht zwangsläufig die Bestandssenkung, und auch nicht die Bestandskostensenkung, sondern der **optimale Bestand**: Das Bestandsmanagement muss die Kosten berücksichtigen, die durch geringere Bestände eingespart, aber auch zusätzlich auftreten (Transportkosten, Bestellabwicklungs-, Prüfkosten). Der optimale Bestand trägt den Kosten- und Leistungskonflikten Rechnung (Lieferbereitschaft, Liefertreue). Der optimale Bestand berücksichtigt auch die Alternativen (und deren Kosten), die gewünschte Lieferzeit und Liefertreue zu gewährleisten (Engpassmanagement).

Bestände sind aus verschiedenen Gründen notwendig und wirtschaftlich. Soweit diese Gründe quantifizierbar sind und die Bestände offiziell rechtfertigen, werden sie als **hard facts** des Bestandsmanagements bezeichnet (vgl. Abb. 3-1): Ausgleichsbestand verspricht Einsparungen bei den Bestellabwicklungs- und Prüfkosten und Beschaffungstransportkosten sowie mengenabhängige oder wertabhängige Preisnachlässe; Ausgleichsbestand wird durch Mindestbestellmengen, Verpackungseinheiten und Kapazitäten der Transportmittel erzwungen. Ausgleichsbestand wird gehalten, um saisonalen oder stark schwankenden Bedarf bei begrenzten Kapazitäten des Beschaffungsmarktes bedienen zu können. Sicherheitsbestand ist erforderlich, um stockout-cost zu vermeiden, wenn der Bedarf nicht sicher geplant werden kann, wenn die Beschaffungszeit lang ist und/oder die Termin-, Mengen- und Qualitätszuverlässigkeit des Lieferanten nicht sichergestellt ist. Spekulationsbestand ist wirtschaftlich, wenn vorübergehende Preistiefs auftreten oder eine nachhaltige Preissteigerung erwartet wird.

Neben diesen hard facts werden Bestände aber auch aus Gründen gehalten, die als soft facts die Wahrnehmung und Einstellung der Mitarbeiter prägen, die bestandsrelevante Entscheidungen treffen oder Daten liefern. Diese Rahmenbedingungen des Bestandsmanagements sind häufig zunächst nicht offensichtlich und dem Mitarbeiter nicht immer bewusst (vgl. Abb. 3-2):

- Eine Schlüsselrolle unter den soft facts des Bestandsmanagements spielen **nicht-abgestimmte Zielvorgaben.** Die Bestandsverantwortung ist in der Praxis auf mehrere Mitarbeiter verteilt, wobei die Arbeitsteilung nach Erzeugnissen, Fertigungsstufen und Standorten erfolgt. Werden isoliert Erfolge für einzelne Artikelnummern, Fertigungsstufen und Standorte gesucht, besteht die Gefahr, dass Bestandssenkungserfolge auf der nächsten Fertigungsstufe, bei anderen Erzeugnissen oder Standorten ein Versorgungsrisiko verursachen, dem dort durch Sicherheitsbestände begegnet wird. Ist die Bestandsverantwortung für Enderzeugnisse, eigengefertigte und fremdbezogene Komponenten

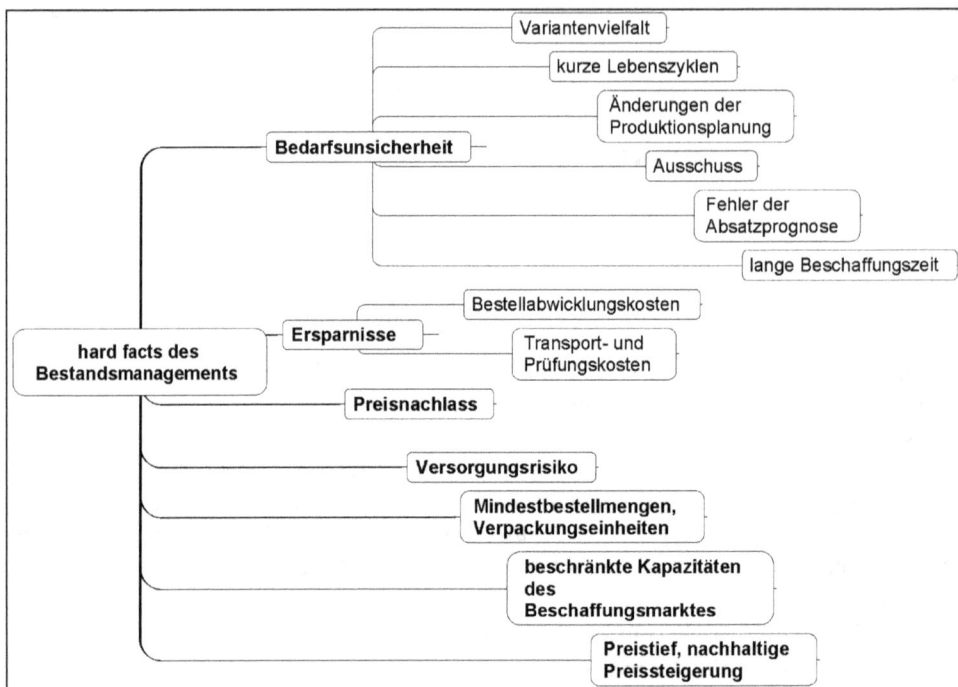

Abb. 3-1: hard facts des Bestandsmanagements

auf mehrere Mitarbeiter verteilt, besteht häufig das Problem, dass hohe Lieferbereit-schaftsgrade gefordert werden und damit hohe Sicherheitsbestände auf allen Stufen der logistischen Kette gehalten werden. Es werden also Bestände des Enderzeugnisses gehalten, obwohl mit den verfügbaren Materialbeständen eine kurzfristige Fertigung möglich ist.

- Überbetriebenes Sicherheitsdenken des Bestandsverantwortlichen, das durch **mangelndes Vertrauen** in die Leistungsfähigkeit und -bereitschaft der Prozessnachbarn, durch eine **Überschätzung der stockout-cost** verursacht wird und durch die **mangelnde Bereit-schaft**, sich von anderen Prozessmitgliedern **abhängig** zu machen. So argumentiert der Vertrieb häufig mit entgangenem Umsatz und Kundenverlust, um hohe Enderzeugnisbe-stände zu rechtfertigen. Dabei wird jedoch übersehen, dass eventuell die stockout-cost ge-ring gehalten werden können durch ein effektives Engpassmanagement oder indem geeig-nete Substitutionsprodukte angeboten werden, sodass sich der Kunde für ein verfügbares Produkt entscheidet. Doppelte Bestandshaltung ist auch in der Beziehung Lieferant und Kunde üblich, weil der Kunde der Liefertreue des Lieferanten nicht vertraut und gleichzei-tig der Lieferant kurzfristigen Bedarf des Kunden fürchtet. Das Sicherheitsdenken der Da-ten-liefernden Mitarbeiter zeigt sich bei der Prüfung der zeitbezogenen Stammdaten im ERP-System. So gibt der Einkauf häufig zu lange Beschaffungszeiten, die Arbeitsvorberei-tung zu lange Durchlaufzeiten ein, um einen Puffer bei eventuellen Störungen zu haben.

- Die Wahrnehmung, dass die **Unsicherheit und die Schwankungen des Bedarfs nicht beeinflussbar** seien, ist eine dem Mitarbeiter nicht bewusste bestandsrelevante Rahmenbedingung, da sich die Mitarbeiter auf die Bewältigung der durch Bedarfsunsicherheit und -schwankungen ausgelösten Probleme für die Lieferfähigkeit und Auslastung konzentrieren (Emanzipation der Fertigung, Sicherheitsbestand) und die Vermeidung von Unsicherheit und Schwankungen nicht ausreichend im Fokus der Bemühungen stehen.

- Mit bewusst **verfälschten Planungsgrundlagen** (überhöhte Absatzprognosen und Durchlaufzeiten) versuchen Mitglieder der Prozesskette, Verfügbarkeit und Liefertreue sicher zu stellen, wenn sie selbst nicht die Kompetenz haben, die Bestandsparameter festzulegen.

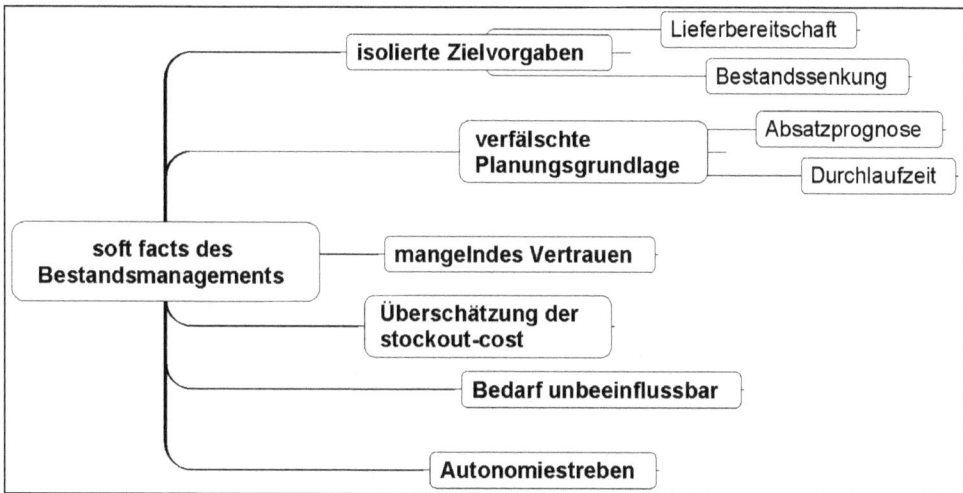

Abb. 3-2: soft facts des Bestandsmanagements

Eine Bestandssenkung hat häufig einen erheblichen Einfluss auf den Unternehmenserfolg, gemessen am Kapitalumschlag und der Umsatzrendite. Abbildung 3-3 zeigt im DuPont-Schema, dass eine Senkung der Vorräte das **Umlaufvermögen** und die Bilanzsumme reduziert. Bei unverändertem Umsatz werden der Kapitalumschlag und der ROI gesteigert. Können im Zuge der Bestandssenkung auch die Lagerfixkosten und das Bestandsrisiko reduziert werden, sinken auch die **Materialgemeinkosten**. Ein weiterer positiver Effekt der Bestandssenkung ist der geringere Bedarf an Fremdkapital. Die Fremdkapitalzinsen verbergen sich in den **sonstigen Kosten**. Durch die Senkung der Gesamtkosten steigt die **Umsatzrendite**.

Return on Investment (ROI in %)

Umsatz-Rendite x Kapital-umschlag

Gewinn vor Steuern : Umsatz

Umsatz : Bilanz-summe

Umsatz

Gesamt-kosten

Anlage-vermögen

Umlauf-vermögen

Fertigungs-material

Material-gemeinkosten

Sonstige Kosten

Vorräte

übriges Umlauf-vermögen

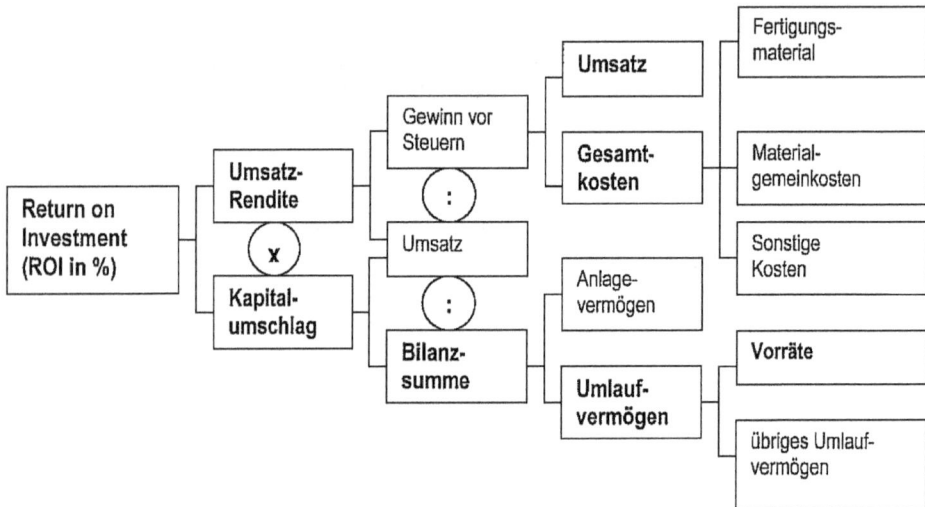

Abb. 3-3: Wirkung einer Bestandssenkung

3.2   Bestandsanalyse

In periodischen Abständen sollte eine **Bestandsanalyse** durchgeführt werden, um Produkte im Sortiment zu erkennen, die durch überhöhte oder zu niedrige Bestände auffällig sind.

Die Bestandsanalyse basiert auf Klassifizierungen (ABC-, XYZ-Analyse) und auf Kennzahlen. Meist werden mehrere Instrumente parallel angewendet. Die folgenden Ausführungen beziehen sich auf Enderzeugnisse. Die dargestellte Vorgehensweise ist jedoch auch auf fremdbezogene und eigengefertigte Materialbestände anwendbar.

> Die **Umsatz-ABC-Analyse** klassifiziert die Artikel nach ihrem Anteil am Umsatz. Häufig wird der größte Teil des Umsatzes von einer geringen Zahl Artikeln erzielt.

Die Artikel, die kumuliert etwa 70% des Umsatzes erzielen, werden als A-Produkte bezeichnet (die Klassengrenze wird individuell festgelegt). Für diese A-Artikel sind Stockouts mit hoher Priorität zu vermeiden. Stockouts dieser A-Artikel werden von vielen Kunden bemerkt und verursachen kurzfristig hohe Umsatzverluste. Für A-Artikel sollten die Lieferbereitschaft bzw. Regalverfügbarkeit sichergestellt werden durch eine hohe Absatzprognosequalität, durch permanente Bestandsüberwachung, durch zuverlässige und flexible Nachschubprozesse sowie durch Sicherheitsbestände. A-Artikel werden aufgrund der großen Absatzmengen und hohen Bedeutung der Verfügbarkeit dezentral gelagert und häufig angeliefert.

Eine große Anzahl Artikel im Sortiment hat nur einen verschwindend geringen Anteil am Umsatz. Sie werden als C-Produkte bezeichnet. Kurzfristige Stockouts verursachen daher keine erheblichen Umsatzausfälle. Dennoch sind C-Produkte nicht unwichtig, sondern leisten eventuell einen wichtigen Beitrag zur Profilierung des Handelsunternehmens bzw. des

Industrieunternehmens. Das klassische C-Produkt ist ein geringwertiges Massenprodukt. Für C-Artikel konzentrieren sich die Bemühungen auf die Gestaltung einfacher und standardisierter Nachfüllprozesse. Die Verfügbarkeit geringwertiger C-Artikel, die kein Bestandsrisiko aufweisen, keine besonderen Anforderungen an die Lagerung stellen und nicht großvolumig sind, kann durch hohe Ausgleichsbestände gesichert werden.

Die Durchführung einer Umsatz-ABC-Analyse erfolgt in 5 Schritten:
1. Umsatz in € p. a je Artikelnummer erfassen, gesamten Jahresumsatz in € errechnen,
2. Anteil aller Artikelnummern am Jahresumsatz in % bestimmen,
3. Rangfolge der Artikel nach dem Umsatz bestimmen,
4. Sortieren der Artikel nach Rang und Berechnung der kumulierten Umsatzanteile,
5. Klassifizierung der Artikel. In Klasse A befinden sich Identnummern, die gemeinsam einen hohen Anteil am Umsatz in € (meist mehr als 70%) verursachen. In Klasse C befindet sich meist eine große Zahl von Identnummern, die insgesamt einen geringen Anteil am Umsatz in € (häufiger geringer als 10%) haben. Es handelt sich um geringwertige Massengüter oder Artikel mit seltenem Absatz. Alle Identnummern, die nicht eindeutig Klasse A oder C zugeordnet werden können, werden als B-Produkte klassifiziert.

Um die Artikel zu identifizieren, die den höchsten Anteil am Bestandswert verursachen, wird eine **Bestandswert-ABC-Analyse** durchgeführt. Das Vorgehen entspricht dabei dem oben erläuterten.

Die Ergebnisse der ABC-Analyse sind nicht ausreichend, um Empfehlungen über das Bestandsmanagement abzuleiten und konkrete Vorschläge zur Bestandssenkung eines Artikels zu entwickeln.

Die **XYZ-Analyse** klassifiziert die Artikel nach ihrer Bedarfsregelmäßigkeit und der Qualität einer statistischen Absatzprognose. Hierzu werden für die Artikel die Absatzschwankungen im Verhältnis zum durchschnittlichen Absatz gemessen. Die Methoden der statistischen Absatzprognose weisen bei Artikeln mit einer großen relativen Absatzschwankung einen großen Prognosefehler auf. Diese Z-Artikel weisen starke Schwankungen des Absatzes oder einen sporadischen Absatz auf. Um die geforderte Verfügbarkeit sicher zustellen, ist daher für diese Artikel ein hoher Sicherheitsbestand erforderlich oder eine Absatzplanung, die neben den historischen Absatzzahlen auch zukunftsgerichtete Informationen einbezieht (geplante Aktionen, Aktivitäten der Konkurrenz, Preisänderungen). Artikel mit einem relativ gleichmäßigen Absatzverlauf werden als X-Produkte bezeichnet. Sie sind gut geeignet, mit statistischen Verfahren prognostiziert zu werden. Zur Sicherung ihrer Verfügbarkeit ist ein vergleichsweise geringerer Sicherheitsbestand ausreichend. Die Absatzschwankung eines Artikels wird mit der Standardabweichung (durchschnittliche Abweichung des Absatzes vom Durchschnitt) gemessen, die Klassengrenzen werden fallweise festgelegt. Um den unterschiedlichen Absatzmengen der Artikel gerecht zu werden, wird als Maßzahl der Absatzschwankung die relative Standardabweichung (Standardabweichung dividiert durch den mittleren Absatz) verwendet.

Für eine schnelle Identifikation von Bestandssündern ist eine **Kennzahlenanalyse** auf der Grundlage der Ist-Reichweite und -Lagerumschlagshäufigkeit und ihr Vergleich mit der Soll-Reichweite bzw. -Lagerumschlagsgeschwindigkeit hilfreich:

Lagerreichweite in Wochen = Bestandsmenge ÷ durchschnittlicher Absatz pro Woche
Lagerumschlagshäufigkeit = Absatz pro Jahr ÷ durchschnittlicher Bestand

---

Die folgende **Fallstudie** zeigt die Vorgehensweise und Ergebnisse einer Bestandsanalyse am Beispiel eines Drogeriemarktes:

Artikel-nummer	Bezeichnung	Verkaufspreis	Durchschn. Absatz/Woche	Durchschn. Bestand in Verkaufsein-heiten	Bestandswert in € (bewertet zum Verkaufspreis)	Anteil am gesamten Bestandswert
1001	Flüssigseife	2,25	98	249	560,25	0,6
1002	Waschpulver	1,99	181	402	799,98	0,8
1003	Shampoo	3,99	240	310	1.236,90	1,2
1004	Taschentücher	1,10	37	148	162,80	0,2
1005	Deodorant	4,99	22	838	4.181,62	4,1
1006	Watte	2,50	526	1559	3.897,50	3,8
1007	Faltencreme	19,99	25	350	6.996,50	6,8
1008	Küchenpapier	5,50	56	286	1.573,00	1,5
1009	Spülmittel	8,88	15	56	497,28	0,5
1010	Aftershave	17,60	86	823	14.484,80	13,4
1011	Hautlotion	6,10	125	542	3.306,20	3,2
1012	Parfüm	4,95	67	319	1.579,05	1,6
1013	Nagellack	2,95	82	231	681,45	0,6
1014	MakeUp	89,99	15	21	1.889,79	1,9
1015	Schönheitsset	69,99	9	77	5.389,23	5,3
1016	Rasierer	39,99	24	85	3.399,15	3,3
1017	Duschgel	4,55	220	449	2.042,95	2,0
1018	Badezusatz	5,55	17	88	488,40	0,4
1019	Tonikum	9,99	158	1826	18.241,74	18,6
1020	Nachtcreme	25,50	359	1209	30.839,50	30,2
					102.238,09	

Um den Untersuchungsaufwand zu begrenzen, wird zunächst eine Bestandswert-ABC-Analyse durchgeführt. Sie soll die **wichtigsten Bestandsverursacher** (gemessen an den Kapitalbindungskosten) feststellen.

Zunächst wird für jeden Artikel der Bestandswert und der Anteil am gesamten Bestandswert errechnet:

Artikel-nummer	Bezeichnung	Bestandswert in €	Bestandswert kumuliert	ABC
1020	Nachtcreme	30.839,50	30,2	A
1019	Tonikum	18.241,74	48,8	A
1010	Aftershave	14.484,80	62,2	A
1007	Faltencreme	6.996,50	69,0	A
1015	Schönheitsset	5.389,23	74,3	A
1005	Deodorant	4.181,62	78,4	B
1006	Watte	3.897,50	82,2	B
1016	Rasierer	3.399,15	85,5	B
1011	Hautlotion	3.306,20	88,7	B
1017	Duschgel	2.042,95	90,7	B
1014	Make Up	1.889,79	92,6	B
1012	Parfüm	1.579,05	94,1	C
1008	Küchenpapier	1.573,00	95,7	C
1003	Shampoo	1.236,90	96,9	C
1002	Waschpulver	799,98	97,7	C
1013	Nagellack	681,45	98,3	C
1001	Flüssigseife	560,25	98,9	C
1009	Spülmittel	497,28	99,4	C
1018	Badezusatz	488,40	99,8	C
1004	Taschentücher	162,80	100,0	C

Die Bestandswert-ABC-Analyse ergibt, dass fast 75% des Bestandswertes von 5 Artikeln verursacht werden (A-Artikel). Bestandssenkungspotenziale sollten zunächst bei diesen Artikeln erschlossen werden, sie weisen zugleich hohe Bestandsmengen und hohen Bestandswert pro Stück auf.

Fast die Hälfte der Artikel ist für den gesamten Bestandswert bedeutungslos, sie verursachen insgesamt nur 6% des Bestandswerts (C-Artikel).

Im nächsten Schritt werden die Artikel nach ihrem Anteil am gesamten Bestandswert sortiert. Die weitere Untersuchung befasst sich nur noch mit den 5 Artikeln, die zusammen fast 75% des Bestandswerts verursachen (A-Artikel):

Für die 5 wichtigsten Artikel werden nun weitere Untersuchungen durchgeführt. Im ersten Schritt werden **interne und externe Rahmenbedingungen** festgestellt, die zu hohem Bestand zwingen (z. B. Mindestbestellmenge) oder hohe Bestände wirtschaftlich machen (z. B. Kosten für Bestellkosten, Mengenrabatte).

Artikel-nummer	Bezeichnung	Jahresabsatz	Einstandspreis (0,5 des Verkaufs-preises)	Bestell-kosten	Lager-kostensatz	Mindest-bestellmenge
1020	Nachtcreme	18.668	12,75	50	15%	100
1019	Tonikum	8.216	4,99	50	15%	200
1010	Aftershave	4.472	8,80	50	15%	100
1007	Faltencreme	1.300	9,99	50	15%	150
1015	Schönheitsset	468	34,99	50	15%	20

Artikelnummer	Bezeichnung	Durchschnittliche Absatz/Woche	Standardabweichung des Absatzes
1020	Nachtcreme	359	17
1019	Tonikum	158	28
1010	Aftershave	86	17
1007	Faltencreme	25	4
1015	Schönheitsset	9	4

Ein Soll-Lieferbereitschaftsgrad wurde bisher nicht festgelegt. Die Lieferzeit des Lieferanten beträgt eine Woche und ist sehr zuverlässig. Mengenrabatte werden durch große Bestellmengen nicht erzielt.

Für die 5 ausgewählten Artikel wird nun die optimale Bestellmenge nach ANDLER berechnet und mit der Mindestbestellmenge des Lieferanten verglichen:

Artikelnummer	Optimale Bestellmenge nach Andler	Mindest-Bestellmenge
1020	988	100
1019	1.047	200
1010	582	100
1007	295	150
1015	94	20

Die Mindestbestellmengen beschränken den Handlungsspielraum des Bestandsmanagements nicht – sie liegen jeweils deutlich niedriger als die kostenoptimale Bestellmenge.

Der durchschnittliche Bestand setzt sich zusammen aus der Hälfte der Nachschubmenge (Ausgleichsbestand, Bestellmenge) + dem Sicherheitsbestand, der langfristig bei Zugang der Bestellmenge noch im Bestand ist. Bestandssenkungspotenziale können grundsätzlich beim Ausgleichsbestand und beim Sicherheitsbestand liegen. Um beurteilen zu können, ob die Artikel mit dem höchsten Bestandswert **überhöhte Bestände** aufweisen, werden die Abweichungen vom kostenoptimalen Ausgleichsbestand bestimmt. Um die Ergebnisse vergleichbar zu machen, ist es sinnvoll die Bestandsmengen um eine Angabe der Reichweite zu ergänzen. Die Kennzahl Reichweite errechnet die Lagerdauer eines Bestands bei durchschnittlichem Absatz:

Artikel-nummer	Bezeichnung	Soll-Ausgleichsbestand (Opt. Bestellmenge : 2)	Sollreichweite des Ausgleichsbestands	Ist-Bestand	Ist-Reichweite in Wochen	Differenz Soll- und Ist-Bestand in Verk.-einheiten	Differenz Soll- und Ist-Reichweite in Wochen
1020	Nachtcreme	494	1,37	1.209	3,37	715	2,00
1019	Tonikum	523	3,31	1.826	11,56	1.303	8,25
1010	Aftershave	291	3,38	823	9,57	532	6,19
1007	Faltencreme	147	5,90	350	14,00	203	8,10
1015	Schönheitsset	47	5,22	77	8,56	30	3,34

Die Ist-Reichweite der Bestände ist bei allen Artikelnummern höher als die Reichweite des kostenoptimalen Ausgleichsbestands. Dies könnte durch den Sicherheitsbestand gerechtfertigt sein, der langfristig bei Zugang der Bestellmenge noch im Bestand ist. Die Differenz zwischen dem durchschnittlichen optimalen Ausgleichsbestand (Sollbestand) und dem durchschnittlichen Ist-Bestand ist näher zu untersuchen, um festzustellen, ob es sich dabei um einen gerechtfertigten Sicherheitsbestand oder um einen Überbestand handelt.

Um den notwendigen bzw. sinnvollen Sicherheitsbestand der Artikel bestimmen zu können, werden die folgenden Informationen benötigt:

Sicherheitsbestand hat die Aufgabe, die Regalverfügbarkeit bei unerwartet hohem Absatz und/oder Lieferverzögerungen zu gewährleisten. Einflussfaktoren auf den Sicherheitsbestand sind daher Absatzschwankungen, die Lieferzuverlässigkeit des Lieferanten und die angestrebte Regalverfügbarkeit (Lieferbereitschaftsgrad).

Da die Recherche ergeben hat, dass die Lieferzeit nur eine Woche beträgt und zuverlässig eingehalten wird, muss der Sicherheitsbestand in diesem Falle nur den unerwartet hohen Absatz in der Lieferzeit des Lieferanten decken. Artikel mit geringen Schwankungen des Absatzes weisen ein geringeres Risiko auf, in der Beschaffungszeit einen unerwartet hohen Absatz zu verzeichnen. Auf der Grundlage der relativen Standardabweichung des Absatzes (Standardabweichung : durchschnittlichen Absatz/Woche) werden die Artikel einer XYZ-Analyse unterzogen:

Artikel-nummer	Bezeichnung	Durchschn. Absatz/Woche	Standardabweichung des Absatzes	Relative Standard-abweichung des Absatzes	XYZ
1020	Nachtcreme	359	17	4,7	X
1019	Tonikum	158	28	17,7	X
1010	Aftershave	86	17	19,8	X
1007	Faltencreme	25	4	16,0	X
1015	Schönheitsset	9	4	44,4	Y

Die Analyse der Absatzschwankungen zeigt, dass nur Artikelnummer 1015 größere Schwankungen des Absatzes zeigt.

Der Sicherheitsbestand und die Soll-Lieferbereitschaft sollten sich nach der Höhe der Fehlmengenkosten richten, die im Falle eines Stockouts auftreten. Für Produkte mit einem hohen Anteil am Umsatz sind Fehlmengensituationen besonders problematisch, weil viele Kunden diesen Stockout bemerken und größere kurzfristige Umsatzverluste zu befürchten sind. Es wird deshalb eine Umsatz-ABC-Analyse durchgeführt:

Artikel-nummer	Bezeichnung	Verkaufs-preis	Durchschn. Absatz/Woche	Durchschn. Umsatz/Woche	Anteil am Umsatz/Woche	Umsatz ABC
1001	Flüssigseife	2,25	98	220,50	1,023%	C
1002	Waschpulver	1,99	181	345,71	1,604%	C
1003	Shampoo	3,99	240	957,60	4,444%	B
1004	Taschentücher	1,10	37	40,70	0,189%	C
1005	Deodorant	4,99	22	109,78	0,509%	C
1006	Watte	2,50	526	1.315,00	6,102%	B
1007	Faltencreme	19,99	25	499,75	2,319%	C
1008	Küchenpapier	5,50	56	308,00	1,429%	C
1009	Spülmittel	8,88	15	133,20	0,618%	C
1010	Aftershave	17,60	86	1.513,60	7,024%	A
1011	Hautlotion	6,10	125	762,50	3,539%	C
1012	Parfüm	4,95	67	331,65	1,539%	C
1013	Nagellack	2,95	82	241,90	1,122%	C
1014	Make Up	89,99	15	1.349,85	6,264%	B
1015	Schönheitsset	69,99	9	629,91	2,923%	C
1016	Rasierer	39,99	24	959,76	4,454%	B
1017	Duschgel	4,55	220	1.001,00	4,645%	B
1018	Badezusatz	5,55	17	94,35	0,438%	C
1019	Tonikum	9,99	158	1.578,42	7,32%	A
1020	Nachtcreme	25,50	359	9.154,50	42,484%	A
				∑ 21.547,68	100,000%	

Die in die Untersuchung einbezogenen Artikelnummern haben nicht alle die gleiche **Umsatzbedeutung**. Der Sicherheitsbestand sollte entsprechend festgelegt werden. Die Artikel 1007 und 1015 sind als C-Produkte klassifiziert und rechtfertigen im Hinblick auf kurzfristige

Umsatzverluste durch Stockouts keinen sehr hohen Lieferbereitschaftsgrad und Sicherheitsbestand.

Alle in die Untersuchung einbezogenen Artikel weisen einen Überbestand auf.

Das größte Verbesserungspotenzial versprechen die Artikelnummern 1007 und 1019. Sie weisen die größte Diskrepanz auf zwischen der Reichweite des kostenoptimalen Ausgleichsbestands und der Ist-Reichweite.

Von Artikel 1019 wird beispielsweise ein Sicherheitsbestand gehalten, der den durchschnittlichen Bedarf einer Lieferzeit von 8,25 Wochen deckt bzw. das 8-fache des durchschnittlichen Bedarfs in der einwöchigen Lieferzeit des Lieferanten. Die Differenz zwischen der Reichweite des Ausgleichsbestands und der Ist-Reichweite ist angesichts der Klassifizierung als X-Produkt nicht nachvollziehbar. Eine sehr gute Regalverfügbarkeit ist für diesen Artikel

Ergebnis der Analyse:

Artikel-nummer	Bezeichnung	Bestands wert-ABC	Umsatz ABC	XYZ	Durchschnittliche Reichweite der optimalen Bestell-menge in Wochen	Durch-schnittliche Ist-Reich-weite in Wochen	Reichweite des Sicher-heits- und Überbestands
1020	Nachtcreme	A	A	X	1,37	3,37	2,07
1019	Tonikum	A	A	X	3.31	11,56	8,25
1010	Aftershave	A	A	X	3,38	9,57	6,19
1007	Faltencreme	B	C	X	5,90	14,00	8,10
1015	Schönheitsset	B	C	Y	5,22	8,56	3,34

jedoch wichtig, da er als Umsatz-A-Produkt eingestuft wird. Die Bestellhäufigkeit des Artikels sollte gesteigert werden und der Meldebestand reduziert werden.

Artikel 1007 weist ebenfalls einen hohen Überbestand auf. Da 1007 als C-Produkt klassifiziert ist, einen wenig schwankenden Absatz aufweist und zuverlässig nachgeliefert wird, besteht keine Notwendigkeit, einen hohen Sicherheitsbestand zu halten.

3.3   Konventionelle Optimierung der Bestände

3.3.1   Paradigma des konventionellen Bestandsmanagements

Die konventionelle Optimierung der Bestände verhält sich gegenüber den bestandsverursachenden Rahmenbedingungen auf dem Absatzmarkt und in der eigenen Prozesskette passiv. Unter den gegebenen Bedingungen wird ein notwendiger Sicherheitsbestand und ein wirtschaftlicher Ausgleichsbestand oder Spekulationsbestand gesucht.

Im Einzelnen zeichnet sich das konventionelle Bestandsmanagement durch die folgenden charakteristischen Vorgehensweisen und Einstellungen aus:

- Jede Artikelnummer, Fertigungsstufe und Stufe des logistischen Kanals berechnet kostenoptimale Ausgleichs- und Spekulationsbestände isoliert.

- Für jede Artikelnummer, Fertigungsstufe und Stufe des logistischen Kanals werden isoliert Lieferbereitschaftsgrade bzw. Liefertreueziele vorgegeben.

- Abhängigkeiten zwischen Ausgleichs- bzw. Spekulationsbestand und Sicherheitsbestand werden ignoriert.

- Der zukünftige Bedarf des Absatzmarktes wird als ungewiss hingenommen. Es werden keine Versuche unternommen, zukunftsorientierte Informationen über den Kundenbedarf zu gewinnen. Die Absatzprognose basiert auf historischen Aufträgen oder Auslieferungen. Die Ungewissheit über den Absatzmarktbedarf wird durch rollierende Planung und Sicherheitsbestand bewältigt.

- Die Materialdisposition akzeptiert die Ungewissheit des Materialbedarfs als unvermeidbare Folge der Absatzunsicherheit und reagiert mit rollierender Überarbeitung der Bedarfsplanung, Sicherheitsbestand und kurzfristigen Änderungen der Bestellanforderungen.

- Schwankungen des Markt- und Materialbedarfs werden als natürlich und unvermeidbar akzeptiert. Ursachen und Ursache–Wirkungsketten werden nicht untersucht und es werden keine Versuche unternommen, die Schwankungen zu reduzieren.

3.3.2   Deterministische Bestelloptimierung

Die deterministische Bestellmengenoptimierung sucht den kostenminimalen Ausgleichs- bzw. Spekulationsbestand einer Materialidentnummer und unterstellt dabei, dass die Nachfrage/ der Bedarf bekannt und sicher (deterministisch) ist. Etwaige **Unsicherheit** über den Bedarf wird im Modell der Bestellmengenoptimierung **ignoriert**. Fehlmengensituationen werden vermieden – so die Prämisse der deterministischen Bestellmengenoptimierung – durch einen Sicherheitsbestand, durch Bestandsüberwachung und flexible Bestellintervalle, durch rollierende Materialbedarfsplanung, durch kurzfristige Änderungen der Bestellaufträge, durch ungeplante zusätzliche Bestellungen (die jederzeit und zu gleichen Konditionen möglich sind), durch Beschleunigung des Beschaffungsprozesses und flexible Lieferanten. Restbestände durch unerwartet geringen Bedarf werden – so die Prämisse der deterministischen Bestellmengenoptimierung – in der nächsten Planungsperiode verbraucht und verursachen nur ungeplante Bestandskosten, weil sich das Bestellintervall verlängert gegenüber dem geplanten und optimalen Intervall. Restbestands- und Fehlmengenkosten werden daher in deterministischen Modellen der Bestellmengenoptimierung als nicht entscheidungsrelevant betrachtet.

Je nach Genauigkeit der Bedarfsplanung (periodengenau in der verbrauchsorientierten Disposition, tages- und mengengenau in der programmorientierten Disposition) wird das stationäre, deterministische Andler-Modell oder ein dynamisches deterministisches Bestellmengenmodell angewendet (vgl. Melzer-Ridinger 2004 Abschnitt 6.4).

3.3.3 Stochastische einperiodische Bestellmengenoptimierung

Die Berücksichtigung ungewissen Bedarfs bei der Bestellmengenoptimierung ist dann sinnvoll, wenn bei Falscheinschätzung des Bedarfs **Restbestands- und Fehlmengenkosten** auftreten.

Dies ist dann der Fall,

- wenn im Planungszeitraum nur einmal bestellt werden kann oder
- später zu höheren Preisen gekauft werden muss (Beschaffungsobjekte, die saisonal zu unterschiedlichen Preisen angeboten werden wie z. B. Erdbeeren oder Textilien, die auf Messen eingekauft werden) oder
- wenn Bestände am Ende des Planungszeitraums nicht mehr verkäuflich bzw. verwendbar sind oder nur mit erheblichen Abschlägen verkäuflich sind.

Eine stochastische Bestellmengenoptimierung unterstellt, dass der Entscheidungsträger eine **Wahrscheinlichkeitsverteilung** des Bedarfs/der Nachfrage kennt. Das Basismodell quantifiziert die Restbestands- und Fehlmengenkosten, die entstehen, wenn die Bestellmenge nicht dem späteren Bedarf entspricht. Gesucht ist die Bestellmenge, die für eine gegebene Wahrscheinlichkeitsverteilung des Bedarfs die minimalen Fehlmengen- + Restbestandskosten verspricht.

Beispiel:

Ein Zeitungsverkäufer entscheidet am Morgen des Tages, wie viele Zeitungen er für die Erfüllung der Nachfrage bestellt. Er kennt aus Erfahrung die Nachfrage als diskrete Nachfrageverteilung:

Nachfrage	Wahrscheinlichkeit
0	5%
1	10%
2	20%
3	30%
4	20%
5	10%
6	5%

Er kauft die Zeitung für 1,00€ und verkauft sie für 3,00€/Stück. Nicht verkaufte Zeitungen können zu 0,50€/Stück zurückgegeben werden.

Es entstehen Fehlmengenkosten von 2€/Stück und Restbestandskosten von 0,50€/Stück. Welche Bestellmenge soll der Zeitungsverkäufer bestellen?

Für eine Bestellmenge von 4 Stück entstehen Kosten in Höhe von:

Nachfrage	Wahrscheinlichkeit	Restbestand bzw. Fehlmenge	Restbestands- bzw. Fehlmengenkosten
0	5%	4	$4 \cdot 0{,}50 = 2{,}00 \cdot 0{,}05 = 0{,}10$
1	10%	3	$3 \cdot 0{,}50 = 1{,}50 \cdot 0{,}10 = 0{,}15$
2	20%	2	$2 \cdot 0{,}50 = 1{,}00 \cdot 0{,}20 = 0{,}20$
3	30%	1	$1 \cdot 0{,}50 = 0{,}50 \cdot 0{,}30 = 0{,}15$
4	20%	0	0
5	10%	- 1	$1 \cdot 2{,}00 = 2{,}00 \cdot 0{,}10 = 0{,}20$
6	5%	- 2	$2 \cdot 2{,}00 = 4{,}00 \cdot 0{,}05 = 0{,}20$

$\sum = 1{,}0$

Erwartungswert der Kosten einer Bestellmenge 4 Stück

Analog sind die Restbestands- und Fehlmengenkosten einer Bestellmenge 0 Stück, 1 Stück, 2 Stück etc. zu berechnen. Jede Bestellmenge hat 7 mögliche Ergebnisse, die jeweils mit der Eintrittswahrscheinlichkeit der entsprechenden Nachfrage bewertet werden. Die Wahrscheinlichkeitsverteilung der Ergebnisse wird zum Erwartungswert verdichtet, der die Summe der mit den Einzelwahrscheinlichkeiten gewichteten Ergebnisse berechnet. Die folgende Übersicht zeigt die Ergebnisse aller in Betracht kommenden Bestellmengen:

Bestellmenge	Erwartungswert der Kosten
0	6,00
1	4,13
2	2,50
3	1,38
4	1,00 → optimale Bestellmenge
5	1,13
6	1,50

Eine Bestellmenge 4 Stück erreicht unter den vorgegebenen Rahmenbedingungen den geringsten Erwartungswert der Fehlmengen- und Restbestandskosten.

Das Entscheidungskriterium „Minimale Fehlmengen- und Restbestandskosten" ignoriert den unterschiedlichen Charakter der Restbestands- und der Fehlmengenkosten: Restbestandskosten sind im Beispiel des Zeitungsverkäufers auszahlungswirksam, während der entgangene Gewinn der nicht befriedigten Nachfrage „nur" Opportunitätskostencharakter hat. Dies ist bei der Interpretation der Ergebnisse zu bedenken.

3.4   Prozessorientiertes und unternehmensübergreifendes Bestandsmanagement

Im Gegensatz zum konventionellen Bestandsmanagement, das sich auf produktorientierte und wirkungsorientierte Ansätze zur Bestandsoptimierung beschränkt und das sich gegenüber den bestandsverursachenden internen und externen Rahmenbedingungen passiv verhält, arbeitet das prozessorientierte und unternehmensübergreifende (integrierte) Bestandsmanagement ursachenorientiert. Unsicherheit und Schwankungen des Absatzes und des Materialbedarfs werden nicht als Datum hingenommen. Das Demand Management stellt sich die Aufgabe, die Absatzunsicherheit zu reduzieren und darüber hinaus den Absatzmarktbedarf zu verstetigen (vgl. Abschnitt 3.4.1). Ein weiteres Handlungsfeld des integrierten Bestandsmanagements ist die Zusammenarbeit zwischen Vertrieb, Produktionsplanung und Einkauf. In der betrieblichen Prozesskette treten häufig Informations- und Abstimmungsdefizite auf, die Bedarfsschwankungen, Terminengpässe und mehrfache Bestandshaltung verursachen (vgl. Abschnitt 3.4.2). Versorgungsstörungen aus dem Beschaffungsmarkt sind unter Umständen auf das eigene Bestellverhalten zurückzuführen. Eine enge Zusammenarbeit mit Engpasslieferanten ist geeignet, die Bestände in der logistischen Kette zu senken, ohne die Versorgung zu beeinträchtigen (vgl. Abschnitt 3.4.3).

3.4.1   Demand Management

Reduzierung der Absatzunsicherheit
Unternehmen, die ihre Enderzeugnisse make-to-stock (Push-Fertigung, anonyme Vorratsfertigung) anbieten oder die postponement praktizieren und ihre Enderzeugnisse aus vorgefertigten Bauteilen montieren (assemble-to-order), stoßen die Beschaffung und erste Fertigungsschritte durch eine Absatzprognose an.

Die Absatzprognose bildet in der hierarchischen Produktionsplanung (vgl. Abb. 3-4) die Grundlage für die Produktionsprogrammplanung, die für die Planungsperiode festlegt, welche Enderzeugnisse in welchen Mengen bis zu welchem Endtermin hergestellt werden sollen (Nettoprimärbedarf).

Soweit die eigengefertigten und fremdbezogenen Komponenten programmorientiert disponiert werden, bildet der Nettoprimärbedarf die Datenbasis für die Materialdisposition, die auf der Grundlage der Stückliste Sekundärbedarfsmengen und auf der Grundlage der Plan-Durchlaufzeiten Sekundärbedarfstermine berechnet. Nach einem Bestandsabgleich werden die Nettobedarfe zu kostengünstigen Produktionslosen und Bestellmengen zusammengefasst.

Ergebnis der Materialdisposition sind vorläufige Produktionsaufträge und Bestellanforderungen mit Start- und Endterminen bzw. Bestell- und Anlieferungsterminen.

Die vorläufigen Produktionsaufträge werden auf ihre kapazitative Machbarkeit überprüft (Zeitwirtschaft, Kapazitätsplanung), die Bestellanforderungen an den Einkauf übermittelt.

Zu dem Zeitpunkt, zu dem Bestell- und Fertigungsaufträge angestoßen werden, sind der Absatz und damit der Bedarf an Material und Personal- und Maschinenkapazität noch unsicher.

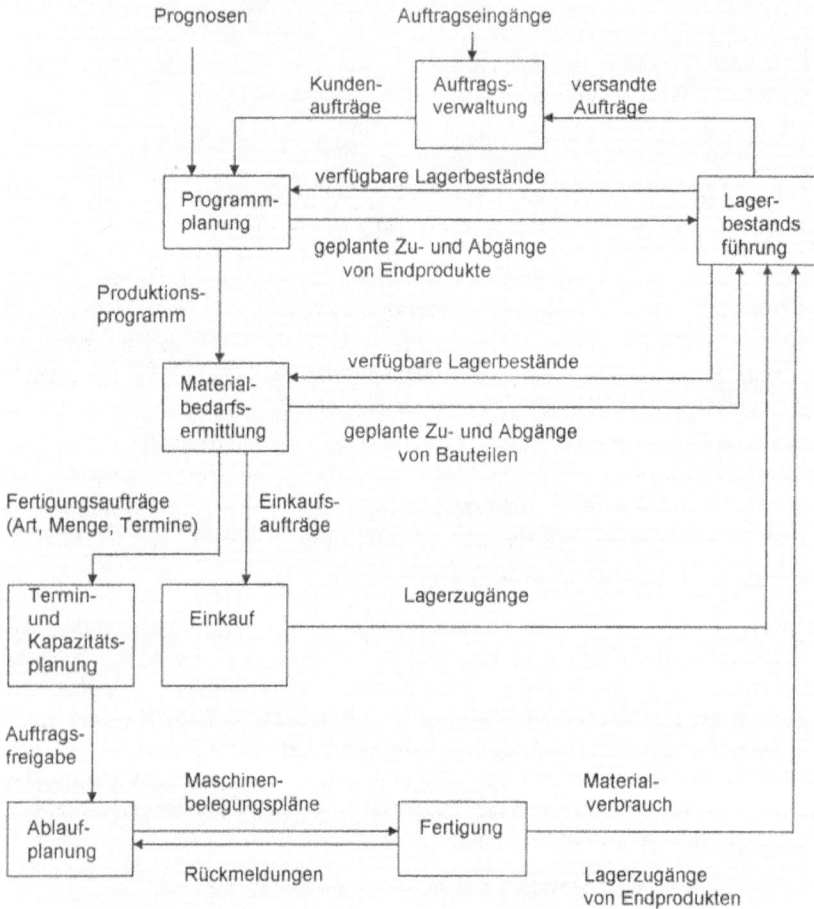

Abb. 3-4: Hierarchisch sukzessive Produktions- und Materialbedarfsplanung

Prognosefehler haben in der Prozesskette des Herstellers und für den Lieferanten unangenehme Wirkungen, denen konventionell durch rollierende Planung, Sicherheitsbestand und Engpassmanagement begegnet wird:

(1.) Prognosefehler verursachen Terminengpässe
Rollierende Planungssysteme zeichnen sich dadurch aus, dass ein vorgegebener Planungshorizont in Planintervalle zerlegt wird. Für den gesamten Planungshorizont werden Entscheidungen über Auftragsmengen und -ecktermine getroffen. Dabei werden jedoch nur die Bestell- und Fertigungsaufträge endgültig fixiert, die gestartet werden müssen, um den Endtermin in der Plan-Durchlaufzeit einzuhalten. Die übrigen Bestell- und Fertigungsauftragsvorschläge haben nur vorläufigen Charakter und werden nach Ablauf eines Planintervalls nochmals bearbeitet. Mit einer solchen rollierenden Planung ist die Produktionsplanung jeweils so aktuell wie möglich. Die Aufträge werden erst fixiert, wenn ihr Starttermin in

naher Zukunft liegt. Zu diesem Zeitpunkt liegen für Enderzeugnisse bessere Absatzprognosen vor oder bereits Kundenaufträge.

Prognosefehler haben daher keine negativen Auswirkungen, wenn sie nur eine Veränderung der vorläufigen Fertigungsaufträge und Bestellanforderungen auslösen. Je höher die Ausgleichsbestände, umso geringer ist dabei das Problem eines unterschätzten Absatzes. Ist die Prognose zu gering, ist der errechnete Ausgleichsbestand nicht kostenoptimal, jedoch wird zunächst keine Fehlmenge entstehen, sondern der Ausgleichsbestand des Enderzeugnisses wird nur schneller verbraucht als geplant!

Unangenehme Wirkungen kann ein unerwartet hoher Absatz jedoch auf den vorgelagerten Fertigungsstufen und im Einkauf haben. **Wird eine Nachproduktion des Enderzeugnisses früher notwendig als geplant, verschieben sich auch die Termine der Komponentenbedarfe.** Wird der Termin auf der Enderzeugnis-Ebene stark in Richtung Gegenwart verschoben oder findet die Verschiebung bei langen Durchlaufzeiten in der näheren Zukunft statt, tritt häufig das Problem auf, dass auf der **Vorstufe ein Bestell- bzw. Starttermin in der Vergangenheit** angezeigt wird. Diese Termine in der Vergangenheit bedeuten, dass die Plan-Beschaffungs- bzw. -Durchlaufzeit nicht komplett zur Verfügung steht. Einkäufer und Disponent müssen nach Wegen suchen, den Beschaffungs- bzw. Fertigungsprozess zu beschleunigen (Engpassmanagement). Werden der vorgelagerte Materialdisponent und der Einkauf häufig mit Start- und Bestellterminen in der Vergangenheit konfrontiert, reagieren sie häufig mit erhöhten Sicherheitsbeständen und der Einplanung von Sicherheitszeiten in den Plan-Durchlauf- und -Beschaffungszeiten.

Die konventionelle Praxis, Bedarfsunsicherheit durch rollierende Planung zu „bewältigen", erweist sich demnach als untauglich, wenn Änderungen auf der Ebene des Primärbedarfs noch vorgenommen werden, wenn auf vorgelagerten Fertigungsstufen oder in der Materialbeschaffung bereits feste Aufträge ausgelöst wurden oder dort Terminengpässe entstehen.

(2.) Prognosefehler verursachen unzuverlässige Forecasts gegenüber dem Lieferanten und erzwingen Korrekturen von Bestellaufträgen
Die Absatzprognose ist – wie oben skizziert – die Grundlage für die Materialbedarfsplanung. Diese wird ausgewählten key suppliern als Forecast übermittelt, um ihn bei seiner Produktionsplanung zu unterstützen. Wiederholte erhebliche Abweichungen des späteren Abrufs vom Forecast werden den Lieferanten veranlassen, Sicherheitsbestände zu halten. Andernfalls sind Abweichungen des Abrufs vom Forecast eventuell Ursache für Versorgungsstörungen, auf die der Abnehmer mit Sicherheitsbestand reagiert.

Bei Bedarfsänderungen nach der Freigabe von Bestellaufträgen wird der Einkauf eventuell versuchen, die Bestellung zu stornieren, zu verschieben oder zu verändern. Abgesehen von dem personellen Aufwand im Einkauf und beim Lieferanten, wird der Lieferant eine erhöhte Absatzunsicherheit wahrnehmen und in seiner Bestandsplanung berücksichtigen.

(3.) Prognosefehler verursachen ungeplante Bestände und gleichzeitig Lieferserviceprobleme
Die Absatz- und Produktionsplanung wird rollierend überarbeitet, um neue Erkenntnisse über den zukünftigen Absatz und Lagerbewegungen zeitnah zu berücksichtigen. Die Plan-

Fertigungsaufträge und Bestellanforderungen werden erst kurz vor ihrem Start- bzw. Bestelltermin freigegeben.

Zum Zeitpunkt der Primärbedarfsänderung sind jedoch unter Umständen auf den Vorstufen bereits feste Produktions- und Bestellaufträge ausgelöst worden. Fällt der Absatz **geringer** aus als geplant oder wird die Prognose nach unten korrigiert, besteht daher die Gefahr, dass **ungeplante und unerwünschte Materialbestände** aufgebaut werden. Diese verursachen nicht nur Kapitalbindungskosten, sondern – bei verderblichem Material – auch ein erhebliches **Bestandsrisiko**.

Ist die Absatzprognose **höher** als der spätere Absatz, kann dies die Ursache für **Lieferprobleme** bilden. Diese Konstellation kann auftreten, wenn 2 Erzeugnisse auf die gleichen **knappen** Ressourcen (Kapazität oder Material) zugreifen. In diesem Fall wird beispielsweise zur Herstellung des Erzeugnisses X Material oder Kapazität eingesetzt, das später gelagert wird, weil es nicht abgesetzt wird. Gleichzeitig fehlt die knappe Ressource für die Herstellung des Erzeugnisses Y:

```
        X                                Y
    ┌───┴───┐                        ┌───┴───┐
    A       B                        C       A
```

Aufgrund der überhöhten Prognose für X wird bei der programmorientierten Disposition für die Baugruppe A ebenfalls ein überhöhter Bedarf ermittelt. **Eine materialbedingte Störung ergibt sich für das Erzeugnis Y dann, wenn der überhöhte Bedarf der Baugruppe A auf dem betroffenen Arbeitsplatz einen Kapazitätsengpass oder einen Engpass des Materials C erzeugt, der zum Zeitpunkt der Freigabe des Fertigungsauftrags X nicht erkannt wird.**

(4.) Prognosefehler führen zu nervösen Systemreaktionen und zu Peitscheneffekt

Falscher Absatzmarktbedarf löst nicht nur falschen Material- und Kapazitätsbedarf auf der vorgelagerten Fertigungsstufe aus, sondern verursacht dort so genannte „nervöse" Systemreaktionen. Dabei handelt es sich um **unerwartete** und **starke Veränderung** der **Sekundärbedarfe** auf den **vorgelagerten** Fertigungsstufen. Diese Wirkung zeigt sich auch auf der Stufe des Lieferanten und wird dann als Peitscheneffekt bezeichnet.

Das folgende **Beispiel** erläutert das Phänomen Peitscheffekt bzw. nervöse Systemreaktion:

Zur Herstellung des Endprodukts wird jeweils ein Vorprodukt benötigt.

Lagerbestände Beginn Woche 1:   Endprodukt: 12   Vorprodukt: 15

Geplanter Lagerzugang des Vorprodukts in Woche 5

Losgrößen: Endprodukt: Bedarf dreier aufeinander folgender Wochen
                    (periodische Losbildung)
                    Vorprodukt: 20 (festes Los)

Durchlaufzeit: Endprodukt: 2 Wochen
                    Vorprodukt: 5 Wochen

Im ersten Planungslauf wurde die folgende Absatzprognose erstellt:

Woche:	1	2	3	4	5	6	7	8	9	10	11
Primärbedarf:	4	2	5	2	6	4	8	3	6	9	7

Als Ergebnis der Nettobedarfsrechnung und der Losbildung schlägt das System 3 Lose zu den Endterminen 4., 7. und 10. Woche vor:

Bedarfsrechnung (Endprodukt)

Woche	1	2	3	4	5	6	7	8	9	10	11
Primärbedarf	4	2	5	2	6	4	8	3	6	9	7
Lagerbestand	12	8	6	1	10	4	0	9	6	0	7
Nettobedarf	–	–	–	1	6	4	8	3	6	9	7
Losgrößen (Endtermine)	–	–	–	11	–	–	17	–	–	16	–
FA (Starttermine)	–	11	–	–	17	–	–	16	–	–	–

FA = Fertigungsauftrag

Aufgrund der Fertigungsaufträge für das Endprodukt und des geplanten Lagerzugangs entsteht beim Vorprodukt ein Nettobedarf, der durch einen Fertigungsauftrag mit Endtermin 8. Woche bedient werden soll:

Bedarfsrechnung (Vorprodukt)

Woche	1	2	3	4	5	6	7	8	9	10	11
Sekundärbedarf	–	11	–	–	17	–	–	16	–	–	–
Lagerbestand	15	15	4	4	4	7	7	7	11	11	11
Lagerzugang	–	–	–	–	20	–	–	–	–	–	–
Nettobedarf	–	–	–	–	–	–	–	9	–	–	–
Losgröße (Endtermin)	–	–	–	–	–	–	–	20	–	–	–
FA Starttermin	–	–	20	–	–	–	–	–	–	–	–

Im nächsten Planungslauf wird der Bedarf des Endprodukts in Woche 4 von 2 auf 1 reduziert. Dadurch verändern sich auch der geplante Nettobedarf und die Lose. Überraschend werden 2 Lose größer:

Bedarfsrechnung (Endprodukt)

Woche	1	2	3	4	5	6	7	8	9	10	11
Primärbedarf	4	2	5	1	6	4	8	3	6	9	7
Lagerbestand	12	8	6	1	0	12	8	0	15	9	0
Nettobedarf	–	–	–	–	6	4	8	3	6	9	7
Losgrößen	–	–	–	–	**18**	–	–	**18**	–	–	7
FA (Starttermine)	–	–	18	–	–	18	–	–	7	–	–

Auf der Ebene des Endprodukts verschieben sich die Start- und Endtermine der geplanten Fertigungsaufträge erwartungsgemäß in die **Zukunft**. Die periodische Losbildung hat zur Folge, dass die Lose **steigen**, obwohl sich der Primärbedarf reduziert hat.

Der **reduzierte** Primärbedarf hat auf der Stufe des **Vorprodukts** jedoch zur Folge, dass wesentlich **früher Nettobedarf** entsteht als im letzten Planungslauf erwartet wurde, weil das erste höhere Los des Endprodukts nicht aus dem verfügbaren Bestand bedient werden kann.

Aufgrund der Durchlaufzeit entsteht ein **terminlicher Engpass** beim Vorprodukt, obwohl sich der Bedarf des Endprodukts reduziert hat:

Bedarfsrechnung (Vorprodukt)

Woche	-3	-2	-1	1	2	3	4	5	6	7	8	9	10	11
Sekundärbedarf				–	–	18	–	–	18	–	–	7	–	–
Lagerbestand			15	15	15	17	17	37	19	19	19	12	12	
Lagerzugang				–	–	–	–	20	–	–	–	–	–	–
Nettobedarf				–	–	3	–	–	–	–	–	–	–	–
Losgröße				–	–	20	–	–	–	–	–	–	–	–
FA	20			–	–	–	–	–	–	–	–	–	–	–

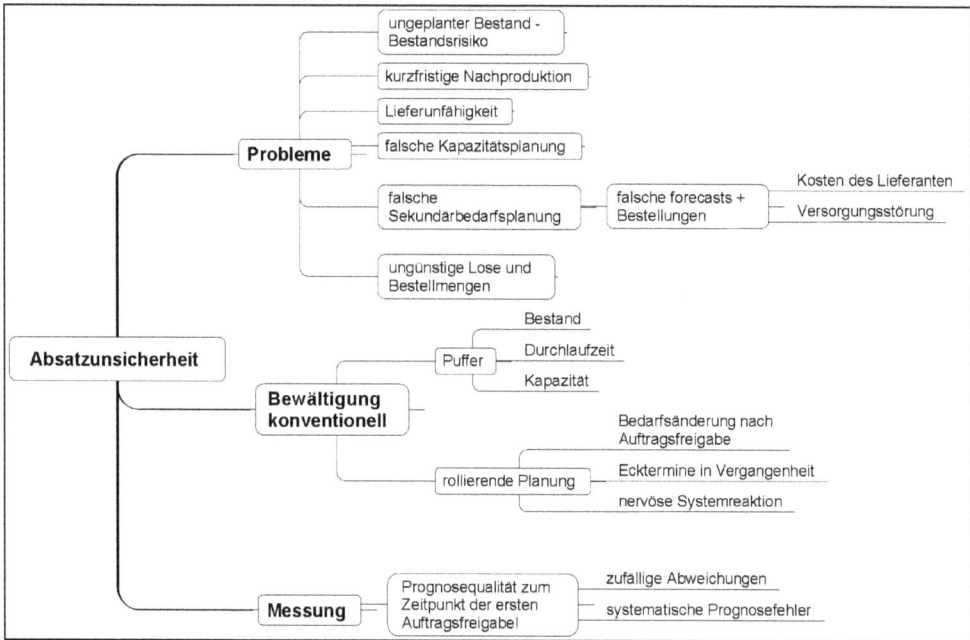

Abb. 3-5: Bedeutung und Bewältigung der Absatzunsicherheit

Demand Management

Die Produktions- und Vertriebsplanung sind bisher von gegebenen Schwankungen und Unsicherheiten der Nachfrage ausgegangen und versuchten sich an diese anzupassen. Demand Management stellt sich die Aufgabe (vgl. Marbacher 2001 S. 217ff, Schneckenburger 2003), die Absatzunsicherheit zu reduzieren und durch den Einsatz von Marketinginstrumenten die Nachfrage zu verstetigen:

Deutliche Fortschritte sind in den letzten Jahren bei den Techniken erreicht worden, eine treffsichere statistische **Absatzprognose** zu erstellen (zu den Grundlagen statistischer Prognosen vgl. Melzer-Ridinger 2004 und Stölzle u. A. 2004 S. 74ff)). ERP- und APS-Systeme bieten Prognoseverfahren an, die nicht mehr nur regelmäßigen Absatz, sondern auch sporadischen Absatz prognostizieren können und die automatisch kalenderabhängige Absatzspitzen und -täler und die Wirkung von eigenen und Konkurrenz-Promotionen vorhersagen. Der erfolgreiche Einsatz der Techniken setzt eine ausreichende **Datenbasis** voraus, die bei jungen Produkten noch nicht vorhanden ist. Das Einbeziehen **zukunftsorientierter Informationen**, die eine nachhaltige Änderung der Nachfrage (Trend oder Niveau) erwarten lassen (Kannibalisierungseffekte, Preissenkungen der Konkurrenz, Gewinnung neuer Großkunden) und die Absatzspitzen und -täler vermuten lassen (gute oder schlechte Produktbewertung in den Medien), leistet einen erheblichen Beitrag zur Reduzierung der Absatzunsicherheit.

Intern erstellte Prognosen können die Absatzunsicherheit jedoch nur begrenzt vermindern, wenn Marktsignale nur sehr verzögert wahrgenommen werden (Hersteller befindet sich auf einer Vorstufe des verkaufsfähigen Produkts), wenn lange Prognosezeiträume notwendig sind wegen langer Durchlaufzeiten und kurzen Lieferzeiten auf dem Absatzmarkt und wenn

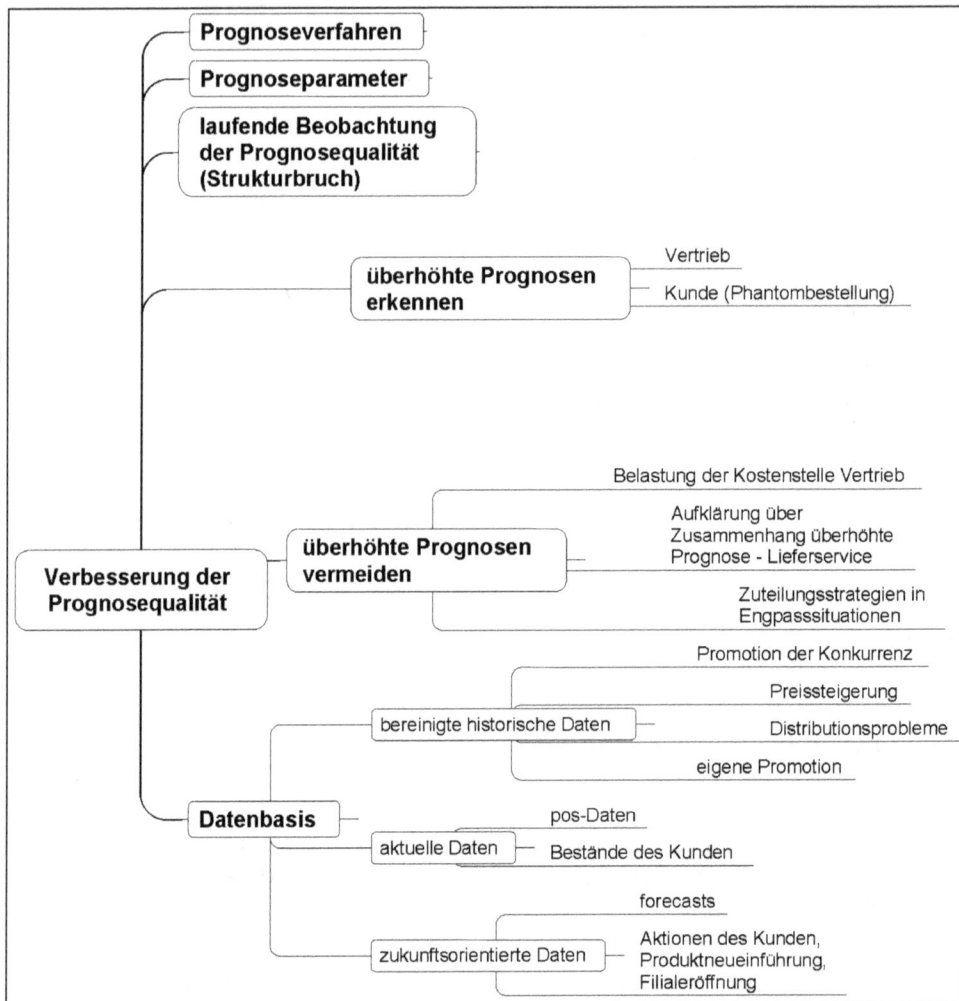

Abb. 3-6: Instrumente zur Verbesserung der Prognosequalität

die Absatzzahlen am point-of-sale sehr instabil sind. In diesem Falle lassen sich durch eine unternehmensübergreifende **Zusammenarbeit auf der sell-side** signifikante Verbesserungen der Prognosen erreichen. Um eine bessere Marktnähe zu erreichen, wurden verschiedene Konzepte entwickelt: Bei **Vendor Managed Inventory** (VMI) erhält der Lieferant Einblick in die Abverkaufs- (bzw. Bedarfs-) und Bestandsdaten. Mit weiterverarbeitenden Kunden ist auch der **rollierende Forecast**, der auf der Produktionsplanung des Kunden beruht, ein bereits etabliertes Instrument, die Absatzunsicherheit für die liefernde Stufe zu reduzieren.

Collaborative Planning, Forecasting and Replenishment (CPFR) ist ein Partnerschaftskonzept zwischen zwei oder mehreren Partnern mit dem Ziel, auf Basis einer gemeinsamen Planung Prognosen zu erstellen, um optimale Produktions- und Bestellabwicklungsprozesse zu erreichen. Die gemeinsame Planung der beteiligten Supply Chain-Partner verspricht bei

Aktionen, Produktneueinführungen und kritischen Abweichungen von der Absatzprognose signifikante Verbesserungen, da jeder Partner nicht nur frühzeitig informiert wird, sondern in den Planungsprozess involviert ist und eigene Ideen, Sichtweisen und Know-How einfließen lassen kann.

Reduzierung der Absatzschwankungen

Starke Absatzschwankungen der Enderzeugnisse führen bei auftragsorientierter Fertigung (vgl. Abb. 3-7) zu einer schwankenden Belastung der variantenspezifischen Kapazitätseinheiten. Kann die Belastungsschwankung nicht durch eine kurzfristige Anpassung des Kapazitätsangebots abgefangen werden, schwanken Lieferzeiten gegenüber dem Kunden in Abhängigkeit von der aktuellen Auftragslage. Werden schwankende Lieferzeiten vom Kunden nicht toleriert, müssen die Schwankungen des Auftragseingangs durch Ausgleichsbestände an Erzeugnissen (Belastungsanpassung) und Puffer in den Kapazitäten aufgefangen werden.

Schwankender Bedarf ist mit statistischen Methoden nur schlecht prognostizierbar. Neben Sicherheitsbestandskosten entstehen daher häufig (Opportunitäts-)Kosten für Fehlbestände und Engpassmanagement. Wegen ihres Fixkostencharakters sind auch Puffer in den Kapazitäten häufig unerwünscht. Kapazitätsanpassungen verursachen hohe Kosten für Sonderschichten und Überstunden.

Eine Verstetigung des Absatzes ist daher von besonderer **Bedeutung**

*   für Anbieter von Erzeugnissen mit hohem Bestandsrisiko und hohen Bestandskosten, die Ausgleichs- und Sicherheitsbestand vermeiden wollen,

*   für Anbieter kundenspezifischer Produkte und für Dienstleister, bei denen Belastungsanpassungen nicht möglich sind,

*   für Anbieter mit unflexiblen und teuren Kapazitäten, die Kapazitätspuffer und -anpassungskosten vermeiden wollen.

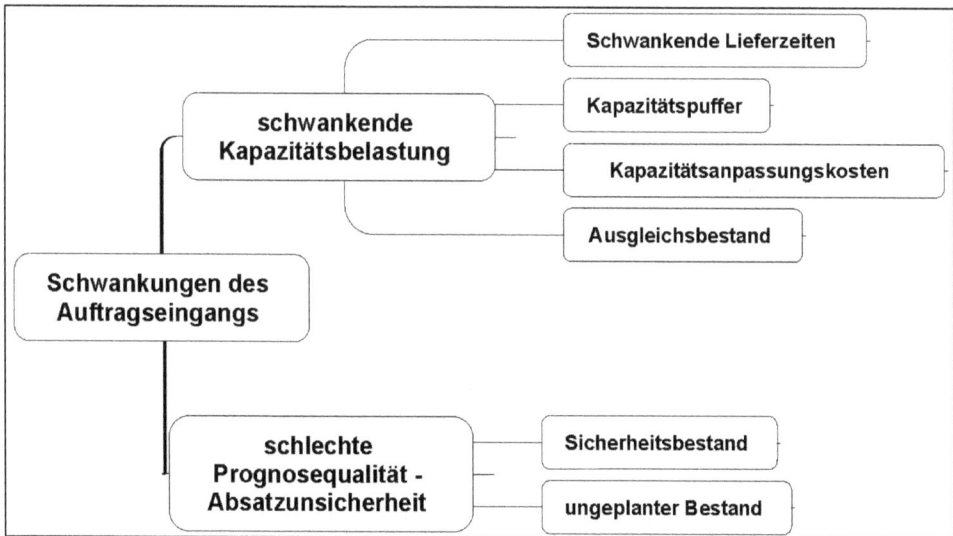

Abb. 3-7: Probleme durch schwankenden Auftragseingang

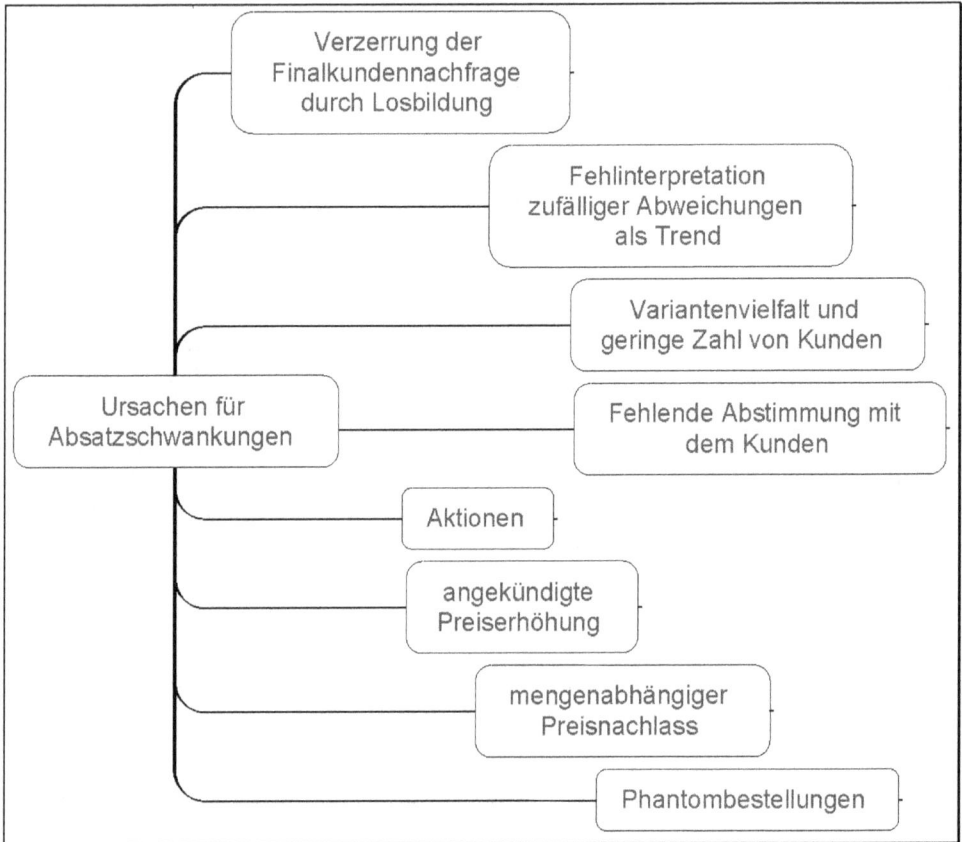

Abb. 3-8: Ursachen für Absatzschwankungen

Demand Management untersucht die Ursachen für Absatzschwankungen und versucht diese zu vermeiden:

Die Schwankungen des Auftragseingangs bei einem Anbieter sind einerseits (vgl. Abb. 3-8) auf die explodierende **Variantenvielfalt** zurückzuführen, die dazu führt, dass die Zahl der Kunden immer kleiner wird, deren Bedarf sich untereinander ausgleichen könnte.

Der amerikanische Wissenschaftler Jay Forrester hat als Erster das Phänomen sich zeitlich und entlang der Supply Chain kumulierender Auftragsgrößen- und Lagerbestandsschwankungen in mehrstufigen Supply Chains beschrieben (Forrester-Aufschaukelung, **Peitscheneffekt**). Bereits kleine Nachfrageänderungen auf der Stufe des Einzelhandels führen dazu, dass auf den flussaufwärts liegenden Großhandels-, Zentrallager- und Fertigungslagern großvolumige Schwankungen auftreten. Beispielhaft wurde ermittelt, dass eine 10%ige Zunahme der Nachfrage auf der Einzelhandelsstufe zu einer 40%igen Zunahme des Ausstoßes am Ende der Supply Chain führte, wobei die Amplitude der Schwankungen mit jeder Stufe systematisch vergrößert wird. Die unerwünschten Aufschaukelungseffekte lassen sich zurückführen auf Verzögerungen in der Übermittlung und Verarbeitung der Auftragsinformationen, auf Verzögerungen bei der

Fertigung und Auslieferung der Produkte und auf Entscheidungen der beteiligten Disponenten, Auftragsgrößen und Bestellmengen an veränderte Nachfragesituationen anzupassen.

Bestellt der Kunde in **großen Bestelllosen**, um seine bestellfixen Kosten zu reduzieren, sind die Bestellintervalle des Kunden lang. Für den Lieferanten besteht die Gefahr, dass die belasteten Kapazitäten nicht mit anderen Produkten oder Kundenaufträgen beschäftigt werden können.

Werden zufällige Schwankungen der Finalkunden-Nachfrage vom Absatzmittler **fälschlich** als **Trend interpretiert**, wird dieser seine Bestellmenge erhöhen, um sich der erhöhten Nachfrage anzupassen. Stellt sich der vermeintliche Trend nicht ein, verlängert sich das Bestellintervall des Absatzmittlers und der Hersteller verzeichnet einen Absatzeinbruch.

Schwankungen des Auftragseingangs sind zu einem beträchtlichen Teil auf Geschäftsprakti-ken in der Supply Chain zurückzuführen, die auf das Kaufverhalten des Kunden Einfluss nehmen: Bestellmengenabhängige **Preisnachlässe** veranlassen den Kunden, zu bestimmten Zeitpunkten größere Mengen zu beschaffen und diese einzulagern, als er es unter Berück-sichtigung von Bestellabwicklungs- und Lagerkosten für sinnvoll erachten würde. Die An-kündigung von **Preissteigerungen** hat zur Folge, dass Kunden spekulative Bestände anlegen. Zum alten – vergleichsweise niedrigen – Preis werden große Mengen geordert. Auch ver-kaufsfördernde **Aktionen** steigern den Absatz kurzfristig und sind mit einem späteren Ab-satzeinbruch verbunden.

Bei der Markteinführung neuer Produkte ist in mehrstufigen Supply Chains häufig ein nicht-abgestimmtes Bestellverhalten der Mitglieder der logistischen Kette zu beobachten. Die Entscheidungsträger auf den Distributionsstufen fürchten bei Neuprodukteinführungen Fertigungsengpässe des Herstellers und versuchen die ihnen drohenden Fehlmengen – in der Erwartung, dass der Hersteller die knappe Fertigungsmenge entsprechend den einge-gangenen Bestellungen zuteilt – durch künstlich überhöhte Bestellungen (**Phantombestel-lungen**) auszugleichen. Der Hersteller erkennt nicht, dass die Bestellungen künstlich über-höht sind und reagiert auf die von ihm überschätzte Marktnachfrage mit einer Aufstockung der Produktionskapazität, die mit einer zeitlichen Verzögerung, dann aber in überhöhter Menge, in die Supply Chain eingespeist wird. Auf den Handelsstufen treffen die erhöhten Produktionsmengen auf eine zurückgehende oder bereits stabilisierte Nachfrage und führt zu Überbeständen, Stornierungen und Obsoleszenzen. Auf eine Phase der Unterversorgung folgt nun eine Phase der Überversorgung.

Die erläuterten Zusammenhänge führen zu der **Empfehlung** (vgl. Abb. 3-9), **Preisnachlässe** auf den Jahresabsatz oder -umsatz anstelle auf die einzelne Bestellmenge und Rechungsbe-trag zu gewähren und auf eine vorzeitige Bekanntgabe von Preisänderungen zu verzichten.

Absatzschwankungen werden durch den **Verzicht auf Aktionen**, die nur zu spekulativen und Ausgleichsbeständen beim Kunden führen, reduziert. Ersatzweise kann eine Niedrig-preisstrategie praktiziert werden. Mindestens sollten die Aktionen mit Absatzmittlern **zeit-lich koordiniert** werden.

Verzerrungen der Endabnehmernachfrage durch die Bestellpolitik lassen sich durch **Vendor Managed Inventory (VMI)** ausschalten. Vendor Managed Inventory überträgt die Dispositi-ons- und Bestandsverantwortung auf den Lieferanten. Er verpflichtet sich zur Einhaltung eines bestimmten Lieferservicegrades und erhält dafür die Freiheit, auf der Grundlage von Abver-kaufs- (bzw. Bedarfs-) und Bestandsdaten über Menge und Zeitpunkt der Lagerergänzung

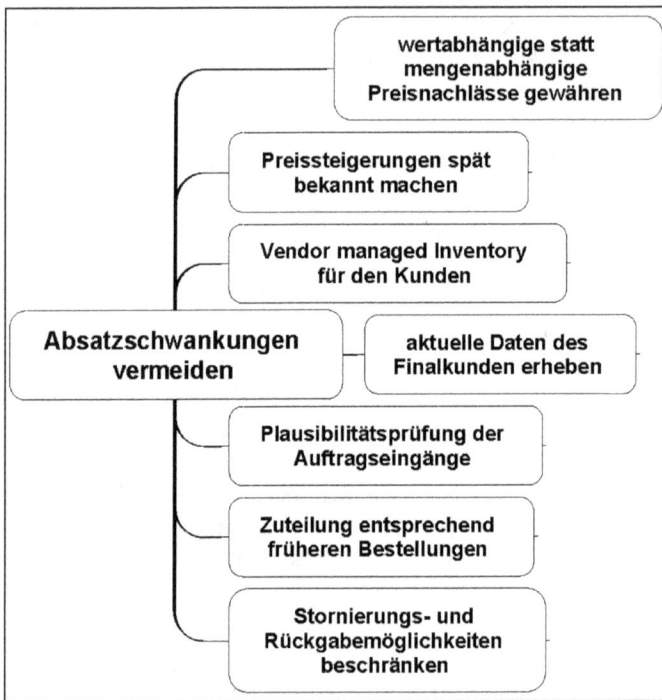

Abb. 3-9: Absatzschwankungen vermeiden

beim Kunden selbst zu entscheiden. Für den Lieferanten ergibt sich der Vorteil, dass er Einblick erhält in die Bestandsdaten und/oder Abgangsdaten des Kunden. Er kann daher seine Produktions- und Materialplanung auf präzisere Angaben stützen als wenn er prognoseorientiert disponiert. Sofern mindestens 30–40% des Geschäftsvolumens VMI-gesteuert wird, kann der Lieferant eine gleichmäßigere Auslastung der Fertigung erreichen.

Zur Vermeidung von Phantombestellungen sollte die **Zuteilungspraxis** geändert werden: In Situationen eines Lieferengpasses sollte der Produzent nicht – wie üblich – die verfügbaren Mengen prozentual zu den aktuellen Bestellungen, sondern im Verhältnis der bisherigen Käufe zuteilen. Dadurch wird dem Kunden der Anreiz genommen, die Bestellungen kurzfristig nach oben zu treiben. Ebenso sollte die **Stornierungsmöglichkeiten** und **Rückgabemöglichkeiten** nicht verkaufter Produkte beschränkt werden, um zu erreichen, dass Bestellungen auf die tatsächlichen Absatzerwartungen abgestimmt werden. Zur frühzeitigen Erkennung anormaler Bestellungen empfiehlt es sich, in der Auftragsabwicklung eine **Plausibilitätsprüfung** vorzunehmen.

3.4.2   Zusammenarbeit in der order-to-payment-Prozesskette

Die order-to-payment-Prozesskette durchläuft die Arbeitsschritte Auftragsannahme, Verfügbarkeits- und Machbarkeitsprüfung, Liefermengen- und -terminzusage, Kommissionierung bzw. Beschaffung und Fertigung, sowie Auslieferung. Diese Arbeitsschritte werden meist arbeitsteilig in den Abteilungen Vertrieb, Produktionsplanung, Einkauf und Versanddisposition durchlaufen und stehen in einer internen Kunden-Lieferanten-Beziehung zueinander.

Die interne Prozesskette bietet Verbesserungspotenzial, wenn Informations- und Abstimmungsdefizite Ursachen für Bedarfsunsicherheit, Bedarfsschwankungen und Terminengpässe bilden und wenn auf den Fertigungsstufen mehrfach und unkoordiniert Bestands- und Zeitpuffer gehalten werden.

Die nachfolgende Liste zeigt typische Symptome einer Prozesskette mit Informations- und Abstimmungsdefiziten:

	ja	nein
Der Vertrieb bestätigt kurzfristige Lieferwünsche des Kunden, ohne deren Realisierbarkeit zu prüfen		
Der Einkauf betreibt häufig terminliches Engpassmanagement		
Der Einkauf erfährt häufig zu spät von Produkteliminationen		
Die Einhaltung von Terminzusagen wird häufig durch „Terminjäger" und „Krisenmanagement" sichergestellt		
Trotz hoher Bestände treten häufig Fehlmengensituationen auf		
Die Disposition ändert häufig kurzfristig das Produktionsprogramm		
Die Auslieferungszeit enthält lange Liegezeiten		
Die Produktionslose werden ausschließlich kostenorientiert optimiert		

Abb. 3-10: Symptome einer schlecht koordinierten Prozesskette

Die konventionelle Zusammenarbeit zwischen den Mitarbeitern in Vertrieb, Produktionsplanung, Versanddisposition und Einkauf ist – wie die Konzeption der MRP II-Software – hierarchisch sukzessiv. Ausgangspunkt und Primat der Planung ist die Befriedigung des Absatzmarktbedarfs. Jeder Primärbedarf erzeugt daher einen Sekundärbedarf und Kapazitätsbedarf, die Planungskonzeption geht von unbeschränkten eigenen Ressourcen und stets lieferfähigen und lieferwilligen Lieferanten aus. Informationen über Kundenaufträge bzw. Absatzprognosen werden daher an die vorgelagerte Fertigungsstufe weitergegeben, jedoch sieht die konventionelle Planung keine automatische Rückkopplung zu bereits durchlaufenen Planungsschritten vor (Abstimmung), falls Kapazitäts-, Termin- oder Materialengpässe auftreten.

Die Organisationskultur der hierarchisch sukzessiven Planung und die Kundenorientierung im Vertrieb führen dazu, dass kurzfristige Lieferwünsche, ungewöhnlich große Liefermengen und kundenspezifische Spezifikationen bestätigt werden, ohne vorher deren Machbarkeit in der Prozesskette zu prüfen. Ein Lieferwunsch ist „kurzfristig", wenn die versprochene Lieferzeit kürzer ist als die Plan-Durchlaufzeit über die Fertigungsstufen, die auftragsorientiert zu durchlaufen sind, plus die Auslieferungszeit. Von den Kollegen in der Produktionsplanung, in der Versanddisposition und im Einkauf wird gefordert, dass sie ihre Planung kurzfristig anpassen und einzelne Teile der Durchlaufzeit so beschleunigen, dass die zugesagten Mengen und Termine eingehalten werden. Alternativ und ergänzend zu kurzfristigen Planänderungen und Eilaufträgen werden Sicherheitsbestände gehalten, um trotz kurzfristiger Lieferwünsche einen guten Lieferservice zu erreichen. Die kurzfristigen Produktionsplanänderungen erzeugen auf den vorgelagerten Fertigungsstufen Bedarfsunsicherheit und nervöse Systemreaktionen, auf die die betroffenen Mitarbeiter wiederum mit Beständen reagieren.

In einer koordinierten Prozesskette werden die Probleme durch kurzfristige und ungewöhnliche Kundenwünsche eingeschränkt durch eine Machbarkeits-Prüfung, durch die Einführung einer frozen period und die Vereinbarung variantenspezifischer Standard-Lieferzeiten. In einer koordinierten Prozesskette werden Absatzspitzen durch Promotionen und Ausschreibungen zwischen den Vertriebsmitarbeitern abgestimmt, um Absatzspitzen abzuflachen und frühzeitig in der Prozesskette kommuniziert. In Unternehmen, die kurzlebige Produkte herstellen, ist die Planung des Absatzes und Materialbedarfs über den Lebenszyklus der Produkte von großer Bedeutung. Nachhaltiger Absatzrückgang durch Produktelimination, durch Einführung neuer Produkte und Verlust von Großkunden werden geplant und gegenüber Produktionsplanung und Einkauf bekannt gemacht, damit diese ihre bestandsrelevanten Entscheidungen anpassen können. Vertrieb und Materialdisposition stimmen das timing von Produktneueinführungen auf Bestände des alten Produkts und der spezifischen Materialien ab.

Kurzfristige Belastungsanpassungen sind nicht immer durch überraschenden Kundenbedarf begründet. Der zuständige Produktionsplaner hat die Aufgabe, die geplante Kapazitätsbelastung laufend zu beobachten und mit der verfügbaren Kapazität abzugleichen. Die rollierende Planung mit ihrer laufenden Überarbeitung der Kapazitätsbelastungsprofile veranlasst den Planer, Anpassungsmaßnahmen möglichst so lange hinauszuzögern, bis weit reichende Planungssicherheit besteht. Reagiert die Produktionsplanung auf Kapazitätsungleichgewichte relativ kurzfristig mit einer Änderung der Ecktermine oder Auftragsmengen (Belastungsanpassung), besteht die Gefahr, dass auf vorgelagerten Fertigungsstufen oder auf der Fremdbezugsebene Ecktermine in der Vergangenheit ausgelöst werden. Rechnet der Bestandsverantwortliche auf den vorgelagerten Stufen mit kurzfristigen Belastungsanpassungen, wird ihn dies veranlassen, entsprechenden Sicherheitsbestand zu halten. In einer koordinierten Prozesskette beachtet auch der Produktionsplaner eine frozen period, er vermeidet kurzfristige und starke Planänderungen durch eine frühzeitige Kapazitätsplanung und durch aktuelle Bewegungsdaten und er ergänzt die kostenorientierte durch eine engpassorientierte Losbildung.

Lange Liegezeiten fertiger Erzeugnisse können vermieden werden, wenn die Produktionsterminplanung auch mit der Versanddisposition abgestimmt wird.

3.4.3   Zusammenarbeit mit dem Lieferanten

Die Überlegungen zur Verbesserung der Zusammenarbeit in der internen Prozesskette können auf die Zusammenarbeit mit Engpass-Lieferanten übertragen werden. In einer koordinierten unternehmensübergreifenden Prozesskette vermeidet der Abnehmer die Überforderung des Lieferanten. Er überrascht den Engpasslieferanten nicht mit kurzfristigen Bestellaufträgen, sondern **informiert** ihn **frühzeitig** und **verlässlich** über seinen Bedarf (forecasts, in Hersteller-Handelsbeziehungen Informationen über geplante Promotionen). Der

Lieferant kann so Sicherheitsbestände reduzieren, ohne seine Lieferzuverlässigkeit zu gefährden.

In einer abgestimmten unternehmensübergreifenden Prozesskette vermeidet der Abnehmer starke Kapazitätsbelastungsschwankungen beim Lieferanten, indem er **gleichmäßig bestellt**. Besonders bei kundenspezifischen Teilen wird damit der Lieferant entlastet, da er Belastungsanpassungen und die damit verbundenen Ausgleichsbestände vermeiden kann.

Eine zeitliche und mengenmäßige **Abstimmung** der Bestellaufträge auf die **Kapazitäts-** und **Bestandssituation** des Lieferanten vermeidet Konkurrenz zwischen Bestellaufträgen beim Lieferanten und senkt das Versorgungsrisiko des Abnehmers.

Der Abnehmer kann dem Lieferanten alternativ Zugriff auf seine Bestands- und Lagerabgangsdaten gewähren und kann ihm die Verantwortung für seine Versorgung übertragen (**VMI und Konsignationslager**). Der Lieferant kann seine Liefermengen auf seine verfügbaren Kapazitäten abstimmen und kann so Ausgleichsbestände reduzieren.

Eine weitere Option in vertikal integrierten Absatzkanälen und koordinierten Supply Chains ist die **unternehmensübergreifende Optimierung der Produktions- und Bestellmengen**. Diese Verhaltsnweise bietet für Produkte mit kurzem Lebenszyklus ein besonderes Erfolgspotenzial, die Verfügbarkeit der Ware am point of sale zu verbessern und dabei gleichzeitig den Gewinn der Supply Chain zu steigern:

Ware mit einem kurzen Lebenszyklus und Ware mit einer kurzen Verkaufsperiode weist ein **hohes Bestandsrisiko** auf, wenn in der Verkaufsperiode nicht beliebig oft (zu gleichen Konditionen) nachdisponiert werden kann und der Absatz ungewiss ist. Saisonware wie Weihnachtsdekoration und modische Textilien sowie Aktionsware weisen diese Merkmale typischerweise auf.

Bei konventioneller Zusammenarbeit in der Supply Chain treffen die Mitglieder der logistischen Kette ihre Entscheidung **isoliert und unabhängig**. Der Hersteller entscheidet über die Produktionsmenge, der Händler über die Bestell- und damit die Angebotsmenge. Die konventionelle Zusammenarbeit zeichnet sich auch dadurch aus, dass das Bestandsrisiko vom schwächeren Partner in der logistischen Kette getragen wird.

In der textilen Supply Chain setzt der Hersteller beispielsweise hohe Messerabatte, Mindestordermengen und günstige Zahlungsziele ein, um den Händler zu animieren, frühzeitig zu bestellen (sog. Vororder). Der Hersteller kann auf diese Weise weitgehend auftragsorientiert produzieren, der Händler trägt das Bestandsrisiko. Je größer der Vororderanteil, umso geringer das Bestandsrisiko des Herstellers und umso größer das Bestandsrisiko des Händlers (vgl. Abb. 3-11).

Der Händler handelt – isoliert betrachtet – rational, wenn er das „Zeitungsverkäufermodell" anwendet, ein Modell der stochastischen Bestellmengenoptimierung, das die Ungewissheit des Absatzes durch eine Wahrscheinlichkeitsverteilung und die Folgen einer Fehldisposition durch Restbestands- und Fehlmengenkosten abbildet (vgl. Abschnitt 3.3.3).

Die Überwälzung des Bestandsrisikos auf den Händler (die Gewährung hoher Messerabatte) führt jedoch dazu, dass der Händler weniger bestellt als aus Supply Chain Sicht optimal wäre. Das bedeutet, dass Hersteller und Händler weniger Gewinn erzielen als sie in einer koordinierten Supply Chain erzielen könnten und gleichzeitig der Lieferservice gegenüber dem Kunden schlechter ist als in einer koordinierten Supply Chain. Je höher die Restbestandskosten

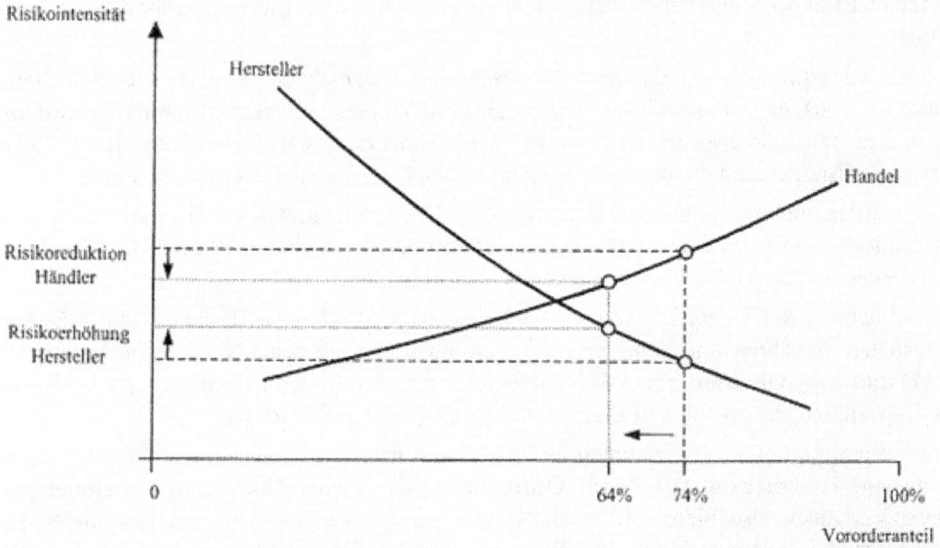

Abb. 3-11: Risikoallokation in der Supply Chain (Quelle: Heymans 2004 S. 176)

(Entsorgungskosten, geringe Erlöse durch die Verwertung der Restbestände) und je geringer die Fehlmengenkosten (Umsatzverluste, Strafkosten, Image- und Kundenverluste), umso vorsichtiger wird der Händler die einmalige Bestellmenge disponieren. Zeigen die Endkunden eine geringe Markentreue und bietet der Händler genügend Substitutionsmöglichkeiten in der Warengruppe, wird er sein Augenmerk auf die Vermeidung von Restbestandskosten legen[1].

Das folgende **Beispiel** soll diesen Zusammenhang deutlich machen:

Der Hersteller produziert den betrachteten Saisonartikel zu Gesamtkosten in Höhe von 100 €/Stück. Er fertigt genau die Menge, die vom Händler geordert wird (auftragsorientierte Fertigung). Er verkauft die Ware zu 200 €/Stück an den Händler, dieser erzielt 300 €/Stück. Nicht verkaufte Ware ist am Ende der Saison wertlos.

Der Händler hat eine Wahrscheinlichkeitsverteilung seiner Absatzerwartungen erstellt (vgl. Tabelle 3-1). Er rechnet mit einem Absatz in der Verkaufsperiode von mindestens 50 Stück und maximal 150 Stück.

---

[1]   Nach einer Untersuchung der Kurt Salmon Associates Unternehmensberatung aus dem Jahre 2001 beträgt die Wahrscheinlichkeit, dass der Kunde den gewünschten Artikel zum Kaufzeitpunkt nicht vorfindet, im Textileinzelhandel 40%. Gleichzeitig melden 40% der Einzelhändler, dass der Lagerbestand deutlich höher war als im Vorjahr und 52% der Einzelhändler rechneten mit erhöhten Abschreibungen auf Bestände mit der Konsequenz, dass die Einzelhändler die Warenbevorratung senken wollen (vgl. Gebhardt 2001).

Absatz	Eintrittswahrscheinlichkeit
50	0,05
60	0,05
70	0,1
80	0,1
90	0,1
100	0,2
110	0,1
120	0,1
130	0,1
140	0,05
150	0,05

Tabelle 3-1: Wahrscheinlichkeitsverteilung des Absatzes

Der **Gewinn des Händlers** ist abhängig vom (ungewissen) Absatz und seiner Bestellmenge. Der Gewinn des Händlers weist daher ebenfalls eine Wahrscheinlichkeitsverteilung auf. Die Berechnung des Händlergewinns ist für eine Bestellmenge Q = 80 in Spalte 3 der Tabelle 3-2 beispielhaft gezeigt: Bestellt der Händler 80 Stück und verkauft 50, erzielt er Erlöse in Höhe von 50 · 300. Dem Erlös von 15.000€ stehen Einstandskosten in Höhe von 80 · 200 gegenüber. Der Verlust von 1.000€ tritt mit einer Wahrscheinlichkeit 0,05 (der Eintrittswahrscheinlichkeit für die Absatzmenge 50 Stück) ein. Der **Erwartungswert** des Händlergewinns einer Bestellmenge 80 errechnet sich als Summe der möglichen Gewinne, jeweils gewichtet mit ihrer Eintrittswahrscheinlichkeit (vgl. Tabelle 3-2).

Der Händler bestimmt seine gewinnmaximale Bestellmenge, indem er die **Erwartungswerte der Bestellmengen** vergleicht (vgl. Tabelle 3-2). Die Ergebnisse in Tabelle 3-2 zeigen, dass höhere Bestellmengen die Gefahr hoher Verluste für den Händler bergen.

Mit der Bestellmenge 90 Stück erzielt der Händler den höchsten Erwartungswert des Gewinns.

Absatz	Wahr-schein-lichkeit	Gewinn des Händlers (Q = 80)	Gewinn des Händlers (Q = 90)	Gewinn des Händlers (Q = 100)	Gewinn des Händlers (Q = 110)	Gewinn des Händlers (Q = 120)	Gewinn des Händlers (Q = 130)
50	0,05	50 · 300 − 80 · 200 = − 1.000	− 3.000	− 5.000	− 7.000	− 9.000	−11.000
60	0,05	60 · 300 − 80 · 200 = 2.000	0	− 2.000	− 4.000	− 6.000	− 8.000
70	0,1	70 · 300 − 80 · 200 = 5.000	3.000	1.000	− 1.000	− 3.000	− 5.000

Fortsetzung

80	0,1	$80 \cdot 300$ $-80 \cdot 200$ $= 8.000$	6.000	4.000	2.000	0	-2.000
90	0,1	$80 \cdot 300$ $-80 \cdot 200$ $= 8.000$	9.000	7.000	5.000	3.000	1.000
100	0,2	$80 \cdot 30$ $-80 \cdot 200$ $= 8.000$	9.000	10.000	8.000	6.000	4.000
110	0,1	$80 \cdot 300$ $-80 \cdot 200$ $= 8.000$	9.000	10.000	11.000	9.000	7.000
120	0,1	$80 \cdot 300$ $-80 \cdot 200$ $= 8.000$	9.000	10.000	11.000	12.000	10.000
130	0,1	$80 \cdot 300$ $-80 \cdot 200$ $= 8.000$	9.000	10.000	11.000	12.000	13.000
140	0.05	$80 \cdot 300$ $-80 \cdot 200$ $= 8.000$	9.000	10.000	11.000	12.000	13.000
150	0,05	$80 \cdot 300$ $-80 \cdot 200$ $= 8.000$	9.000	10.000	11.000	12.000	13.000
		Erwatungs- wert: **6.950**	**Erwatungs- wert:** **7.050**	**Erwatungs- wert:** **6.850**	**Erwatungs- wert:** **6.050**	**Erwatungs- wert:** **4.950**	**Erwatungs- wert:** **3.550**

Tabelle 3-2: Wahrscheinlichkeitsverteilung des Händlergewinns bei konventioneller Zusammenarbeit

Bestellmenge	Gewinn des Händlers (Erwartungswert)	Gewinn des Herstellers	Gewinn der Supply Chain (Erwartungswert)
80	6.950	8.000	14.950
90	7.050 → maximaler Gewinn für den Händler	9.000	16.050
100	6.850	10.000	16.850
110	6.050	11.000	17.050 → maximaler Gewinn für die Supply Chain
120	4.950	12.000	16.950
130	3.550	13.000 → maximaler Gewinn für den Hersteller	16.550

Tabelle 3-3: Gewinn der Supply Chain und der Supply Chain-Mitglieder bei unabhängiger Disposition

Der **Gewinn des Herstellers** ist sicher, da er auftragsorientiert produziert. Sein Gewinn entspricht der Bestellmenge des Händlers multipliziert mit dem Stückgewinn 100€. Der **Gewinn der Supply Chain** ist die Summe aus Händler- und Hersteller-Gewinn (vgl. Tabelle 3-3).

Tabelle 3-3 zeigt, dass die für den Händler optimale Bestellmenge (Q = 90) nicht der für die Supply Chain optimalen Bestellmenge entspricht. Der Gewinn der Supply Chain könnte mit der Bestellmenge 110 Stück um 6% gesteigert werden. Die Steigerung ginge jedoch einseitig zu Lasten des Händlers:

Abbildung 3-12 zeigt deutlich die Konflikte zwischen Hersteller und Händler. Bestellmengen >90 sind für den Händler unattraktiv, sie senken seine Gewinnerwartung wegen des Bestandsrisikos. Da der Hersteller kein Bestandsrisiko trägt, ist er an einer möglichst großen Bestellmenge interessiert.

Isolierte Entscheidungen unabhängiger Mitglieder der Supply Chain führen in diesem Falle also nicht zu ganzheitlich optimalen Ergebnissen.

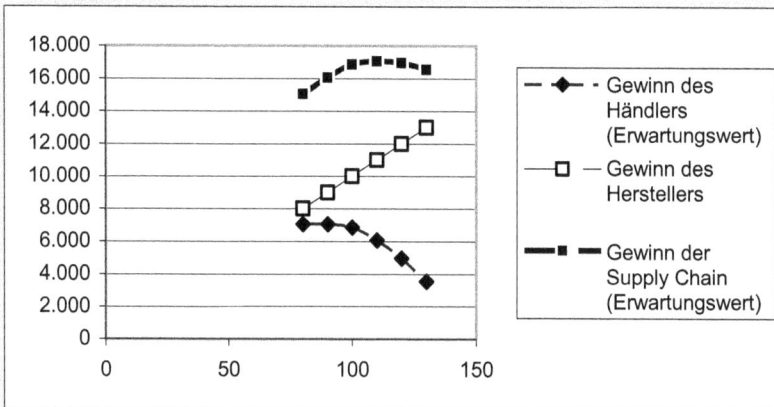

Abb. 3-12: Gewinn der Supply Chain bei unabhängiger Disposition

In **vertikal integrierten Absatzkanälen** kann die Angebotsmenge zentral festgelegt werden – in diesem Falle kann der maximale Gewinnerwartungswert der Supply Chain als Kriterium für die Festlegung der Bestell- und Angebotsmenge verwendet werden. Die Verteilung des Gewinns auf die Kanalmitglieder ist sekundär.

Um die Supply Chain unabhängiger und selbständiger Mitglieder zu koordinieren, müssen Verträge gestaltet werden, die dem Händler einen **Anreiz** geben, mehr zu bestellen als die aus seiner isolierten Sicht optimale Menge. Alternativen hierzu sind der Vertrag mit Rücknahmegarantie und der Vertrag mit Umsatzteilung oder ein Mengenrabattvertrag. Durch diese Ansätze gelingt es, die Profitabilität beider Partner zu steigern und gleichzeitig den Lieferservice zu verbessern (Thonemann S. 476ff., Heymans 2004 S. 209f).

In einem Vertrag mit **Rücknahmegarantie** verpflichtet sich der Hersteller am Ende der Verkaufsperiode, nicht abgesetzte Ware zu einem festgesetzten Preis zurückzunehmen. Je höher der Hersteller den Rücknahmepreis wählt, desto geringer werden die Restbestandskosten des

Händlers – der Händler erhält damit einen Anreiz, eine größere Bestellmenge zu ordern, gleichzeitig steigt jedoch das Bestandsrisiko des Herstellers.

Um die Wirkung einer Rücknahmevereinbarung auf den Gewinn des Händlers, des Herstellers und der Supply Chain zu zeigen, wird abweichend zu den Annahmen des Beispiels oben unterstellt, dass der Händler **nicht verkaufte Ware zu 100€** zurückgeben kann (vgl. Tabelle 3-4):

Rücknahmepreis 100

Ab-satz	Wahr-schein-lichkeit	Gewinn des Händlers (Q = 80)	Gewinn des Händlers (Q = 90)	Gewinn des Händlers (Q = 100)	Gewinn des Händlers (Q = 110)	Gewinn des Händlers (Q = 120)	Gewinn des Händlers (Q = 130)
50	0,05	$50 \cdot 300 + 30 \cdot 100 - 80 \cdot 200 = 2.000$	1.000	0	−1.000	−2.000	−3.000
60	0,05	$60 \cdot 300 + 20 \cdot 100 - 80 \cdot 200 = 4.000$	3.000	2.000	1.000	0	−1.000
70	0,1	$70 \cdot 300 + 10 \cdot 100 - 80 \cdot 200 = 6.000$	5.000	4.000	3.000	2.000	1.000
80	0,1	$80 \cdot 300 - 80 \cdot 200 = 8.000$	7.000	6.000	5.000	4.000	3.000
90	0,1	$80 \cdot 300 - 80 \cdot 200 = 8.000$	9.000	8.000	7.000	6.000	5.000
100	0,2	$80 \cdot 30 - 80 \cdot 200 = 8.000$	9.000	10.000	9.000	8.000	7.000
110	0,1	$80 \cdot 300 - 80 \cdot 200 = 8.000$	9.000	10.000	11.000	10.000	9.000
120	0,1	$80 \cdot 300 - 80 \cdot 200 = 8.000$	9.000	10.000	11.000	12.000	11.000
130	0,1	$80 \cdot 300 - 80 \cdot 200 = 8.000$	9.000	10.000	11.000	12.000	13.000
140	0.05	$80 \cdot 300 - 80 \cdot 200 = 8.000$	9.000	10.000	11.000	12.000	13.000
150	0,05	$80 \cdot 300 - 80 \cdot 200 = 8.000$	9.000	10.000	11.000	12.000	13.000
		Erwartungs-wert: 7.300	Erwartungs-wert: 7.700	Erwartungs-wert: 7.900	Erwartungs-wert: 7.700	Erwartungs-wert: 7.300	Erwartungs-wert: 6.700

Tabelle 3-4: Wahrscheinlichkeitsverteilung des Händlergewinns bei Rücknahmepreis 100€

Die Rücknahmegarantie mit einem Rücknahmepreis 100€ veranlasst den Händler, eine Bestellmenge von 100 Stück zu ordern. Der Erwartungswert des Gewinns der Supply Chain wird von 16.050 auf 16.850 (ca. 5%) gesteigert. Bei einer Umsatzrendite von 10% entspricht dies einer Umsatzsteigerung von 50%. Der Hersteller muss eine geringfügige Einbuße beim Gewinn akzeptieren. Ohne Rücknahmegarantie ordert der Händler 90 Stück (Herstellergewinn 9.000€), bei einem Rücknahmepreis 100€ bestellt der Händler 100 Stück, der Hersteller erzielt einen Erwartungswert des Gewinns von 8.950€. Ist der Absatz geringer als die Bestellmenge des Händlers, wird der Gewinn des Herstellers um den Rücknahmepreis × Restbestand gemindert. Tabelle 3-5 zeigt die Berechnung des Herstellergewinns für die Bestellmenge 100.

Absatz	Wahrscheinlichkeit	Restbestand	Gewinn des Herstellers
50	0,05	50	$100 \cdot 100 - 50 \cdot 100 = 5.000$
60	0,05	40	$100 \cdot 100 - 40 \cdot 100 = 6.000$
70	0,1	30	$100 \cdot 100 - 30 \cdot 100 = 7.000$
80	0,1	20	$100 \cdot 100 - 20 \cdot 100 = 8.000$
90	0,1	10	$100 \cdot 100 - 10 \cdot 100 = 9.000$
≥ 100	0,6	0	$100 \cdot 100 = 10.000$

Tabelle 3-5: Gewinn des Herstellers bei Bestellmenge 100 Stück und Rücknahmepreis 100€

Tabelle 3-6 zeigt die Gewinn des Händlers, des Herstellers und der Supply Chain für einen Rücknahmepreis 100€:

Bestellmenge Bei Rücknahmepreis 100€	Gewinn des Händlers (Erwartungswert)	Gewinn des Herstellers (Erwartungswert)	Gewinn der Supply Chain (Erwartungswert)
80	7.300	7.650	14.950
90	7.700	8.350	16.050
100	7.900	8.950	16.850
110	7.700	9.350	17.050
120	7.300	9.650	16.950
130	6.700	9.850	16.550

Tabelle 3-6: Gewinn der Supply Chain bei einem Rücknahmepreis 100€

Rücknahmepreis 100 €

Gewinn

20.000
15.000
10.000
5.000
0

0   20   40   60   80   100   120   140

Bestellmenge

— ▲ — Gewinn des Händlers (Erwartungswert)

— — Gewinn des Herstellers (Erwartungswert)

—— Gewinn der Supply Chain (Erwartungswert)

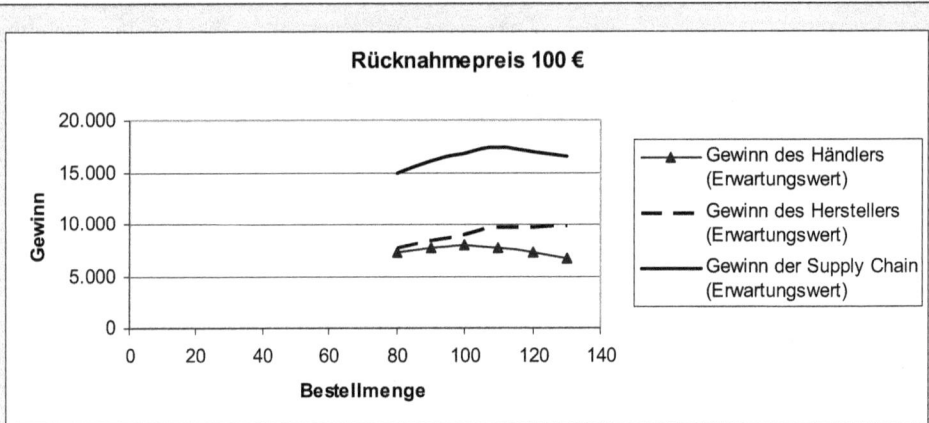

Abb. 3-13: Gewinn der Supply Chain bei geteiltem Bestandsrisiko

Wird der Rücknahmepreis auf 150€ erhöht und damit das Bestandsrisiko gleichmäßig auf Hersteller und Händler verteilt, wird der Gewinn der Supply Chain maximiert (vgl. Tabelle 3-5). Gleichzeitig wird die Produktverfügbarkeit auf der Ebene des Händlers verbessert. Ohne Rücknahmegarantie beträgt die Angebotsmenge wie oben erläutert 90 Stück. Die Stockout-Wahrscheinlichkeit (Wahrscheinlichkeit, dass eine Nachfrage größer 90 Stück auftritt) beträgt in der unkoordinierten Supply Chain 60% und sinkt mit der Rücknahmegarantie und dem Rücknahmepreis 150€ auf 30%.

Rücknahmepreis 150

Ab-satz	Wahr-schein-lichkeit	Gewinn des Händlers (Q = 80)	Gewinn des Händlers (Q = 90)	Gewinn des Händlers (Q = 100)	Gewinn des Händlers (Q = 110)	Gewinn des Händlers (Q = 120)	Gewinn des Händlers (Q = 130)
50	0,05	$50 \cdot 300 +$ $30 \cdot 150$ $- 80 \cdot 200$ $= 3.500$	3.000	2.500	2.000	1.500	1.000
60	0,05	$60 \cdot 300 +$ $20 \cdot 150$ $- 80 \cdot 200$ $= 5.000$	4.500	4.000	3.500	3.000	2.500
70	0,1	$70 \cdot 300 +$ $10 \cdot 150$ $- 80 \cdot 200$ $= 6.500$	6.000	5.500	5.000	4.500	4.000
80	0,1	$80 \cdot 300$ $- 80 \cdot 200$ $= 8.000$	7.500	7.000	6.500	6.000	5.500
90	0,1	$80 \cdot 300$ $- 80 \cdot 200$ $= 8.000$	9.000	8.500	8.000	7.500	7.000

Fortsetzung

100	0,2	80·30 −80·200 =8.000	9.000	10.000	9.500	9.000	8.500
110	0,1	80·300 −80·200 =8.000	9.000	10.000	11.000	10.500	10.000
120	0,1	80·300 −80·200 =8.000	9.000	10.000	11.000	12.000	11.500
130	0,1	80·300 −80·200 =8.000	9.000	10.000	11.000	12.000	13.000
140	0.05	80·300 −80·200 =8.000	9.000	10.000	11.000	12.000	13.000
150	0,05	80·300 −80·200 =8.000	9.000	10.000	11.000	12.000	13.000
		Erwartungs- wert: 7.475	Erwartungs- wert: 8.025	Erwartungs- wert: 8.425	Erwartungs- wert: 8.525	Erwartungs- wert: 8.475	Erwartungs- wert: 8.275

Tabelle 3-7: Gewinn des Händlers bei Rücknahmepreis 150€

Bestellmenge bei Rücknahmepreis 150€	Gewinn des Händlers (Erwartungswert)	Gewinn des Herstellers (Erwartungswert)	Gewinn der Supply Chain (Erwartungswert)
80	7.475	7.475	14.950
90	8.025	8.025	16.050
100	8.425	8.425	16.850
110	8.525	8.525	17.050
120	8.475	8.475	16.950
130	8.275	8.275	16.550

Tabelle 3-8: Gewinn der Supply Chain bei einem Rücknahmepreis 150€

Die folgende Tabelle 3-9 stellt die Wirkung der betrachteten Rücknahmepreise nochmals im Überblick dar. Es wird deutlich, dass die Steigerung des Gewinns der Supply Chain in dem hier betrachteten Beispiel zu Lasten des Herstellergewinns geht. Unternehmensübergreifendes Supply Chain Management fordert demnach die Bereitschaft, Einbußen hinzunehmen, wenn an anderer Stelle der Supply Chain Verbesserungspotenziale erschlossen werden können, die die Einbußen überkompensieren!

Bei der Würdigung der Ergebnisse ist weiterhin zu beachten, dass die kurz- und langfristigen Wirkungen auf die Fehlmengenkosten in der Berechnung ignoriert werden, da hier nur zahlungswirksame Aspekte in die Berechnung einfließen. Vergleicht der Hersteller die alternativen Rücknahmepreise unter Berücksichtigung der kurz- und langfristigen Umsatzverluste als Fehlmengenkosten einer stockout-Situation, stellt er fest, dass sein Gewinn nur geringfügig sinkt, jedoch – durch die verbesserte Verfügbarkeit des Produkts – ein deutlicher Rückgang der Fehlmengenkosten zu erwarten ist. Ohne Rücknahmegarantie wird mit der Bestellmenge 90 eine Regalverfügbarkeit von 40% erreicht: die logistische Kette kann die Nachfrage bedienen, wenn die Nachfrage nicht größer ist als 90. Zur Berechnung der Regalverfügbarkeit werden die Eintrittswahrscheinlichkeiten der Absatzmengen 50, 60, 70, 80 und 90 (vgl. Tab. 3-1) addiert. Eine Rücknahmegarantie steigert die Regalverfügbarkeit auf 60% (Rücknahmepreis 100, Bestellmenge 100) bzw. 70% (Rücknahmepreis 150, Bestellmenge 150).

Rücknahmepreis	Optimale Bestell- menge des Händlers	Gewinn des Händlers	Gewinn des Herstellers	Gewinn der Supply Chain	Regal- verfügbarkeit
0	90	7.050	9.000	16.050	40%
100	100	7.900	8.950	16.850	60%
150	110	8.525	8.525	17.050	70%

Tabelle 3-9: Alternative Rücknahmepreise und ihre Wirkung auf den Gewinn

4 Kostenmanagement mit dem Fokus Einkaufspersonalkosten

4.1 Treiber der Einkaufspersonalkosten

Nachdem sich das Interesse in Theorie und Praxis lange Zeit auf die Beschaffungsobjektkosten (Preise für fremdbezogene Produkte und Leistungen) konzentriert hatte, werden in den letzten Jahren die Gefahren hoher Gemeinkostenbelastungen (Fixkostencharakter der Gemeinkosten, bei geringwertigen Produkten sind die Einstandskosten im Vergleich zu den im Einkauf verursachten Gemeinkosten sehr gering) und die dort vermuteten Einsparpotenziale stärker beachtet.

Ziel des Gemeinkostenmanagements ist die Senkung des Niveaus der Gemeinkosten oder eine Verbesserung des Kosten-Nutzen-Verhältnisses (auch als value management bezeichnet). Das Gemeinkostenmanagement betrachtet die Personal- und Sachkosten nicht mehr als unveränderlich, sondern untersucht und gestaltet systematisch die Verursacher der in der eigenen Kostenstelle zu verantwortenden Gemeinkosten, die sog. Kostentreiber.

Verbesserungspotenziale werden vor allem in den operativen Geschäftsprozessen der Bestellabwicklung vermutet. Die historisch gewachsenen Abläufe und die Arbeitsteilung zwischen den an der Beschaffung beteiligten Funktionsträgern im Einkauf, im Wareneingang, im Lager, in der Verwaltung und in den Sachabteilungen werden im Geschäftsprozessmanagement in Frage gestellt. Ein Ziel des Geschäftsprozess-Managements ist die zeitliche Entlastung des Einkaufs von administrativen Aufgaben. Die dadurch gewonnene Personalkapazität soll für strategische Überlegungen zur Verbesserung der Versorgung, Flexibilität und Qualität eingesetzt werden.

Durch die Beschäftigung mit Gemeinkosten- und Geschäftsprozessmanagement gerieten die C-Teile in den Mittelpunkt des Interesses: Das Verhältnis der Prozesskosten, die beim Bedarfsträger, in der Funktion Beschaffung und in der Kreditorenbuchhaltung anfallen, liegt in einem krassen Missverhältnis zu dem Bestellwert von C-Teilen. Man geht in der Regel davon aus, dass die Prozesskosten für einen Beschaffungsvorgang zwischen 50 und 100€ liegen. Der Bestellwert pro Bestellung bei indirekten C-Teilen bewegt sich hingegen um einen Durchschnittswert von 25€. Aufgrund dessen und der häufigen Beschaffung von C-Teilen kommt es zu folgendem allgemeingültigen Verhältnis von Bestellwerten und Beschaffungskosten: C-Teile machen im Allgemeinen zwar nur circa 5% des Einkaufsvolumens eines Unternehmens aus, verursachen aber bis zu 80% der gesamten Beschaffungsprozesskosten eines Unternehmens, auf sie entfallen 60% der Bestellungen und 70% der Lieferanten (Wildemann 2000 S. 26).

Das dritte Handlungsfeld eines umfassenden Materialkostenmanagements sind daher die Personal- und Sachkosten, die für den Beschaffungsprozess anfallen; im Rechnungswesen werden diese als Materialgemeinkosten bezeichnet. Hierzu zählen die

- Personalkosten für die Mitarbeiter, die am Beschaffungsprozess beteiligt sind, also Einkauf, Wareneingang, Qualitätsprüfung und Disposition, Einlagerung, Auslagerung, Kommissionierung,

- Sachkosten (Software, Prüfmaterial, Büromaterial, Reisekosten, Telefon).

- Umlagekosten (Raumkosten, Kantine etc.).

Die auf den Kostenstellen entstehenden Gemeinkosten (Personal- und Sachkosten) genossen lange Zeit wenig Beachtung, galten gar als unveränderlich. Dies ist auch auf die mangelnde Transparenz der Gemeinkostenentstehung zurückzuführen, da die Kostenstellenrechnung zwar eine Trennung nach Kostenarten vornimmt, aber keine verursachungsgerechte Zuordnung auf Leistungen und Beschaffungsobjekte, für die diese Kosten entstanden sind, erlaubt.

Die nachfolgenden Ausführungen zeigen Vorgehen und Instrumente des Gemeinkostenmanagements primär am Beispiel der **Einkaufspersonalkosten**.

Die **Gemeinkostenanalyse** befasst sich zunächst mit der Frage, für welche Einkaufsleistungen Kosten in welcher Höhe entstehen und welche Einflussfaktoren (Kostentreiber) auf die Kosten wirken. **Kostentreiber bilden Ansatzpunkte, die Gemeinkosten zu reduzieren:**

Einkaufsgemeinkosten fallen primär als Personalkosten an. Sie entstehen

- für Einkaufsleistungen, die in der operativen Bestellabwicklung **bedarfsabhängig** (Bestellabwicklungskosten), d. h. für Bestellanforderungen erbracht werden und

- für Einkaufsleistungen, die **unabhängig** von einem aktuellen Bedarf auftreten.

Bedarfsabhängige Einkaufsleistungen und deren Kostentreiber (vgl. Abb. 4-1)

Die Bearbeitung einer Bestellanforderung (Bestellabwicklung) umfasst die folgenden Aufgaben:

- Bedarfsklärung,

- Lieferantensuche,

- Ausschreibung,

- Angebotsvergleich,

- Verhandlung und Vertragsgestaltung,

- Bestellung und Kontrolle der Auftragsbestätigung,

- Terminverfolgung,

- Rechnungsprüfung

- Lieferantenbewertung.

Die je Beschaffungsobjekt oder Periode entstehenden Einkaufspersonalkosten für operative Bestellabwicklung werden bestimmt durch (vgl. Abb. 4-1) **die Zahl der Bestellanforderungen**, die pro Periode bearbeitet werden. Diese ist wiederum abhängig von den Kostentreibern **Teilevielfalt**, von der **Bereitstellungsart**, von der Höhe des **Ausgleichsbestands** und der **Lieferantenpolitik.** Steigende Variantenvielfalt auf der Enderzeugnisebene und sinkende Fertigungstiefe hat bei divergierender Fertigung und gegebener Lieferantenpolitik und Vorratspolitik eine steigende Anzahl von Materialidentnummern und Bestellanforderungen zur Folge. Die Variantenvielfalt verursacht viele kleine Bestellungen. „Exotische" Variantenteile, die selten benötigt werden, sind – verbrauchsorientiert – schlecht planbar und werden

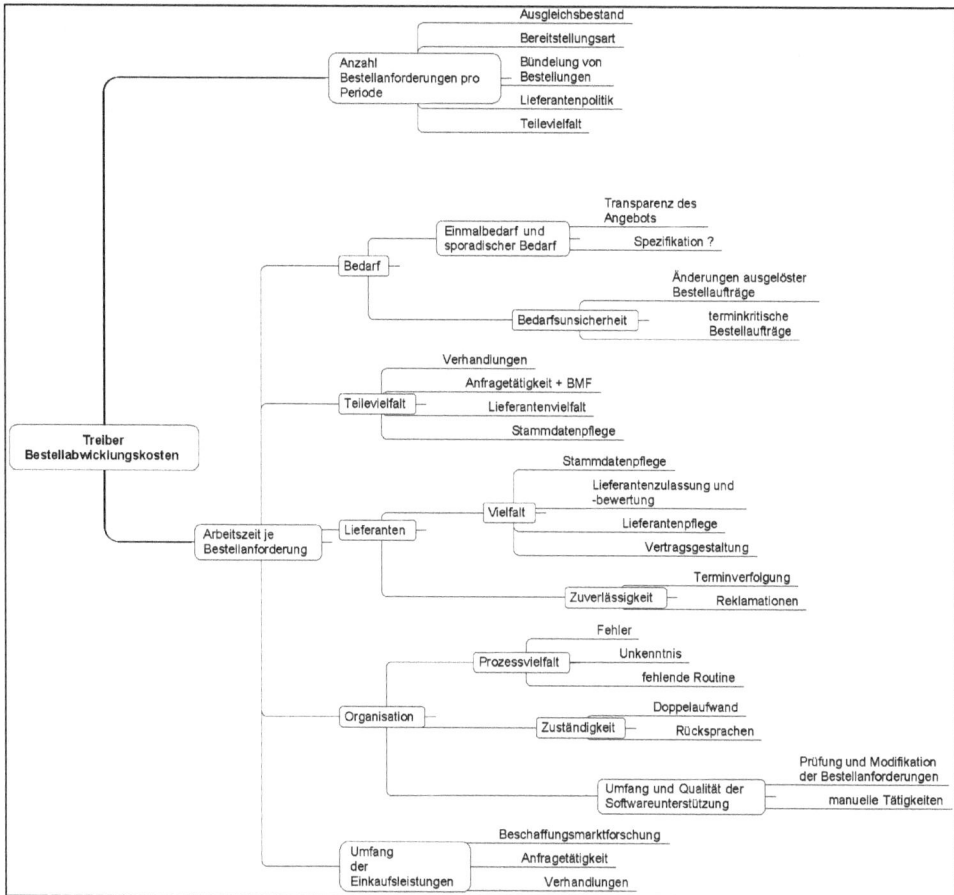

Abb. 4-1: Treiber der bedarfsabhängigen Bestellabwicklungskosten

deshalb möglichst einzeln und auftragsorientiert beschafft – es entstehen daher viele Bestellanforderungen. Die Entscheidung, auftragsorientiert oder einsatzsynchron bereitzustellen, verursacht gegenüber der Vorratsbeschaffung eine größere Zahl Bestellanforderungen. Je geringer der Ausgleichsbestand bei Vorratsbeschaffung, umso höher die Bestellhäufigkeit und Anzahl Bestellanforderungen einer Periode. Die Zusammenarbeit mit Universallieferanten, die eine Warengruppe liefern, bietet die Möglichkeit, Bedarfe mehrerer Identnummern in einem Bestellauftrag zusammenzufassen.

Der Bestellabwicklungsprozess ist nicht für jedes Beschaffungsobjekt und nicht in jeder Beschaffungssituation gleich aufwändig und wird nicht in jedem Fall vollständig durchlaufen. Es ist daher zu untersuchen, welche Einflussfaktoren auf die **Arbeitszeit** (vgl. Abb. 4-1) für eine Bestellanforderung wirken, die für eine Bestellanforderung aufgewendet wird.

Die für Ausschreibungen und Angebotsvergleiche anfallende Arbeitszeit wird beeinflusst durch die **Anzahl der Anbieter**, bei denen Angebote eingeholt werden und die daraus resultierende Zahl der Rückfragen, die zu bearbeiten und die Zahl der Angebote, die zu vergleichen sind.

Die Arbeitszeit je Bestellanforderung wird von der **sourcing-Strategie** beeinflusst. Die Zusammenarbeit mit Stammlieferanten reduziert den Aufwand für Anfragetätigkeit und Angebotsvergleich. Die für eine Bestellanforderung anfallende Personalarbeitszeit wird auch vom Kostentreiber **Bedarfsmerkmale** bestimmt: neuer, seltener oder einmaliger Bedarf, dringender und kundenspezifischer Bedarf erfordern einen hohen Aufwand vor der Auftragsvergabe – die Spezifikation muss erarbeitet und abgestimmt werden, Lieferanten sind zu suchen und zu beurteilen, Angebote einzuholen und zu vergleichen. Dringender Bedarf benötigt eine persönliche Kontaktaufnahme zu Lieferanten, um deren kurzfristige Lieferfähigkeit zu prüfen und eine Beschleunigung der administrativen und logistischen Prozesse zu erreichen. Die **Organisation** der Beschaffung wirkt als Kostentreiber, da sie Einfluss nimmt auf die Routine und das Wissen der Mitarbeiter. Sie ist verantwortlich für manuellen und Doppelaufwand und Informations- und Abstimmungsaufwand zwischen den Prozessbeteiligten.

Bedarfsunabhängige Einkaufsleistungen und deren Kostentreiber

Einkaufspersonalkosten fallen außerdem für Aufgaben an, die **unabhängig** von einem aktuellen Bedarf auftreten. Hierzu zählen

- die Stammdatenpflege in der ERP-Software,
- die Beschaffungsmarktforschung,
- die funktionsübergreifende Zusammenarbeit,
- die Zulassung und Pflege von Lieferanten,
- die Verhandlung mit Lieferanten (Transaktionskosten) und
- die Entwicklung von Beschaffungsstrategien.

Die Höhe der bedarfsunabhängigen Einkaufspersonalkosten wird durch den Kostentreiber **Teilevielfalt** beeinflusst. Eine hohe Teilevielfalt hat nicht nur eine steigende Anzahl von Bestellanforderungen zur Folge, sondern auch eine steigende Zahl von Stammdaten, die gepflegt werden müssen, Lieferanten, die zugelassen und bewertet werden müssen sowie eine steigende Zahl von Warenanlieferungen und Rechnungen.

Die **Zuverlässigkeit der Lieferanten** wirkt als Kostentreiber, da unzuverlässige Lieferanten eine intensivere Überwachung benötigen. Die vom Einkauf praktizierte **Sourcing-Strategie** bildet einen weiteren Einflussfaktor auf die Transaktionskosten: Die Anzahl Lieferanten und die Gestaltung der Kontraktpolitik bestimmen den Aufwand für Beschaffungsmarktforschung, Anfragetätigkeit, Angebotsvergleiche und Verhandlungen mit. Die **Termin- und Qualitätszuverlässigkeit** der Lieferanten bestimmt den erforderlichen Personalaufwand für Terminverfolgung und Reklamationsabwicklung. **Vertrauen** und/oder **vertragliche Vereinbarungen** sind ein Bestimmungsfaktor für die Prüfvorgänge (Auftragsbestätigung, Rechung, Qualität), die im Beschaffungsprozess notwendig sind (oder scheinen).

Auch die Entscheidung über den Umfang der **Einkaufsleistungen**, der je Beschaffungsobjekt aufgewendet wird, beeinflusst die Einkaufspersonalkosten – Beispiele sind Art und Umfang des Lieferantenzulassungs- und Lieferantenbewertungsverfahrens, die Häufigkeit und Intensität der Beschaffungsmarktforschung, die Häufigkeit und Gestaltung von Anfrageaktionen.

Werden die Kostentreiber der Einkaufspersonalkosten danach klassifiziert, welche Abteilung **direkten Einfluss** auf sie hat, stellt sich heraus, dass die Bedarfsmerkmale außerhalb des Einkaufs, in der Entwicklung und in der Disposition festgelegt werden. Eine Veränderung der Bedarfsmerkmale erfordert prozess- und unternehmensübergreifende Anstrengungen. Auch die Anzahl Bestellanforderungen befindet sich außerhalb des direkten Einflussbereichs des Einkaufs – sie wird durch die Disposition bestimmt.

Die sourcing-Strategie befindet sich jedoch ebenso wie die Entscheidung über den Umfang der Einkaufsleistungen je Beschaffungsobjekt innerhalb des Handlungsspielraums des Einkaufs und bilden geeignete Ansatzpunkte, auch abteilungsorientierte Konzepte zu entwickeln um die Einkaufspersonalkosten zu senken.

Die Analyse der Einkaufspersonal-Kostentreiber ergibt die folgenden **Ansatzpunkte eines Gemeinkostenmanagements im Einkauf** (vgl. Abb. 4-2), die in den folgenden Abschnitten erläutert werden:

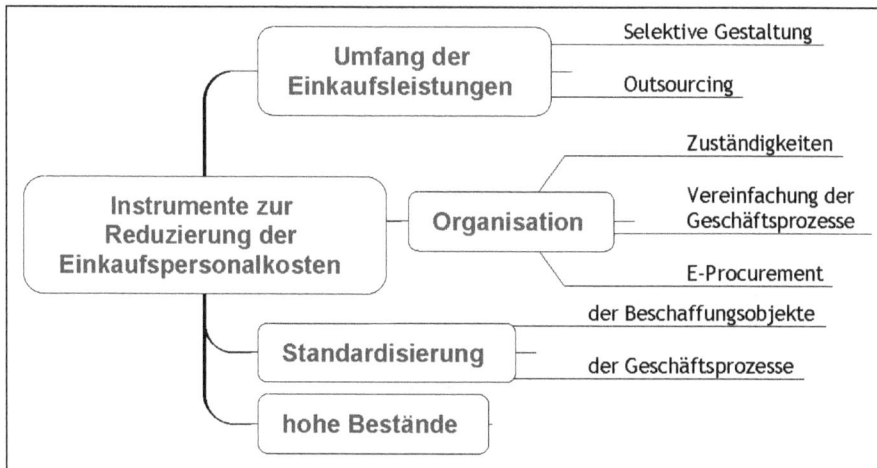

Abb. 4-2: Instrumente zur Reduzierung der Einkaufspersonalkosten

4.2   Selektive Gestaltung der Einkaufsleistungen

Der Einkauf kann den Umfang der Einkaufsleistungen für ein Beschaffungsobjekt differenzieren, d. h. der Leistungsumfang wird systematisch daraufhin gestaltet, welche Kosten die Leistung verursacht und welchen Nutzen sie im Hinblick auf die Qualitäts-, Versorgungs- und Flexibilitätsziele stiftet **(Value Management)**. Leistungen, denen kein Nutzen (mehr) gegenübersteht, werden eliminiert, Leistungen mit schlechtem Kosten-Nutzen-Verhältnis werden reduziert oder fremdbezogen.

Eine selektive und differenzierte statt für alle Beschaffungsobjekte gleiche Arbeitsweise ist im Einkauf möglich bei der **Beschaffungsmarktforschung und Anfragetätigkeit**. Für zuverlässige Lieferanten und geringwertige Beschaffungsobjekte, die geringe Fehlmengenkosten verursachen, ist auch ein Verzicht auf **Prüfung der Auftragsbestätigung** und der **Rechnung** erwägenswert. Eine selektive **Lieferantenbewertung, Terminverfolgung, Kennzahlenerhebung und -interpretation** und eine nach Anfälligkeit gestufte **Lieferantenerstbeurteilung** sind weitere Maßnahmen, Personalaufwand zu reduzieren.

4.3   Outsourcing von Einkaufs- und Beschaffungsleistungen

Das Geschäftsprozessmanagement kann ein **Outsourcing von Beschaffungsleistungen** veranlassen:

- Die Beschäftigung von **Einkaufsdienstleistern** ist vor allem im Bereich der indirekten Materialien und C-Teile erwägenswert. Sie bündeln die Bedarfe mehrerer Kunden und erreichen leichter eine Markttransparenz als der einzelne Kunde, der nur selten oder geringen Bedarf hat. Möglicherweise wird der Einkaufsdienstleister schlechter bezahlt als der eigene Einkäufer (vgl. Ballmer 2003 S. 957).

- Das Konzept **VMI** verlagert Dispositionsaufgaben auf den Lieferanten.

- **DTP** (vgl. Abschnitt 4.5) bezieht die Dienstleistungen Controlling und innerbetriebliche Verteilung an den internen Kunden fremd, indem der Lieferant verpflichtet wird, kostenstellenspezifische Rechnungen zu stellen und direkt an den Besteller zu liefern.

- Auch die Bereitstellungsart **KANBAN** ist ein Konzept innerbetrieblichen Transport und Kommissionierleistungen vom Lieferanten zu beziehen.

- Mit einer individuellen **Prüfvereinbarung** wird der Lieferant verpflichtet, nach Vorgaben des Abnehmers eine Qualitätsprüfung durchzuführen und deren Ergebnisse zu dokumentieren. Mit dieser Vereinbarung kann auf die Eingangsqualitätsprüfung verzichtet werden – doppelte Prüfung in der logistischen Kette wird vermieden, die Prüfkosten als Teil der Bestellabwicklungskosten werden reduziert.

4.4   Sourcing-Strategie

Werden mit einer geringen Zahl von Anbietern **Verträge** geschlossen, die für mehrere Lieferungen die Lieferungs- und Zahlungsbedingungen, die geforderte Spezifikation und beabsichtigte Abnahmemengen vereinbaren, Gewährleistungs- und Schadenersatzansprüche regeln und eventuell Preisabsprachen treffen, kann die Anzahl der Prozessschritte im Rahmen der Bestellabwicklung reduziert werden auf den Abruf, die Terminverfolgung, die Rechnungsprüfung und die Lieferantenbewertung.

Bei geringwertigen Identnummern mit geringem Anteil am Einkaufsvolumen und geringem Bedarfsrisiko ist auch die Vereinbarung von **Festpreisen** sinnvoll, um den administrativen Aufwand einer Bestellung zu minimieren. Der Abschluss von Rahmenlieferverträgen ist verbunden mit der Zusammenarbeit mit **Stammlieferanten**, sodass die Angebotseinholung, der Angebotsvergleich und die Verhandlung auf den Abschluss des Rahmenvertrags beschränkt sind. Langfristige und enge Zusammenarbeit mit Lieferanten macht es auch möglich, die eigenen Bestellmengen automatisch auf Verpackungseinheiten des Lieferanten und auf optimale Losgrößen des Lieferanten abzustimmen und Sammelrechnungen zu vereinbaren.

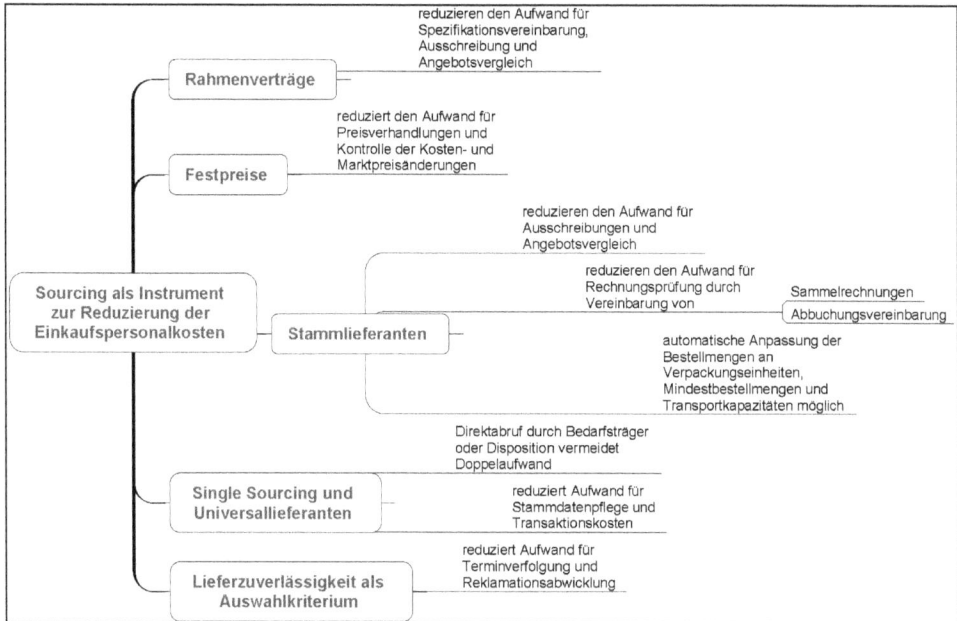

Abb. 4-3: Sourcing als Instrument zur Senkung der Einkaufspersonalkosten

Dies reduziert die Zahl der manuellen Modifikationen der Bestellanforderungen und der notwendigen Absprachen. Die enge und langfristige Zusammenarbeit mit Stammlieferanten ist auch Voraussetzung für ein Outsourcing von Beschaffungsleistungen (vgl. Abschnitt 4.3).

Wird **Single Sourcing** praktiziert, kann ein **Direktabruf** durch die verbrauchende Stelle vereinbart werden, sodass der Einkauf in die Bestellabwicklung nur noch insoweit eingebunden ist, als er die Bestellungen registriert und die Leistung des Lieferanten als Rückkopplung aus der Wareneingangskontrolle kontrolliert.

Indem mit **Universallieferanten** zusammengearbeitet wird, wird auch bei Warengruppen mit sehr großer Teilevielfalt die Zahl der Lieferanten begrenzt. Dabei wird auf Einstandskostenvorteile verzichtet und systematisch nach Lieferanten gesucht, die große Beschaffungsobjektgruppen anbieten. Teilweise liefern einzelne Lieferanten mehr als 20.000 Artikel und nehmen diese teilweise für den Abnehmer in ihr Absatzprogramm auf.

Wird bei der Lieferantenauswahl nicht der Preis oder die Einstandskosten als wichtigstes **Auswahlkriterium** zugrunde gelegt, sondern werden qualitäts- und lieferzuverlässige Lieferanten beauftragt, kann der Aufwand für Überwachung und Entwicklung der Lieferanten gesenkt werden (selektive Gestaltung der Einkaufsleistungen) und der Aufwand für Reklamationsabwicklung sinkt.

4.5   E-Procurement

Ziel des Geschäftsprozessmanagements ist die Vereinfachung, Automatisierung, Beschleunigung und Standardisierung der Prozessschritte (vgl. Becker 2005 S. 216ff).

Die elektronische Abwicklung von Prozessschritten durch ERP-Systeme und E-Procurement[1] dient der Beschleunigung und Automatisierung.

Bei der Beschaffung von **indirektem Material** können 4 Beschaffungsprozessvarianten und Materialklassen unterschieden werden:

- **Auf Vorrat beschaffte, kodierte indirekte Produkte (standardisiertes Verbrauchsmaterial):**
  Für indirekte Produkte, die im ERP-System mit einem Materialstamm erfasst sind (sog. kodierte Produkte), kann die Funktionalität eines ERP-Systems im Einkauf, im Wareneingang, in der Lagerverwaltung und bei der Rechnungsprüfung genutzt werden. In allen Abteilungen liegen die Belege elektronisch vor, manuelle Mehrfacheingaben von Daten entlang der Supply Chain sind nicht notwendig. Das indirekte Produkt wird in diesem Falle behandelt wie direktes Produktionsmaterial, das verbrauchsorientiert disponiert und auf Vorrat beschafft wird: es wird in großen Mengen bezogen und eingelagert. Der Bestand wird im Lagerverwaltungssystem verwaltet, der zentrale Wareneingang prüft die Übereinstimmung der Lieferung mit der Bestellung, die Rechnungsprüfung vergleicht die Rechnung mit dem verbuchten Wareneingang und der Bestellung. Die Erfassung des Wareneingangs bezieht sich auf die erfasste Bestellung, die Bestellung auf die Bestellanforderung. Bei Unterschreiten eines vorgegebenen Mindestbestands löst das Lagerverwaltungssystem automatisch eine Bestellanforderung aus. Im Beschaffungsprozess ist die Phase der Abwicklung von besonderer Bedeutung. Die Lieferanten sind je nach sourcing-Strategie festgelegt oder in einer Liste zugelassener Lieferanten erfasst. Die Anbahnungs- und Vereinbarungsphase wird nur dann durchlaufen, wenn ein Lieferantenwechsel erwogen wird oder wenn Verhandlungen vorzubereiten sind. Die Abwicklung der laufenden Bestellungen wird durch ERP-Systeme unterstützt, die strategische und operative Sourcing-Entscheidung kann durch die Nutzung **elektronischer Produktkataloge**, **Bedarfsausschreibungen** und **Auktionen** verbessert werden. Für kodierte Produkte entsteht ein hoher Aufwand für die erstmalige Erfassung und die laufende Pflege der Stammdaten. Dieser Aufwand ist gerechtfertigt, wenn das indirekte Produkt mit unveränderter Spezifikation laufend benötigt wird (Verbrauchsmaterial, repetitive Beschaffung) und zentral bevorratet werden soll. Beispiele für lagerhaltige kodierte indirekte Produkte sind Arbeitskleidung, Ersatzteile, Reparaturmaterial, Prüfmaterial (vgl. Dolmetsch 2000 S. 52f, 205ff).

- **Einzeln beschaffte kodierte indirekte Produkte:**
  Hochwertige Gebrauchsgüter und indirekte Produkte mit sporadischem nicht dringlichem Bedarf oder kurzen Beschaffungszeiten werden nicht auf Vorrat beschafft und deshalb nicht im Lagerverwaltungssystem geführt. Die Erfassung des Produkts im ERP-System ist dennoch sinnvoll, um die Funktionalität des ERP-Systems im Einkauf, Wareneingang und bei der Rechnungsprüfung zu nutzen, wenn es sich um repetitiven Be-

---

[1] Der Begriff E-Procurement beschreibt die elektronisch unterstützte Beschaffung, die (teilweise) über Intranet, Internet oder Extranet abgewickelt wird.

darf und höherwertige Produkte handelt. Gebrauchsgüter werden kodiert, wenn für das Produkt ein Anlagekonto geführt werden muss und wenn komplexe indirekte Produkte vorkonfiguriert werden, um bestimmte Unternehmensstandards durchzusetzen. Beispiele für einzeln beschaffte kodierte indirekte Produkte sind Computer, Drucker, Werkzeuge. Hinsichtlich der elektronischen Unterstützung des Beschaffungsprozesses gelten die gleichen Aussagen wie für lagerhaltige kodierte indirekte Produkte.

- **Nicht kodierte indirekte Produkte mit nicht repetitivem Bedarf:**
  Einmal- und Erstbedarf sowie selten beschaffte indirekte Produkte werden häufig nicht als Materialidentnummer im ERP-System erfasst. Die Bedarfsklärung, Beschaffungsmarktforschung und das sourcing sind personalintensiv. Die Abwicklung dieser Beschaffungsvorgänge verursacht einen hohen manuellen Aufwand. Die Anbahnungs- und Vereinbarungsphase kann unterstützt werden durch die Nutzung elektronischer Produktkataloge und elektronische Bedarfsausschreibung.

- **Nicht kodierte indirekte Produkte mit repetitivem Bedarf**
  (geringwertige Handelswaren):
  Angesichts des hohen Aufwands für die Erfassung und Pflege der Materialstammdaten werden geringwertige indirekte Handelswaren nicht über das ERP-System beschafft. Dieses Produktsegment enthält zum einen standardisiertes administratives Verbrauchsmaterial (z. B. Toner, Fachzeitschriften, Formulare, Werbematerial), zum anderen MRO-Produkte für die Fertigung und fertigungsnahe Bereiche (Betriebsstoffe, Reparaturmaterial). Diese Beschaffungsobjekte werden über längere Zeiträume in unveränderter Spezifikation regelmäßig bezogen und sind das klassische Anwendungsgebiet des **Desktop Purchasing**.

Abbildung. 4-4 zeigt die 4 indirekten Materialklassen und die ihnen zugeordneten E-Procurement-Konzepte im Überblick:

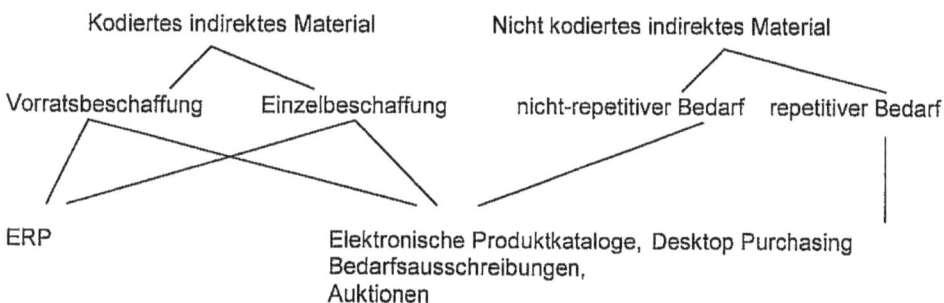

Abb. 4-4: E-Procurement-Konzepte für indirektes Material

Direktes Produktionsmaterial ist überwiegend mit einem Materialstammdatensatz im ERP-System erfasst. Das ERP-System unterstützt die dem Einkauf vorgelagerte Bedarfsmengen- und -terminplanung, errechnet optimale Bestellmengen und ermittelt Bestelltermine auf Basis der Bedarfs- und Bestandsdaten und der in den Stammdaten hinterlegten Beschaffungszeit. Im Falle eines single sourcing kann die Bestellanforderung automatisch in eine Bestellung umgewandelt werden, für die weitere Abwicklung der Bestellung liegen alle Belege für die Kontrolle der Auftragsbestätigung, die Terminverfolgung, die Wareneingangsbuchung, die Rechnungsprüfung und die Bewertung der Lieferleistung vor.

Direktes Produktionsmaterial

A-Material   B- und C-Material

standardisiert   spezifisch   standardisiert spezifisch

Single Sourcing   Multiple Sourcing   Spot Sourcing   Single Sourcing

E-Supply-Chain-Management   ERP, elektronische Produktkataloge, Agenten,
                                         Bedarfsausschreibung, Auktionen, Marktplätze und
                                         Messen

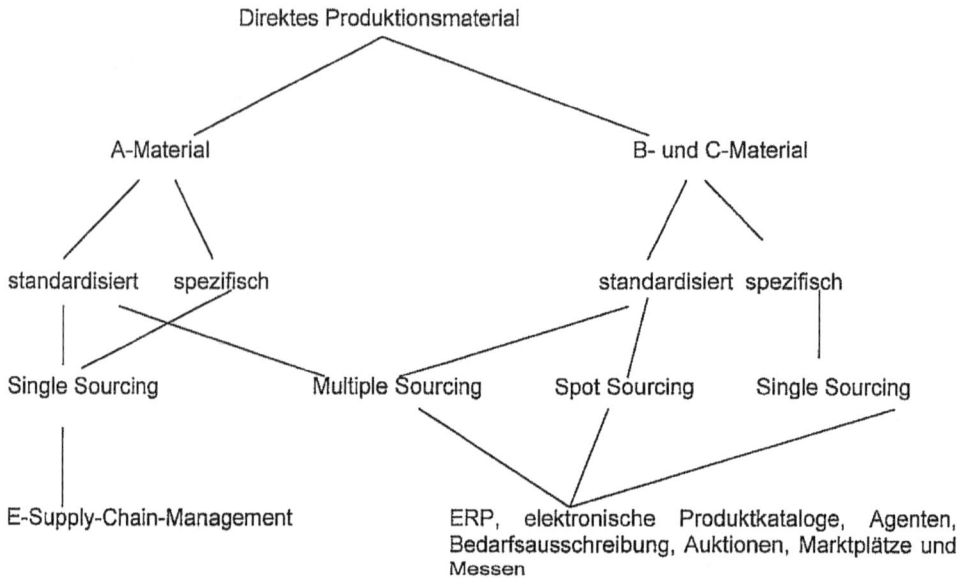

Abb. 4-5: E-Procurement-Konzepte für direktes Produktionsmaterial

Für direktes Material mit hohem Anteil am gesamten Einkaufsvolumen sind zur Vorbereitung und laufenden Kontrolle der Sourcing-Entscheidung und zur Vorbereitung von Preis- und Konditionenverhandlungen die elektronische Beschaffungsmarktforschung, Produktkataloge, Ausschreibungen und Auktionen (**E-Purchasing**) sinnvoll. Handelt es sich bei dem direkten Produktionsmaterial um strategisches A-Material, d. h. verursacht es einen hohen Anteil an den gesamten Einstandskosten des Unternehmens, verursacht es hohe Lager- und/oder Fehlmengenkosten, und wird das Material in langfristigen Geschäftsbeziehungen mit einem Lieferanten beschafft, kann die auf die Optimierung der betrieblichen Beschaffungsprozesse gerichtete Perspektive der ERP-Systeme ausgedehnt werden auf vor- und nachgelagerte Mitglieder des logistischen Kanals und ein E-Supply-Chain-Management initiiert werden.

Für Produktionsmaterial, das als B- oder C-Material klassifiziert wird, lohnt sich der Aufwand zur Gestaltung eines E-Supply-Chain-Management nicht.

Abbildung 4-5 zeigt die Varianten des sourcing für direktes Material und die geeigneten E-Procurement-Konzepte.

Elektronische Produktkataloge sind interaktiv gestaltet. Einkäufer oder interne Bedarfsträger können Produkte konfigurieren und die Preise für diese Produkte online abfragen. Der Einkäufer oder Bedarfsträger wird unterstützt bei der Auswahl geeigneter Produkte, indem er Suchbegriffe eingibt, eventuell kann er in Multi Supplier Product Catalogs (MSPC) vergleichbare Produkte suchen und vergleichen lassen. Im Internet sind umfangreiche Informationen über Lieferanten verfügbar, die früher in Nachschlagewerken oft schlecht zugänglich und häufig veraltet waren. Der Informationsanbieter „Wer liefert was" stellt Informationen über 275.000 Unternehmen in 13 Ländern bereit. Agentenbasierte Vergleiche werden in Zukunft den Einkäufer unterstützen. Agenten sind Programme, die selbständig das Netz durchsuchen, um Gleichteile verschiedener Anbieter und ihre Konditionen zu finden.

Auf horizontalen Marktplätzen werden Waren und Dienstleistungen gehandelt, die branchenunabhängig sind (z. B. allago oder Grainger), vertikale Marktplätze konzentrieren sich auf eine Branche (z. B. covisint).

Mit einer **elektronischen Ausschreibung** (RFP-Request for Proposal oder RFQ-Request for Quotes) auf der Einkaufshomepage[1] oder auf einem elektronischen Marktplatz kann eine Vielzahl von potenziellen Lieferanten angesprochen werden – ein attraktives Beschaffungsvolumen vorausgesetzt.

Eine Vielzahl von Informationen wird auch von Verbänden zur Verfügung gestellt. Die PropackExpo stellt beispielsweise als **virtuelle Fachmesse** Produkt- und Firmeninformationen in den Bereichen der Prozess- und Verpackungstechnologie für die chemische, pharmazeutische, Kosmetik- und Nahrungsmittelindustrie und zum Themenbereich Pharmatechnologie und -produktion zur Verfügung (http//www.PropackExpo.de). Daneben sind Produktneuheiten und Anwendungsbeispiele zu finden. Als weitere Dienstleistung ist ein Expertenzentrum mit Informationsbörse eingerichtet, wo spezifische Fragen zu Rohstoffen, Verpackungsproblemen etc. gestellt werden können und beantwortet werden sowie ein Lieferantenforum, wo Lieferantenanfragen gestellt und beantwortet werden, weiterhin werden Fachvorträge, Branchennachrichten und Veranstaltungen veröffentlicht.

Die Zusammenstellung und Aufbereitung inhaltlich verwandter Themen innerhalb eines Forums wird von Anwendern sehr geschätzt. Die Unübersichtlichkeit des Internets und die verschiedensten Arten und Qualitäten von firmeneigenen Darstellungen lassen Vergleiche nur sehr schlecht und mit hohem Zeitaufwand zu. Die von einfachen Präsentationen bis hin zu detaillierten Darstellungen reichenden Messestände schaffen hier Abhilfe und bieten in einheitlicher Umgebung ein ideales Umfeld zur schnellen Informationsgewinnung (vgl. Weiß S. 64ff).

Die sog. **Englische Auktion** ist die Preisfindungsmethode, wie sie auch auf einer konventionellen realen Auktion angewendet wird. Die Teilnehmer der Auktion treffen sich an einem festgelegten Ort und werden aufgefordert, ihre Gebote abzugeben. Das Gebot ist juristisch ein Angebot zum Abschluss eines Kaufvertrags. Dieses Angebot erlischt, wenn von einem anderen Versteigerungsteilnehmer ein höheres Gebot abgegeben wird. Der Bietprozess wird mit einem Mindestgebot eröffnet und das Gebot schrittweise gesteigert. Dabei kann jeder Bieter mehrfach sein eigenes Gebot überbieten. Die Auktion ist beendet, wenn nur noch ein Bieter übrig geblieben ist oder wenn eine vorher festgelegte Auktionszeit verstrichen ist. Der Auktionator erteilt demjenigen Bieter den Zuschlag, dessen Gebot nicht mehr überboten wird bzw. dem Bieter, der das letzte Gebot abgegeben hat.

Die Preisfindung erfolgt bei der sog. **Holländischen Auktion** umgekehrt wie bei der Englischen Auktion. Der Auktionator beginnt die Versteigerung mit einem hohen Preis, der im Zuge der Auktion gemindert wird, bis der erste Bieter den Preissenkungsmechanismus unterbricht und den aktuellen Preis akzeptiert.

Während bei der Englischen und der Holländischen Auktion der potenzielle Käufer die Gebote abgibt, zeichnet sich die sog. **Rückwärtsauktion** (Reverse Auction) dadurch aus, dass

---

[1]   Beispiele für Einkaufshomepages: http:// www.vdo.com/purchase/index.htm, http:// www.app3.bosch.de, http:// www.brother.com

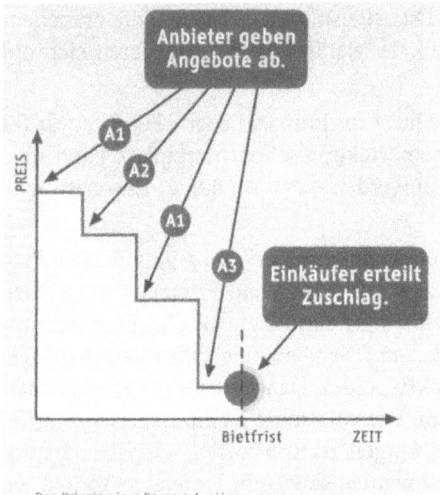

Abb. 4-6: Prinzip einer Reverse Auction

die potenziellen Lieferanten Gebote abgeben. Hier unterbieten sich die Anbieter, bis die Auktionszeit abgelaufen ist oder der Nachfrager den Zuschlag erteilt (vgl. Abb. 4-6). Der Erfolg einer elektronischen Auktion beruht zum großen Teil auf einer intensiven Vorarbeit des Einkäufers. Der eigentlichen Auktion geht eine Ausschreibung voraus. Zu der Auktion werden nur geprüfte Anbieter zugelassen, die vorab genau über den Bedarf informiert werden müssen.

Desktop Purchasing wurde entwickelt, um die typischen Schwächen der Beschaffungsprozesse für indirektes Material zu reduzieren: sie sind vielfältig, papierbasiert, abstimmungs- und arbeitsintensiv sowie fehleranfällig und langsam:

- Für indirekte Produkte ist häufig eine **Genehmigung** durch den Vorgesetzten vorgesehen.

- Aus der Sicht des einzelnen Bedarfsträgers liegen lange Zeiträume zwischen den Bestellungen für nicht-repetitive indirekte Produkte und Dienstleistungen. Die dem Bedarfsträger vorliegenden **Produktinformationen** sind **nicht aktuell, Preisinformationen sind veraltet oder liegen nur als Listenpreise vor, die kundenspezifischen Konditionen sind dem Bedarfsträger nicht bekannt.**

- Interne technische Standards und administrative Abläufe, Zuständigkeiten und Genehmigungsverfahren sind dem Bedarfsträger nicht bekannt oder nicht standardisiert.

- Die **Bestellanforderung** des Bedarfsträgers ist aufgrund unvollständiger und veralteter Produktinformationen und mangels Erfahrung im Einkauf **unvollständig** und **fehlerhaft**. Um die Beschaffungsanforderungen zu vervollständigen und Fehler zu beheben, sind zeitaufwendige Abstimmungen zwischen Bedarfsträger, Einkauf und Lieferant erforderlich.

- Mit dem Ziel der Volumenbündelung und der Durchsetzung einheitlicher technischer Standards im Unternehmen werden (auch) indirekte Produkte und Dienstleistungen zentral eingekauft und entsprechende Rahmenverträge mit Lieferanten geschlossen. Im Unternehmen dauert es aber häufig zu lange, bis Informationen über Rahmenkontrakte und aktuelle Produktinformationen verteilt sind. In einigen Fällen wird der zentral ausgehandelte Vertrag von den dezentralen lokal Zuständigen als nicht attraktiv empfunden. Ein großer Teil der indirekten Produkte wird daher bei Lieferanten bezogen, mit denen kein Rahmenvertrag geschlossen wurde (maverick buying).

Desktop Purchasing-Systeme zeichnen sich durch die folgenden Merkmale und Abläufe aus:

- Desktop Purchasing-Systeme sind **dezentral** organisiert, d. h. jeder Mitarbeiter hat bei einem Desktop Purchasing-System die Möglichkeit, mittels dem PC an seinem Arbeitsplatz die Bestellung direkt beim jeweiligen Lieferanten zu platzieren, ohne den operativen Einkauf in den Beschaffungsprozess zu involvieren.

- Desktop Purchasing-Systeme ermöglichen die **vollständige** Bestell- und Zahlungsabwicklung über Extranet, d. h. der operative Beschaffungsprozess wird komplett durch den Bedarfsträger in der Fachabteilung ausgeführt.

- Unternehmens- oder abteilungsspezifische **Beschaffungs-** und **Genehmigungsrichtlinien** können durch das System abgebildet werden. Das System prüft vor dem Versenden der Bestellung automatisch, ob bestimmte benutzerspezifische Wertgrenzen oder Budgets durch diesen Bestellvorgang verletzt werden. Wertgrenzen können je Artikel, je Bestellposition oder je Bestellung festgelegt werden. Budgets können auf Monats- oder Jahresbasis festgelegt werden. Wird eines der vorher festgelegten Limits durch den Bedarfsträger verletzt, so wird die Bestellung zur Genehmigung an den im System hinterlegten Vorgesetzten oder Genehmigungsberechtigten per e-Mail gesandt.

- Die Bestellanforderung des Bedarfsträgers wird nach einer eventuell erforderlichen Genehmigung durch den Vorgesetzten sofort via Internet an den Lieferanten gesandt. Dort wird sie automatisch im Warenwirtschaftssystem als Auftragseingang verbucht. Das System veranlasst dann vollautomatisch die Auslagerung sowie die Kommissionierung der Waren und erzeugt den entsprechenden Lieferschein. Die Ware wird dann innerhalb von 24 Stunden beziehungsweise 48 Stunden nach Bestellung vom Lieferanten über das lieferanteneigene Logistiksystem an den Bedarfsträger versandt. Das Desktop Purchasing-System erzeugt parallel zur physischen Lieferung die Rechnungsdaten des einzelnen Auftrags. Diese Rechnungsdaten werden vom Desktop Purchasing-System an das ERP-Finanzmodul des Einkaufsdienstleisters übermittelt. Nach der Benachrichtigung des Bedarfsträgers per e-Mail, dass die von ihm bestellten Waren geliefert sein müssten und dem Verstreichen einer Vetofrist erfolgt die Belastung des Bankkontos des Bedarfsträgers per Lastschriftverfahren. Der Bedarfsträger erhält monatlich eine Sammelrechnung über alle Bestellvorgänge, die über das DTP-System getätigt wurden. Anschließend erfolgt die Rechnungsbegleichung beim Lieferanten durch den Einkaufsdienstleister.

- Desktop Purchasing Systeme arbeiten **internet- und katalogorientiert**. Das Beschaffungsobjekt wird vom Bedarfsträger aus einem elektronischen Katalog ausgewählt. Dieser elektronische Katalog, der die Waren der jeweiligen Vorzugslieferanten enthält, wird vom strategischen Zentraleinkauf oder von einem Einkaufsdienstleister (Cyberintermediär) bereit gestellt und ist über einen geläufigen und kostenlosen Browser, wie zum Beispiel den ‚Netscape Navigator' oder den ‚Microsoft Internet Explorer', aus dem Internet abrufbar. Die Sicht des DTP-System-Nutzers bezüglich des Kataloginhalts lässt sich individuell auf bestimmte Katalogbereiche begrenzen. So kann gewährleistet werden, dass dem Bedarfsträger nur die für ihn relevanten Kataloge oder Teilkataloge zur Verfügung stehen.

- Der strategische Einkauf legt nicht nur einen Vorzugslieferanten fest, sondern auch die **Produkte**, die bezogen werden können. Damit kann trotz dezentralem Einkauf eine **Standardisierung** der Beschaffungsobjekte erreicht werden.

- Desktop Purchasing Systeme werden **finanziert** durch eine Transaktionsgebühr je Bestellvorgang, die vom Lieferanten und vom Kunden erhoben wird und durch die Einbehaltung von Skonti, die der Lieferant gegenüber dem Einkaufsdienstleister gewährt und die dieser nicht an seine Kunde weitergibt. Um den Lieferanten vor einer Vielzahl von Kleinstbestellungen zu schützen, die seine Transaktions- und Logistikkosten in die Höhe treiben, wird teilweise ein Mindermengenzuschlag erhoben.

- Die Basis derartiger Desktop Purchasing-Systeme sind **Rahmenverträge**, die durch den strategischen Einkauf oder einen Einkaufsdienstleister mit dem angeschlossenen Lieferanten vor Aufnahme in das System zu verhandeln sind und kundenspezifische Preise enthalten.

- Beim Desktop Purchasing wird die Bestellung typischerweise manuell abgesetzt, da keine Schnittstelle zwischen dem Desktop Purchasing-System und dem PPS-System besteht oder der Materialbedarf – wie im Falle von MRO-Material, Büromaterial, Arbeitsschutzkleidung u. ä. – nicht von dem Produktionsprogramm abhängig ist.

- Die Zahlung kann auch mit einer Purchase Card geschehen, wobei diese Art der Bezahlung vom jeweiligen Lieferanten akzeptiert werden muss. Dieses Kartensystem wird von mehreren Banken bzw. Finanzdienstleistern angeboten und eignet sich insbesondere für dezentrale Beschaffungsvorgänge. Dabei identifiziert sich der Besteller beim Zulieferer durch die Nennung seiner Purchase Card-Nummer sowie durch einen Identifikationscode, der der späteren Zuordnung von Transaktionen zu einem Auftrag oder Kostenstelle dient. Die Buchhaltung erhält dann monatlich eine Gesamtrechnung von der Bank, aufgrund derer die Zahlung erfolgt. Eine Kontrolle der Transaktionen ist dabei vor allem durch Management-Informationssysteme möglich, die von den Finanzdienstleistern zur Verfügung gestellt werden und jede einzelne Bestellposition ausweisen. Ein weiterer Service besteht darin, dass sämtliche Transaktionsdaten als vorkontierte Buchungssätze für das Unternehmen und die Debitorenbuchhaltung des Lieferanten bereitgestellt werden.

Der große Vorteil der Purchase Card ist darin zu sehen, dass sie nicht nur für einzelne, sondern für mehrere Lieferanten gleichzeitig eingesetzt und die Verwendung auf ausgewählte Personen im Unternehmen beschränkt werden kann. Jedoch besteht auch der Nachteil, dass jede Transaktion Gebühren bei der kartenemitierenden Bank verursacht.

5   Literatur zu Kapitel II

Alicke, K.: Planung und Betrieb von Logistiknetzwerken. Unternehmensübergreifendes Supply Chain Management. Springer Verlag. 2. Aufl. 2005

Ballmer, R.: Den traditionellen Einkauf hinter sich lassen. In: Boutellier, R., Wagner, S., Wehrli, H.: Handbuch Beschaffung. Strategie, Methoden, Umsetzung. München Wien 2003, S. 947–971

Baumgarten, H., Darkow, I.: Controlling für die Versorgung. In: Boutellier, R., Wagner, S., Wehrli, H.: Handbuch Beschaffung. Strategie, Methoden, Umsetzung. München Wien 2003, S. 376–377

Becker, T.: Prozesse in Produktion und Supply Chain optimieren. Berlin Heidelberg 2005

Bogaschewsky, R. (Hrsg.): Elektronischer Einkauf. BME-Expertenreihe Band 4 Gernsbach 1999

Brenner, W., Wilking, G.: Einkaufsseiten im Internet. Beschaffung Aktuell. Heft 7/1999, S. 62–65

Brenner, W., Wilking, G.: Internet-basierte Einkaufsseiten aktiv nutzen. Beschaffung Aktuell Heft 8 1999 S. 54–56

Bretzke, W.: Electronic Commerce als Herausforderung an die Logistik. Logistik Management 2. Jg. 2000, Ausg. 1 S. 8–15

Bülow, I., Halbleib, M., Schott-Wüllenweber, U.: Treibjagd auf die internen Kostentreiber. Beschaffung Aktuell März 2005, S. 30–31

Burghardt, D., Germer, T., Sippel, S.: Flugzeugstandardisierung und Beschaffungsmanagement der Deutschen Lufthansa AG. In: Hahn, D., Kaufmann, L. (Hrsg.): Handbuch industrielles Beschaffungsmanagement. 2. Aufl. Wiesbaden 2002, S. 673–695

Decker, H.: Mehr Marge für Bekleidungshändler. Beschaffung Aktuell Juli 2005, S. 28–29

Deisenroth, B.: Strom-Beschaffung über Internet-Auktion. Beschaffung Aktuell Heft 7/2000, S. 50f

Dolmetsch, R.: Elektronischer Handels- und Informationsaustausch. München 2000

Fieten, R.: Drei-Stufen-Modell der Internet-Integration. Beschaffung Aktuell Heft 4 1999, S. 58–59

Hartmann, H.: Bestandsmanagement und -controlling. Optimierungsstrategien mit Beiträgen aus der Praxis. Gernsbach 1999

Hartmann, H.: Wie kalkuliert Ihr Lieferant? Ratgeber für erfolgreiche Preisverhandlungen im Einkauf. Gernsbach 2005

Haupt, S.: Der richtige Einstieg in den E-Commerce. Beschaffung Aktuell Heft 7/2000, S. 36–38

Heymans, J.: Management der textilen Supply Chain durch den Bekleidungseinzelhandel. Köln 2004

Hirzel, J., Stephan, A., Klink, G.: Keine Angst vor Engpässen. Logistik Heute Heft 10 2002, S. 64–65

Homburg, C., Daum, D.: Marktorientiertes Kostenmanagement. Kosteneffizienz und Kundennähe verbinden. Frankfurt 1997

Klein, H.: Der Beitrag des Einkaufs zum Turnaround von Siemens Transportation Systems. In: Boutellier, R., Wagner, S., Wehrli, H.: Handbuch Beschaffung. Strategie, Methoden, Umsetzung. München Wien 2003, S. 973–994

Knolmeyer, G., Mertens, P., Zeier, A.: Supply Chain Management auf Basis von SAP-Systemen. Perspektiven der Auftragsabwicklung für Industriebetriebe. Berlin Heidelberg 2000

Marbacher, A.: Demand & Supply Chain Management. Bern Stuttgart 2001

Melzer-Ridinger, R.: Risikomanagement in der Beschaffung. In: Birker, K. (Hrsg.): Krisenbewusstes Management S. 182–206. Cornelsen Verlag 2000

Melzer-Ridinger, R.: FAQ Supply Chain Management. Die Hundert Wichtigsten Fragen zu SCM. Troisdorf 2003

Melzer-Ridinger, R.: Materialwirtschaft und Einkauf. Band 1: Beschaffung und Supply Chain Management 4. Aufl. München 2004

Muschinski, W.: Preis- und Kostenmanagement in der Beschaffung. In: Arnold, U., Kasulke, G. (Hrsg.): Praxishandbuch innovative Beschaffung. Weinheim 2007, S. 245–272

Nenninger, M., Gerst, M.: Wettbewerbsvorteile durch e-Procurement – Strategien, Konzeption und Realisierung. In: Hermanns, A., Sauter, M.: Management-Handbuch e-Commerce, S. 283–295 München 1999

Pechek, H.: Paradigmenwechsel im Einkauf. In: Boutellier, R., Wagner, S., Wehrli, H.: Handbuch Beschaffung. Strategie, Methoden, Umsetzung. München Wien 2003, S. 23–34

Schneckenburger, T.: Bessere Supply-Chain-Prognosen gemeinsam mit dem Lieferanten. In: Boutellier, R., Wagner, S., Wehrli, H.: Handbuch Beschaffung. Strategie, Methoden, Umsetzung. München Wien 2003, S. 647–690

Seifert, D.: Collaborative Planning, Forecasting and Replenishment: Supply Chain Management der nächsten Generation. Bonn 2002

Stölzle, W.: Industrial Relationships. München Wien 1999

Stözle, W., Heusler, K., Karrer, M.: Erfolgsfaktor Bestandsmanagement. Konzept, Anwendung, Perspektiven. Zürich 2004

Strub, M.: Einkauf auf dem Weg ins Internet-Zeitalter. Beschaffung Aktuell Heft 6/2000, S. 48–51

Strub, M.: Der Internet-Guide für Einkaufs- und Beschaffungsmanager. Landsberg 1999

Thonemann, U.: Operations Management. Konzepte, Methoden und Anwendungen. München 2005

Weil, F.: Für effiziente Beschaffung braucht es mehr als nur Technik. Service, Service, Service. Beschaffung Aktuell Heft 4/2001, S. 74–75

Weiß, U.: Modernes Informationsmanagement in einem Branchenportal. In: Heinen, I. (Hrsg.): Internet – mit E-Commerce auf dem Weg zum wirtschaftlichen Erfolg. Heidelberg 1999, S. 59–74

Werner, H.: Supply Chain Management: Grundlagen, Strategien, Instrumente und Controlling. Wiesbaden 2000

Werners, B., Thorn, J.: Unternehmensübergreifende Koordination durch Vendor Managed Inventory. WIST Heft 12 2002, S. 699–704

Wildemann, H. (Hrsg.): Supply Chain Management. München 2000

Wildemann, H.: Logistik Prozessmanagement – Organisation und Methoden München 2001

Wirtz, B., W.: Electronic Business. Wiesbaden 2000

Wüthrich, H.A., Philipp, A.F.: Virtuelle Unternehmen – Leitbild digitaler Geschäftsabwicklung? In: Hermanns, A., Sauter, M.: Management-Handbuch e-Commerce. München 1999, S. 49–60

Zurlino, F., Jäger, M.: Mut zu größerer Reichweite. Beschaffung Aktuell Mai 2005, S. 24–26

TS-Note:
Verfasser-
Name
nicht
vollständig

Kapitel III:
Kundenorientierung im Supply Chain Management – Liefertreue verbessern

1   Kundenorientierte Messung der Liefertreue

Kundenorientierung fordert, dass Kundenerwartungen und Kundenbedürfnisse Orientierungspunkt aller unternehmerischen Aktivitäten sind. Die Erreichung kundenorientierter Ziele bedeutet im Supply Chain Management

- die Fähigkeit, (auch unerwartete) Nachfrage zum Wunschliefertermin bedienen zu können (**Service-Level**, Lieferbereitschaft),
- die Fähigkeit, frühzeitig (in der Angebotsphase oder wenigstens in der Auftragsbestätigung) verlässliche Liefertermine zusagen zu können (**Auskunftsbereitschaft**),
- die Einhaltung der im Angebot oder in der Auftragsbestätigung genannten Liefertermine (**Liefertreue**),
- die Fähigkeit, auf kurzfristige Änderungen der Auftragsmenge, -termine und der Spezifikation reagieren zu können (**Reaktionsfähigkeit**) und
- die Fähigkeit der gesamten Supply Chain, auf Strukturänderungen, also auf nachhaltige Veränderungen der Nachfrage, zu reagieren (**Anpassungsfähigkeit**).

Liefertreue genießt als „Key Performance Indicator" (KPI) eine besondere Beachtung und in vielen Unternehmen ist es daher bereits selbstverständlich, eine Kennzahl Liefertreue regelmäßig zu erfassen und sie den Supply Chain Management-Mitarbeitern als Ziel vorzugeben.

> Eine gängige Kennzahl Termineinhaltungsquote in % wird wie folgt ermittelt
>
> $$\frac{\text{Anzahl der Auftragspositionen, die zum bestätigten Termin geliefert wurden}}{\text{Gesamtzahl der Auftragspositionen in der Periode}} \cdot 100$$

Bei Teillieferungen werden Auftragspositionen als „geliefert" betrachtet, wenn die Gesamtmenge ausgeliefert ist. Als bestätigter Termin gilt meist der in der Auftragsbestätigung genannte Liefertermin.

Die Messung der Termineinhaltungsquote spiegelt jedoch eine **anbieterorientierte** Sichtweise wider. Eine **kundenorientierte** Messung der Liefertreue misst die Kundenzufriedenheit und trägt den Bedürfnissen und der Wahrnehmung der Kunden Rechnung (vgl. Wohlgenannt 2003 S. 936f). Der Kunde beurteilt seinen Lieferanten an dessen **Wunschliefertreue** (vgl. Brecht 2003 S. 929). Diese bezeichnet den Prozentsatz der Bestellungen bzw. Bestellpositionen, die zu dem Termin geliefert werden, den der Kunde gefordert hat.

Wunschliefertreue wird erreicht

- wenn Wunschtermin und bestätigter Termin übereinstimmen (Service-Level) **und**
- wenn bestätigter Termin und Wareneingang (bzw. Bereitstellung zur Abholung) übereinstimmen (Termineinhaltung).

Beispiel:

Der folgende Auftrag umfasst 4 Auftragspositionen, die vom Anbieter teilweise zu anderen Terminen als gewünscht bestätigt werden (Service-Level = 0). Artikel 1 wird in 2 Teilmengen geliefert (Liefertreue = 0), Artikel 3 wird zu spät bestätigt und zu früh geliefert. Aus Kundensicht ist die Wunschliefertreue 25%, weil nur eine der 4 Auftragspositionen wie gewünscht geliefert wurde.

Auftrags-position	Menge	Wunsch-termin	bestätigter Termin	Waren-eingang	Service-Level	Termin-einhaltungs-quote	Wunsch-liefertreue
1	1.000	20.1.	20.1.	20.1. + 1.2.	1	0	0
2	2.000	20.1.	25.1.	25.1.	0	1	0
3	1.000	20.1.	01.2.	25.1.	0	0	0
4	1.000	20.1.	20.1.	20.1.	1	1	1

Wunschliefertreue:

$$\frac{\text{Auftragspositionen, die zum Wunschtermin geliefert wurden}}{\text{Gesamtzahl der Auftragspositionen}} \cdot 100 = \frac{1}{4} \cdot 100 = 25\%$$

Eine kundenorientierte Messung der Liefertreue sollte auch den folgenden Aspekten Rechnung tragen:

- Beim Vergleich der tatsächlichen und der dem Kunden zugesagten Liefertermine ist zu beachten, dass häufig drei voneinander abweichende Liefertermingaben im Auftragsabwicklungsprozess gemacht werden – im Angebot, in der Auftragsbestätigung und im Lieferavis.

- Die Angabe in der Auftragsbestätigung ist als zugesagter Liefertermin dann ungeeignet, wenn der Kunde seine eigene Terminplanung an den Angaben des Angebots ausrichtet oder bei seiner Lieferantenwahl der Liefertermin **im Angebot** eine wichtige Rolle spielt. Daher sollte der Verlässlichkeit der Liefertermingaben im Angebot eine besondere Bedeutung zugemessen werden. Die Wahrnehmung der Liefertreue ist abhängig von der Diskrepanz der Angaben im Angebot, in der Auftragsbestätigung und im Lieferavis.

- Der Kunde, der einen Auftrag mit mehreren Positionen erteilt, hat ein hohes Interesse daran, den Auftrag **vollständig** in einer Lieferung zu erhalten. Die Messung der Liefertreue darf deshalb **nicht nur artikelbezogen** erfolgen. Die Wahrscheinlichkeit, dass der Kunde eine vollständige Lieferung erhält, ist erheblich geringer als der Lieferbereitschaftsgrad der einzelnen Auftragspositionen: Die Auftragsliefertreue für Mehrpositionsaufträge ist gleich dem **Produkt** der Lieferbereitschaftsgrade der einzelnen Erzeugnisse, hier 71%. Der Mittelwert der Lieferbereitschaftsgrade (89,3%) entspricht der Wahrscheinlichkeit, dass der Kunde wenigstens einen der 3 gewünschten Artikel erhält (Gudehus 2000 S. 296, Alicke 2005 S. 56).

	Lieferbereitschaftsgrad	Auftragsliefertreue
Artikel 1	80%	
Artikel 2	98%	$0,8 \cdot 0,98 \cdot 0,9 = 0,71$
Artikel 3	90%	

- Die Wahrnehmung der Liefertreue ist abhängig von der Länge der vereinbarten Lieferzeit.

- Die Wahrnehmung der Liefertreue ist abhängig vom Bestellverhalten. Hat der Kunde seinen Bedarf mittels eines forecasts frühzeitig mitgeteilt, hat er besonders hohe Erwartungen an die Liefertreue.

- Die Wahrnehmung der Liefertreue ist abhängig von der Höhe und Gefahr von Fehlmengenkosten – d. h. von der Höhe der eigenen Bestände und der Dringlichkeit des Bedarfs.

Die Messung der Ergebnisqualität ist **nicht ausreichend**. Um Verbesserungen bei der Liefertreue zu erreichen, müssen die Abweichungen vom bestätigten Liefertermin näher untersucht werden. Dabei ist zu prüfen,

- in welchem Abschnitt der Prozesskette (Beschaffung, Fertigung, Versand) besonders häufig Verzögerungen auftreten,

- welcher Art die Störungen in der Prozesskette sind (überraschende Nachfrage, Kapazitätsausfall, Qualitätsprobleme, Versorgungsstörungen etc.),

- wer die Verursacher für Verzögerungen sind (Kunde, Vertrieb, Fertigung, Beschaffung, Lieferant),

- welche Störungen intern abgefangen werden können und welche zu einer Lieferverzögerung führen (Puffer in der Plan-Durchlaufzeit, Bestände).

2 Verbesserungspotenzial bei der Ergebnis- und Prozessqualität

Die Bestandsaufnahme ergibt Verbesserungspotenzial bei der Egebnis- und/oder bei der Prozessqualität (vgl. Abb. 2-1).

Das Verbesserungspotenzial kann zunächst darin bestehen, die Liefertreue **unter erschwerten Rahmenbedingungen** zu sichern: Durch die Verringerung der Fertigungstiefe, durch single sourcing und die Reduzierung der Bestände wird die Liefertreue immer weniger von der Verfügbarkeit der eigenen betrieblichen Ressourcen und immer mehr von der Lieferzuverlässigkeit und Flexibilität der Lieferanten bestimmt. Da der Anbieter keinen direkten Zugriff auf die Ressourcen und Prioritäten seines Lieferanten hat, besteht die Gefahr, dass der Lieferant knappe Ressourcen für andere Kunden einsetzt. Die Beherrschung der eigenen Prozesse ist daher nicht mehr ausreichend, unternehmensübergreifende Konzepte sind gefordert.

Die Variantenvielfalt bei Enderzeugnissen hat starke Bedarfsschwankungen und sporadischen Bedarf zur Folge. Die postponement-Strategie startet die letzten variantenbestimmenden Fertigungsstufen sowie die physische Warenverteilung erst, wenn der Kundenauftrag vorliegt. Die Anzahl der potenziellen Störungen steigt an, deren Aufschaukelungseffekte nehmen zu, sodass die Gefahr, einen zugesagten Liefertermin nicht einhalten zu können, steigt. In den letzten Jahren sind die Anforderungen der Kunden an die logistische Performance ihrer Lieferanten gestiegen.

Die Messung und Auswertung der Termineinhaltung kann ergeben, dass die zugesagte Lieferzeit häufig unterschritten wird, d. h. früher geliefert wird, als dem Kunden angegeben

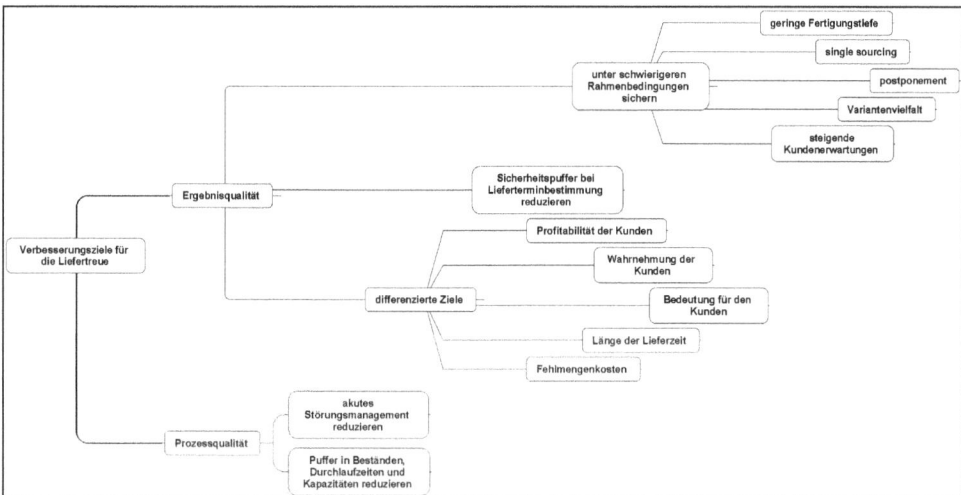

Abb. 2-1: Verbesserungsziele für Liefertreue

wurde. Wenn der Kunde vorzeitige Lieferung mit einem Malus bewertet, besteht hier Verbesserungspotenzial in der Ergebnisqualität. Die frühzeitige Fertigstellung eines Erzeugnisses kann auch ein Indiz dafür sein, dass die Mitarbeiter bei der Terminzusage einen **Sicherheitspuffer** anlegen, um Verzögerungen in der eigenen Prozesskette für den Kunden unbemerkt bewältigen zu können. Dieses Vorgehen beeinträchtigt jedoch die Wunschliefertreue und verursacht darüber hinaus vermeidbare Kapitalbindung.

Weiteres Verbesserungspotenzial ist bei der **Prozessqualität** zu vermuten, d. h. der Qualität der eigenen Auftragsabwicklung, des Beschaffungsprozesses und der Warenverteilung. Viele Unternehmen sichern die Wunschliefertreue durch akutes Störungsmanagement und Puffer.

Auch Kundenorientierung muss sich dem **Wirtschaftlichkeitsprinzip** beugen: Angestrebt wird nicht eine maximale Kundenorientierung, sondern nur das Maß an Kundenorientierung, das eine maximale Gewinnerzielung ermöglicht. Das bedeutet konkret, dass im Detail zu prüfen ist, welche Wertschätzung der Kunde dieser Leistung entgegenbringt und ob er es wert ist, bestmöglich bedient zu werden.

3   Ursachen für mangelnde Liefertreue

Als Ursache für eine unbefriedigende Termineinhaltungsquote (vgl. Abb. 3-1) werden spontan häufig Verursacher außerhalb der Unternehmungsgrenzen genannt (vgl. Wildemann 2006 S. 120ff):

- Der **Kunde** hat einen volatilen (stark schwankenden) Bedarf, er fordert Liefermengen, die stark von seinem forecast abweichen, er nimmt späte Änderungen am Auftrag (Mengen und Termine, Spezifikationen) vor und fordert eine Lieferzeit, die kürzer ist als die Durchlaufzeit der auftragsorientiert zu durchlaufenden Arbeitsschritte.

- Der **Lieferant** liefert verspätet oder gar nicht, zu wenig oder fehlerhaft. Er ist nicht bereit oder fähig, wachsenden Bedarf zu bedienen oder sich auf stark schwankenden und dringenden Bedarf einzustellen (lange Reaktionszeiten, geringe Flexibilität).

- Der **logistische Dienstleister** ist verantwortlich für Lieferverzögerungen aufgrund einer zeitlichen Bündelung von Transportaufträgen, fehlender Transportkapazitäten und Verzögerungen auf dem Transportweg und an Umschlagspunkten.

Die Mitarbeiter im Supply Chain Management müssen sich jedoch auch der Erkenntnis stellen, dass auch innerhalb der eigenen Prozesskette erhebliches Verbesserungspotenzial „schlummert":

- Die **Produktionsplanung** ist nicht in der Lage, frühzeitig ein realisierbares Produktionsprogramm zu planen, das eine hohe und gleichmäßige Kapazitätsauslastung verspricht. Daher gelingt auch die frühzeitige und präzise Planung des Materialbedarfs nicht. Die Folge sind kurzfristige Änderungen der geplanten Produktionsmengen und -termine und kurzfristige Bestellaufträge, denen die Plan-Beschaffungszeit nicht zugestanden wird. Letztere sind wiederum die Ursache für Versorgungsstörungen. Die Losoptimierung erfolgt konventionell, also kostenorientiert und isoliert je Produkt und Fertigungsstufe, was in Kapazitäts- und Materialengpass-Situationen zu vermeidbaren stockouts führt. Fehler in der Bestandsführung, bei der Angabe der verfügbaren Kapazität, in den Arbeitsplänen und Stücklisten verfälschen die Planung, weil verfügbare Bestände und Kapazitäten überschätzt werden.

- Die Ist-Durchlaufzeiten in der **Fertigung** sind häufig länger als die Plan-Durchlaufzeiten. Die internen Endtermine gegenüber der nächsten Fertigungsstufe werden nicht eingehalten und gefährden die Einhaltung des Liefertermins, sofern die interne Verzögerung nicht durch Puffer oder eine Beschleunigung der nachfolgenden Prozessschritte aufgefangen werden kann. Ausschuss in der Fertigung hat die gleichen Wirkungen wie eine Terminverzögerung.

- Der **Einkauf** versäumt, das eigene Bestellverhalten auf die Bestände, Kapazitäten und Beschaffungsmöglichkeiten der Engpass-Lieferanten abzustimmen und informiert die Lieferanten zu spät über nachhaltige Bedarfsänderungen und kurzfristige Bedarfsspitzen.

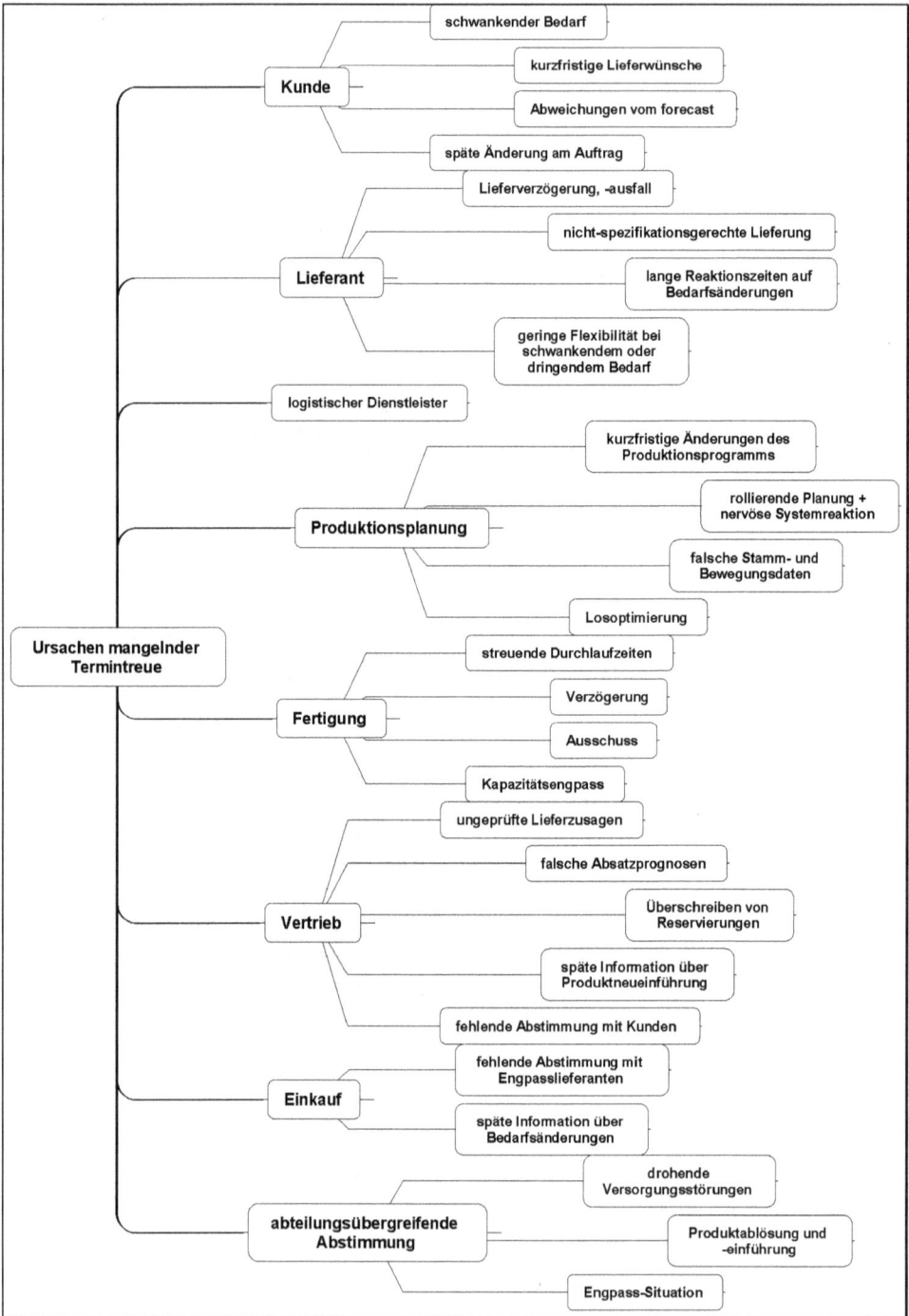

Abb. 3-1: Ursachen für mangelnde Liefertreue

- Der **Vertrieb** trägt mit falschen (und gelegentlich gezielt überhöhten) Prognosen, unge-prüften Lieferzusagen, später Information über Produktneueinführungen und mangeln-der terminlicher Abstimmung von Aktionen dazu bei, dass die Auftragseingänge stark schwanken und knappes Material und Kapazitäten für Produkte ver(sch)wendet werden, die später nicht abgesetzt werden können. Das Überschreiben von Reservierungen er-zeugt kurzfristige Planaufträge, obwohl noch Bestand physisch im Lager ist.

- Informationsdefizite und mangelnde **abteilungsübergreifende Abstimmung** zwischen den Funktionsträgern in Vertrieb, Produktionsplanung und Einkauf bei der Liefertermin-bestimmung und der Handhabung von drohenden und akuten Engpässen, bei der Terminierung der Produktneueinführung und der Produktelimination sind die Ursachen für unrealistische Lieferterminangaben gegenüber dem Kunden. Kurzfristige Eilaufträge verdrängen längerfristig bekannte Kundenaufträge und alte Produkte sind lieferfähig, während junge Produkte Fehlmengen aufweisen.

4 Instrumente zur Verbesserung der Liefertreue

4.1 Lieferterminbestimmung und Verfügbarkeitsprüfung

Automatische Aussagen über Liefertermine sind in konventionellen, der MRPII-Planungs-konzeption folgenden ERP-Systemen nur für Produkte möglich, die lagerhaltig geführt werden (make-to-stock). Die Angaben über Liefertermine basieren auf einer Verfügbarkeitsprüfung (ATP – Available-to-Promise) im Vertriebsmodul. Die Verfügbarkeitsprüfung nach ATP-Logik lässt eine dynamische Bestandsprüfung zu, die zukünftige Lagerabgänge und -zugänge berücksichtigt.

Der Anwender legt durch die Prüfregel und die Reservierungspolitik die Berechnung der ATP-Menge und damit die Lieferterminbestimmung fest.

Über die **Prüfregel** (vgl. Abb. 4-1) (Bartsch/Bickenbach 2002 S. 205ff) bestimmt der Anwender, welche **Bestände** bei der Verfügbarkeitsprüfung berücksichtigt werden sollen. Grundsätzlich ist es möglich festzulegen, dass auch der Sicherheitsbestand, der Qualitäts-prüfbestand und der Sperrbestand bei der Verfügbarkeitsprüfung als frei verfügbar angesehen werden sollen. In der Regel wird man nur den aus Fertigungs- oder Bestellaufträgen resultierenden Ausgleichsbestand als reservierbar definieren. Hinsichtlich der **Lagerzu-gangselemente** legt der Anwender fest,

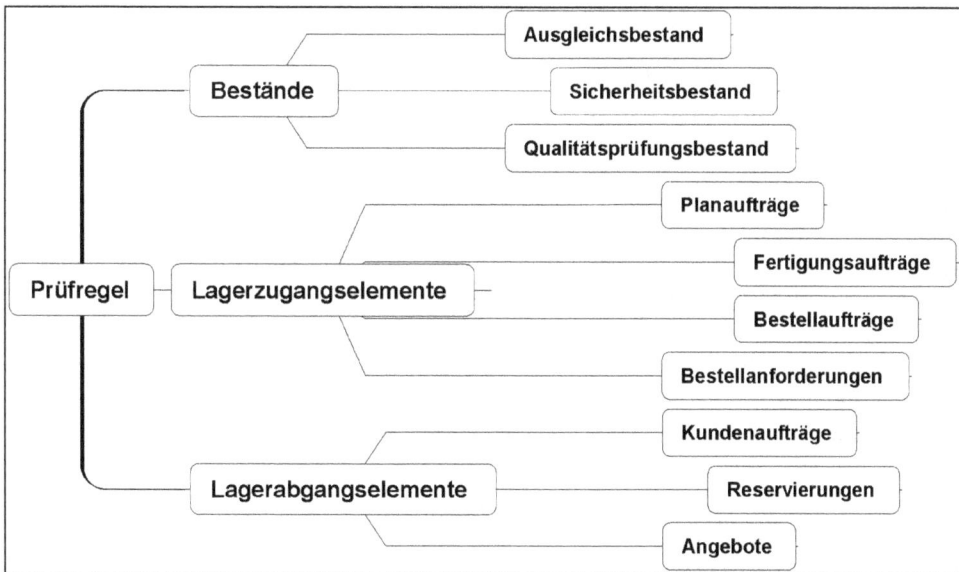

Abb. 4-1: Parametrisierung der ATP-Prüfung

- ob feste Bestellungen oder auch Bestellanforderungen (die im Rahmen der rollierenden Planung nochmals geändert werden können) zu ihrem geplanten Anlieferungstermin berücksichtigt werden sollen,

- ob freigegebene Fertigungsaufträge oder auch Planaufträge (die ebenfalls einer rollierenden Planung unterliegen) zu ihrem spätesten Endtermin einbezogen werden sollen.

Hinsichtlich der **Lagerabgangselemente** besteht die Möglichkeit, für Angebote eine Reservierung vorzunehmen.

Wenn die Berechnung der ATP-Menge auch Bestellanforderungen und Planaufträge einbezieht, besteht ein Unsicherheitsfaktor, ob ein geplanter Lagerzugang auch zur vereinbarten Zeit erfolgt. Nur wenn die Vorgaben der Grobplanung verlässlich sind, die daraus resultierenden Bestellungen pünktlich eintreffen und die Fertigung termingerecht produzieren kann, ist auch auf die Liefertermbestimmung durch Available-to-Promise Verlass.

Neben der Prüfregel hat die **Reservierungspolitik** einen großen Einfluss auf die Liefertreue.

In der systemgestützten Bestandsführung wird eine Reservierung als zukünftiger Lagerabgang behandelt. Kommen neue Kundenaufträge hinzu mit einem Wunsch-Liefertermin vor den Reservierungen des letzten Planungslaufs, stellt sich die Frage, ob die alten Reservierungen bestehen bleiben sollen oder ob in jedem Planungslauf alle Reservierungen nach ihrem Bedarfstermin neu sortiert werden sollen. Dies entscheidet die Einstellung „**alte Reservierungen überschreiben**" bzw. „**nicht überschreiben**". Wird überschrieben, besteht die Gefahr, dass eine Reservierung von einem kurzfristigen Kundenauftrag verdrängt wird, obwohl der Kunde seinen Bedarf frühzeitig angemeldet hat. Um dies zu vermeiden kann die Einstellung gewählt werden „alte Reservierungen nicht überschreiben". Damit besteht aber die Gefahr, dass Planaufträge und Bestellaufträge mit einem Terminengpass ausgelöst werden, obwohl Bestand physisch vorhanden ist, die neue Reservierung zu bedienen (vgl. Melzer-Ridinger 2003 Frage 66).

4.2   Akutes Störungsmanagement

Lange Durchlaufzeiten im Vergleich zu kurzen Lieferzeiten und schwankender Bedarf am Absatzmarkt im Vergleich zu einer geringen Flexibilität der Kapazitäten erzwingen eine frühzeitige Planung der voraussichtlichen Absatzmengen, der Kapazitäten und des Materialbedarfs. Die Trennung der Grobplanung von der Feinplanung, neue Kundenaufträge und Änderungen von Aufträgen, aktuelle Lagerzu- und -abgänge und neue Erkenntnisse über die verfügbaren Kapazitäten und den Bedarf am Absatzmarkt sind Ursachen dafür, dass laufend Änderungen der Planungsdaten auftreten. Das Supply Chain Management trägt diesen Änderungen in der Umwelt und in der eigenen Prozesskette durch eine **rollierende vorausschauende Planung** Rechnung.

Im Gegensatz zu Änderungen treten **Störungen** nach der Freigabe von Fertigungs- und Bestellaufträgen auf. Störungen sind Ereignisse auf dem Beschaffungsmarkt, in der eigenen Prozesskette und auf dem Absatzmarkt, die die Einhaltung des vereinbarten Liefertermins gefährden (vgl. nochmals Abb. 3-1). Aufgabe des Störungsmanagements ist es zunächst, eine Störung möglichst frühzeitig zu bemerken und die ausgelöste Störungs-Wirkungskette zu bewerten (zur Problemidentifikation mit SCEM vgl. Wieser, Lauterbach 2001). Nicht jede

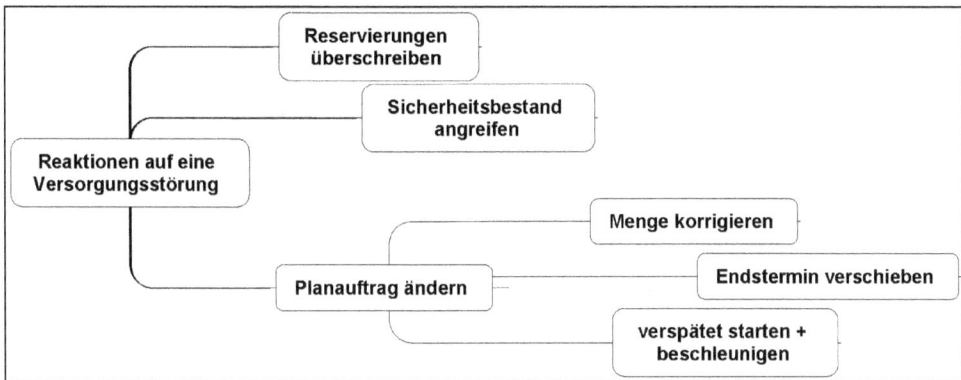

Abb. 4-2: Reaktionen auf eine akute Versorgungsstörung

Planabweichung gefährdet die Liefertreue: So kann eine Verzögerung einer Materiallieferung in den weiteren Prozessschritten aufgefangen werden, wenn die Plan-Durchlaufzeit entsprechende Puffer vorsieht und der geplante Fertigungsauftrag verschoben werden kann. Wenn Materialbestände verfügbar sind, hat die Verzögerung unter Umständen keine Verzögerung der internen Prozesse zur Folge. Eine genaue Analyse der von einer Störung betroffenen Fertigungs- und Kundenaufträge ist daher von zentraler Bedeutung für ein wirksames Störungsmanagement.

Nach der Identifikation und Bewertung der Störung sind geeignete Maßnahmen zu suchen und zu vergleichen, die geeignet sind, die Störung möglichst schnell und zu minimalen Kosten zu bewältigen (vgl. Abb. 4-2). Zunächst ist zu prüfen, ob der **Sicherheitsbestand** den Kunden- bzw. Materialbedarf bis zum voraussichtlichen Lieferzeitpunkt decken kann. Eventuell kann auch auf **reservierte Bestände** zugegriffen werden, ohne den zugehörigen Fertigungsauftrag bzw. Kundenauftrag zu gefährden. Bei Versorgungsstörungen und kurzfristig erkannten Kapazitätsengpässen besteht außerdem die Möglichkeit, die betroffenen **Fertigungsaufträge neu** zu **planen**, also verspätet zu starten, ohne den Endtermin zu verändern, mit reduzierter Produktionsmenge oder verschobenem Endtermin freizugeben. Das operative Produktionsmanagement muss bei der Neuplanung von Fertigungsaufträgen Probleme für andere Aufträge erkennen und berücksichtigen. So besteht bei Losteilungen die Gefahr, dass ein Kapazitätsengpass ausgelöst wird, der wiederum die Termineinhaltung anderer Aufträge gefährdet. Es sollte zunächst geprüft werden, ob eine Änderung von Lagerergänzungsaufträgen ausreichend ist.

4.3   Entstörmanagement

Das akute Störungsmanagement betrachtet Störungen durch fehlendes Material, unerwartete und kurzfristige Kundenaufträge und unerwartete Kapazitätsungleichgewichte als unbeeinflussbar und bemüht sich um Schadensbegrenzung. Entstörmanagement (vgl. Wildemann 1997 S. 148ff) basiert auf der Überzeugung, dass interne und externe Störungen so nicht vermieden, doch immerhin in ihrer Häufigkeit und in ihrem Ausmaß reduziert werden können.

4.3.1   Reduzierung der Absatzunsicherheit und -schwankungen (Demand Management)

Die Produktions- und Vertriebsplanung sind bisher von gegebenen Schwankungen und Unsicherheiten der Nachfrage ausgegangen und versuchten sich an diese anzupassen. Gleich einem Naturgesetz wurden Unsicherheit und Volatilität hingenommen und basierend auf statistischen Absatzprognosen wurde versucht – mehr schlecht als recht – die Nachfrage zu antizipieren und sicherzustellen, dass Material und Kapazität zur Verfügung stehen, um die Lieferfähigkeit zu gewährleisten. Wenn schwankende Lieferzeiten und eine unbefriedigende Liefertreue **trotz** hoher Bestände und Kapazitätspuffer zu beobachten sind, sollte die bisherige Praxis ergänzt oder ersetzt werden durch ein Demand Management.

In Zeiten einer explodierenden Variantenvielfalt und starken Kostendrucks ist eine grundlegende Änderung der Einstellung gegenüber Absatzunsicherheit und Absatzvolatilität erforderlich. Demand Management stellt sich die Aufgabe (Marbacher 2001 S. 217ff), die Absatzunsicherheit zu reduzieren und durch den Einsatz von Marketinginstrumenten die Nachfrage zu verstetigen (vgl. Abb. 4-3):

Deutliche Fortschritte sind in den letzten Jahren bei den Techniken erreicht worden, eine treffsichere statistische **Absatzprognose** zu erstellen. ERP- und APS-Systeme bieten Prognoseverfahren an, die nicht mehr nur regelmäßigen Absatz, sondern auch sporadischen Absatz prognostizieren können und die automatisch kalenderabhängige Absatzspitzen und Absatztiefs und die Wirkung von eigenen und Konkurrenz-Promotionen vorhersagen. Der erfolgreiche Einsatz der Techniken setzt eine ausreichende **Datenbasis** voraus, die bei jungen Produkten noch nicht vorhanden ist. Das Einbeziehen **zukunftsorientierter Informationen**, die eine

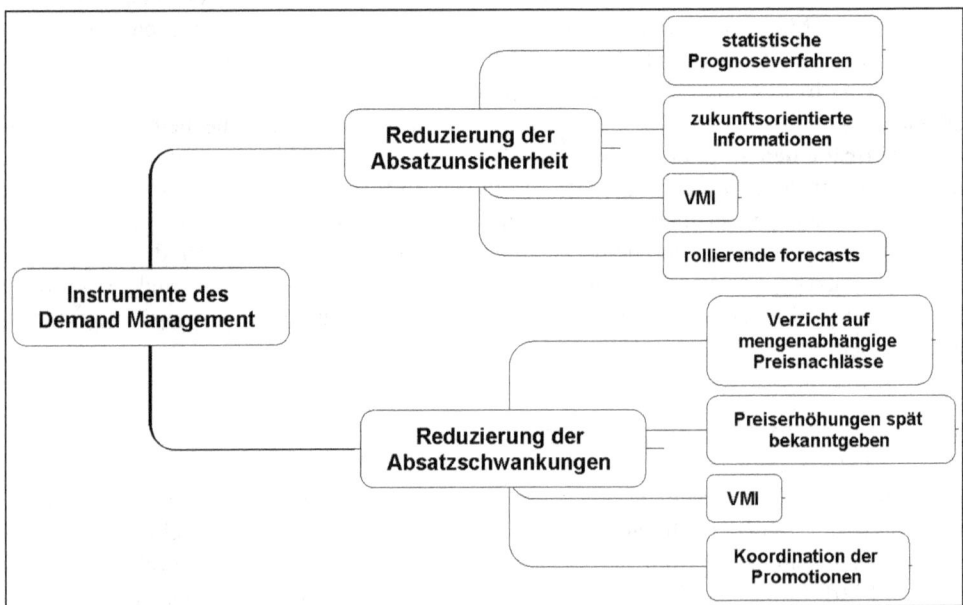

Abb. 4-3: Instrumente des Demand Management

nachhaltige Änderung der Nachfrage (Trend oder Niveau) erwarten lassen (Kannibalisierungseffekte, Preissenkungen der Konkurrenz, Gewinnung neuer Großkunden) und die Absatzspitzen und -täler vermuten lassen (gute oder schlechte Produktbewertung in den Medien), leisten einen erheblichen Beitrag zur Reduzierung der Absatzunsicherheit.

Intern erstellte Prognosen können die Absatzunsicherheit jedoch nur begrenzt vermindern, wenn Marktsignale nur sehr verzögert wahrgenommen werden (Hersteller befindet sich auf einer Vorstufe des verkaufsfähigen Produkts), wenn lange Prognosezeiträume notwendig sind wegen langer Durchlaufzeiten und kurzen Lieferzeiten auf dem Absatzmarkt und wenn die Absatzzahlen am point-of-sale sehr instabil sind. In diesem Falle lassen sich durch eine unternehmensübergreifende **Zusammenarbeit auf der sell-side** signifikante Verbesserungen der Prognosen erreichen (Schneckenburger 2003 S. 665ff). Um eine bessere Marktnähe zu erreichen, wurden verschiedene Konzepte entwickelt: Bei **Vendor Managed Inventory** (VMI) erhält der Lieferant die Freiheit, auf der Grundlage von Abverkaufs- (bzw. Bedarfs-) und Bestandsdaten über Menge und Zeitpunkt der Lagerergänzung beim Kunden selbst zu entscheiden (Werners/Thorn 2002 S. 700ff). Mit weiterverarbeitenden Kunden ist auch der **rollierende Forecast**, der auf der Produktionsplanung des Kunden beruht, ein bereits etabliertes Instrument, die Absatzunsicherheit für die liefernde Stufe zu reduzieren. **Collaborative Planning, Forecasting and Replenishment** (CPFR) ist ein Partnerschaftskonzept zwischen zwei oder mehreren Partnern mit dem Ziel, auf Basis einer gemeinsamen Planung Prognosen zu erstellen, um optimale Produktions- und Bestellabwicklungsprozesse zu erreichen. Die gemeinsame Planung der beteiligten Supply Chain Partner verspricht bei Aktionen, Produktneueinführungen und kritischen Abweichungen von der Absatzprognose signifikante Verbesserungen, da jeder Partner nicht nur frühzeitig informiert wird, sondern in den Planungsprozess involviert ist und eigene Ideen, Sichtweisen und Know-How einfließen lassen kann (vgl. Seifert 2002 S. 71). CPFR hat in der Praxis bisher noch kaum Verbreitung gefunden (vgl. Kotzab/Teller 2003 S. 91f).

Schwankungen des Auftragseingangs sind zu einem beträchtlichen Teil auf Geschäftspraktiken in der Supply Chain zurückzuführen, die auf das Kaufverhalten des Kunden Einfluss nehmen (vgl. Alicke 2005 S. 97ff). Bestellmengenabhängige **Preisnachlässe** veranlassen den Kunden, zu bestimmten Zeitpunkten größere Mengen zu beschaffen und diese einzulagern, als er es unter Berücksichtigung von Bestellabwicklungs- und Lagerkosten für sinnvoll erachten würde. Die Ankündigung von **Preissteigerungen** hat zur Folge, dass Kunden spekulative Bestände anlegen. Zum alten – vergleichsweise niedrigen – Preis werden große Mengen geordert. Auch **verkaufsfördernde Aktionen** haben starke Auswirkungen auf das Kaufverhalten des Kunden.

Die erläuterten Zusammenhänge führen zu der Empfehlung (vgl. Alicke 2003S S. 115, Marbacher 2001 S. 117ff), **Preisnachlässe** auf den Jahresabsatz oder -umsatz anstelle auf die einzelne Bestellmenge und Rechungsbetrag zu gewähren und auf eine vorzeitige Bekanntgabe von Preisänderungen zu verzichten. **Vendor Managed Inventory** verringert die Schwankungen der Nachfrage, weil die Verzerrungen als Folge der Beschaffungspolitik des Kunden entfallen. Promotionen der Kunden sollten zeitlich koordiniert werden (vgl. Abb. 4-3).

4.3.2   Verbesserung der Bestellqualität

Eine verbesserte Qualität der Bestellaufträge soll dazu beitragen, die Versorgungssicherheit zu verbessern. Der Lieferant „leidet" unter kurzfristigen Aufträgen, die ihm nicht die vereinbarte oder übliche Lieferzeit lassen. Seine Lieferfähigkeit wird durch starke Bedarfssprünge und starke Abweichungen vom forecast des Kunden gefährdet. In Zeiten akuter Material- oder Kapazitätsengpässe wird die Liefertreue durch große Bestellmengen (einzelner Auftragpositionen oder durch eine große Zahl von Auftragspositionen) und viele zeitnahe Bestellungen bedroht.

Bestellqualität bedeutet demnach, den Lieferanten frühzeitig über den Bedarf zu **informieren,** möglichst wenig vom forecast **abzuweichen, gleichmäßige** Bestellaufträge zu erzeugen und die Aufträge auf seine Kapazitäts- und Materialversorgungssituation **abzustimmen.**

Die Einführung einer „**frozen period**" hat zur Folge, dass Produktionsplanänderungen, die auf der Ebene des fremdbezogenen Materials Terminengpässe auslösen, systemtechnisch angezeigt werden und erst nach Zustimmung des betroffenen Einkäufers zugelassen werden. Die Materialdisposition sollte bei der Festlegung der Stammdaten einen **dynamischen Sicherheitsbestand** (vgl. 4.3.3) und eine **lagerorientierte Bereitstellung** wählen. Material, das starken Bedarfsschwankungen unterliegt, sollte – soweit es sich um direktes Material handelt – **programmorientiert** geplant werden, um die Zahl dringender Bestellaufträge zu reduzieren. Eine **Abstimmung** der Bestellaufträge auf die Belange des Lieferanten bedeutet,

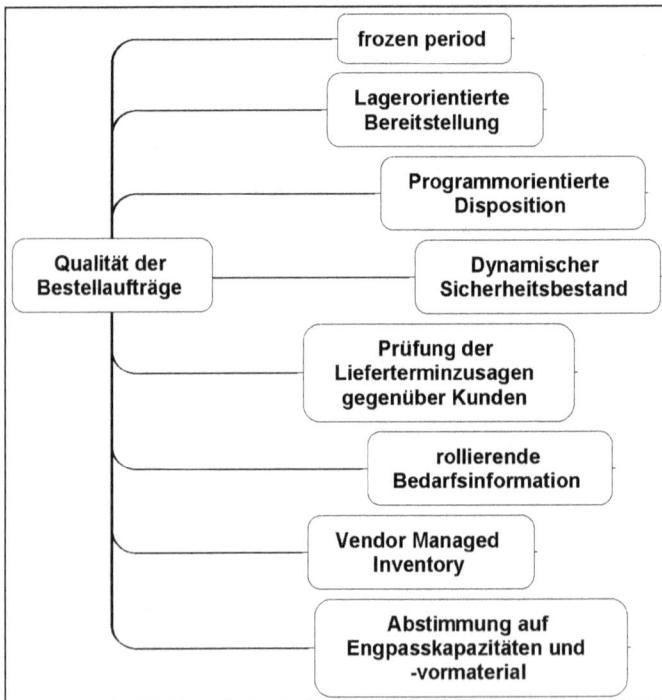

Abb. 4-4: Instrumente des Abnehmers zu Verbesserung seiner Bestellaufträge

dass der Abnehmer auf eine isolierte Kostenoptimierung seiner Bestellmengen und -termine verzichtet. Es werden aktuelle und präzise Angaben über Vormaterialbestände und -bedarf und Kapazitätsverfügbarkeit benötigt. Dies erfordert ein Vertrauensverhältnis, das über Informationsaustausch weit hinausgeht (vgl. Hirzel u. A. 2002 S. 64f). Alle Artikel die bei einem Engpasslieferanten bezogen werden, müssen simultan geplant werden. Die Übertragung der Dispositionsverantwortung auf den Lieferanten (**VMI**) gibt ihm die Freiheit, über Menge und Termin der Lagerergänzung selbst zu entscheiden. Konflikte zwischen Bestellaufträgen können dann vom Lieferanten bestmöglich bewältigt werden.

4.3.3   Planungsparameter

Falsche Stamm- und Bewegungsdaten (Bestand, Ausschuss, Material- und Kapazitätsbedarf, Normalkapazität) gefährden die Liefertreue, da der Absatz, der Kapazitäts- und der Materialbedarf bezüglich Höhe und Termin falsch errechnet werden und – häufig kurzfristig – Belastungsanpassungen notwendig machen.

Verbesserungspotenzial liegt häufig auch in den Stammdaten Plan-Durchlaufzeit und Sicherheitsbestand:

Eine drastische und gleichmäßige Reduzierung der **Plan-Durchlaufzeiten**, wie sie manchmal vorgenommen wird, birgt Gefahren für die interne und externe Liefertreue. Es drohen Kapazitätsengpässe: Der Kapazitätsbedarf für eine Zahl von Aufträgen wird bestimmt von den Bearbeitungszeiten der Aufträge und rüst- und ablaufbedingten Stillstandszeiten. Eine gleichmäßige und drastische Reduzierung der Plan-Durchlaufzeiten kann bei unveränderter Fertigungstechnik und -organisation nur durch eine Reduzierung der Fertigungsmengen (Bearbeitungszeiten), durch eine Harmonisierung der Bearbeitungszeiten (ablaufbedingte Stillstandszeiten) oder durch eine Reduzierung der Plan-Liegezeiten erreicht werden. Werden die Plan-Liegezeiten gleichmäßig reduziert, verschärft sich der Konflikt zwischen Stillstandszeiten der Kapazitäten und Liegezeiten der Aufträge. Werden den Aufträgen Plan-Liegezeiten entzogen, werden die Freiheitsgrade der Maschinenbelegungsplanung beschnitten, eine Auftragsreihenfolge festzulegen, die die Stillstandszeiten der Anlagen minimiert. Ein unverändertes Auftragsvolumen führt dann zu Engpässen (vgl. Melzer-Ridinger 2003 Frage 95).

Enthält die Plan-Durchlaufzeit nicht ausreichende Plan-Liegezeiten als Puffer, gefährdet jede **Störung** durch Personal- oder Maschinenausfall, durch Fehlmengen oder Qualitätsprobleme die Einhaltung des Endtermins gegenüber der nachgelagerten Fertigungsstufe oder dem Kunden.

Empfehlenswert ist eine Mischung aus wenigen Produkten mit kurzen Durchlaufzeiten und vielen Produkten mit langen Durchlaufzeiten. Kurze Plan-Liege- und -Durchlaufzeiten sollten Produkte erhalten (vgl. Abb. 4-5), die hohe Bestandskosten verursachen, ein hohes Bestandsrisiko aufweisen und dabei eine hervorragende Lieferfähigkeit gegenüber dem Kunden aufweisen sollen. Weiterhin sollte die Klasse nicht-reihenfolgeabhängige Rüstzeiten aufweisen. Geringwertige Komponenten und Erzeugnisse mit reihenfolgeabhängigen Rüstzeiten, die lagerorientiert bereitgestellt werden, sollten lange Durchlaufzeiten haben. Sie dienen als „Manövriermasse" für die Maschinenbelegungsplanung. Auch kurze Durchlaufzeiten müssen eine Plan-Liegezeit vorsehen, die Störungen im Fertigungsablauf oder der Materialversorgung bis zu einem gewissen Grade abfängt (hierfür ist auch der Sicherheitsbestand vorge-

Lange Plan-Durchlaufzeiten	Kurze Plan-Durchlaufzeiten
– Geringwertig	– Hohe Bestandskosten
– Lagerorientierte Bereitstellung	– Hohes Bestandsrisiko
– Rüstkosten stark reihenfolgeabhängig	– Hohe Anforderungen an den Lieferservice
– Kapazitätskonkurrenz	– Rüstkosten nicht-reihenfolgeabhängig
	– Kapazitätspuffer vorhanden

Abb. 4-5: Kriterien für die Festlegung von Plan-Durchlaufzeiten

sehen!) sowie der Tatsache Rechnung trägt, dass an einem Arbeitsplatz mehrere Aufträge mit gleichem Starttermin eintreffen können. Die Einhaltung der Soll-Endtermine ist gerade für Produkte, die bei geringem Bestand eine hohe Lieferbereitschaft garantieren sollen, von großer Bedeutung.

Eine Harmonisierung der Bearbeitungszeiten ist mit **festen Losen** erreichbar.

Der **„disponible Anteil am Sicherheitsbestand"** (DASB) soll verhindern, dass trotz einer nur geringen Unterdeckung (z. B. von 1 oder 2 Teilen) überhaupt oder sehr kleine Fertigungsaufträge erzeugt werden. Der Parameter DASB kennzeichnet einen Anteil des Sicherheitsbestands als verfügbar.

Ein **dynamischer Sicherheitsbestand** errechnet sich nicht aus Verbrauchswerten der Vergangenheit oder bleibt über längere Zeiträume unverändert, während der Bedarf einen Trend zeigt oder saisonalen Schwankungen unterworfen ist. Der dynamische Sicherheitsbestand errechnet sich vielmehr aus den Bedarfswerten der Zukunft und einer vorgegebenen Reichweite in Tagen.

4.3.4   Engpassorientierte Produktionsplanung

In ERP-Systemen, die noch nach dem MRPII-Konzept arbeiten, erfolgt die Losbildung kostenorientiert (Rüstkosten + Lagerkosten) und isoliert je Produkt und Fertigungsstufe. Die verschiedenen Identnummern werden isoliert und nacheinander optimiert. Die Ergebnisse einer Fertigungsstufe werden der nächsten Planungsstufe übergeben und dort nicht mehr in Frage gestellt. Ein kostenoptimales Los für Produkt 1 kann jedoch die Liefertreue für Produkt 2 gefährden, wenn es einen Kapazitäts- oder Materialengpass erzeugt (vgl. Abb. 4-6). Der Kapazitätsbedarf eines Loses setzt sich zusammen aus der Bearbeitungs- und der Rüstzeit. Große Lose verringern einerseits den Kapazitätsverlust durch rüst-bedingte Stillstandszeiten, verursachen jedoch lange Bearbeitungszeiten und verdrängen so möglicherweise andere Aufträge, die dann nicht termingerecht fertig gestellt werden können. Kleine Lose gefährden den Lieferservice bei langen Rüstzeiten. Große Lose erzeugen auf vorgelagerten Fertigungsstufen hohen Materialbedarf. Eine Losentscheidung auf der Baugruppenebene kann daher einen Kapazitätsengpass auf der Teileebene und/oder einen Materialengpass bei fremdbezogenen Komponenten auslösen mit den oben beschriebenen Wirkungen (Kernler 1995 S. 77ff).

Um eine kapazitäts- und engpassorientierte Losbildung durchzuführen, müssten **alle Identnummern**, die eine Engpasskapazitätseinheit belegen oder ein Engpassmaterial benötigen, simultan geplant werden. In einer variantenreichen Fertigung, in der viele Gleichteile verwendet werden oder Ausstattungsvarianten auf den gleichen Kapazitätseinheiten hergestellt

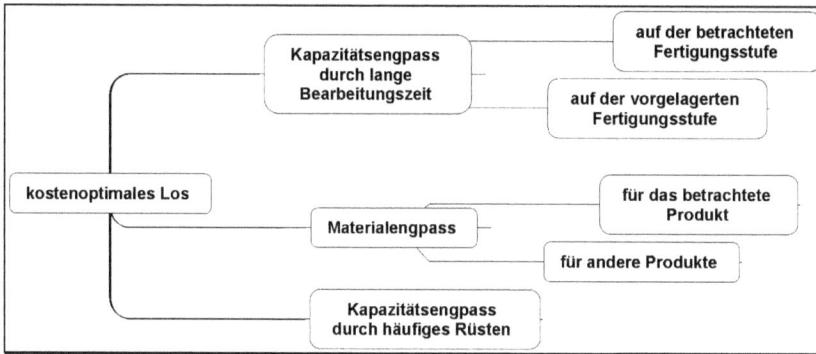

Abb. 4-6: kostenorientierte Losbildung als Engpass-Ursache

werden, ist die Gefahr groß, dass knappes Material oder knappe Kapazität für Lageraufträge verwendet wird, das bzw. die für später terminierte Kundenaufträge fehlt. Da die Engpässe häufig auf einer vorgelagerten Fertigungsstufe verursacht werden (die in der hierarchischen Planungskonzeption anschließend geplant wird), darf die Optimierung nicht stufenweise erfolgen, sondern muss die **gesamte Prozesskette** umfassen. Eine Planung, die mehrere Identnummern und Fertigungsstufen integriert, ist in MRPII-Systemen nicht möglich. Hier sind ganzheitlich denkende Mitarbeiter gefordert. Die neue Generation der APS-Systeme ist in der Lage, realisierbare Pläne automatisch zu erzeugen.

Fazit

Die dargestellten Instrumente sollten ergänzend eingesetzt werden, um die Liefertreue nicht nur wirksam sondern auch wirtschaftlich zu verbessern. Welcher der dargestellten Ansätze im Einzelfall zweckmäßig ist, hängt auch von der Art der Geschäftsbeziehung zwischen den Unternehmen in der Supply Chain ab. Es ist jeweils zu entscheiden, welche Kunden und Lieferanten wie intensiv in ein unternehmensübergreifendes Management der Liefertreue einbezogen werden können und sollen.

Präventive Maßnahmen wie die Abstimmung der Bestellaufträge auf den Lieferanten sind nur unter bestimmten Rahmenbedingungen einsetzbar, die nicht immer realisierbar oder erwünscht sind. Für geringwertige Produkte mit geringem Prognose- und Bestandsrisiko ist die konventionelle Vorgehensweise mit statistischen Prognosen, Puffern und akutem Störungsmanagement ausreichend. Die Entstörung der Supply Chain wird sich auf Störungen aus dem Absatzmarkt konzentrieren, wenn die Erzeugnisse kurze Lebenszyklen und eine hohe Promotionsintensität aufweisen und eine reaktionsfähige Supply Chain mit Fokus auf der sell-side (vgl. Kapitel I) aufgebaut werden soll. Eine beschaffungsmarktseitige Entstörung ist gegenüber Engpasslieferanten erforderlich und gegenüber Lieferanten, die eine große Anzahl von Identnummern liefern, da hier die Gefahr besteht, dass die Bestellungen untereinander um knappe Ressourcen des Lieferanten konkurrieren. Ein internes Entstörmanagement ist priorisiert zu verfolgen, wenn häufig Bestellanforderungen erzeugt werden mit Eckterminen (Anliefer- oder Bestelltermin) in der Vergangenheit, wenn häufig kurzfristige Belastungsanpassungen notwendig sind wegen spät erkannter Kapazitätsungleichgewichte und häufig Prozessschritte beschleunigt werden müssen.

5   Literatur zu Kapitel III

Alicke, K.: Planung und Betrieb von Logistik-netzwerken. Unternehmensübergreifendes Supply Chain Management. 2. Aufl. Heidelberg 2005

Bartsch, H., Bickenbach, P.: Supply-Chain-Management mit SAP APO: Supply-Chain-Modelle mit dem Advanced Planner & Optimizer 3.1 Bonn 2002

Best, F., Thonemann, U.: Supply Chain Engineering Supply Management II/2003, S. 3–11

Brecht, L.: Performance Management von Beschaffungsprozessen. In: Boutellier, R., Wagner, S., Wehrli, H.: Handbuch Beschaffung. Strategie, Methoden, Umsetzung. München Wien 2003, S. 909–933

Fischer, M. E.: „Available-to Promise": Aufgaben und Verfahren im Rahmen des Supply Chain Management. Regensburg 2001

Gudehus, T.: Logistik. Grundlagen, Strategien, Anwendungen. 3. Aufl. Berlin Heidelberg 2005

Hirzel, J., Stephan, A., Klink, G.: Keine Angst vor Engpässen. Logistik Heute Heft 10 2002, S. 64–65

Kajüter, P.: Instrumente zum Risikomanagement in der Supply Chain. In: Stölzle, W., Otto, A. (Hrsg.): Supply Chain Controlling in Theorie und Praxis. Aktuelle Konzepte und Unternehmensbeispiele. Wiesbaden 2003, S.108–135

Kernler, H.: PPS der 3. Generation. Grundlagen, Methoden, Anwendung. Heidelberg 1995

Kotzab, H., Teller, C.: Kritische Erörterung des Collaborative Planning, Forecasting and Replenishment-Ansatzes aus der Sicht des Supply Chain Controlling. In: Stölzle, W., Otto, A. (Hrsg.): Supply Chain Controlling in Theorie und Praxis. Aktuelle Konzepte und Unternehmensbeispiele. Wiesbaden 2003, S. 83–105

Marbacher, A.: Demand & Supply Chain Management. Bern Stuttgart 2001

Melzer-Ridinger, R.: Das Managementkonzept Supply Chain Management. In: HMD Praxis der Wirtschaftsinformatik Nr. 243 Juni 2005, S. 7–37

Melzer-Ridinger, R.: FAQ Supply Chain Management. Die Hundert Wichtigsten Fragen zu SCM. Troisdorf 2003

Scheckenbach, R., Zeier, A.: Collaborative SCM in Branchen. Bonn 2003

Schneckenburger, T.: Bessere Supply-Chain-Prognosen gemeinsam mit dem Lieferanten. In: Boutellier, R., Wagner, S., Wehrli, H.: Handbuch Beschaffung. Strategie, Methoden, Umsetzung. München Wien 2003, S. 647–690

Seifert, D.: Collaborative Planning, Forecasting and Replenishment: Supply Chain Management der nächsten Generation. Bonn 2002

Stölzle, W., Heusler, K., F., Karrer, M.: Erfolgsfaktor Bestandsmanagement. Zürich 2004

Werners, B., Thorn, J.: Unternehmensübergreifende Koordination durch Vendor Managed Inventory. WIST Heft 12 2002, S. 699–704

Wieser, O., Lauterbach, B.: Supply Chain Event Management mit mySAP SCM. In: HMD Praxis der Wirtschaftsinformatik Nr. 219 (38. Jg) 2001, S. 65–71

Wildemann, H.: Entstörmanagement als PPS-Funktion - Realisierung störungsrobuster Wertschöp-
fungsprozesse. 2. Aufl. München 1995

Wildemann, H.: Logistik Prozessmanagement. München 1997

Wildemann, H.: Risikomanagement und Rating. München 2006

Wohlgenannt, H.: Kundenorientiertes Logistikcontrolling – ein Bericht aus der Praxis. In: Boutellier,
R., Wagner, S., Wehrli, H.: Handbuch Beschaffung. Strategie, Methoden, Umsetzung. München Wien
2003, S. 935–946

Kapitel IV:
Prozess- und unternehmensübergreifendes Management der Qualität von Zulieferprodukten

1   Produkt-, Prozess- und Strukturqualität

Der **subjektive** Qualitätsbegriff geht davon aus, dass die Qualität eines Produkts, eines Prozesses oder einer Dienstleistung nicht allgemeingültig, d. h. für alle potenziellen Nutzer bzw. Kunden beurteilt werden kann. Qualität entsteht vielmehr vor dem Hintergrund der Erwartungen, Erfahrungen und Verwendungsabsichten des Kunden (vgl. Abb. 1-1). Ein Produkt oder eine Dienstleistung kann daher für einen Kunden Qualität sein, während ein anderer Kunde mit den gleichen Merkmalen nicht zufrieden ist. Kundenorientiert und subjektiv wird Qualität daher definiert als Grad, in dem physische Produkte, Dienstleistungen oder Prozesse **Merkmale** aufweisen, die den explizit festgelegten oder den implizit vorausgesetzten **Erwartungen** des Kunden entsprechen. Die subjektiv wahrgenommene Qualität wird dabei nicht bestimmt durch die objektiv vorhandenen Merkmale, sondern durch die subjektiv wahrgenommenen Merkmale.

Streng genommen hat eine Einheit nicht **eine** Qualität. Jedes Produkt, jede Dienstleistung hat mehrere differenzierbare Merkmale. Alle diese Teileigenschaften „sind Qualität" – sind geeignet, festgelegte oder vorausgesetzte Erfordernisse zu erfüllen – oder „sind keine Qualität". Der Kunde hat eine Vielzahl von Anforderungen, die sich auf die technisch-funktionalen Eigenschaften, Beratung, Kundendienst, Umweltverträglichkeit, Lieferzeit und Liefertreue, Design, Lebensdauer, Bereitstellung von Ersatzteilen und Wartungsplänen,

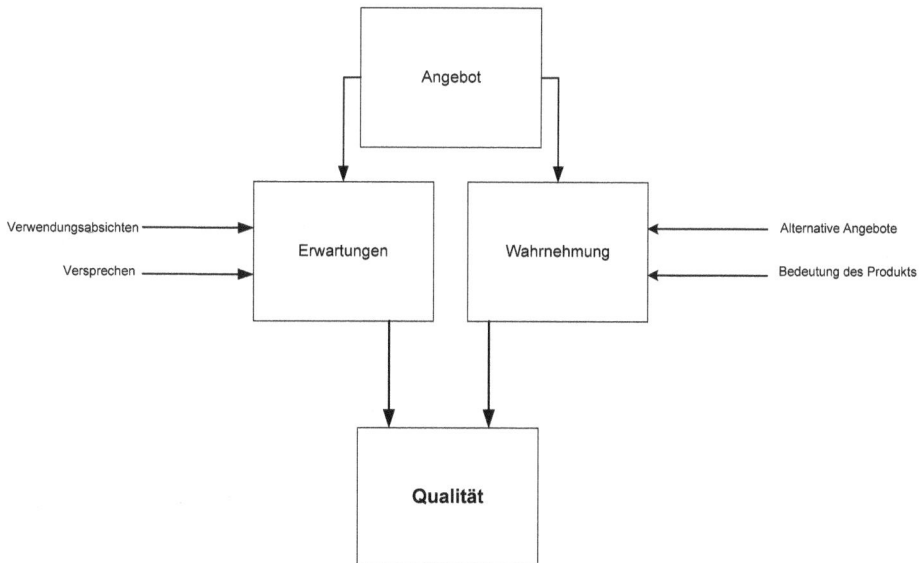

Abb. 1-1: Kundenorientierter Qualitätsbegriff

Reparaturanfälligkeit beziehen können. Der Kunde begreift das Angebot als Produkt-Dienstleistungen-Bündel, dessen Merkmale er seinen Anforderungen gegenüberstellt. Die **Erwartungen** des Kunden werden einerseits von seinen Verwendungsabsichten, aber auch von den Versprechungen des Anbieters beeinflusst. Die **Wahrnehmung** der angebotenen Produkte und Dienstleistungen wird unter Anderem von den Leistungen alternativer Angebote und von der Bedeutung des Produkts bzw. der Dienstleistung abhängen (vgl. hierzu auch die Ausführungen zum Lückenmodell und zur Abb. 3-1).

Die Qualität eines Produkts bzw. einer Dienstleistung ist das Ergebnis von Struktur- und Prozessqualität:

Strukturqualität beschreibt die verhältnismäßig dauerhaften Merkmale der Leistungsanbieter, der Methoden und Ressourcen, die ihnen zur Verfügung stehen, sowie der physischen und organisatorischen Umgebung, in der sie arbeiten. Die Strukturqualität bestimmt als bauliche, ausstattungsmäßige, personelle und organisatorische Rahmenbedingungen das Leistungspotenzial eines Unternehmens. Strukturqualität liegt vor, wenn die Ressourcen hinsichtlich Art, Umfang, Zeit und Ort bedarfsgerecht zur Verfügung stehen.

Die **Prozessqualität** bezieht sich auf das Zusammenspiel der Aktivitäten, die zusammen den Kernprozess oder die unterstützenden Prozesse ausmachen. Alle Produkte und Dienstleistungen sind das Ergebnis von Prozessen.

Das Qualitätsmanagementkonzept Total Quality Management (TQM) vertritt die Überzeugung, dass nachträgliches Prüfen und Aussortieren oder Nachbessern wegen des drohenden Fehlerdurchschlupfs und der hohen Kosten abgelöst werden sollte durch ein **präventives Qualitätsmanagement**. Dieses präventive Qualitätsmanagement versucht, fehlerfreie Produkte und Dienstleistungen durch **fähige Fertigungsprozesse und kontrollierte Dienstleistungsprozesse** sicherzustellen.

Ein Fertigungsprozess ist prozessfähig,

- wenn der Prozess **unter statistischer Kontrolle** ist, d. h. die Prozesse sind stabil, ihre Ergebnisse sind vorhersehbar, die Einflussfaktoren auf die Ergebnisse (z. B. die Materialqualität) sind bekannt und werden vom Prozesseigner gesteuert. Die Merkmalsausprägungen unterliegen einer fertigungstechnischen Streuung, die durch eine Normalverteilung approximiert werden kann.

- wenn die **Streubreite** der Ergebnisse (z. B. die Abmessungen eines Werkstücks, das Gewicht einer Tüte Zucker in einer Abfüllanlage) **geringer ist als die Toleranz** des Abnehmers.

- wenn sich die Ergebnisse des Prozesse um den Zielwert des Kunden konzentrieren (Zentrierung).

Beispiel:

Ein Prozess, dessen Ergebnisse einer Normalverteilung unterliegen, weist **vorhersehbare Ergebnisse** auf. Für das Beispiel einer Abfüllanlage, die 1 Kg Zucker in eine Papiertüte abfüllen soll, bedeutet dies, dass die Anzahl Tüten berechnet werden kann, die voraussichtlich fehlerfrei sind und die voraussichtlich zu leicht oder zu schwer sind. Die Qualität des Abfüllprozesses wird daran gemessen, ob er das angestrebte Gewicht 1 Kg mit der vorgegebenen Toleranz von +/– 5 g sicherstellen kann. Das Gewicht der abgefüllten Zuckertüten weise eine Normalverteilung mit einem Erwartungswert von 998 g und einer Standardabweichung von 2 g auf. Die Gesetzmäßigkeiten der Normalverteilung (vgl. Abb. 1-2) lassen folgende Ergebnisse erwarten:

Anteil der abgefüllten Tüten	Intervall	Gewicht der Zuckertüte in g
68,20%	$\mu \pm 1\sigma$	998 – 1.002
95,40%	$\mu \pm 2\sigma$	996 – 1.004
99,73%	$\mu \pm 3\sigma$	994 – 1.006
99,95%	$\mu \pm 3.5\sigma$	993 – 1.007
99,994%	$\mu \pm 4\sigma$	992 – 1.008
99,9993%	$\mu \pm 4.5\sigma$	991 – 1.009
99,99994%	$\mu \pm 5\sigma$	990 – 1,010
99,9999998%	$\mu \pm 6\sigma$	988 – 1.012

Die Abfüllanlage erzeugt in 99,73% der Fälle ein fehlerfreies Gewicht. 0,27% der abgefüllten Tüten sind zu schwer oder zu leicht.

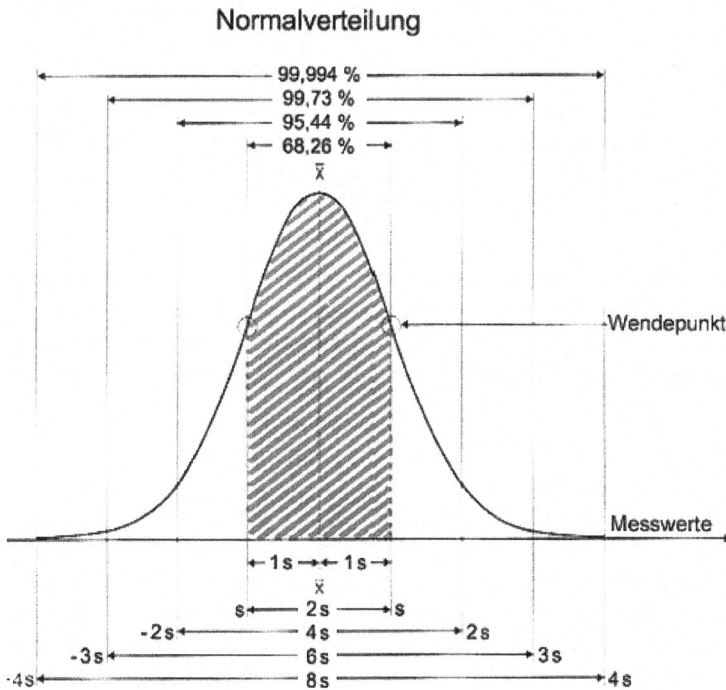

Abb. 1-2: Normalverteilung

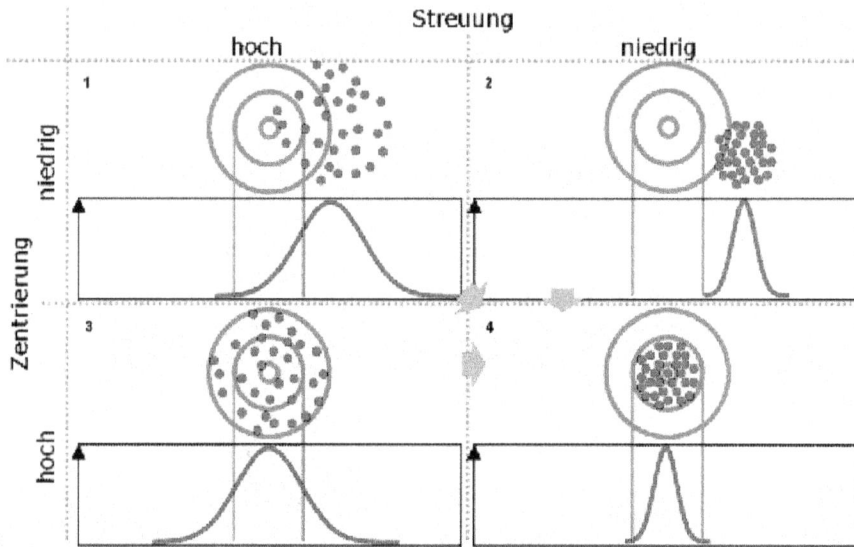

Abb. 1-3: Prozessfähigkeit

Eine prozessfähige Fertigung erzeugt mit großer Wahrscheinlichkeit Produkteigenschaften, die innerhalb der vom Kunden vorgegeben Toleranz liegen, die Streuung der erzeugten Produktmerkmale im Vergleich zur Toleranz des Kunden ist klein. Ein Schütze, der stets „ins Schwarze" trifft (vgl. Abb. 1-3, Bogenschütze 4), symbolisiert einen solchen fähigen Prozess.

In Abb. 1-3 beherrscht Bogenschütze 1 seinen Prozess nicht. Seine Ergebnisse weisen nicht die geforderte Zentrierung auf und die Streuung der Ergebnisse ist hoch. Schütze 2 erreicht eine geringe Streuung, jedoch entspricht der Erwartungswert seiner Ergebnisse nicht dem geforderten Zielwert. Schütze 4 erreicht im Vergleich zu Schütze 3 die geringere Streuung der Ergebnisse.

Der **Prozessfähigkeitsindex** c_{pk} stellt die Toleranz ($T_o - T_u$) und die maximale Streubreite der Prozessergebnisse, der 6-fachen Standardabweichung s, gegenüber (vgl. Rinne/Mittag 1999 S. 21). **Er quantifiziert für Fertigungsprozesse, deren Erwartungswert dem geforderten Zielwert entspricht, die Fähigkeit innerhalb der Toleranzen des Kunden zu produzieren:**

$$c_{pk} = \frac{To - Tu}{6s}$$

Ein $c_{pk} = 2$ wird erreicht, wenn die Toleranz des Abnehmers ($T_o - T_u$) doppelt so groß ist wie die Streubreite der Merkmalsausprägungen $\mu \pm 3\sigma$. Ein $c_{pk} = 2$ bedeutet, demnach, dass 99,73% der Produkte fehlerfrei sind (vgl. Abb. 1-2). Ein Anbieter, der mit einem $c_{pk} = 2$ fertigt, muss die Fehlerfreiheit seiner Lieferung durch Prüfen und Aussortieren oder Nachbessern sicherstellen.

Bei logistischen, administrativen, dispositiven und planenden Prozessen, bei Fertigungsprozessen, die der Einzel- und Kleinserienfertigung zuzurechnen sind und bei Dienstleistungsprozessen gelten die Bedingungen fähiger Prozesse (stabile Bedingungen, gleich bleibende Anforderungen an das Ergebnis, Kontrolle der Prozessparameter durch den Prozesseigner, große statistische Grundgesamtheit) häufig nicht. In diesen Fällen kann die Prozessqualität durch den sog. **Reifegrad der Geschäftsprozesse** beschrieben werden (vgl. Münchrath, S. 98ff):

1. **Unkontrollierter Prozess**: Der Prozess ist noch nicht etabliert; Einheitliche Vorgehensweisen und Methoden sind noch nicht zu beobachten. Aktivitäten und Verhaltensweisen werden fallweise und unabgestimmt individuell entschieden. Das Ergebnis ist nicht vorhersagbar und nicht steuerbar.

2. **Informeller Prozess**: Es existieren verschiedene, häufiger praktizierte Vorgehensweisen, die auf den Erfahrungen der Mitarbeiter beruhen. Bei Störungen und Engpässen werden jedoch die üblichen Vorgehensweisen verworfen. Die Ergebnisse sind wiederholbar, unterliegen aber einer großen Streuung.

3. **Vereinbarter Prozess**: Der Geschäftsprozess ist in allen Einzelheiten dokumentiert, die Prozessbeteiligten verstehen ihre Aufgabe. Die vereinbarten Abläufe werden allgemein praktiziert. Die Ergebnisse sind vorhersagbar.

2   Bedeutung von Qualität und Qualitätsmanagement

Systematisches Qualitätsmanagement, das die Erwartungen der externen Kunden mit hoher Zuverlässigkeit erfüllt, hat aus der Sicht des **Marketings** den Nutzen, langfristige Kundenbindung (Kundentreue) zu unterstützen. Der Pflege bestehender Kundenbeziehungen sollte große Bedeutung zugewiesen werden, da die Gewinne pro Kunde über die Zeit erheblich wachsen – sie stammen vor allem aus der Reduktion von Betriebskosten (Erfahrungseffekte, Erleichterungen der Kommunikation) und aus erhöhten Käufen und Empfehlungen an neue Kunden. Zu Beginn der Geschäftsbeziehung entstehen hohe Verluste, die auf hohe Anfangsinvestitionen zurückzuführen sind (umfangreiche Angebote, Verhandlungen, Zulassungsprocedere). Anstelle daher die Marketingaktivitäten auf die Gewinnung von Neukunden zu konzentrieren und den einmaligen Geschäftsabschluss in den Vordergrund zu stellen, sollten Kunden als „lebenslange Aktiva" betrachtet werden und eine Zufriedenstellung des bisherigen Kundenstamms angestrebt werden.

Qualitätsmanagement hat auch **juristische Bedeutung** (vgl. hierzu näher 6.5.3): Der Nachweis eines systematischen Qualitätsmanagements ist unternehmerische Sorgfaltspflicht. Die Dokumentation der durchgeführten qualitätsrelevanten Tätigkeiten und ihrer Ergebnisse ist ein wichtiges Instrument, um Gewährleistungs- und Schadensersatzansprüche unzufriedener Kunden abzuwehren oder auf den verursachenden Lieferanten zu überwälzen. Der Nachweis einer ordnungsgemäßen Qualitätsprüfung und die unverzügliche Rüge sind nach HGB Voraussetzung für die Durchsetzung von Gewährleistungsansprüchen gegenüber dem Lieferanten.

Entgegen der konventionellen Überzeugung, dass „mehr Qualität" höhere Kosten verursacht, bietet systematisches, kontinuierliches und präventives Qualitätsmanagement ein **Kostensenkungspotenzial** bei den Qualitätskosten. Qualitätskosten sind Kosten, die für die Qualitätslenkung und in Folge von Fehlern – Abweichungen von den intern festgelegten und extern geforderten Merkmalen des Produkts bzw. der Dienstleistung – entstehen.

> Die Qualitätskosten werden in der Praxis in drei Gruppen aufgeteilt:
>
> - Prüfkosten,
> - Interne und externe Fehlerkosten,
> - Fehlerverhütungskosten.

Die **Prüfkosten** fallen für planmäßige Prüfungen, Inspektionen und Auswertungen an. Die Prüfkosten beinhalten die Kosten für die Bereitstellung und Wartung von Prüfeinrichtungen und Räumlichkeiten, Kosten für Prüfmaterial sowie die Kosten des Prüfpersonals. Sie entstehen bei Wareneingangsprüfungen, Abnahmeprüfungen bei Lieferanten, Prüfungen während des Produktionsprozesses und Endprüfungen.

Abb. 2-1: Bedeutung von Qualität und Qualitätsmanagement

Als **interne Fehlerkosten** werden die Kosten bezeichnet, die innerhalb der Unternehmung anfallen, um festgestellte Abweichungen von der Qualitätsanforderung zu beseitigen. Die wichtigsten Ausprägungen interner Fehlerkosten sind Material- und Fertigungskosten, eventuell Entsorgungskosten durch Ausschuss, Nacharbeit, Wertminderung und qualitätsbedingte Ausfallzeiten. Als **externe Fehlerkosten** bezeichnet man die Kosten, die entstehen, wenn beim Kunden Qualitätsmängel entdeckt werden. Beispiele für die externen Fehlerkosten sind Kosten für die Bearbeitung von Reklamationen, für die Rücknahme von defekten Produkten, für Garantieleistungen, für Vertragsstrafen und Produkthaftungsansprüchen. Auch Opportunitätskosten aufgrund verschlechterter Absatzerwartungen sind hierzu zu zählen.

Fehlerverhütungskosten entstehen für vorbeugende (präventive) Maßnahmen und Tätigkeiten. Hierzu zählen die Personalkosten für Entwickler, Einkäufer und Qualitätsbeauftragte, Sachkosten für die Lieferantenzulassung und -entwicklung, Investitionen in Fertigungsanlagen und erhöhte Einstandskosten für Qualitätsmaterial. Sie fallen in der Regel an, bevor ein Produkt fertig gestellt ist, mindern aber die Kosten für spätere Prüfungen und Fehlerbeseitigung (vgl. hierzu 3).

3 Umfassendes, systematisches und kontinuierliches Qualitätsmanagement

Qualitätsmanagement sollte umfassend, systematisch und kontinuierlich betrieben werden:

Qualitätsmanagement sollte in dem Sinne „**umfassend**" sein, als **alle Phasen des Lebens** eines Produkts – Entwicklung des Produkts, Bearbeitung der Kundenanfrage, Materialbeschaffung, Fertigung, Verpackung, Auslieferung und Entsorgung – als qualitätsrelevant erachtet werden. Qualitätsmanagement findet demnach nicht nur in der Fertigung statt. Umfassendes Qualitätsmanagement zeichnet sich weiterhin dadurch aus, dass **jeder Mitarbeiter**, der an qualitätsrelevanten Geschäftsprozessen beteiligt ist, verantwortlich ist und Qualitätsmanagement nicht an einen „Qualitätsbeauftragten" delegiert wird.

Qualitätsmanagement ist kein Projekt, das ein definiertes Projektziel verfolgt oder fallweise ein aktuelles Problem beseitigt. Qualitätsmanagement umfasst vielmehr die vier Aufgaben Qualitätsplanung, -lenkung, -sicherung und -verbesserung, die im Sinne eines Regelkreises **systematisch** und **kontinuierlich** zu durchlaufen sind.

- Die **Qualitätsplanung** hat die Aufgabe, Art und Niveau der Produktmerkmale und Leistungen festzulegen, die dem Kunden angeboten werden sollen (Gestaltung des **Leistungsversprechens**). Zur Vermeidung einer Diskrepanz zwischen der Spezifikation der Produkt- bzw. Leistungsmerkmale und den tatsächlich gelieferten Produktmerkmalen bzw. der tatsächlich erstellten Leistung hat die Qualitätsplanung darüber hinaus die Aufgabe, die **Fertigungs- und Geschäftsprozesse** zu gestalten (Prozessqualität), die zur Erfüllung der festgelegten Leistungsmerkmale führen sollen und die **Rahmenbedingungen** und **Potenziale** zu bestimmen, die beim Anbieter und beim Kunden vorliegen oder geschaffen werden müssen (Strukturqualität), damit die Dienstleistung bzw. das Produkt zuverlässig erstellt werden kann.

- Die **Qualitätslenkung** hat die Aufgabe, die in der Qualitätsplanung festgelegten Techniken anzuwenden und die dort vereinbarten Tätigkeiten durchzuführen. Hierzu zählen Maßnahmen zur Prozessüberwachung, zur Beseitigung von Fehlerursachen und die Qualitätsprüfung. Qualitätslenkende Instrumente für fremdbezogenes Material und fremdbezogene Dienstleistungen sind
  - vollständige und unmissverständliche Spezifikationen bzw. Lastenhefte,
  - Lieferantenzulassungen und -bewertungen, die die Leistungsfähigkeit und -bereitschaft eines Lieferanten vor und nach der Auftragserteilung beurteilen,
  - Erstmusterprüfungen,

- Vertragliche Vereinbarungen mit dem Lieferanten, die zu einer fehlerfreien Lieferung beitragen und die eine Durchsetzung von Ansprüchen bei fehlerhaften Lieferungen erleichtern, sowie
- Qualitätsprüfungen.

- Aufgabe der **Qualitätssicherung** ist es, Vertrauen zu schaffen, dass vorgegebene Qualitätsanforderungen erfüllt werden. Die Qualitätssicherung dokumentiert und archiviert das Ergebnis der Qualitätsprüfung, die Qualität der Fertigungsprozesse, die Herkunft und Verwendung von fremdbezogenem Material (Rückverfolgung, Chargenführung), die Ergebnisse der Lieferantenerstbeurteilung und -bewertung und lässt das Qualitätsmanagement-System zertifizieren. Soll Qualitätsmanagement als Marketinginstrument eingesetzt werden, ist dieser Aufgabe besondere Aufmerksamkeit zu schenken: Insbesondere, wenn eine Musterprüfung nicht möglich ist und wenn sog. Specialities erstmalig bezogen werden, für die individuelle Entwicklungen bzw. Anpassungen erforderlich sind oder spezielle Werkzeuge angeschafft werden müssen, ist es für den Kunden schwierig, die Qualitätsfähigkeit eines Anbieters vor der Auftragserteilung zu beurteilen. In dieser Situation ist es erforderlich, dass der Anbieter durch entsprechende Dokumentationen und Zertifikate Vertrauen in seine Leistungsfähigkeit schafft.

- Die Aufgabe der **Qualitätsverbesserung** umfasst zum einen die Maßnahmen zur Verbesserung der Wirksamkeit qualitätssensibler Tätigkeiten – z. B. technische Maßnahmen zur Reduzierung der Streubreite der Produktmerkmale.
  Darüber hinaus hat die Qualitätsverbesserung die Aufgabe, die qualitätssensiblen Prozesse innerhalb des Unternehmens sowie zwischen Lieferant und Abnehmer und zwischen Abnehmer und Kunde so zu gestalten, dass die insgesamt anfallenden Qualitätskosten reduziert werden. Grundlage der Qualitätsverbesserung für Beschaffungsobjekte ist die systematische Erfassung und Auswertung von Beanstandungen an Produkten und Dienstleistungen. Erkenntnisse über die Produktqualität werden häufig in der Qualitätsprüfung gewonnen. Das Qualitätsmanagement muss aber darüber hinaus sicherstellen, dass auch später entdeckte Mängel auf den verursachenden Lieferanten zurückgeführt werden können und dass die Mängel dem Einkauf gemeldet werden. Die systematische Fehlererfassung ist immer dann organisatorisch aufwändig, wenn der Lieferant – wie beim Desktop Purchasing und bei just-in-time-Lieferungen – direkt an den internen Kunden bzw. an die verarbeitende Fertigungsstelle liefert und keine zentrale Qualitätsprüfung durchgeführt wird.

Auch das von Zeithaml für Dienstleistungen entwickelte GAP-Modell (vgl. Abb. 3-1) ist geeignet, die Aufgaben und Arbeitsweise eines **systematischen** Qualitätsmanagements zu veranschaulichen. Es zeigt mögliche Ursachen, die zu Abweichungen (sog. Lücken, GAP's) zwischen den Kundenerwartungen und der tatsächlich wahrgenommenen Leistung durch den Kunden führen können. Oberziel des Qualitätsmanagements ist, die fünfte Lücke, die Diskrepanz zwischen erwarteten und wahrgenommenen Leistungen zu schließen. Diese Aufgabe kann in vier Teilaufgaben zerlegt werden, die den oben dargestellten Phasen Qualitätsplanung und -lenkung zuzuordnen sind:

Kunde

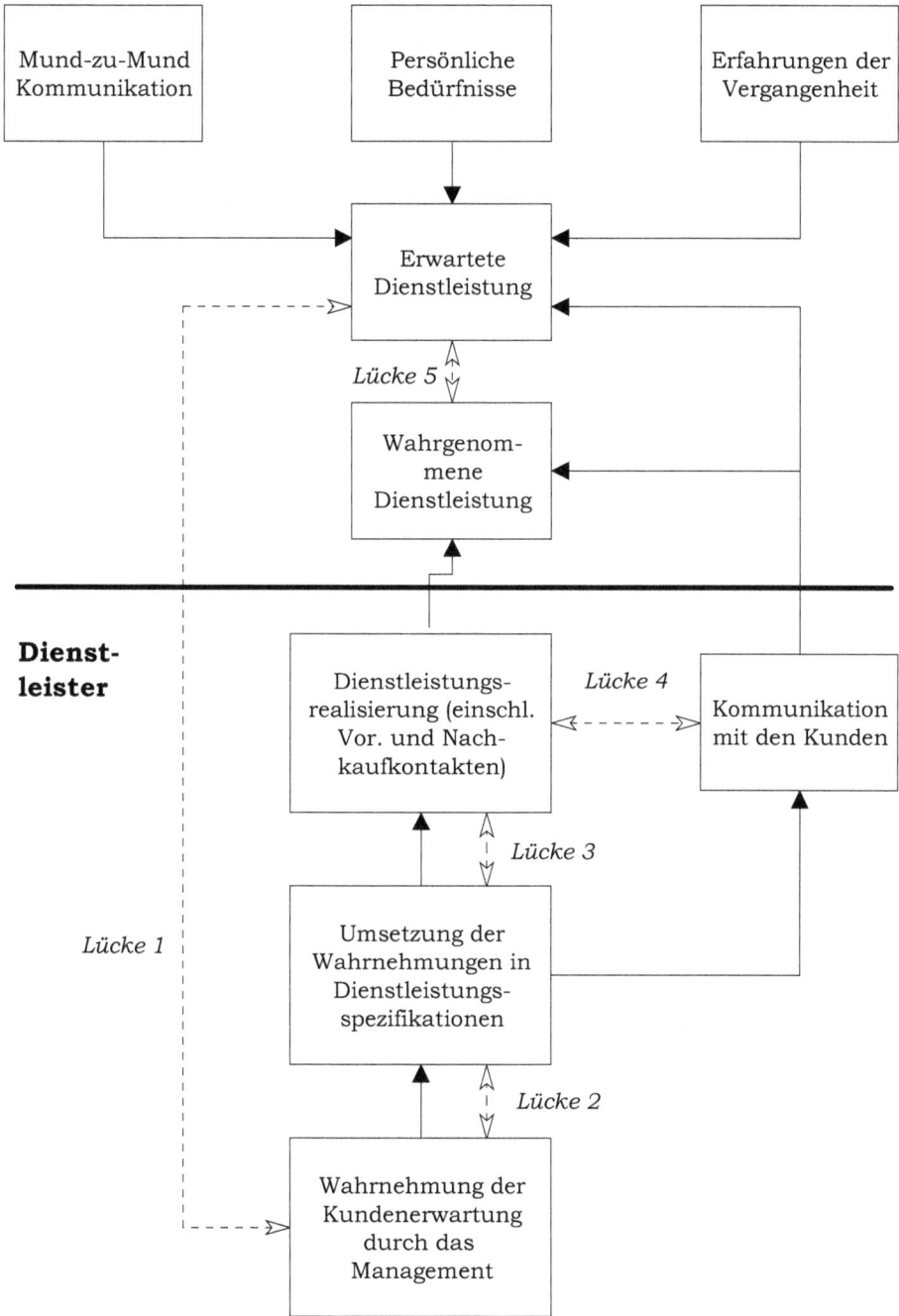

Abb. 3-1: Lückenmodell (Quelle: Zeithaml, V. A., Berry, L.L., Parasuraman, A. S. 113ff)

Nach dem GAP-Modell besteht eine erste Lücke zwischen den **Kundenerwartungen** und der **Wahrnehmung** dieser Erwartungen durch den Dienstleister (z. B. falsche Vorstellungen über die Bedeutung einzelner Qualitätsmerkmale). Eine zweite Lücke kann entstehen, wenn die wahrgenommenen Kundenerwartungen in **unternehmensinterne Vorgaben** für die Ausführung der Dienstleistungen umgesetzt werden. Die Vermeidung der Lücken 1 und 2 ist Aufgabe der Qualitätsplanung. Eine dritte Lücke entsteht, wenn die tatsächliche **erstellte** Leistung nicht mit der im Lastenheft **beschriebenen** Leistung übereinstimmt. Eine vierte Lücke ist darauf zurückzuführen, dass beim Kunden durch Leistungsversprechen, die nicht dem tatsächlichen Leistungsangebot entsprechen, **falsche Erwartungen** geweckt werden. Die Vermeidung der Lücken 3 und 4 ist Aufgabe der Qualitätslenkung. Je größer die vier Lücken beim Anbieter, umso größer wird die Diskrepanz zwischen den Erwartungen des Kunden und den objektiven und subjektiv wahrgenommenen Leistungen.

Die fünfte Lücke misst die Ergebnisqualität als Differenz zwischen der erwarteten und der wahrgenommenen Leistung beim Kunden.

4 Präventives Qualitätsmanagement im Supply Chain Management

Konventionelles Qualitätsmanagement war zunächst fokussiert auf die Fertigungsprozesse beim Abnehmer. In den letzten Jahren wird dem Qualitätsmanagement für fremdbezogene Produkte und Dienstleistungen – dem Qualitätsmanagement in der Beschaffung – eine zunehmende **Bedeutung** beigemessen (vgl. Abb. 4-1):

- Das wachsende Interesse des Abnehmers an qualitätsorientiertem Einkauf ist vor allem auf die Erkenntnis zurückzuführen, dass seine Abhängigkeit von seinen Lieferanten in den letzten Jahren sehr stark gewachsen ist. Durch die Reduzierung der Fertigungstiefe hat der Abnehmer einen erheblichen **Kontrollverlust** zu verzeichnen: Die Qualität des von ihm hergestellten Erzeugnisses wird immer weniger in der eigenen Fertigung beeinflusst und immer stärker durch die Qualität der zugekauften Komponenten bestimmt. Dennoch muss der Abnehmer die Qualitätsverantwortung gegenüber seinen Kunden übernehmen. Je vielfältiger und komplexer die fremdbezogenen Bauteile sind, um so größer ist die Gefahr, dass ein fehlerhaftes Zulieferteil ein **fehlerhaftes Enderzeugnis** verursacht (vgl. Linz 2005 S. 19).

- Der industrielle Abnehmer wird durch seine erfolgreichen Bemühungen um Bestandsreduzierung im Materiallager zunehmend **anfällig**: Fehlerhaftes Material führt schnell zu materialbedingtem Produktionsstillstand. Qualitätszuverlässigkeit erhält daher den gleichen Stellenwert wie Terminzuverlässigkeit.

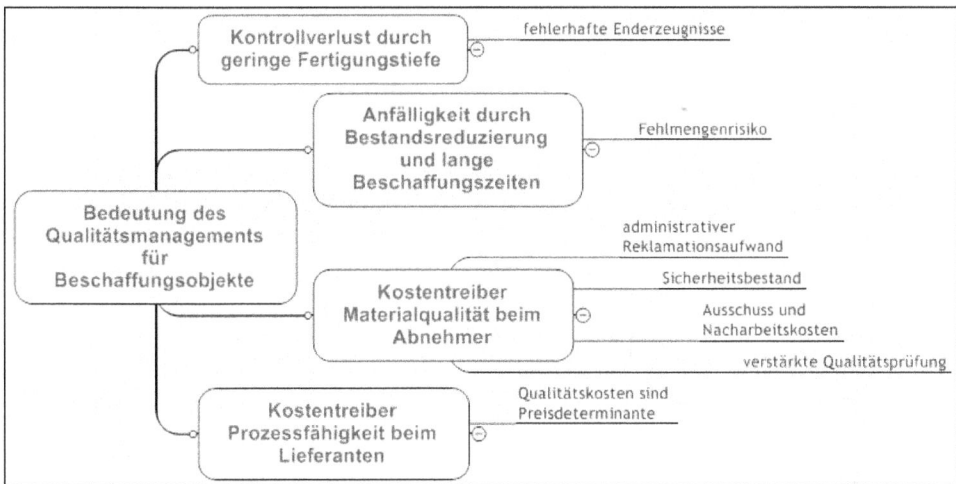

Abb. 4-1: Bedeutung des Qualitätsmanagements für Beschaffungsobjekte

- Die Qualitätszuverlässigkeit der Lieferanten ist ein erheblicher **Kostentreiber** beim Abnehmer:

  - Wird das fehlerhafte Material in einer Qualitätsprüfung entdeckt und beanstandet, entsteht administrativer **Reklamationsaufwand** in den Abteilungen des Abnehmers, die die Reklamation abwickeln (Einkauf), die Rechnung kontrollieren (Verwaltung), den Prüfbericht erstellen (Qualitätsprüfung), das Material aussortieren und zur Abholung bereitstellen (Wareneingang). Das beanstandete Material ist unter Umständen verantwortlich für einen materialbedingten Stillstand in der Fertigung, der zu Terminproblemen führt und eine kurzfristige Änderung der Produktionsplanung (Produktionsmanagement) erzwingt.

  - Wird das fehlerhafte Material nicht entdeckt, entsteht eventuell **Ausschuss** in der Fertigung des Abnehmers oder es wird ein fehlerhaftes Produkt hergestellt. Der Ausschuss hat wiederum zusätzlichen Material- und Kapazitätsbedarf (**Fertigungskosten**) zur Folge, es besteht die Gefahr von **Terminverzögerungen** in der Fertigung. Auch in diesem Fall entsteht ein erhöhter Planungsbedarf in der Produktionsplanung/Arbeitsvorbereitung des Abnehmers.

  - Der Abnehmer versucht sich vor den Folgen fehlerhafter Materiallieferung zu schützen, indem er umfangreiche **Qualitätsprüfungen** des angelieferten Materials durchführt und **Sicherheitsbestand** im Materiallager vorhält, um bei Beanstandungen keinen materialbedingten Produktionsstillstand zu erleiden.

- Lieferanten mit Qualitätsproblemen haben hohe **Qualitätskosten**, die sie in den Preisen weitergeben (müssen).

Nachdem sich das Qualitätsmanagement für fremdbezogene Produkte lange Zeit auf eine Eingangs-Qualitätsprüfung konzentrierte, wird in jüngerer Zeit der Wirksamkeit (Fehlerdurchschlupf) und Wirtschaftlichkeit (Prüfkosten, Zeit, Doppelaufwand) der Wareneingangsprüfung als Instrument des Qualitätsmanagements ein zunehmendes Misstrauen entgegengebracht (zu den Argumenten vgl. im Einzelnen Abschn. 6.4.2). Zudem sind die Fehlerkosten um so **höher, je später** der Fehler im Auftragsabwicklungsprozess entdeckt wird. Die sog. Zehnerregel der Fehlerkosten besagt, dass die Fehlerkosten mit jeder Stufe im Herstellungsprozess, die der Fehler später entdeckt wird, um das 10-fache steigen.

Der Abnehmer bemüht sich daher, **präventive Instrumente** im Einkauf einzusetzen. Diese zeichnen sich dadurch aus, dass sie versuchen, fehlerhafte Lieferungen zu vermeiden, statt fehlerhafte Beschaffungsobjekte zu identifizieren und auszusortieren bzw. zurückzuweisen. Zu diesem Zwecke fordert der Abnehmer, dass der Lieferant seine Fertigungsprozesse beherrscht, der Lieferant wird über die beabsichtigte Verwendung und Belastung des Materials während der Fertigung, in der Lagerung, beim Transport und beim Gebrauch bzw. während der Verarbeitung informiert. Gegebenenfalls versucht der Abnehmer Einfluss zu nehmen auf die Vorlieferanten, die Qualität des Vormaterials, die Fertigungs- und Prüfverfahren des Lieferanten und auf die logistischen Dienstleister (vgl. hierzu näher Abschn. 6.5.2).

Neben dem Hauptziel Fehlervermeidung verfolgt das Qualitätsmanagement im Einkauf weitere Ziele:

Auch bei intensivem präventivem Qualitätsmanagement wird es zu fehlerhaften Lieferungen kommen. In diesen Situationen hat der Abnehmer Interesse, die ihm gesetzlich zustehenden

– für ihn unbefriedigenden – **Gewährleistungs- und Schadensersatzansprüche** zu **erweitern**. Hierzu versucht er, mit seinen Lieferanten entsprechende Klauseln in individuellen Liefer- und Abnahmebedingungen oder allgemeinen Qualitätsmanagement-Vereinbarungen durchzusetzen und so entstandene **Fehlerkosten auf den verursachenden Lieferanten zu überwälzen**.

Qualitätsplanungs- und -prüfungsaufgaben werden teilweise mehrfach in der logistischen Kette erfüllt. Mit dem Ziel, die Qualitätskosten beim Abnehmer und damit in der gesamten Kette zu senken, werden insbesondere **Qualitätsprüfungsaufgaben auf den Lieferanten übertragen**. In diesem Falle wird der Lieferant (vertraglich) verpflichtet, Prüfungen nach den Vorgaben des Abnehmers durchzuführen und die Prüfergebnisse zu dokumentieren. Der Abnehmer hat dann die Möglichkeiten, auf seine Eingangsprüfung zu verzichten oder diese zumindest zu reduzieren, ohne ein steigendes Qualitätsrisiko befürchten zu müssen.

5 Prozessorientierte Qualitätsmanagementsysteme nach DIN EN ISO 9001

Jedes Unternehmen betreibt Qualitätsmanagement, d. h. es hat Abläufe und Zuständigkeiten (Säule Organisation) entwickelt, es setzt Anlagen, Werkzeuge und Software (Säule Technik) sowie Wissen und Erfahrung engagierter Mitarbeiter (Säule Personal) ein. Diese Säulen des Qualitätsmanagements unterscheiden sich nach Betriebsgröße und Branche, sind aber in jedem Unternehmen zu finden. Die individuelle Ausgestaltung des Qualitätsmanagements wird als **Qualitätsmanagementsystem** bezeichnet.

Die **DIN EN ISO 9001:2000** ist eine in der Fassung aus dem Jahre 2000 weltweit gültige **Norm zur Beschreibung und Ausgestaltung** von Qualitätsmanagementsystemen.

Die ISO 9001 basiert auf der Überzeugung, dass Qualitätsmanagement nicht normierbar ist. Das Qualitätsmanagement muss der Betriebsgröße, dem Produkt und dem Umfeld im eigenen Unternehmen, auf dem Beschaffungs- und Absatzmarkt angepasst werden. Sie regelt daher nur ansatzweise, **wie** das Qualitätsmanagement arbeiten sollte. Die ISO Forderungen beziehen sich vielmehr auf **Fragestellungen**, für die **Abläufe, Zuständigkeiten und Arbeitsweise** geregelt und dokumentiert werden sollten. Ein Unternehmen, das nach ISO 9001 arbeitet, verfügt über **reife Geschäftsprozesse** (stabile Abläufe und klare Zuständigkeiten), die gewährleisten, dass die Kundenerwartungen erfasst werden und dass die Prozessergebnisse nicht Zufallstreffer sind, sondern wiederholbar sind.

Die **prozessorientierten** Qualitätsmanagementsysteme haben die früheren elementorientierten Qualitätsmanagementsysteme abgelöst. Sie betrachten die Erfüllung der Kundenerwartungen als eine **abteilungs- und mitarbeiterübergreifende** Problemstellung. Sie fördert die Sensibilität für Schnittstellen und die an diesen Übergangsstellen drohenden Zuständigkeits-Leerräume, Missverständnisse und Informationsdefizite.

Forderungen im Zusammenhang mit Beschaffungsobjekten und Lieferantenmanagement finden sich in der DIN EN ISO 9001:2000–12, die als Grundlage für Zertifizierungsverfahren gültig ist, in Abschnitt 7 Produktrealisierung (vgl. auch Friederici 2002 S. 5–12):

7.4 Beschaffung

7.4.1 Beschaffungsprozess

Die Organisation muss sicherstellen, dass die beschafften Produkte die festgelegten Beschaffungsanforderungen erfüllen. Art und Umfang der auf den Lieferanten und das beschaffte Produkt angewandten Überwachung müssen vom Einfluss des beschafften Produkts auf die nachfolgende (eigene) Produktrealisierung oder auf das (eigene) Endprodukt abhängen.

Die Organisation muss Lieferanten auf Grund von deren Fähigkeit beurteilen und auswählen, Produkte entsprechend den Anforderungen der Organisation zu liefern. Es müssen Kriterien für die Auswahl, Beurteilung und Neubeurteilung aufgestellt werden. Aufzeichnungen über die Ergebnisse von Beurteilungen und über notwendige Maßnahmen müssen geführt werden.

7.4.2 Beschaffungsangaben

Beschaffungsangaben müssen das zu beschaffende Produkt beschreiben. Soweit angemessen, enthalten diese

a) Anforderungen zur Genehmigung von Produkten, Verfahren, Prozessen und Ausrüstung,
b) Anforderungen an die Qualifikation des Personals,
c) Anforderungen an das Qualitätsmanagementsystem.

Die Organisation muss die Angemessenheit der festgelegten Beschaffungsanforderungen sicherstellen, bevor sie diese dem Lieferanten mitteilt.

7.4.3 Verifizierung von beschafften Produkten

Die Organisation muss die erforderlichen Prüfungen oder sonstigen Tätigkeiten festlegen und verwirklichen, durch die sichergestellt wird, dass das beschaffte Produkt die festgelegten Beschaffungsanforderungen erfüllt.

Wenn die Organisation oder ihr Kunde beabsichtigt, Verifizierungstätigkeiten beim Lieferanten durchzuführen, muss die Organisation die beabsichtigten Verifizierungsmaßnahmen und die Methode zur Freigabe des Produkts in den Beschaffungsangaben festlegen.

Abb. 5-1: Anforderungen der DIN EN ISO 9001:2000 an die Beschaffung

Die DIN EN ISO 9001:2000 fordert demnach, dass das Unternehmen sicherstellt, dass eingehendes Material der vorgegebenen Spezifikation entspricht. Dies muss nicht durch eine Qualitätsprüfung im Wareneingang des Abnehmers erfolgen, sondern kann durch eine systematische Lieferantenauswahl vor der Auftragsvergabe, durch laufende Lieferantenbewertung, durch Vereinbarung einer Spezifikation **und** einer Prüfvereinbarung ersetzt werden, die eine Prüfung beim Lieferanten nach Vorgaben des Abnehmers gewährleistet (Umfang, Kriterien, Verfahren).

Das Unternehmen soll die Instrumente des Qualitätsmanagements entsprechend der Bedeutung der Beschaffungsobjekte gestalten. Lieferanten, die direktes Material liefern, sollten einer Zulassung und einer laufenden Bewertung unterzogen werden, während Lieferanten für indirektes Material und Dienstleistungen aus Wirtschaftlichkeitsgründen häufig nicht laufend bewertet werden und nur ein rudimentäres Zulassungsverfahren durchlaufen. Allerdings muss **nicht jeder** Direktmaterial-Lieferant zugelassen und bewertet werden. Unter Kostengesichtspunkten wird es für unkritisches Material und C-Lieferanten ausreichend sein, eine Qualitätsprüfung im Wareneingang zu machen.

Die strategischen Aspekte der Zusammenarbeit mit Lieferanten sind in DIN EN ISO 9001:2000 zu kurz gekommen, obwohl diese in einigen Wirtschaftszweigen von ständig zunehmender Bedeutung sind, weil immer mehr bisherige eigene Leistungen auf Lieferanten verlagert werden, woraus sich der Bedarf einer engen Zusammenarbeit ergibt.

Weitere Hinweise und Anregungen für die Gestaltung der qualitätsorientierten Prozesse und Zusammenarbeit mit Lieferanten gibt der **Leitfaden zur Leistungsverbesserung DIN EN ISO 9004:2000–12** (vgl. Abb. 5-2). Abschnitt 6 wird zeigen, wie die Anforderungen und Empfehlungen an das Qualitätsmanagement für Beschaffungsobjekte umgesetzt werden können.

7.4 Beschaffung

7.4.1 Beschaffungsprozess

Die oberste Leitung der Organisation sollte sicherstellen, dass wirksame und effiziente Beschaffungsprozesse zur Beurteilung und Lenkung von beschafften Produkten (incl. Dienstleistungen) festgelegt und verwirklicht werden, damit die beschafften Produkte die Erfordernisse und Erwartungen der Organisation ebenso wie die der interessierten Parteien erfüllen.

Die Nutzung elektronischer Verbindungen zu den Lieferanten sollte berücksichtigt werden, um die Kommunikation der Anforderungen zu optimieren.

Um die wirksame und effiziente Leistung der Organisation sicherzustellen, sollte die Leitung dafür sorgen, dass bei den Beschaffungsprozessen folgende Tätigkeiten in Betracht gezogen werden:

- rechtzeitige, wirksame und genaue Ermittlung des Bedarfs und der Spezifikationen beschaffter Produkte,
- Beurteilung der Kosten des beschafften Produkts unter Beachtung von Produktleistung, Preis und Lieferung,
- Erfordernisse und Kriterien der Organisation für die Verifizierung beschaffter Produkte,
- einmalige Lieferantenprozesse,
- Berücksichtigung der Verwaltung der Verträge für Lieferanten- und Partnerregelungen,
- Austausch fehlerhafter beschaffter Produkte im Garantiefall,
- logistische Anforderungen,
- Produktkennzeichnung und Rückverfolgbarkeit,
- Produkterhaltung,
- Dokumentation einschl. Aufzeichnungen,
- Lenkung beschaffter Produkte, die von den Anforderungen abweichen,
- Zugang zum Betriebsgelände des Lieferanten,
- Verlauf der Produktlieferung, -installation oder -anwendung,
- Entwicklung des Lieferanten,
- Erkennung und Minderung der mit dem beschafften Produkt verbundenen Risiken.

Mit den Lieferanten sollten Prozessanforderungen und Produktspezifikationen erarbeitet werden, um vom vorhandenen Fachwissen der Lieferanten zu profitieren. Die Organisation könnte auch bei der Lenkung und Verfügbarkeit der Bestände helfen.

Die Organisation sollte den Bedarf an Aufzeichnungen beschaffter Produkte zur Verifizierung, zur Kommunikation und Reaktion auf Fehler festlegen, um ihre eigene Einhaltung der Spezifikation darzulegen.

7.4.2 Prozess zur Überwachung der Lieferanten

Die Organisation sollte wirksame und effiziente Prozesse einführen zur Ermittlung potenzieller Quellen für zu beschaffende Materialien, zur Entwicklung vorhandener Lieferanten oder Partner und zur Beurteilung deren Fähigkeit zur Lieferung der geforderten Produkte, um die Wirksamkeit und Effizienz der gesamten Beschaffungsprozesse sicherzustellen. Beispiele für Eingaben in den Lieferantenlenkungsprozess sind u. a.:

- Beurteilung relevanter Erfahrungen,
- Leistung des Lieferanten im Vergleich zu Wettbewerbern,
- Bewertung von Produktqualität, Preis, Lieferleistung und Eingehen auf Probleme,
- Audits des Managementsystems des Lieferanten und Beurteilung ihrer potenziellen Fähigkeit zur wirksamen, effizienten und planmäßigen Lieferung der geforderten Produkte,
- Prüfung von Lieferantenreferenzen und verfügbaren Daten zur Kundenzufriedenheit,
- finanzielle Bewertung, um sich von der Lebensfähigkeit des Lieferanten während des gesamten vorgesehenen Liefer- und Kooperationszeitraumes zu überzeugen,
- Eingehen des Lieferanten auf Anfragen, Angebote und Ausschreibungen,
- Fähigkeit des Lieferanten zur Dienstleistungserbringung, Installation und Unterstützung und bisheriger Verlauf der Leistung im Vergleich zu den Anforderungen,
- Bewusstsein über und Einhaltung von geltenden gesetzlichen und behördlichen Bestimmungen seitens des Lieferanten,
- logistische Fähigkeiten des Lieferanten einschließlich Standorte und Ressourcen,
- Stand und Rolle des Lieferanten in der Gemeinschaft und Ansichten der Gesellschaft über ihn.

Die Leitung sollte Maßnahmen erwägen, die zur Aufrechterhaltung der Leistung der Organisation und zur Befriedigung interessierter Parteien in dem Fall notwendig sind, dass der Lieferant versagt.

Abb. 5-2: Beschaffungsrelevante Empfehlungen im Leitfaden zur Leistungsverbesserung DIN EN ISO 9004:2000–12

6 Gestaltung des Qualitätsmanagement-Systems für Beschaffungsobjekte

6.1 Anforderungen an den Lieferanten

Systematisches Qualitätsmanagement in der Beschaffung beginnt mit der Erfassung der Anforderungen an potenzielle Lieferanten (vgl. Linz 2005 S. 51). Der subjektive Qualitätsbegriff ist auch auf Lieferanten anwendbar. Ein Lieferant ist Qualität, wenn die an ihn gestellten Anforderungen und seine Leistungsmerkmale übereinstimmen (vgl. Friederici 2002 S. 18ff). Diese Anforderungen des Abnehmers beziehen sich nicht nur auf das Produkt bzw. die Dienstleistung, die bezogen werden soll, sondern auch auf Dienstleistungen, die produktbegleitend und unabhängig vom Produkt benötigt werden (vgl. Abb. 6-1):

- Der Lieferant ist in den Augen des Kunden Qualität, wenn er **fehlerfreie Produkte bzw. Dienstleistungen** liefert. Aus dem subjektiven Qualitätsbegriff ergibt sich, dass der vom Abnehmer beabsichtigte Verwendungszweck über die Eignung und damit über die Qualität eines Produktes entscheidet. Der Abnehmer definiert die von ihm gewünschten Produktmerkmale in einer Produktspezifikation, Art und Niveau gewünschter Dienstleistungen

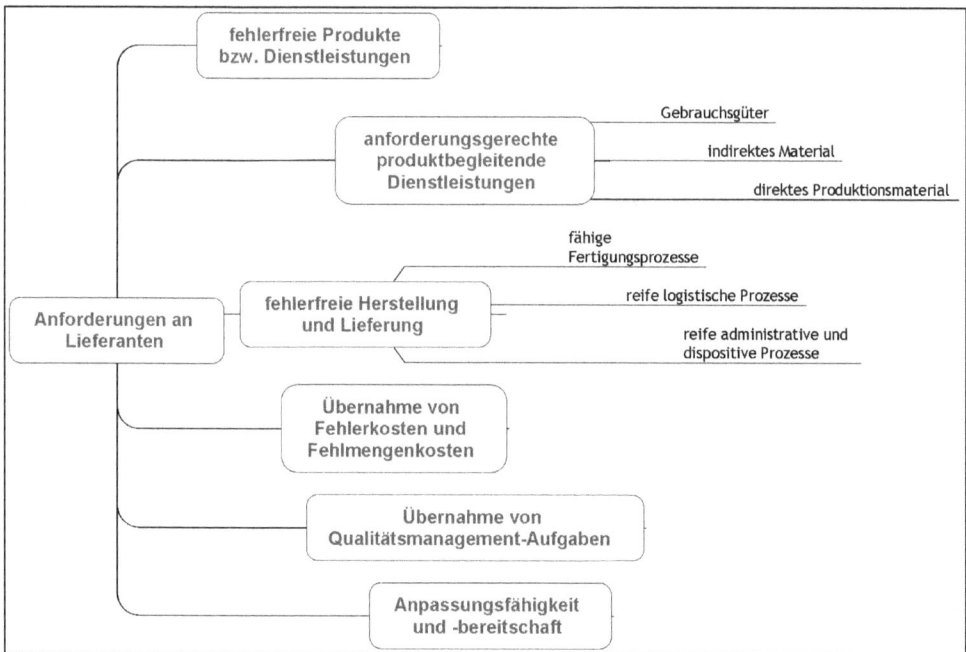

Abb. 6-1: Anforderungen an Lieferanten

Anlaufphase	Nutzungsphase	Entsorgungsphase
Anwenderschulung	Reparaturdienst Ersatzteilbevorratung Instandhaltungspläne	Verschrottung Recycling

Abb. 6-2: Dienstleistungen im Leben einer Anlage

werden in einem Lastenheft beschrieben. Für den Lieferanten aufschlussreich sind häufig auch Prüfmerkmale und Fehlertabellen, die in der Qualitätsprüfung beim Abnehmer verwendet werden.

- **Produktbegleitende Dienstleistungen** unterscheiden sich nach Gebrauchsgütern und Produktionsmaterial:
  Bei **Gebrauchsgütern** fordert der Abnehmer Dienstleistungen, die dazu beitragen, die life cycle cost (Gesamtkosten über alle Lebenszyklusphasen) der Anlage zu minimieren. In Abb. 6-2 sind typische Dienstleistungen in der Anlaufphase, Nutzungsphase und Entsorgungsphase einer Anlage aufgeführt.

Bei Beschaffungsobjekten, die als direktes oder indirektes **Material** in gleich bleibender Spezifikation mehr oder weniger regelmäßig bezogen werden, fordert der Abnehmer Dienstleistungen, die dazu beitragen, die Prozesskosten des Abnehmers zu minimieren. Von besonderer Bedeutung sind **logistische** Dienstleistungen des Lieferanten wie das Angebot kurzer und zuverlässiger Lieferzeiten, das Angebot eines Eil-Lieferservice, just-in-time-Lieferungen, KANBAN-Lieferung, VMI und Konsignationslager. Logistische Leistungen steigern die Fähigkeit des Abnehmers, kurzfristige Kundenaufträge zu bedienen und kurzfristige Bedarfsänderungen zu bewältigen (Flexibilität), sie reduzieren die beim Abnehmer entstehenden Probleme und Kosten bei Störungen in der Fertigung und Planungsfehlern (Störanfälligkeit) und erlauben dem Abnehmer, seine Bestandskosten, internen Transportkosten und seinen Planungsaufwand zu senken. Der Abnehmer beurteilt seine Lieferanten auch danach, in welchem Umfange sie dazu beitragen, **Störungen** in der Fertigung, Fehler in der Planung und Durchführung der Abläufe und kurzfristige Bedarfe und Bedarfsänderungen zu bewältigen.

Indirektes Material (Maintenance-Repair-Operating-Material, MRO) und administratives Kostenstellenmaterial hat häufig einen sporadischen, geringen und/oder geringwertigen Bedarf. Beispiele für produktbegleitende Dienstleistungen der MRO-Lieferanten sind die Bereitschaft zu Rahmenvereinbarungen und langfristigen Preisvereinbarungen, die Bereitstellung von Preis- und Produktinformationen auf elektronischen Medien, die Verteilung indirekter Produkte bis zur anfordernden Kostenstelle, die Erstellung kostenstellenspezifischer Rechnungen, die Verwendung von abnehmerspezifischen Artikelnummern in Lieferscheinen und Bestellauftragsnummern in Rechnungen, VMI.

Weitere Anforderungen des Abnehmers an den Lieferanten richten sich auf die Bereitschaft und Fähigkeit des Lieferanten, Verpflichtungen einzugehen, die über die aktuelle Lieferverpflichtung hinausgehen:

- Betreibt der Abnehmer systematisch präventives Qualitätsmanagement, verlangt er von seinem Lieferanten nicht nur, dass dieser fehlerfreie Produkte und Leistungen **liefert**, sondern dass dieser mit an Sicherheit grenzender Wahrscheinlichkeit fehlerfreie Produkte

herstellt. In diesem Falle muss der Lieferant die Fehlerfreiheit der Produkte nicht durch strenge Ausgangsprüfungen und Aussortieren sicherstellen. Für Prozesse, die unter stets gleichen Bedingungen gleich bleibende Anforderungen zu erfüllen haben, wird die Qualitätsfähigkeit mit einer Kennzahl, dem Prozessfähigkeitsindex, gemessen (vgl. Abschn. 1). Die fehlerfreie Auslieferung erfordert darüber hinaus fehlerfreie Kommissionierungs-, Verpackungs- und Versandprozesse (logistische Prozesse) sowie fehlerfreie dispositive und administrative Prozesse beim Lieferanten.

- Der industrielle Abnehmer muss Lieferverzögerungen und Produktfehler gegen seinen Kunden auch dann verantworten, wenn sie von seinem Lieferanten verursacht wurden. Eine weitere Anforderung an den Lieferanten ist daher die **Übernahme von Fehlmengen- und Fehlerkosten**, die von ihm verantwortet wurden. Der Abnehmer misst daher die Qualität des Lieferanten auch an der Bereitschaft, Verträge zu akzeptieren, mit denen die Durchsetzung von Schadensersatzansprüchen erleichtert wird (Pönale, Garantie – vgl. Abschn. 6.5.3).

- Industrielle Abnehmer misstrauen immer häufiger der Wirksamkeit und Wirtschaftlichkeit ihrer Qualitätsprüfung im Wareneingang. Darüber hinaus werden beim Abnehmer häufig gleiche Prüfverfahren angewendet und gleiche Prüfmerkmale zugrunde gelegt wie zuvor in der Ausgangsprüfung des Lieferanten. Mit dem Ziel seine Prüfkosten und damit die Prüfkosten im gesamten logistischen Kanal zu senken, erwartet der industrielle Abnehmer, dass der Lieferant die Qualitätsprüfung übernimmt und seine Kunden von diesen Aufgaben entlastet **(Übernahme von Qualitätsmanagement-Aufgaben)**. Mit einer sogenannten ‚**Freistellungsklausel**' befreit der Lieferant den Abnehmer von der Obliegenheit zur unverzüglichen Untersuchung und Rüge offensichtlicher Mängel (§ 377 Absatz 1 HGB). Der Lieferant verpflichtet sich damit, dem Abnehmer seine Rechte aus Gewährleistung auch dann zuzugestehen, wenn er Mängel, die in einer technischen Qualitätsprüfung feststellbar gewesen wären, erst während oder nach der Verarbeitung feststellt. Die Freistellungsklausel erweitert zwar die Gewährleistungsansprüche des Abnehmers, berührt aber Schadensersatzansprüche wegen Mangelfolgeschäden nicht. Ein weitergehendes Angebot ist das Erstellen von **Prüfprotokollen und die Gestaltung des Qualitätsmanagements nach Vorgaben des Abnehmers**. Es erlaubt dem Abnehmer auf eine Qualitätsprüfung zu verzichten, ohne ein höheres Qualitätsrisiko einzugehen (vgl. Abschn. 6.5.4).

- Die Eignung eines Lieferanten wird auch dadurch bestimmt, inwieweit seine technischen und organisatorischen Möglichkeiten sowie seine Absatzstrategie in Einklang zu bringen sind mit den Anforderungen, eine geringe/hohe Menge, einen sporadischen Bedarf, einen nicht planbaren Bedarf bzw. einen wachsenden oder sinkenden Bedarf zu bedienen **(Anpassungsfähigkeit und -bereitschaft)**.

Der Abnehmer beurteilt seine Lieferanten auch danach, in welchem Umfang sie dazu beitragen, **Störungen** in der Fertigung des Abnehmers, Fehler in der Planung und Durchführung seiner Abläufe zu bewältigen und inwieweit sie in der Lage und bereit sind, kurzfristige Bedarfe und Bedarfsänderungen zu bedienen.

Bedeutung der Qualitätsmerkmale

Der Abnehmer beurteilt die Qualität eines Lieferanten durch Gegenüberstellung seiner Anforderungen und der Leistungsmerkmale des Lieferanten. Dabei haben nicht alle oben genannten Anforderungen die gleiche Bedeutung. Die Gewichtung der oben genannten Anforderungen an den Lieferanten ist vor allem abhängig von den **Bedarfsmerkmalen** des Beschaffungsobjekts, von der geplanten **Bereitstellungsart** und von der geplanten Dauer und Intensität der **Zusammenarbeit.**

Die Sachleistung des Lieferanten umfasst zunächst die grundsätzliche Fähigkeit, die in der Spezifikation formulierten Qualitätskriterien zu erzeugen. Für Serienmaterial tritt neben die Fähigkeit und Bereitschaft, die Spezifikation zu liefern, die Anforderung nach Prozessfähigkeit, deren Bedeutung von der **Höhe der Prüf- und Fehlerkosten** beim Abnehmer abhängig ist. Bei sicherheitskritischen Teilen, schwer oder nur in zeitintensiven Prozessen zu prüfenden Teilen hat die Prozessfähigkeit des Lieferanten einen hohen Stellenwert als Anforderung. Kann das Beschaffungsobjekt dagegen problemlos beim Abnehmer geprüft werden oder werden fehlerhafte Produkte im weiteren Verlauf der Fertigung bemerkt ohne hohe Fehlerkosten auszulösen, wird die Qualitätszuverlässigkeit zugunsten anderer Leistungsmerkmale geringer gewichtet. Für Beschaffungsobjekte, deren **Bedarf** nur **eingeschränkt planbar** ist und die gleichzeitig **bestandsarm bereitgestellt** werden sollen, ist die Flexibilität und Lieferzuverlässigkeit sowie die Bereitschaft, Fehlmengenkosten zu übernehmen von besonderer Bedeutung.

Bei der Beschaffung von Commodities steht die Erfüllung vorgegebener Anforderungen und die Qualitätszuverlässigkeit im Vordergrund; bei der Beschaffung von **Specialities** und bei Lieferanten, mit denen langfristig und **eng kooperiert** werden soll, sind auch die Stärken in den der Herstellung vorgelagerten Bereichen wie Marketing, Entwicklung und Konstruktion von großer Bedeutung.

6.2   Produktspezifikation und Pflichtenheft

Wie in Abschnitt 7.4.2 der DIN EN ISO 9001 gefordert, muss das abnehmende Unternehmen sicherstellen, dass der Lieferant die Anforderungen an das zu liefernde Produkt bzw. die Dienstleistung kennt und dass die Anforderungen angemessen sind. Dabei ist offen, ob das abnehmende Unternehmen eine eindeutige und vollständige Produktbeschreibung erstellt oder ob dies der Lieferant tut.

Eine Abstimmung über Produktmerkmale bzw. Leistungsmerkmale findet in der Praxis nur bei kundenspezifischen **Zeichnungsteilen** statt (auch specialities genannt, z. B. Zigarettenpapier). Um das fachliche Know-how des Lieferanten zu nutzen, wird dem Lieferanten in der Anfrage ergänzend oder an Stelle einer präzisen Beschreibung der geforderten Merkmale eine Beschreibung der Verwendung und Belastung des Materials zur Verfügung gestellt (eine sog. Funktionsausschreibung). Der Lieferant hat dann die Möglichkeit, den Kunden zu beraten und die am besten geeigneten Produkte aus seinem Sortiment vorzuschlagen.

Im **Lastenheft (Spezifikation)** werden die Anforderungen an das zu liefernde Produkt bzw. an die Dienstleistung beschrieben. Das **Pflichtenheft** wird nach der Auftragsvergabe vom Auftragnehmer erstellt. Es enthält das Lastenheft und beschreibt, wie die Anforderungen erfüllt werden. Der Auftragnehmer prüft die Realisierbarkeit und Widerspruchsfreiheit der im Lastenheft genannten Anforderungen. Das Pflichtenheft wird vom Auftraggeber genehmigt und wird damit Teil des Vertrags.

Eine Spezifikation ist eine vollständige und eindeutige Produktbeschreibung mit

- allen einzuhaltenden Maßen,
- Eigenschaften,
- Toleranzen bzw. Grenzwerten, ergänzt um
- eine Tabelle der Fehlerarten und -klassen.

Die Fehlerklasse teilt die Fehlerart nach der Höhe der Fehlerkosten in Neben-, Haupt- und kritische Fehler ein. Dabei sind **Nebenfehler** solche, die die Brauchbarkeit des Erzeugnisses nicht beeinträchtigen, jedoch nicht auftreten sollen. Fehler, die die Brauchbarkeit des Erzeugnisses für den vorgesehenen Zweck nur geringfügig beeinträchtigen können, werden als **Hauptfehler** klassifiziert. **Kritische Fehler** sind Abweichungen von der vorgegebenen Spezifikation, die die Verwendung des Produktes für den vorgesehenen Zweck stark vermindern oder aufheben können. Abb. 6-3 zeigt eine Fehlertabelle für ein bedrucktes Packmittel, hier einen Eimer, in den 10 kg Farbe abgefüllt werden soll:

Fehlerart	Nebenfehler	Hauptfehler	kritischer Fehler
Starke Kratzer außen im Dekor		×	
Mangelhafte Schweißung der Ösen für Tragelemente			×
Dellen	×		
Fehlende Innenlackierung		×	
Unleserlicher Doppeldruck		×	
Tragelemente entsprechen nicht der Bemusterung		×	
Druckfarben außerhalb der Grenzmuster	×		

Abb. 6-3: Fehlerarten und -klassen für ein bedrucktes Packmittel

Commodities sind im Gegensatz zu Specialities Produkte, die als unspezifische Massenware (z. B. Kautschuk) in vielerlei Verwendungen (Kautschuk z. B. als Material für die Herstellung von Bodenbelag und Sauger für Säuglinge) eingehen und werden als Katalogware dem anonymen Absatzmarkt angeboten. Commodities werden vom Anbieter spezifiziert. **Specialities** sind Produkte, die nach den Vorgaben des Kunden hergestellt werden. **Normteile** haben Eigenschaften, die in einer DIN-Norm aufgenommen sind.

6.3   Lieferantenpolitik: Gestaltung der Zusammenarbeit, Zulassung und Bewertung

Die Lieferantenpolitik nimmt im Qualitätsmanagement für fremdbezogene Produkte und Dienstleistungen eine Schlüsselrolle ein (vgl. Abb. 6-4). Sie umfasst die strategische Gestaltung der Zusammenarbeit mit Lieferanten, die Gestaltung der Lieferantenerstbeurteilung vor

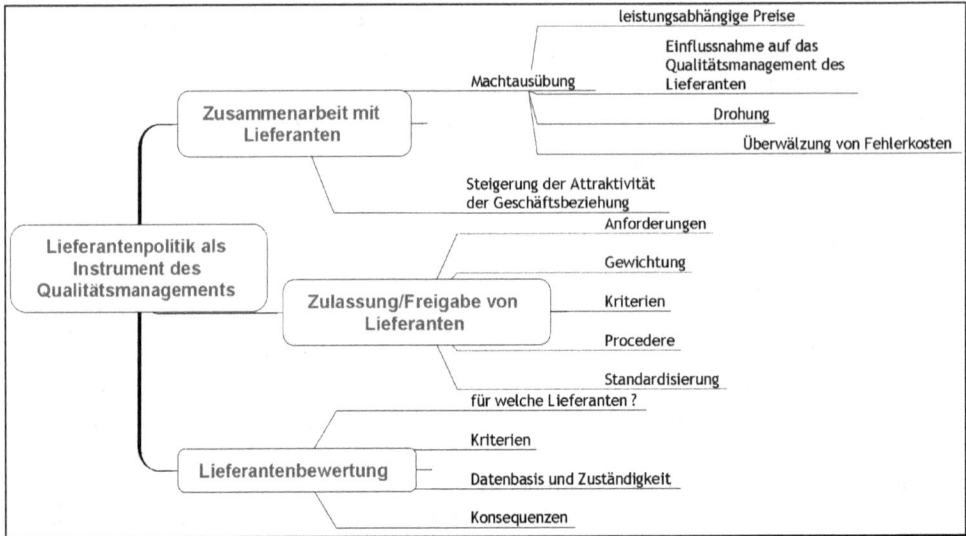

Abb. 6-4: Lieferantenpolitik als Instrument des Qualitätsmanagements

der Auftragerteilung (Lieferantenzulassung) und die Gestaltung der Lieferantenbeurteilung nach der Auftragsabwicklung (Lieferantenbewertung).

Die **Zusammenarbeit mit dem Lieferanten** soll die Leistungsfähigkeit und -bereitschaft steigern, d. h. bestmöglich auf die Anforderungen des Abnehmers abzustimmen. Dies kann grundsätzlich durch **Machtausübung** erreicht werden oder indem die **Attraktivität** der Geschäftsbeziehung bzw. des Bestellauftrags für den Lieferanten gesteigert wird. Abnehmer mit einem hohen Umsatz- oder Referenzpotenzial haben die Möglichkeit, auf die Fertigungsverfahren, auf die Produktspezifikation, die Prüfung, auf die Vorlieferanten, auf die Verpackung und die Warenverteilung des Lieferanten Einfluss zu nehmen (vgl. Abschn. 6.5.2), da der Lieferant ein hohes Interesse an der Zusammenarbeit mit dem Abnehmer zeigt. In bestehenden Geschäftsbeziehungen ist eine Drohung des mächtigen Abnehmers, die Geschäftsbeziehung zu beenden, geeignet, die Anstrengungsbereitschaft des Lieferanten zu steigern. Auch die Durchsetzung leistungsabhängiger Preise und von Verträgen, die entstehende Fehlerkosten auf den Lieferanten überwälzen (vgl. Abschn. 6.5.3) setzen eine relative Machtstellung gegenüber dem Lieferanten voraus. Die Attraktivität der Geschäftsbeziehung ist aus der Sicht des Lieferanten zunächst durch das Umsatzpotenzial eines Abnehmers bestimmt. Die Attraktivität der Geschäftsbeziehung kann daher durch Zentraleinkauf, durch Lieferantenkonzentration (Beschaffung kompletter Warengruppen bei einem Lieferanten-Paketkauf) und langfristige Abnahmeverpflichtungen gesteigert werden. Das Bestell- und Zahlungsverhalten des Abnehmers hat den Charakter eines „Hygienefaktors": stark schwankende Bestellmengen, häufige kurzfristige Änderungen von Bestellaufträgen, Abweichungen vom forecast und das Überziehen von Zahlungszielen sind Verhaltensweisen, die die Attraktivität der Geschäftsbeziehung beeinträchtigen. Frühzeitige und präzise Bedarfsinformationen und der Verzicht auf Vertragsklauseln, die den Lieferanten unangemessen benachteiligen, sind geeignet, die Attraktivität der Geschäftsbeziehung zu erhöhen.

Die Lieferantenzulassung soll **vor der Auftragserteilung** sicherstellen, dass der Lieferant die an ihn gestellten Anforderungen erfüllt (Lieferantenzulassung wirkt so als Instrument der **Qualitätslenkung**). Dazu müssen zunächst die Anforderungen an den Lieferanten systematisch erfasst werden (vgl. Abschn. 6.1) und die Fähigkeit und Bereitschaft des Lieferanten untersucht werden, diese Anforderungen zu erfüllen. Da bei einer Erstzulassung noch keine Erfahrungen mit dem Lieferanten vorliegen, müssen primäre und sekundäre Informationsquellen gesucht werden, die die gewünschte Auskunft geben. Der unterschiedlichen Bedeutung der Anforderungen ist durch eine Gewichtung der Kriterien Rechnung zu tragen. Das Zulassungsverfahren und sein Ergebnis müssen nachvollziehbar dokumentiert werden für Vorgesetzte, Kollegen, Zertifizierungsbehörde und Kunden bei Auseinandersetzungen über deliktische Schadensersatzansprüche (Lieferantenzulassung wirkt in diesem Falle als Instrument der **Qualitätssicherung**).

Das Zulassungsprocedere sollte möglichst **standardisiert** sein. Eine Standardisierung der Beurteilungskriterien, der Gewichtung der Kriterien, des Zulassungsablaufs und der Informationsquellen erlaubt den **Austausch von Informationen** unter Einkäufern in verschiedenen Geschäftsbereichen und an verschiedenen Standorten, die von dem Lieferanten die gleichen oder andere Produkte beziehen wollen (**Wissens-Management**). Sie reduziert die **Kosten** für die Lieferantenzulassung beim Abnehmer und beim Lieferanten durch die Vermeidung von Mehrfach-Zulassungen. Nur ein standardisierter Prozess ist so **transparent**, dass auch Mitarbeiter, die den Prozess nicht selbst durchgeführt haben, Vertrauen in die Beurteilungsergebnisse entwickeln können. Der standardisierte Prozess kann ständig **verbessert** werden, bis er den Reifegrad „kontrolliert" erreicht hat.

Ein Standard-Prozess müsste sich jedoch an den umfassendsten Anforderungen an den Lieferanten ausrichten (Systemlieferant, langfristige, enge Bindung). Der Aufwand wäre in einigen Fällen zu hoch. **Ein** Prozess kann auch den unterschiedlichen Anforderungen und Gewichtungen der Beurteilungskriterien nicht gerecht werden, die sich durch unterschiedliche Beschaffungsobjekte und die geplante Dauer und Intensität der Zusammenarbeit ergeben. Eine **Differenzierung** sollte zumindest die direkten und indirekten physischen Produkte und Dienstleistungen unterscheiden. Eine weitere Differenzierung ist sinnvoll hinsichtlich der geplanten Art, Dauer und Intensität der Zusammenarbeit. Auch eine mehrdimensionale ABC-Klassifizierung kann sinnvoll sein.

Die Eignung eines Lieferanten wird in der Praxis durch ein **Procedere** geprüft, das (maximal) die folgenden Stufen durchläuft (vgl. Friederici 2002 S. 32ff, Niemann u. a. 1997 S. 88, Linz 2005 S. 55ff):

- Musterprüfung,
- Selbstauskunft des Lieferanten,
- Auswertungen eventuell vorhandener Erfahrungen mit dem Lieferanten,
- Probelieferungen,
- Lieferanten-Audit.

Für Beschaffungsobjekte mit Serienbedarf und commodity-Charakter wird der Einkauf **Muster** bei mehreren Lieferanten anfordern, die einer ausführlichen technischen Prüfung unterzogen werden. Dabei werden von allen wesentlichen Qualitätsmerkmalen Soll- und Ist-Werte verglichen, um eine Prüfung der Funktionserfüllung vorzunehmen. Aussagekräftig sind die

Ergebnisse der Musterprüfung nur, wenn das Muster beim Lieferanten mit serienmäßigen Betriebsmitteln und unter normalen Fertigungsbedingungen hergestellt wurde.

Eine Musterprüfung ist bei Beschaffungsobjekten nicht möglich bzw. nicht wirtschaftlich, die einmaligen Bedarf haben und hochwertig sind (Anlagen, Hochzeitskleid). Wenn der Lieferant bereits für die Musterherstellung Investitionen in Produktentwicklung, Anlagen und Werkzeuge tätigen müsste (specialities), unterbleibt die Musterprüfung ebenfalls aus wirtschaftlichen Gründen oder wird auf einen kleinen Kreis Lieferanten beschränkt.

Der Abnehmer wird bei Commodities nicht darauf verzichten, vor der Zulassung neuer Lieferanten Informationen über die laufende Ausführungsqualität einzuholen. Eine Möglichkeit besteht darin, eine oder mehrere **Probelieferungen** zu bestellen, deren Umfang so groß ist, dass „besondere" Anstrengungen zur Erfüllung der Spezifikation nicht möglich sind, so dass Serienbedingungen unterstellt werden können.

Verbreitet ist mittlerweile die Forderung an den Lieferanten, einen Fragebogen zur **Selbstauskunft** über sein Qualitätsmanagement auszufüllen; dieser Fragebogen umfasst alle oder einige Fragen, die bei einem sog. Audit gestellt werden, um zu überprüfen, wie der Lieferant die Qualität seiner Produkte und Dienstleistungen sicherstellt. Die Fragen konzentrieren sich auf die Elemente eines Qualitätsmanagementsystems, also auf Abläufe und Zuständigkeiten, Nachweis eines Zertifikats, die Durchführung fertigungsbegleitender Prüfungen und der Ausgangsprüfung sowie die Durchsetzung von qualitätslenkenden Maßnahmen beim Vorlieferanten.

Wenn ein Lieferant bereits andere Warengruppen liefert, werden auch **Erfahrungen** mit der Liefertreue und Qualitätszuverlässigkeit in die Beurteilung einbezogen. Diese Erfahrungen werden in der laufenden Lieferantenbewertung mit Kennzahlen erfasst.

Wenn kein Zertifikat nach DIN EN ISO 9001 nachgewiesen wird oder das Zertifikat als nicht ausreichend empfunden wird, wird eventuell ein eigenes **Audit** beim Lieferanten durchgeführt (vgl. Binke/Witthaus 1997 S. 45 ff). Ein Audit ist eine systematische und unabhängige Untersuchung um festzustellen,

- ob schriftliche (oder mündliche) Anordnungen in der praktischen Umsetzung verwirklicht werden,
- ob die Anordnungen geeignet sind, die gewünschten Ziele und Ergebnisse zu erreichen.

Die nachfolgende Abb. 6-5 zeigt das Zulassungsprocedere im Überblick. Die angegebenen Schritte werden nicht in jedem Falle und nicht zwingend in der angegebenen Reihenfolge durchlaufen.

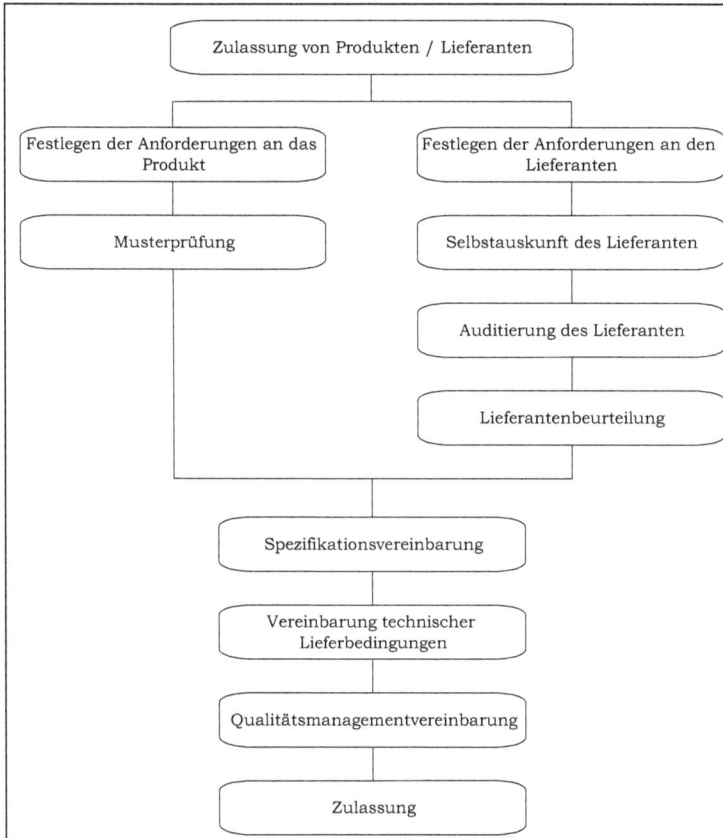

Abb. 6-5: Lieferantenzulassung

Lieferanten werden nicht nur vor der Auftragserteilung einer Beurteilung unterzogen. Insbesondere bei Stammlieferanten wird eine laufende Überprüfung ihrer Termin-, Mengen- und Qualitätszuverlässigkeit durchgeführt.

Die laufende Kontrolle der Lieferleistung (**Lieferantenbewertung**) hat die **Aufgabe** (vgl. Abb. 6-6), die Erwartungen und Referenzen, die vor der Auftragserteilung zur Lieferantenauswahl geführt haben, zu überprüfen (vgl. Friederici 2002 S. 78ff). Die Ergebnisse der Lieferantenbewertung können die Auswahlentscheidung bei Wiederholungskäufen und Verhandlungen argumentativ unterstützen. Die Leistungen der Stammlieferanten müssen beobachtet werden, um nachlassende Leistungen zu erkennen und die Erfolge von Verbesserungsprojekten messbar zu machen. Für den Einkauf sind die Ergebnisse der laufenden Lieferantenbewertung die Grundlage, die Lieferanten in Klassen einzuteilen und prefered supplier zu benennen, mit denen eine Ausweitung der Beziehungen angestrebt wird sowie die Lieferanten zu erkennen, die nach Möglichkeit nicht mehr beschäftigt werden sollen. Große Abnehmer zeichnen besonders leistungsfähige Lieferanten mit Preisen aus und unterstützen damit die Öffentlichkeitsarbeit des Lieferanten. Die Ergebnisse der Lieferantenbewertung zeigen Stärken und Schwächen des Lieferanten auf und geben dem Lieferanten wertvolle

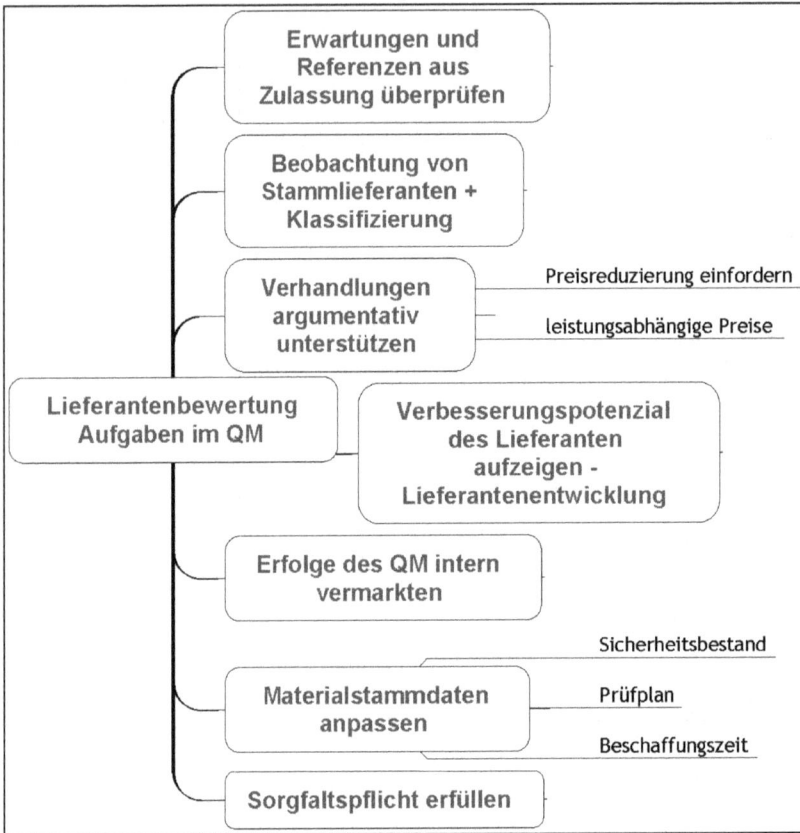

Abb. 6-6: Aufgaben der Lieferantenbewertung

Hinweise auf Verbesserungspotenziale. Die laufende Bewertung der Lieferleistung kann intern gegenüber den anderen Funktionen genutzt werden, die Erfolge der Lieferanten- und Kontraktpolitik zu vermarkten. Für die Materialdisposition sind die aktuellen Ergebnisse der Lieferzuverlässigkeit eine wichtige Datenbasis zur Bestimmung der Sicherheitsbestände bzw. Meldebestände. Angaben über die Qualitätszuverlässigkeit dienen der Prüfplanung als Grundlage, die Prüfhäufigkeit und den Stichprobenumfang festzulegen.

Die **Gestaltung der Lieferantenbewertung** (vgl. Abb. 6-7) muss sich mit der Frage befassen, **für welche Beschaffungsobjekte und Lieferanten** eine laufende Bewertung sinnvoll und wirtschaftlich ist. Nicht immer werden die Kosten der Lieferantenbewertung gerechtfertigt sein und nicht immer kann von der vergangenen Leistung auf die zukünftige Leistung geschlossen werden. In vielen Fällen wird eine regelmäßige Bewertung nur für regelmäßig bezogenes Produktionsmaterial und bedeutende A-Lieferanten durchgeführt.

Für die Erfassung der Qualitätszuverlässigkeit sind der Wareneingang und die Qualitätsprüfung **zuständig**. Für die Meldung verdeckter Mängel, die vor der Freigabe des Materials nicht entdeckt wurden, und für Material, das vor der Verarbeitung keiner Prüfung unterzogen wird

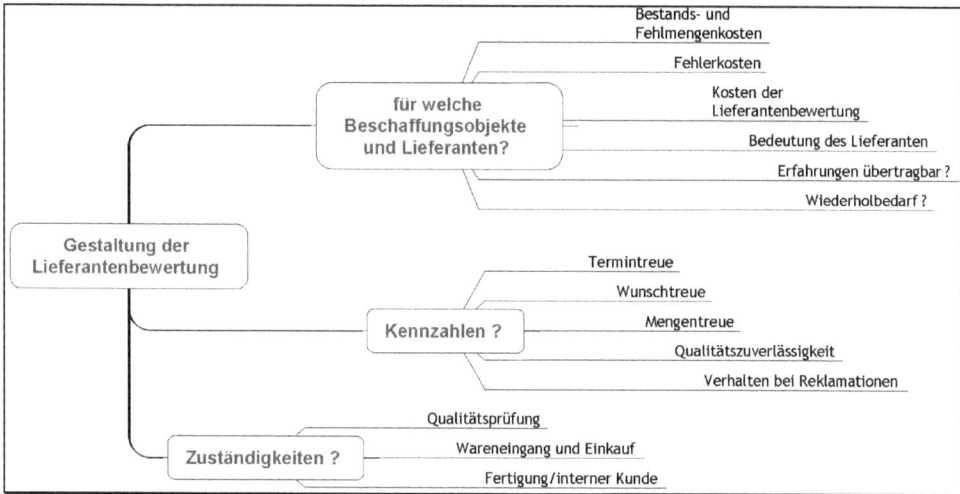

Abb. 6-7: Gestaltung der Lieferantenbewertung

(just-in-time-Beschaffung), ist die Fertigung zuständig. Die Termin- und Mengenzuverlässigkeit wird im Wareneingang bei der Identitätsprüfung erfasst, indem die Angaben über den vereinbarten Liefertermin auf dem Bestellauftrag mit dem tatsächlichen Liefertermin verglichen werden. Voraussetzung für eine exakte Bewertung des Lieferanten ist ein korrekter Eintrag des vereinbarten Liefertermins auf dem Bestellauftrag. Der Einkauf hat hier die Pflicht, Abweichungen zwischen dem Wunsch-Liefertermin und dem bestätigten/vereinbarten Liefertermin im Bestellauftrag zu korrigieren. Die dritte Fragestellung in Zusammenhang mit der Gestaltung der Lieferantenbewertung betrifft die **Kennzahlen** (vgl. Abb. 6-7), die gemessen werden sollen. Zur Messung der logistischen Leistungsfähigkeit werden Termin-, Wunsch- und Mengentreue automatisch in der ERP-Software erfasst, indem die Daten des Bestellauftrags, der Anfrage und des Wareneingangs miteinander verglichen werden. Die Qualitätszuverlässigkeit wird in der Regel auf der Grundlage des Prüfberichts erfasst. Dabei bilden offene Mängel, die zu einer Beanstandung der Lieferung geführt haben, Grundlage für die Bewertung. Die Rückführung verdeckter Mängel, von Ausschuss und fehlerhaften Enderzeugnissen auf den verursachenden Lieferanten bereitet jedoch häufig Probleme.

6.4   Qualitätsprüfung und -sicherung

6.4.1   Prüfschärfe und Fehlerdurchschlupf

In einem konventionellen Beschaffungsprozess wird die Lieferung am Wareneingang des Abnehmers angeliefert. Soweit nicht anders vereinbart, ist eine ordnungsgemäße Qualitätsprüfung und unverzügliche Rüge von Produktmängeln (juristisch Sachmängel) eine Obliegenheit des Käufers, d. h. eine Voraussetzung, um Gewährleistungs- und Schadensersatzansprüche geltend machen zu können. Um Mindermengen und Falschlieferungen festzustellen, wird zunächst

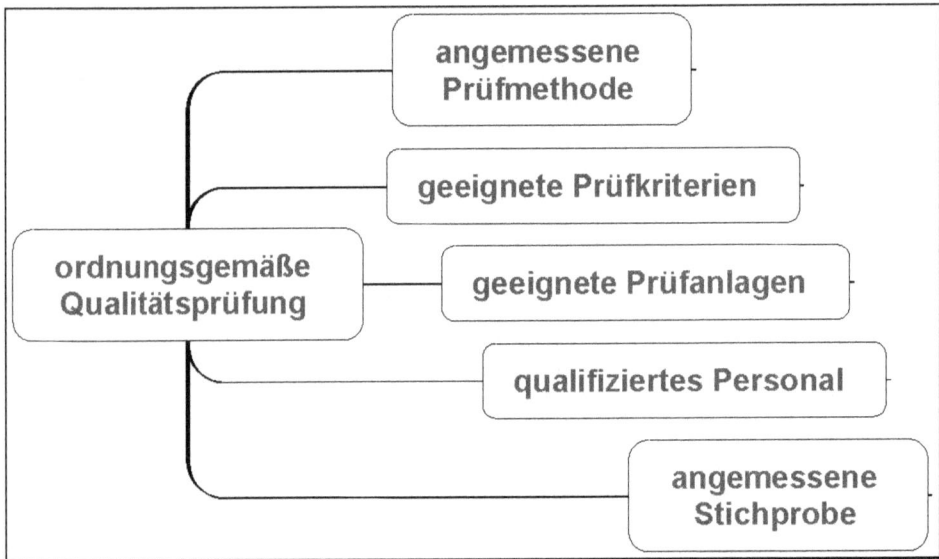

Abb. 6-8: Ordnungsgemäße Qualitätsprüfung

eine **Identitätsprüfung** vorgenommen. Hierzu werden die Daten des Bestellauftrags mit dem Lieferschein und die angelieferten Produkte und Mengen mit den Angaben auf dem Lieferschein verglichen. Die **technische Qualitätsprüfung** hat die Aufgabe, fehlerhafte Produkte zu identifizieren, bei denen Abweichungen zwischen der vereinbarten (oder erwarteten bzw. versprochenen) Spezifikation und den gelieferten Produktmerkmalen vorliegen (sog. offene Mängel). Die Ergebnisse der Qualitätsprüfung entscheiden mit über die Annahme („Freigabe für die Fertigung") oder Rückweisung der Lieferung.

Das abnehmende Unternehmen stellt eine **ordnungsgemäße** Qualitätsprüfung (vgl. Abb. 6-8) sicher, indem es angemessene Prüfmethoden, -kriterien und -anlagen (diese Aspekte sind im sog. Prüfplan festgelegt) benutzt, qualifiziertes Prüfpersonal beschäftigt und eine angemessene Stichprobe[1] (eine Vollprüfung ist unüblich) zieht.

Eine **Stichprobenprüfung** zeichnet sich dadurch aus,

- dass aus der Spezifikation eine beschränkte Anzahl Produktmerkmale als Prüfkriterien ausgewählt werden,
- dass nicht die gesamte Liefermenge geprüft wird, sondern von der Qualität der Stichprobe auf die Qualität der Lieferung geschlossen wird.

Die Stichprobenprüfung geht ein mehr oder minder großes **Prüfrisiko** ein, eine Lieferung für die Fertigung freizugeben, die fehlerhaftes Material enthält, weil das fehlerhafte Merkmal

---

[1]   Der Stichprobenumfang ist abhängig vom Lieferumfang und der festgelegten Prüfschärfe. Vgl. die nachfolgenden Ausführungen zur DIN ISO 2859 und Abschn. 6.4.1.

nicht Prüfkriterium war, weil das fehlerhafte Produkt nicht in der Stichprobe war oder weil das fehlerhafte Merkmal trotz Prüfung nicht erkannt wurde.

Lieferumfang N	AQL 0,65%	AQL 1%	AQL 1,5%	AQL 2,5%	AQL 4%	AQL 10%
	n − c	n − c	n − c	n − c	n − c	n − c
91 bis 150	20 − 0	13 − 0	32 − 1	20 − 1	20 − 2	20 − 5
151 bis 280	20 − 0	50 − 1	32 − 1	32 − 2	32 − 3	32 − 7
281 bis 500	80 − 1	50 − 1	50 − 2	50 − 3	50 − 5	50 − 10
501 bis 1.200	80 − 1	80 − 2	80 − 3	80 − 5	80 − 7	80 − 14
1.201 bis 3200	125 − 2	125 − 3	125 − 5	125 − 7	125 − 10	125 − 21
3.201 bis 10.000	200 − 3	200 − 5	200 − 7	200 − 10	200 − 14	125 − 21
10.000 bis 35.000	315 − 5	315 − 7	315 − 10	315 − 14	315 − 21	125 − 21
35.001 bis 150.000	500 − 7	500 − 10	500 − 14	500 − 21	315 − 21	125 − 21
150.001 bis 500.000	800 − 10	800 − 14	800 − 21	500 − 21	315 − 21	200 − 21

n = Stichprobe

c = Annahmezahl, wenn Anzahl fehlerhafter Teile in der Stichprobe größer c, wird die Lieferung zurückgewiesen. Ist die Anzahl fehlerhafter Teile in der Stichprobe ≤ c, wird die Lieferung angenommen und die identifizierten fehlerhaften Teile als offene Mängel reklamiert.

AQL = Acceptable Quality Level, vgl. Ausführungen zu Abb. 6-11

Abb. 6-9: Auszug aus der DIN ISO 2859 (Quelle: Kronfellner 2005 S. 3)

Bei der Anwendung eines Einfach-Stichprobenverfahrens z. B. nach DIN ISO 2859 in der Eingangsprüfung des Abnehmers entscheidet die Anzahl fehlerhafter Produkte in der Stichprobe über die Annahme oder Rückweisung des gesamten Loses. Der sog. **Stichprobenplan** umfasst den Stichprobenumfang n, die Liefermenge N und die Rückweisezahl c. Die Rückweisezahl c bezeichnet die Mindestzahl fehlerhafter Einheiten in der Stichprobe, die zu einer Annahmeverweigerung der Lieferung führt. Ist die Anzahl fehlerhafter Produkte in der Stichprobe kleiner c, wird die Lieferung angenommen (die fehlerhaften Produkte werden als offene Mängel beanstandet), im anderen Falle wird die gesamte Lieferung zurückgewiesen (vgl. Abb. 6-9). Die Entscheidung über die weitere Behandlung oder über die Verwendung einer rückgewiesenen Lieferung richtet sich nach der Situation (Dringlichkeit des Bedarfs und Höhe der entstehenden Fehlmengenkosten im Vergleich zu den Fehlerkosten) und/oder der bestehenden Vereinbarung (Aussortieren, Nacharbeiten, Zurückschicken).

Das Einfachstichprobenverfahren arbeitet nach dem Prinzip „Ziehen ohne Zurücklegen" aus der Wahrscheinlichkeitstheorie: In einem Gefäß befinden sich N Kugeln (Lieferumfang), davon sind X weiße (fehlerfreie) und Y blaue Kugeln (fehlerhafte Teile). Es wird n mal ohne Zurücklegen gezogen (Stichprobe). Sind in der Stichprobe mehr als c blaue Kugeln, wird die Lieferung komplett zurückgewiesen. Die Annahmekennlinie des Stichprobenplans n − c gibt

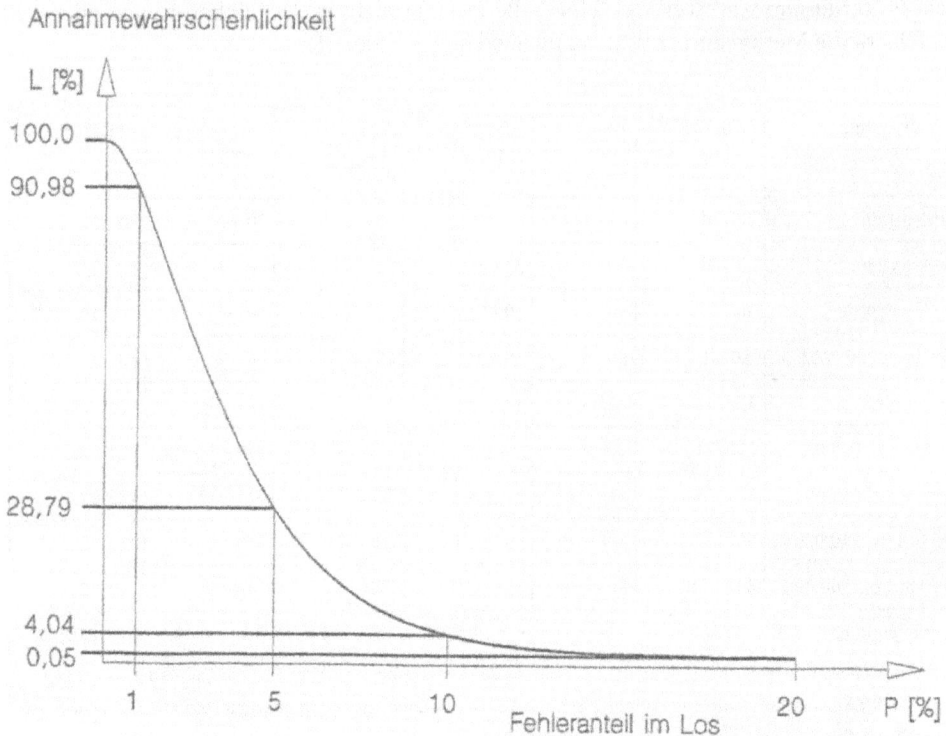

Abb. 6-10: Annahmekennlinie des Stichprobenplans 50-1 aus N = 1.000

für alternative Fehleranteile (Anteil blaue Kugeln im Gefäß) die Wahrscheinlichkeit an, dass die Anzahl blauer Kugeln in der Stichprobe kleiner ist als c, d. h. die Lieferung angenommen wird (vgl. Abb. 6-10).

Beispiel:
Die Annahmekennlinie des Stichprobenplans $n - c = 50 - 1$ (Stichprobenumfang n, Annahmegrenze c) ergibt bei einem Lieferumfang N = 1.000 eine Annahmewahrscheinlichkeit 90,98%, wenn sich in dem Lieferumfang 1% fehlerhafte Teile befinden würden und eine Annahmewahrscheinlichkeit 4,04%, wenn sich 10% fehlerhafte Teile in der Lieferung befinden würden.

Für eine gegebene Liefermenge und einen gegebenen Fehleranteil im Lieferlos ist die Annahmewahrscheinlichkeit (und damit der sog. **Fehlerdurchschlupf** oder das Prüfrisiko) umso höher, je kleiner die Stichprobe und je höher die Rückweisezahl c (vgl. Abb. 6-11).

Bei wechselnden Lieferumfängen wird der Stichprobenplan von Lieferung zu Lieferung neu festgelegt. In diesem Falle wird dem Qualitätsprüfer das Prüfrisiko **AQL** (Acceptable Quality Level) vorgegeben. Die Rückweisezahl und der Stichprobenumfang können für den jeweiligen Lieferumfang in Abhängigkeit von AQL in Tabellen abgelesen werden (vgl. Abb. 6-9).

Annahmewahrscheinlichkeit

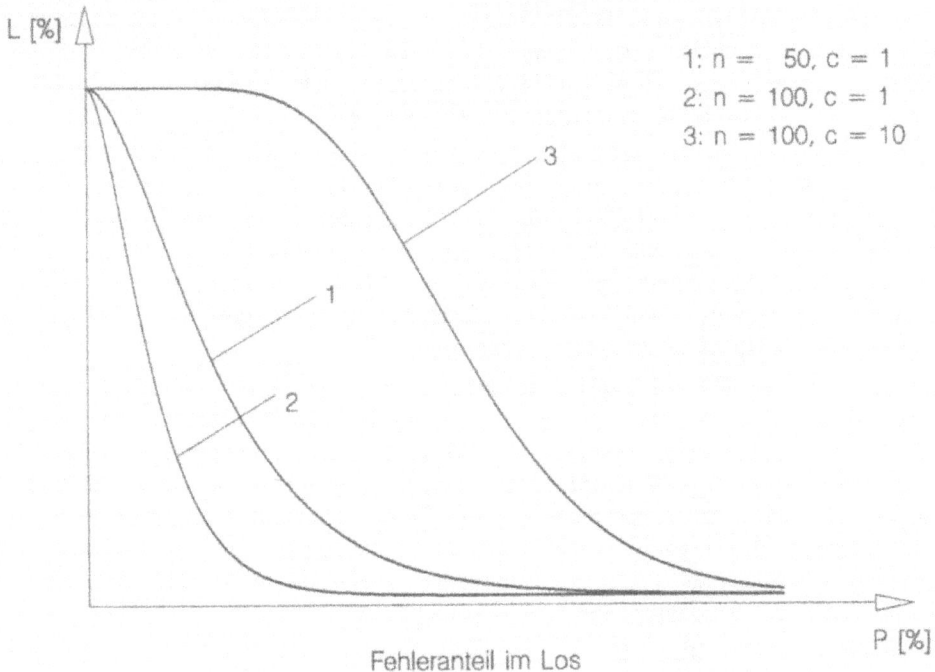

L [%]

1: n =   50, c = 1
2: n = 100, c = 1
3: n = 100, c = 10

3

1

2

Fehleranteil im Los

P [%]

Abb. 6-11: Prüfrisiko alternativer Stichprobenpläne für N = 1.000

Die Maßzahl AQL (Acceptable Quality Level) ist **ein** charakteristischer Wert der **Annahmekennlinie**. AQL entspricht dem Fehleranteil im Lieferlos, der bei Anwendung des entsprechenden Stichprobenplans mit einer Wahrscheinlichkeit von 90% angenommen und einer Wahrscheinlichkeit von 10% zurückgewiesen werden würde. Die AQL ist demnach eine Maßzahl für das **Prüfrisiko**: je größer die AQL, umso größer die Wahrscheinlichkeit, dass fehlerhafte Produkte in der Eingangsprüfung nicht entdeckt, sondern der Fertigung zugeführt werden. Wenn der Abnehmer ein AQL 2 festlegt, weist er Lieferungen mit einem Fehleranteil von 2% in 10% der Fälle zurück und gibt die Lieferung in 90% der Fälle für die Fertigung frei.

Die Festlegung und Vereinbarung eines AQL dient allein der Festlegung eines Stichprobenplans; sie **berechtigt** den Lieferanten nicht, einen bestimmten Anteil fehlerhafter Produkte zu liefern. Sie **verpflichtet** auch den Abnehmer nicht, einen bestimmten Anteil unbemerkt gebliebener fehlerhafter Produkte hinzunehmen. Die in der Stichprobe festgestellten fehlerhaften Produkte werden als offene Mängel beanstandet, später festgestellte Mängel gelten als verdeckt, für die die üblichen Gewährleistungs- und Schadensersatzansprüche bestehen. Die Festlegung oder Vereinbarung eines AQL wirkt aber auch als Instrument der Qualitätslenkung. Will ein Lieferant langfristige Lieferbeziehungen zu einem Abnehmer, muss er so fertigen und prüfen, dass nur ein verschwindend kleiner Anteil der Prüflose einen größeren

Anteil fehlerhafter Einheiten als der AQL hat. Insofern ist der AQL tatsächlich eine **Grenzlage** der Qualität, die ein Lieferant grundsätzlich erreichen muss, um den betreffenden Abnehmer als Stammlieferant beliefern zu können. Je kleiner der AQL ist, umso höher ist die Rückweisewahrscheinlichkeit der Lieferung bei einem bestimmten Fehleranteil im Prüflos. Daraus ergibt sich für den Lieferanten ein ‚Zwang' immer mehr Prozessparameter zu beherrschen, um eine Rückweisung seiner Lieferungen zu vermeiden.

Bei der **Festlegung** eines **wirtschaftlichen Prüfrisikos** sind Fehlerkosten und Prüfkosten zu berücksichtigen. Je **kleiner** das geforderte Prüfrisiko, umso größer wird – bei Lieferumfängen größer 10.000 Stück (vgl. Abb. 6-9) – der Stichprobenumfang und um so höher die **Prüfkosten**. Andererseits sinkt das Risiko, fehlerhaftes Material für die Fertigung freizugeben und damit die Fehlerkosten. Je kleiner das Prüfrisiko, desto größer wird jedoch auch die Gefahr des Auftretens von Fehlmengenkosten, da die Wahrscheinlichkeit steigt, dass Lieferungen komplett zurückgewiesen werden.

Da die Fehlerkosten häufig nicht genau angegeben werden können, verwendet man in der Praxis ein einfaches Verfahren zur Fehlerklassifizierung. Die zu prüfenden Qualitätsmerkmale werden verschiedenen Fehlerklassen zugeordnet: Fehlerklasse I beeinträchtigen als Nebenfehler nicht die beabsichtigte Verwendung (Kratzer, abweichende Farbe). In Fehlerklasse II (Hauptfehler) werden Abweichungen von den Zielwerten eingeordnet, die die Brauchbarkeit des Erzeugnisses für den vorgesehenen Zweck nur geringfügig beeinträchtigen. Fehlerklasse III sind kritische Fehler, die die geplante Verwendung nicht zulassen. Anschließend weist man allen Fehlern einer Fehlerklasse einen AQL zu, zum Beispiel:

Fehlerklasse I: AQL = 5,0

Fehlerklasse II: AQL = 2,0

Fehlerklasse III: AQL = 0,5.

6.4.2   Qualitätsprüfung im Wareneingang – ein aussterbendes Instrument des Qualitätsmanagements?

Konventionelle Materialbeschaffungsprozesse sehen eine Qualitätsprüfung beim Abnehmer vor, bevor das Material freigegeben wird für die Fertigung. Auch das HGB betrachtet die ordnungsgemäße Qualitätsprüfung als „Obliegenheit" des Abnehmers. Gegen eine Qualitätsprüfung beim Abnehmer sprechen jedoch eine Reihe von Argumenten, die Anlass geben, einen Verzicht auf Qualitätsprüfung in Erwägung zu ziehen (vgl. Rothe 2007 und Abb. 6-12):

- Qualitätsprüfung im Wareneingang ist **nicht möglich**, wenn das angelieferte Material erst im verbauten Zustand auf Funktionsfähigkeit geprüft werden kann.

- Qualitätsprüfung im Wareneingang ist **nur begrenzt wirksam,** fehlerhafte Merkmale zu identifizieren. Zerstörende Prüfung, Zeitdruck und hohe Prüfkosten sind Argumente für kleine Stichproben, die wiederum ein entsprechendes Prüfrisiko bergen. Darüber hinaus wird vor allem bei Abnehmern, die ein breites Beschaffungsprogramm beziehen, die Prüfqualität unter Umständen dadurch eingeschränkt, dass beim Abnehmer die benötigte Prüfkompetenz oder Prüfanlagen nicht vorhanden sind, dass die Beschaffungsobjekte sehr viele Spezifikationsmerkmale aufweisen und dass der Fehleranteil in der Lieferung gering ist.

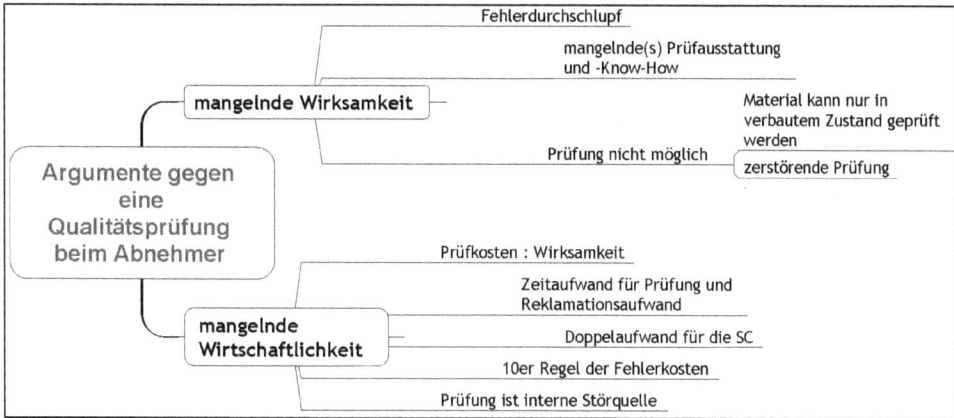

Abb. 6-12: Argumente gegen eine Qualitätsprüfung beim Abnehmer

- Der Lieferant sollte als Fertigungsspezialist mögliche Material-, Fertigungs- und Produktfehler und Methoden, diese frühzeitig zu erkennen, eher kennen als der Abnehmer, der ein durch geringe Fertigungstiefe breites Beschaffungsprogramm bezieht. Der Lieferant verfügt eher über Prüfausstattung und qualifiziertes Personal als der Abnehmer, so dass die **Prüfqualität des Lieferanten besser** sein sollte (geringerer Fehlerdurchschlupf) als die des Abnehmers.

- Die Qualitätsprüfung im Wareneingang verursacht hohe **Kosten** für die Prüfausstattung, Prüfpersonal und Prüfmaterial.

- Die Prüfung nimmt **Zeit** in Anspruch, die die Durchlaufzeit und bei auftragsorientierter Materialbereitstellung und Fertigung die Lieferzeit verlängert.

- Die Qualitätsprüfung im Wareneingang kann eine interne Ursache für Versorgungsstörungen bilden, wenn die Prüfungszeit starken Schwankungen unterliegt (Liegezeit vor Bearbeitung).

- Aus Sicht des unternehmensübergreifenden Supply Chain Management ist die Prüfung bei Lieferant und Abnehmer Verschwendung (Doppelaufwand bei Prüfkosten), wenn die gleichen Prüfkriterien und Toleranzen geprüft werden und zwischen dem letzten Prüfungsschritt und der Anlieferung beim Abnehmer keine Qualitätsrisiken auftreten (Transport, Lagerung). Die Prüfung beim Lieferanten reduziert die Fehlerkosten der Supply Chain, da fehlerhafte Produkte bereits beim Lieferanten identifiziert und aussortiert oder nachbearbeitet werden können und somit die Kosten der Reklamationsabwicklung und Nachbesserung / Ersatzlieferung vermieden werden.

Ein Verzicht auf Qualitätsprüfung beim Abnehmer kann bedeuten, dass die Prüfung auf den Lieferanten übertragen wird oder dass die Prüfung durch präventive Maßnahmen ersetzt wird. Ein Verzicht auf eine Qualitätsprüfung wäre auch dann sinnvoll, wenn die Fehlerkosten geringer sind als die Prüfungskosten.

Der Verzicht auf die Qualitätsprüfung im Wareneingang **setzt voraus,** dass bereits gute **Erfahrungen** mit der **Qualitätszuverlässigkeit** des Lieferanten gewonnen wurden. Diese werden durch die „Qualitätsgeschichte" des Lieferanten gewonnen, die in den bisherigen Prüfergebnissen dokumentiert ist oder durch den Nachweis des Lieferanten, dass er seine Prozesse beherrscht, d. h. dass die maximale Abweichung vom Erwartungswert der Merkmalsausprägung kleiner ist als die Toleranz des Abnehmers.

Ist die Prozessbeherrschung und Qualitätsfähigkeit des Lieferanten nicht sicher, kann die Qualitätsprüfung beim Abnehmer durch eine **kundenspezifische** Qualitätsprüfung beim Lieferanten ersetzt werden. Diese ist jedoch nur dann ausreichend, wenn die Prozessschritte Lager beim Lieferanten, Transport und Umschlag kein Qualitätsrisiko bergen oder wenn Sachmängel im Rahmen der Identitätsprüfung durch einfache Sichtkontrolle (defekte Verpackung) erkennbar sind.

Die Übertragung und der Ersatz der Prüfung durch präventives Qualitätsmanagement beim Lieferanten erfordern umfangreiche und individuelle **Verträge**, für die hohe Transaktionskosten entstehen (vgl. Rothe 2007):

Eine vollständige und unmissverständliche Information des Lieferanten über die geforderte Spezifikation, Verwendungsabsichten und Belastungen (**Spezifikationsvereinbarung**) ist Voraussetzung, dass der Lieferant seine Fertigung, Verpackung und Prüfung auf die Belange des Kunden anpassen kann. Die **Abbedingung** der Prüf- und Rügepflicht ist erforderlich, um die gesetzliche Obliegenheit der ordnungsgemäßen Prüfung und unverzüglichen Rüge als Voraussetzung zur Durchsetzung von Gewährleistungsansprüchen auszuschließen. Der Abnehmer wird nicht auf eine **Prüfvereinbarung** (vgl. Abschn. 6.5.4) verzichten, auch um seinen unternehmerischen Sorgfaltspflichten Rechnung zu tragen. Der Abnehmer wird versuchen, die in Abschnitten 6.5.2 und 6.5.3 erläuterten vertraglichen **Vereinbarungen** (technische Liefer- und Abnahmebedingungen, umfassende Garantie, qualitätsabhängige Preise) **zur Vermeidung fehlerhafter Lieferungen** und zur **Überwälzung der Fehlerkosten** zu treffen.

Der Verzicht auf eine Qualitätsprüfung beim Abnehmer setzt auf beiden Seiten ein hohes **Interesse** an der Geschäftsbeziehung und eine auf **langfristige Zusammenarbeit** angelegte Beziehung voraus: Der Lieferant übernimmt eine größere Verantwortung und Qualitätskosten, der Abnehmer akzeptiert eine steigende Abhängigkeit vom Lieferanten und investiert hohe Transaktionskosten. Diese Art der Zusammenarbeit wird vorwiegend bei direktem und indirektem Produktionsmaterial praktiziert, das **regelmäßig** in **gleich bleibender Spezifikation** bezogen wird. Für sporadischen Bedarf und Einmalbedarf wird ein Verzicht auf Qualitätsprüfung beim Abnehmer nicht in Erwägung gezogen.

Um die **Wirtschaftlichkeit** eines Verzichts auf Qualitätsprüfung beim Abnehmer zu prüfen, sind Veränderungen der Fehlerkosten, Prüfkostenersparnis, Transaktionskosten und eventuell steigende Einstandskosten zu gegenüberzustellen.

6.5   Vertragliche Vereinbarungen mit dem Lieferanten

6.5.1   Ziele der Kontraktpolitik im Qualitätsmanagement

Mit der Gestaltung von Verträgen können die folgenden Ziele verfolgt werden (vgl. Abb. 6-13):

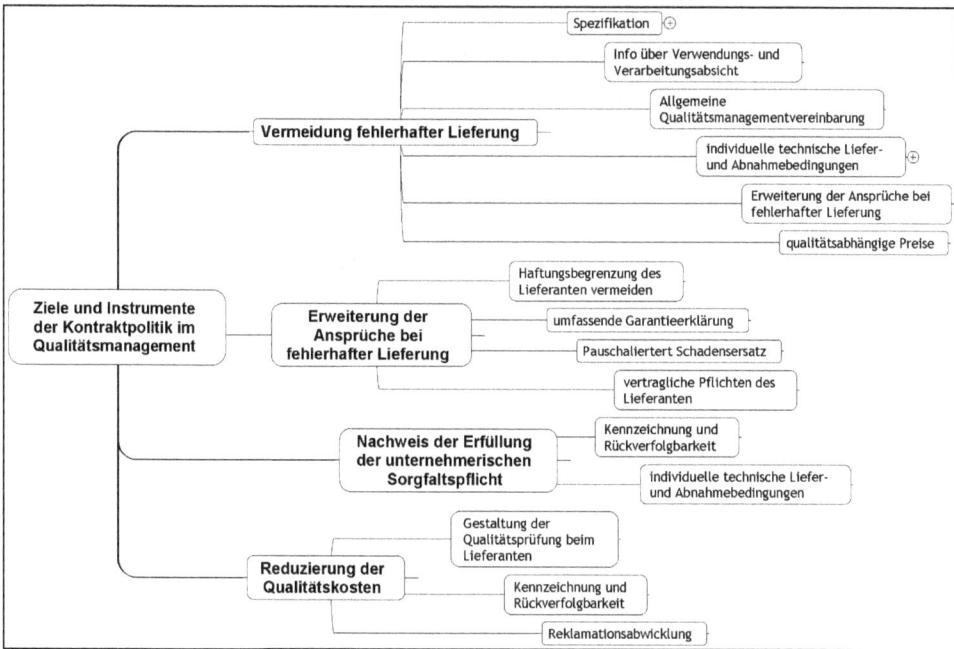

Abb. 6-13: Ziele und Instrumente der Kontraktpolitik im Qualitätsmanagement

- Verträge unterstützen die präventive Qualitätslenkung, d. h. sie verfolgen die Absicht, **fehlerhafte Lieferungen zu vermeiden.** Verträge informieren den Lieferanten zunächst über die Erwartungen und Anforderungen an die Produkt- und Leistungsmerkmale. Vertragliche Vereinbarungen nehmen Einfluss auf die Arbeitsweise des Lieferanten, sie drohen mit der Überwälzung von Fehlerkosten und Vertragsstrafen.

- Verträge sind die Grundlage, um die gesetzlichen **Ansprüche** bei fehlerhaften Lieferungen leichter durchzusetzen oder zu **erweitern**.

- Verträge erleichtern den Nachweis, dass die unternehmerischen **Sorgfaltspflichten** gegenüber dem Lieferanten erfüllt werden.

- Vereinbarungen mit dem Lieferanten sind geeignet, die Wirtschaftlichkeit des Qualitätsmanagements zu verbessern, indem die Fehlerkosten und Prüfkosten des Abnehmers und der logistischen Kette gesenkt werden.

6.5.2   Vereinbarungen zur Vermeidung fehlerhafter Lieferungen

Vertragliche Vereinbarungen mit dem Lieferanten sind als **präventives Qualitätsmanagementinstrument** geeignet, fehlerhafte Lieferung zu vermeiden. Sie sollen sicherzustellen, dass die geforderten Merkmale beim Lieferanten **fehlerfrei hergestellt** werden. Fehlerfreie Produkte müssen angemessen gelagert, verpackt, umgeschlagen und transportiert werden, um eine **fehlerfreie Anlieferung** zu gewährleisten. Fehlerhafte Produkte sollen in der Ausgangsprüfung identifiziert und aussortiert bzw. nachgebessert werden. Um die genannten Ziele zu erreichen, sind die folgenden Vertragsinhalte zu erwägen (vgl. Abb. 6-13):

- Eine **Spezifikationsvereinbarung mit Zielwerten und Toleranzen** vermeidet Missverständnisse und klärt die Prioritäten des Abnehmers. Dies ist Grundlage für die Vermeidung von Fehlern beim Lieferanten.

- Eine **Information über die geplante Verwendung und Belastungen** verpflichtet den Lieferanten, auf ungeeignete Spezifikation hinzuweisen und hilft Fehler zu vermeiden und gegebenenfalls Schadensersatz wegen Mitverschulden durchzusetzen.

- **Allgemeine Qualitätsmanagement-Vereinbarungen** verpflichten den Lieferanten zur Einführung eines Qualitätsmanagement-Systems z. B. nach ISO 9001 und sind Grundlage sicherer Prozesse beim Lieferanten.

- **Individuelle technische Liefer- und Abnahmebedingungen** (vgl. Abb. 6-14) regeln das produktspezifische Qualitätsmanagement des Lieferanten. Sie schreiben die Qualität des eingesetzten **Vormaterials**, die **Qualifikation** von Mitarbeitern, bestimmte **Fertigungs-, Prüfverfahren, Verpackung, Transportmittel, logistische Dienstleister und Vorlieferanten** vor. Eine **Prüfvereinbarung**, die die **Ausgangsprüfung** des Lieferanten hinsichtlich Prüfverfahren, -schärfe und -kriterien regelt, soll einen geringen Fehlerdurchschlupf in seiner Ausgangsprüfung erreichen und so die Auslieferung fehlerhafter Produkte an den Abnehmer verhindern. Die **Vereinbarung einer niedrigen AQL** für die Qualitätsprüfung des **Abnehmers** (vgl. Abschn. 6.4.1) erzeugt Druck auf das Qualitätsmanagement des Lieferanten: Er muss sicherstellen, dass die Fehlerquote seiner Lie-

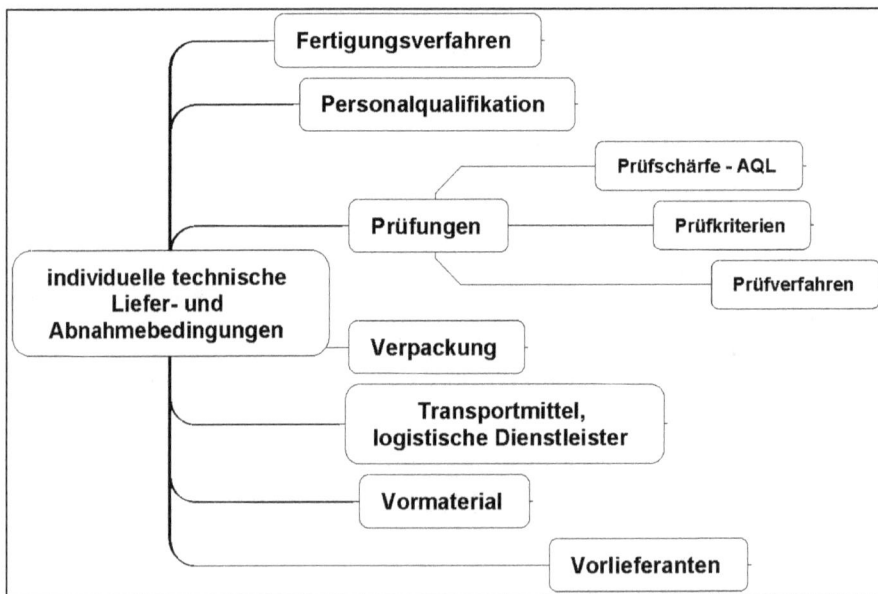

Abb. 6-14: Individuelle technische Liefer- und Abnahmebedingungen

ferungen deutlich geringer ist als die AQL, um zu vermeiden, dass seine Lieferungen häufig komplett abgelehnt werden.

- **Preise in Abhängigkeit von der Lieferqualität** dienen dem Lieferanten als Anreiz, fehlerfreie Lieferungen zu gewährleisten.

- Eine umfassende **Garantieerklärung** (vgl. Abschn. 6.5.3) des Lieferanten, die dem Abnehmer Ersatz für den gesamten direkten und indirekten Mangelschaden verspricht, ist geeignet, das Interesse des Lieferanten zu steigern, fehlerhafte Lieferungen zu vermeiden.

- Eine **Vertragsstrafe**, die der Lieferanten pauschal bei fehlerhafter Lieferung zu zahlen hat (vgl. Abschn. 6.5.3), ist geeignet, Fehlerkosten auch dann zu überwälzen, wenn der Lieferant nicht schuldhaft gehandelt hat und bietet je nach Höhe der Vertragsstrafe eventuell einen Anreiz für den Lieferanten, qualitätsverbessernde Maßnahmen zu ergreifen.

Zu bedenken ist jeweils, dass die Vereinbarung individueller Verträge hohe Transaktionskosten verursacht, die nur bei hohen Fehlerfolgekosten und Prüfkosten im Wareneingang des Abnehmers gerechtfertigt sind. Zum anderen setzt der Abschluss individueller Verträge auch ein hohes Interesse des Lieferanten am Auftrag oder an der langfristigen Geschäftsbeziehung voraus.

6.5.3   Vereinbarungen zur Erweiterung der gesetzlichen Schadensersatzansprüche

Soweit nichts Anderes vereinbart wurde, sind die Rechte des Käufers bei Mängeln im Schuldrecht des BGB geregelt (vgl. Abb. 6-15). Danach ist der Lieferant zur Lieferung einer Sache verpflichtet (§ 433 Abs.1 BGB), die frei von Sach- und Rechtsmängeln ist. Die Ware hat einen **Sachmangel**,

- wenn sie bei Gefahrenübergang die „vereinbarte Beschaffenheit" (Spezifikationsmerkmale) nicht aufweist,

- wenn sie sich für die nach dem Vertrag vorgesehene Verwendung nicht eignet,

- wenn sie sich für die gewöhnliche Verwendung nicht eignet (Abnehmer und Lieferant haben keine Spezifikation vereinbart und der geplante Verwendungszweck geht nicht aus dem Vertrag hervor) und eine Beschaffenheit nicht aufweist, die bei Sachen der gleichen Art üblich ist und die der Käufer erwarten kann. Hierzu zählen auch Eigenschaften, die der Abnehmer nach den öffentlichen Äußerungen des Lieferenten oder seiner Mitarbeiter z. B. in Prospekten und in der Werbung erwarten kann,

- wenn die Montage seitens des Lieferanten oder seiner Erfüllungsgehilfen unsachgemäß durchgeführt wird und wenn die Montageanleitung mangelhaft ist.

In § 434 Abs.3 BGB wird die **Falschlieferung** und **Mindermengenlieferung** (diese werden in der Identitätsprüfung festgestellt) ausdrücklich einem Sachmangel gleichgestellt.

Nach dem HGB kann der Abnehmer seine Rechte aus einem Liefermangel nur geltend machen (vgl. Abb. 6-15), wenn er seiner sog. **Prüf- und Rügepflicht** nachgekommen ist. Er ist verpflichtet, die eingehende Lieferung einer ordnungsgemäßen Qualitätsprüfung (d. h. die Stichprobe muss dem Lieferumfang und den bisherigen Erfahrungen mit dem Lieferanten

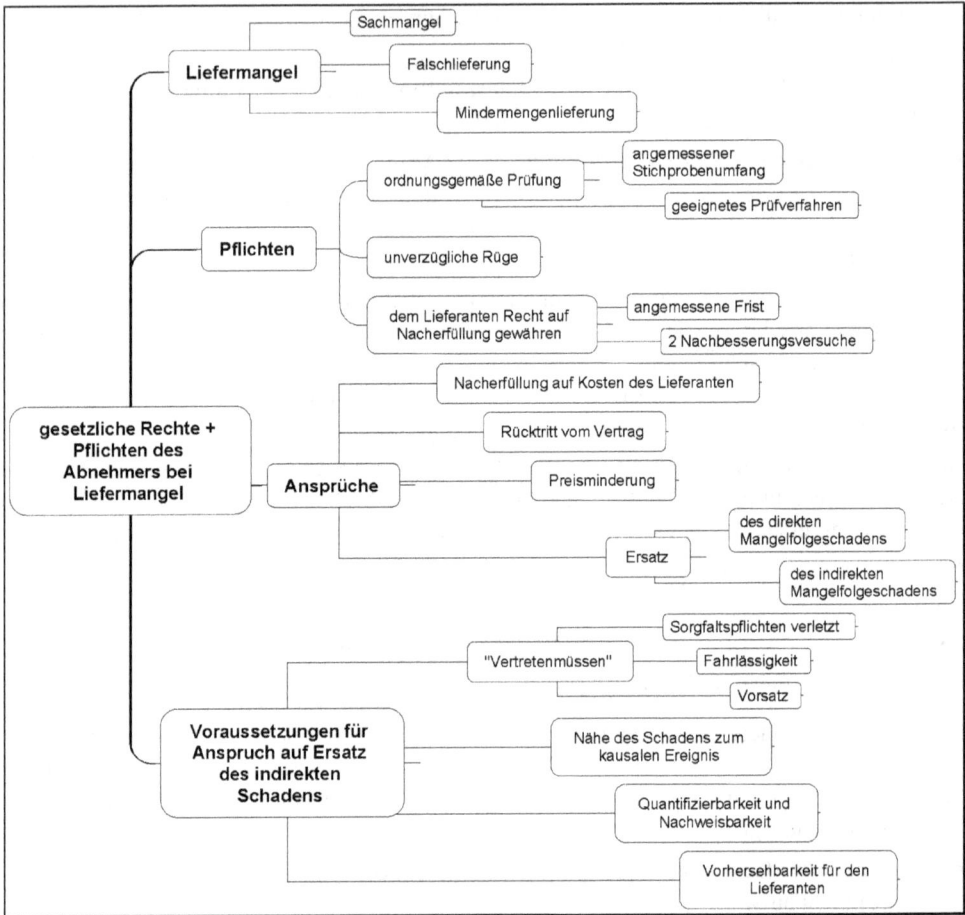

Abb. 6-15: Gesetzliche Rechte und Pflichten des Abnehmers bei Liefermangel

sowie den Fehlerkosten entsprechend angemessen sein) zu unterziehen und Beanstandungen ohne schuldhaftes Verzögern zu reklamieren.

Wird eine mangelhafte Sache geliefert (vgl. Abb. 6-15), steht dem Abnehmer zunächst – unabhängig von einem Verschulden des Lieferanten – ein Anspruch auf **Nacherfüllung zu** (§ 437 Nr. 1 BGB). Als Nacherfüllung kann der Abnehmer – nach seiner Wahl – die Reparatur oder die Lieferung einer mangelfreien Sache verlangen (§ 439 Abs. 1 BGB). Der Lieferant hat die in Zusammenhang mit der Nacherfüllung entstehenden Aufwendungen für Transport, Personal und Material zu tragen (§ 439 Abs. 2 BGB). Der Lieferant kann die vom Abnehmer gewählte Art der Nacherfüllung verweigern, wenn sie mit unverhältnismäßigen Kosten verbunden ist.

Nur im Ausnahmefall kann der Abnehmer sofort vom Vertrag zurücktreten oder den Preis angemessen mindern. Das Recht auf **Rücktritt** und **Preisminderung** setzt grundsätzlich voraus, dass eine vom Abnehmer gesetzte angemessene Frist für die Nacherfüllung erfolglos verstrichen ist. § 440 S.2 BGB sieht vor, dass dem Abnehmer regelmäßig zwei Nachbesserungsversuche zugemutet werden können, bevor er auf die weiteren Gewährleistungsrechte zugreifen kann.

Fehlerhafte Lieferungen, Mindermengen- oder Falschlieferungen können der Auslöser für erhebliche aufwandsgleiche und Opportunitätskosten (Mangelfolgeschaden, Fehlerfolgekosten) sein. Das verdeutlicht das folgende **Beispiel**:

Ein Lebensmittel herstellender Abnehmer hat eine Kühlanlage gekauft, die die Temperatur in der Produktionshalle auf konstante 24 Grad Celsius halten soll. Ein Ausfall der Kühlanlage lässt die Raumtemperatur auf 30 Grad Celsius ansteigen. Dem Lieferanten gelingt es erst nach 10 Tagen, die Kühlanlage zu reparieren. Der Ausfall der Kühlanlage führt zu einem Produktionsausfall.

Im Rahmen der Gewährleistungsrechte hat der Lieferant den sog. **direkten Schaden** zu tragen, in diesem Falle die gesamten Reparaturkosten. In anderen Fällen können Ersatzbeschaffungskosten für Mindermengenlieferungen oder defekte Komponenten eingefordert werden.

Umstritten ist hingegen, inwieweit der Lieferant auch die Verantwortung für den Mangelfolgeschaden, dem sog. **indirekten Schaden**, zu tragen hat:

* verdorbene Lebensmittel,

* Produktionsstillstand (Kosten der Produktionsmitarbeiter, administrativer Aufwand im Vertrieb, im Einkauf und in der Produktionsplanung zur Bewältigung der Lieferstörung, zur Umplanung der Produktion, zur Stornierung und Umterminierung von Bestellaufträgen),

* Pönale für Lieferverzögerungen auf dem Absatzmarkt,

* erhöhte Transportkosten für Expresslieferungen nach Wiederaufnahme der Produktion,

* Überstunden und Sonderschichten nach Wiederaufnahme der Produktion,

* Umsatzverlust durch Imageverlust auf dem Absatzmarkt,

* entgangene Gewinne aus Kundenaufträgen, die wegen des Produktionsstillstands abgelehnt werden mussten,

* Arbeitsplatzverlust des Geschäftsführers wegen zurückgehender Umsätze und Gewinne,

* Verlust der Ehefrau als Folge des Arbeitsplatzverlustes.

In § 437 BGB ist geregelt, dass Schadensersatz[1] für Mangefolgeschaden und Ersatz vergeblicher Aufwendungen verlangt werden kann (vgl. Abb. 6-15),

* wenn der Lieferant fahrlässig gehandelt hat d. h. „die erforderliche Sorgfalt außer Acht gelassen hat" oder

* wenn er vorsätzlich den Sachmangel herbeigeführt hat oder

* wenn der Lieferant eine Pflicht aus dem Schuldverhältnis erheblich verletzt.

---

[1]   Wer zum Schadensersatz verpflichtet ist, hat den Zustand wiederherzustellen, der bestehen würde, wenn der zum Ersatz verpflichtende Umstand nicht eingetreten wäre. Vgl. Pinnells S. 215

Die Schadensersatzpflicht umfasst grundsätzlich den direkten und indirekten Schaden. Für die Höhe des Ersatzes gilt das Prinzip der Totalreparation.

Voraussetzung für die gerichtliche **Durchsetzung** dieser Schadensersatzansprüche ist zunächst ihre **Quantifizierbarkeit und Nachweisbarkeit**. So sind entgangene Umsätze wegen Imageverlust auf dem Absatzmarkt nicht quantifizierbar und nicht nachweisbar und werden daher nicht durchsetzbar sein. Eine weitere Voraussetzung ist die „Nähe des Schadens zum „ursprünglichen (kausalen) Ereignis" (Pinnells S. 214). Wenn die Verbindung zwischen dem Ausfall der Kühlanlage und dem Schaden fragwürdig ist und wenn auch andere Ursachen den Schaden ausgelöst haben, wird der Abnehmer mitverantwortlich gemacht, damit würden die Schadensersatzansprüche reduziert. Die Nähe des Schadens zum ursprünglichen kausalen Ereignis wird beim Arbeitsplatz- und Ehefrauverlust des Geschäftsführers fragwürdig sein. Auftrags- und Kundenverluste können auch durch andere Wettbewerbsnachteile (Preis und Qualität) begründet sein und können nicht eindeutig dem Ausfall der Kühlanlage zugeordnet werden. Auch muss der Schaden für den Lieferanten **vorhersehbar** (und damit kalkulierbar) sein. Wenn der Lieferant über die geplante Verwendung eines Produktes nicht informiert ist und deshalb den möglichen Schaden nicht vorhersehen kann, kann ihm dieser auch nicht zur Last gelegt werden (vgl. Pinnells S. 213f).

Die gesetzliche Rechtslage ist nur von Bedeutung, wenn die Vertragsparteien keine Vereinbarungen getroffen haben oder wenn sich die entsprechenden Klauseln in den Allgemeinen Einkaufsbedingungen des Abnehmers und in den Allgemeinen Geschäftsbedingungen des Lieferanten widersprechen. Die Regelung des Ersatzes oder Nicht-Ersatzes von Mangelfolgeschaden unterliegt der Vertragsfreiheit der Parteien.

Der Lieferant wird angesichts der gesetzlichen Rechtslage versuchen, sein Risiko durch geeignete vertragliche Regelungen zu reduzieren. Der Abnehmer wird versuchen, diese Regelungen zu vermeiden und die Haftung auszuweiten oder zu pauschalieren:

(1) Haftungsbegrenzungen des Lieferanten vermeiden

Der Lieferant wird versuchen, seine Haftung hinsichtlich der Tatbestände, für die er haftet (Vorsatz, Fahrlässigkeit des Auftragnehmers, seiner Mitarbeiter und Erfüllungsgehilfen), hinsichtlich der Schadensarten (direkter und indirekter Mangelfolgeschaden) und hinsichtlich der Haftungssumme zu begrenzen. Auch ein nachfragemächtiger Abnehmer kann das Interesse des Lieferanten an einer Haftungsbegrenzung nicht ignorieren: Wird das Haftungsrisiko als zu groß oder unkalkulierbar wahrgenommen, kommt der gewünschte Vertragsabschluss nicht zustande. Zudem wird das Haftungsrisiko bei der Preiskalkulation eine Rolle spielen

Vielfach formuliert der Lieferant in seinen Allgemeinen Geschäftsbedingungen: „Für den Fall, dass ein Mangel auftritt, hat der Verkäufer nach eigenem Ermessen und auf eigene Kosten den Mangel unverzüglich zu beseitigen oder das defekte Teil auszutauschen. Der Verkäufer haftet nicht für direkte und indirekte Schäden, gleich aus welchem Rechtsgrund". Mit dieser Formulierung versucht der Lieferant zu erreichen, dass er die Art der Nacherfüllung entscheiden darf (entgegen der Rechtslage nach dem Gesetz) und versucht, den Ersatz von Mangelfolgeschäden pauschal auszuschließen. In der Rechtssprechung wird ein solcher pauschaler Ausschluss der Ersatzpflicht nicht akzeptiert – die Klausel ist also unwirksam. Um spätere Auseinandersetzungen zu vermeiden, ist es ratsam, genau zu definieren, **welche Mangelfolgeschäden** auftreten können und zu vereinbaren, **welche Schäden ersetzt werden** und welche nicht (also z. B. Auftragsverlust, Produktionsstillstand, erhöhter administrativer und Prüfaufwand, Fehlmengenkosten, Imageverlust, Rückrufaktion). Eventuell ist es auch sinnvoll eine **Haftungsobergrenze** zu vereinbaren. Dies empfiehlt sich auch, weil der Lieferant sein Haftungsrisiko im Preis kalkulieren wird.

(2) Garantie

Eine strengere Schadensersatzhaftung – d. h. ohne Verschuldensnachweis und in unbegrenzter Höhe – ist erreichbar, wenn der Lieferant eine entsprechende Garantieerklärung unterzeichnet hat. Die Garantie ist in § 443 BGB geregelt. Räumt ein Verkäufer oder ein Dritter (der Abnehmer, Großhändler) für eine bestimmte Eigenschaft eines Produkts/einer Leistung oder die Gesamtfunktion eines Produkts/einer Leistung eine Garantie ein, so stehen dem Abnehmer im Garantiefall neben den gesetzlichen Rechten die Rechte aus der Garantie zu. Der Garantiefall ist gesetzlich nicht definiert, sondern ergibt sich aus der Garantieerklärung und den und den öffentlichen Aussagen in Prospekten und Werbung. Auch die Rechte des Käufers im Garantiefalle sind vom Gesetzgeber nicht geklärt – sie müssen in einer Garantievereinbarung individuell festgelegt werden.

Eine Erweiterung der gesetzlichen Schadensersatzansprüche ist demnach nur erreichbar, wenn der Lieferant eine Garantieerklärung unterzeichnet hat, aus der eindeutig hervorgeht, dass er bereit ist, für die Funktionalität einzeln bezeichneter Teile oder bestimmter Merkmale eines Beschaffungsobjekts ohne Verschulden oder ohne Nachweis eines Verschuldens einstehen zu wollen und dem Käufer über die gesetzlichen Ansprüche hinausgehende Rechte auf Ersatz des direkten oder indirekten Schadens zuzugestehen.

Liegt eine Garantieerklärung vor, in der der Garantiefall und die Rechte des Käfers eindeutig beschrieben sind, vereinfacht sich die Durchsetzung von Ansprüchen aus der Sicht des Abnehmers wesentlich:

Der Käufer muss nur noch nachweisen

- dass eine Garantieerklärung abgegeben wurde,
- dass der Sachmangel die Eigenschaft betrifft, die von der Garantie erfasst wird,
- dass der Mangel in der Garantiezeit aufgetreten ist (er muss nicht den Nachweis erbringen, dass der Mangel eine Auswirkung eines Fehlers ist, der schon bei Anlieferung vorlag).

Der Lieferant kann sich nur exkulpieren durch Nachweis einer falschen Behandlung oder durch den Nachweis, dass ein sonstiges unbeeinflussbares Ereignis auf die Sache eingewirkt hat.

Eine **wirksame Garantieerklärung** regelt demnach:

- die Teile bzw. Merkmale des Beschaffungsobjekts, auf die sich die Garantie bezieht,
- die Geltungsdauer der Garantie (Zeitraum, bei Gebrauchsgütern auch Laufleistung der Anlage),
- die Rechte des Käufers im Garantiefall (z. B. Recht auf Nacherfüllung, Ersatz des direkten Mangelfolgeschadens oder verschuldensunabhängige und unbegrenzte Schadensersatzhaftung).

(3) Pauschalierter Schadensersatz

Der pauschalierte Schadensersatz ist eine besondere Art der Mängelkompensation. Er sieht bereits im Vertrag die Zahlung eines festgesetzten Betrags als Kompensation für bestimmte Mängel vor. Er enthebt den Lieferanten von weiteren Pflichten wie Mängelbeseitigung und den Abnehmer von der Quantifizierung und dem Nachweis von Mangelfolgeschäden. Eine Klausel zu pauschaliertem Schadensersatz erspart den Vertragspartnern Auseinandersetzungen und reduziert das wahrgenommene Risiko im Fehlerfalle.

Die Klausel formuliert Leistungsmerkmale, die das gelieferte Produkt bzw. die Dienstleistung erreichen soll (z. B. die Leistung, den Benzinverbrauch, den Schadstoffausstoß einer Anlage, die Mindesthaltbarkeit eines verderblichen Rohstoffs, den Zuckergehalt der Zuckerrübe) und legt vorab die Zahlungen fest, die bei definierten Abweichungen fällig wird. Der pauschalierte Schadensersatz entspricht der Pönale im Falle des Lieferverzugs.

(4) Vertragliche Pflichten

Vertragliche Pflichten haben das Hauptziel, eine fehlerfreie Lieferung sicherzustellen (vgl. Abschn. 6.5.2). Darüber hinaus erleichtern sie eventuell die Durchsetzung von Schadensersatzansprüchen:

- Eine Information über die geplante Verwendung und Belastungen verpflichtet den Lieferanten, auf ungeeignete Spezifikation hinzuweisen und hilft gegebenenfalls Schadensersatz wegen Mitverschulden durchzusetzen.

- Individuelle technische Liefer- und Abnahmebedingungen regeln das produktspezifische Qualitätsmanagement des Lieferanten. Führt dieser die vertraglich vereinbarten Qualitätsmanagement-Maßnahmen nicht durch und liefert deshalb fehlerhaft, wird er schadensersatzpflichtig, weil er sich einer Pflichtverletzung schuldig gemacht hat.

6.5.4   Vereinbarungen zur Gestaltung der Qualitätsprüfung

Die Prüfvereinbarung für die **Ausgangsprüfung des Lieferanten** stellt eine Prüfung sicher, die die individuellen Toleranzen und die jeweilige Bedeutung der Produktmerkmale in den Augen des Kunden berücksichtigt. Sie regelt detailliert Prüfkriterien, -methoden, Toleranzen und den Stichprobenumfang oder die AQL und verpflichtet den Lieferanten, seine Prüfergebnisse zu dokumentieren und dem Abnehmer mit der Lieferung zur Verfügung zu stellen. Dabei muss die Prüfung nicht im Warenausgang des Lieferanten stattfinden, sondern kann durch Nachweise beherrschter Prozesse oder durch Prüfungen am Ende der Fertigungsstufen ersetzt werden.

Eine wirksame Prüfvereinbarung **senkt die Qualitätskosten des Abnehmers und des logistischen Kanals,** da sie die Auslieferung fehlerhafter Produkte an den Abnehmer verhindert. Zur **Überwälzung** von Fehlerkosten ist sie nicht geeignet, da sie die Haftung des Lieferanten nicht erweitert.

Eine **Prüfvereinbarung,** die einen niedrigen **AQL** in der **Eingangsprüfung** des Abnehmers festlegt, erlaubt die Ablehnung der Lieferung schon bei relativ geringen Fehlerquoten in der Stichprobe. Das Instrument ist nicht uneingeschränkt empfehlenswert, da es hohe Fehlmengenkosten nach sich ziehen kann.

Eine Vereinbarung zur **Übertragung der Qualitätsprüfung** auf den Lieferanten (vgl. Absch. 6.4.2) benötigt zunächst eine Klausel „Abbedingen der Prüf- und Rügepflicht des Abnehmers", weiterhin eine Prüfvereinbarung, die die Prüfung beim Lieferanten und deren Dokumentation regelt.

6.5.5   Vereinbarungen zur Rückverfolgung

Bei Erkennen eines Material- oder Enderzeugnisfehlers stellt die Rückverfolgbarkeit (**Traceability**) sicher, dass betroffene Lieferungen und Kunden (stromabwärts) und Verursacher von Fehlern (stromaufwärts) schnell identifiziert werden und informiert werden können. Ein umfassendes Identifikations- und Dokumentationssystem erlaubt es jederzeit festzustellen, wo sich ein Produkt zu einem bestimmten Zeitpunkt befindet, von wem und mit welchen Materialien es hergestellt wurde, durch wen es transportiert wurde und wo es aktuell gelagert wird. Traceability erfordert Tracking (Auftragsverfolgung stromabwärts Richtung Kunde) und Tracing (Auftragsverfolgung stromaufwärts Richtung Lieferant).

Hersteller von Lebens- und Futtermitteln sind **gesetzlich** verpflichtet (vgl. Abb. 6-13), die Lieferanten und Vorlieferanten zu identifizieren und eine Aufzeichnung über die Empfänger der Produkte zu führen. Nach dem Produkthaftungsgesetz ist jeder Hersteller verpflichtet, die in Verkehr gebrachten Produkte zu beobachten. Werden nach dem Inverkehrbringen gefährliche Produktfehler erkennbar, muss der Abnehmer Warnhinweise geben und Rückrufaktionen durchführen, um deliktische Schadensersatzansprüche zu vermeiden. Rückrufaktionen werden auch freiwillig durchgeführt, um Imageschäden zu vermeiden. Geht beim Abnehmer eine Reklamation eines Enderzeugnisses (z. B. eine allergische Reaktion, die auf einen fehlerhaften Rohstoff zurückzuführen sein könnte) ein, soll festgestellt werden, an welche Kunden die übrigen Erzeugnisse dieser Produktionslosgröße geliefert wurden. Die Rückverfolgbarkeit sichert die **Wirtschaftlichkeit** einer Rückrufaktion, da die Produkte oder Lieferungen isoliert werden können, die von einem Fehler betroffen sind und nicht alle Lieferungen im Zeitraum zurückgerufen werden müssen.

Ein **Tracking** der Lieferungen (Auftragsverfolgung stromabwärts Richtung Kunde) ist möglich, wenn die NVE-Nummern (Nummer der Versandeinheit) der verladenen Paletten (jede Palette erhält eine individuelle Nummer) pro Auftrag dokumentiert werden.

Mittels einer individuellen Codierung des Erzeugnisses, die unmittelbar nach der Fertigung auf der Verpackung angebracht wird, ist der Produktionszeitraum, die Anlage und Schicht bzw. Charge feststellbar (**Tracing**). Um die Rückverfolgung stromaufwärts Richtung Lieferant sicherzustellen, dokumentiert das herstellende Unternehmen für jeden Produktionsauftrag, welche Rohstofflieferung im Produktionsauftrag verwendet wurde und verwendet in einem Produktionsauftrag jeweils nur eine Materiallieferung, die wiederum aus einem Produktionsauftrag des Lieferanten stammt. Das abnehmende Unternehmen vereinbart mit dem Lieferanten, dass dieser seine Produkte nachhaltig kennzeichnet (dies ist für Montagebauteile möglich) und dass dieser ein Tracking und Tracing in seiner logistischen Kette sicherstellt.

6.5.6   Vereinbarungen über die Reklamationsabwicklung

Eine **Überlieferungsvereinbarung** regelt, dass der Lieferant einen %-Anteil an der Bestellmenge mehr liefert, der seinem durchschnittlichen Fehleranteil entspricht. Mit dieser Vereinbarung werden die Kosten des Abnehmers für die Abwicklung der Reklamation reduziert (vgl. Abb. 6-13).

Wird das **Recht des Lieferanten auf Nachbesserung** abbedungen, hat der Abnehmer eventuell die Möglichkeit, sofort einen anderen Lieferanten zu beauftragen. Dies reduziert die Fehlerkosten in den Fällen, in denen fehlerhafte Lieferungen eine stockout-Situation verursachen.

Eine **Standardisierung der Reklamationsabwicklung** ist für Serien-/Wiederholbedarf geeignet, den Prozess der Reklamationsabwicklung zu beschleunigen und die Kosten der Reklamationsabwicklung zu reduzieren. Im Vorfeld werden typische Reklamationsfälle beschrieben, Entscheidungsträger und -befugnisse sowie Prozessschritte festgelegt. Es kann generell eine Art der Nachbesserung, Fristen für die Nacherfüllung und die Anzahl der Nachbesserungsversuche vereinbart werden, um den jeweiligen Abstimmungsbedarf zwischen Lieferant und Abnehmer zu reduzieren. Die Vereinbarung eines pauschalen Schadensersatzes bzw. einer pauschalen Preisminderung erspart dem Abnehmer den Nachweis und die Quantifizierung von Mangelfolgeschäden.

7   Literatur zu Kapitel IV

Backhaus, K.: Zulieferer-Marketing – Schnittstellenmanagement zwischen Lieferant und Kunde. In: Specht, G., Silberer,G., Engelhardt, W.H. (Hrsg.): Marketing-Schnittstellen. Stuttgart 1989, S. 287–304

Becker, P.: Prozessorientiertes Qualitätsmanagement. 3. Auflage 2003

Binke, G., Witthaus, M.: Vom Qualitätsausdit zur Auditierung von Geschäftsprozessen. In: Riekhof, H.-C.: Beschleunigung von Geschäftsprozessen: Wettbewerbsvorteile durch Lernfähigkeit. Stuttgart 1997, S. 43–61

Binner, H. F.: Prozessorientierte TQM-Umsetzung. 2. Aufl. München Wien 2002

Bruhn, M., Georgi, D.: Kosten und Nutzen des Qualitätsmanagements: Grundlagen, Methoden, Fallbeispiele. München 1999

Cassel, M.: ISO-TS 16949 – Qualitätsmanagement in der Automobilindustrie umsetzen. München 2007

DIN (Hrsg.): Qualitätsmanagementsysteme – Anforderungen (ISO 90012000). Dreisprachige Fassung EN ISO 9001:2000

DIN (Hrsg.): Qualitätsmanagementsysteme – Leitfaden zur Leistungsverbesserung (ISO 9004:2000). Dreisprachige Fassung EN ISO 9004:2000

Fieten, R.: Erfolgsstrategien für Zulieferer. Wiesbaden 1991

Franke, H.: Qualitätsmanagement bei Zulieferungen. 3. Aufl. 1993

Franke, H.: Das Qualitätsmanagement-System nach DIN EN ISO 9001. Hilfen zur Darlegung nach der neuen Fassung der ISO 9001:2000. 2. Aufl. Renningen 2005

Friederici, I.: Partnerorientiertes Beschaffungsmanagement auf der Basis von DIN EN ISO 9001:2000–12. Renningen 2002

Geiger, W.: Handbuch Qualität: Grundlagen und Elemente des Qualitätsmanagements: Systeme – Perspektiven. 4. Aufl. Wiesbaden 2005

Gietl, G., Lobinger, W.: Leitfaden für Qualitätsauditoren. Planung und Durchführung von Audits nach ISO 9001: 2000. München Wien 2002

Glantsching, E.: Merkmalsgestützte Lieferantenbewertung. Köln 1994

Hansen, W.: Qualitätsmanagement in der Kette von Wertschöpfungsprozessen. In: Hansen, W., Kamiske, G.F. (Hrsg.): Praxishandbuch Techniken des Qualitätsmanagements: Werkzeuge, Systeme, Prozessorientierung. Düsseldorf 2001

Harry, M., Schroeder, R.: Six Sigma. Prozesse optimieren, Null-Fehler-Qualität schaffen, Rendite radikal steigern. Frankfurt. 2. Aufl. 2001

Hartmann, H. (Hrsg.), Lieferantenbewertung – aber wie? Lösungsansätze und erprobte Verfahren. 3. Aufl. Gernsbach 2004

Hartmann, H.: Lieferantenbewertung – Lieferantenentwicklung: Kernaufgaben eines gezielten Lieferantenmanagements. Kissing 2002

Hildebrandt, H., Koppelmann, U. (Hrsg.): Beziehungsmanagement mit Lieferanten: Konzepte, Instrumente, Erfolgsnachweise. Stuttgart 2000

Hirschsteiner, G.: Einkaufs- und Beschaffungsmanagement: Strategien, Verfahren und moderne Konzepte. Ludwigshafen 2002

Hölzer, M., Schramm, M.: Qualitätsmanagement mit SAP R/3. Prozessmodellierung, Customizing, Anwendung von R/3-QM. 2000

Holliger-Hagmann, E.: Produktrisiken im Griff. Die Verantwortung der Hersteller und Vermarkter für das sichere Produkt. Renningen 2003

Kamiske, G.F.: Qualitätsmanagement von A bis Z: Erläuterungen moderner Begriffe des Qualitätsmanagements München 1993

Kastreuz, G.: Management von Qualität und Zuverlässigkeit im Einkauf. Wiesbaden 1994

Kronfellner, B.: Methoden und statistischer Überblick über AQL 2005. http://www.oegkv.at/lv-noe/arbeiten/dekustud/dekumess.htm

Linß, G.: Qualitätsmanagement für Ingenieure. München Wien 2002

Linß, G.: Logistik und Qualitätsmanagement. In: Koether, R. (Hrsg.): Taschenbuch der Logistik. München 2004

Linz, M.: Supply Qualitätsmanagement. St. Gallen 2005

Magnusson, K., Kroslid, D., Bergman, B.: Six Sigma umsetzen. Die neue Qualitätsstrategie für Unternehmen. 2. Aufl. München Wien 2004

Melzer-Ridinger, R.: Gegenstand und Bedeutung eines Qualitätsmanagements im Business-to-Business-Marketing. In: Pepels, W. (Hrsg.): Business-to-Business-Marketing. Handbuch für Vertrieb, Technik, Service. 2. Aufl. 2007

Mindach, K.: Qualitätsmanagement im Einkauf. Gernsbach 1997

Münchrath, R.: Qualitätsmanagement in Verkauf und Service. Kundenorientierte Dienstleistungen nach DIN EN ISO 9000ff. Frankfurt 1995

Niemann, H., Illgen, R., Hansen, M.: Qualitätsmanagement im Handelsunternehmen – Ein Leitfaden. Heidelberg 1997

Pfeifer, T. (Hrsg.): Handbuch Qualitätsmanagement: 5. Aufl. München 2007

Pinells, J., Eversberg, A.: Internationale Kaufverträge optimal gestalten. Leitfaden mit zahlreichen Musterklauseln. 2. Aufl. Wiesbaden 2003

Rinne, H., Mittag, H. J.: Prozessfähigkeitsmessung für die industrielle Praxis. München Wien 1999

Rothe, L.: Verantwortung und Haftung in der Lieferkette. In: Kamiske, G. F. (Hrsg.): Qualitätsmanagement. Methoden, Praxisbeispiele, Hintergründe. Digitale Fachbibliothek ohne Seiten. Düsseldorf 2007

Töpfer, A.: Qualitätsmanagement-Konzepte bei veränderten Beschaffungsstrategien. In: Hahn, D., Kaufmann, L. (Hrsg.): Handbuch Industrielles Beschaffungsmanagement. 2. Aufl. Wiesbaden 2002, 425–445

Glossar

Angebotsprüfung

Die Angebotsprüfung bereitet den anschließenden Angebotsvergleich vor. Die eingehenden Angebote werden zunächst formell und anschließend materiell geprüft. Die **formelle Angebotsprüfung** soll sicherstellen, dass das Angebot in allen Aspekten der Anfrage entspricht und dass das Angebot alle wesentlichen Angaben enthält über Art, Beschaffenheit, Güte, Menge und Preis der angebotenen Produkte, über Lieferzeit, Lieferungs- und Zahlungsbedingungen, Geschäftsbedingungen. Werden formelle Abweichungen festgestellt, wird eventuell Kontakt mit dem Anbieter aufgenommen, um noch ein anforderungsgerechtes Angebot zu erhalten. Die **materielle Angebotsprüfung** ist die eingehende kaufmännische und technische Auswertung der eingegangenen Angebote. Sie bildet die Grundlage für die Anwendung eines Scoring-Modells.

Auditierung von Geschäftsprozessen

Aufgabe der Auditierung ist die Ermittlung und Bewertung von Verbesserungspotenzialen unter aktiver Beteilung des auditierten Bereichs. Grundlage sind Arbeitsabläufe, Organisationspläne und –anweisungen, Stellenbeschreibungen, aber auch die inoffiziell geübte Praxis.

Strich, D.: Auditierung als Controllinginstrument für Geschäftsprozesse. Frankfurt 1996

Balanced Scorecard

Die **Balanced Scorecard** ist ein Managementinstrument zur Implementierung von Strategien. Die Balanced Scorecard dient einer präziseren Formulierung und Quantifizierung einer definierten Strategie und dient als Bindeglied zwischen der Entwicklung einer Strategie und ihrer Umsetzung – sie schafft damit die Verbindung zwischen der strategischen und der operativen Ebene. Kaplan und Norton, die Begründer des Balanced Scorecard Konzepts stellen die folgenden Defizite bei der Umsetzung von Strategien fest:

- Vision und Strategie werden häufig nicht umgesetzt (bis zu 90% der Strategien scheitern bei der Umsetzung)
- Eine Verknüpfung der Strategie mit den Zielvorgaben der Abteilungen der Teams und Mitarbeiter wird kaum vorgenommen (Mitarbeiter und Abteilungen werden nur an der Einhaltung von Budgets und kurzfristigen Leistungszielen gemessen)
- Zwischen der Strategie und der Ressourcenallokation besteht häufig keine Verknüpfung
- Das Controlling stellt nur Informationen über die kurzfristige operative Leistung bereit.

Im Gegensatz zu konventionellen Kennzahlen und -systemen zeichnet sich die Balanced Scorecard durch die **Ausgewogenheit der Messgrößen** aus. Sie berücksichtigt unterschiedliche Anspruchs- und Interessengruppen des Unternehmens und erfasst Kennzahlen, die

- Ergebnisgrößen (wie Rentabilität, Marktanteil) und Leistungstreiber (wie Durchlaufzeit, Fehlerquote) messen, die in einem Ursache-Wirkungsverhältnis stehen,

- finanzielle (wie Cash-Flow) und nicht-finanzielle (wie Kundenzufriedenheit) KPIs (Key Performance Indicators) einbeziehen,

- extern orientierte Messgrößen (Anteilseigner und Kunden) und intern orientierte (Geschäftsprozesse und Mitarbeiterperspektive) umfassen.

Die Balanced Scorecard umfasst meist 4 Perspektiven, für die jeweils strategische Ziele, Messgrößen, Zielwerte und Maßnahmen festzulegen sind:

- Finanzielle Perspektive

- Kundenperspektive

- Interne Prozessperspektive

- Lern- und Entwicklungsperspektive.

Wird die Balanced Scorecard auf den **Einkauf** angewendet, bilden die die Stärken und Schwächen des Einkaufs und Chancen und Risiken, die sich aus Marktveränderungen ergeben werden, die Grundlage.

Aus der Strategie werden finanzielle Ziele (z. B. savings), Marktziele (z. B. performance der Lieferanten, Anteil an ABC-Lieferanten und Zufriedenheit der internen Kunden mit der Projektabwicklung), prozessorientierte Ziele (z. B. frühzeitige Einbindung des Einkaufs in den Angebotsprozess, Nutzung von IT-Tools zur Reduzierung der Prozesskosten) und interne Ziele (z. B. Verbesserung der Kommunikation zwischen den Einkaufsabteilungen, Verbesserung der Personalqualifikation, Ausbau des Materialgruppenmanagements durch Lead Buying) abgeleitet. Jedes Ziel wird mit einer Messgröße, entsprechenden Zielwerten und geeigneten Maßnahmen inhaltlich so weit wie möglich konkretisiert.

Bestandscontrolling

Ziel des Bestandscontrollings ist es wirtschaftliche Bestände zu bestimmen und gleichzeitig Fehlmengenkosten und Kosten durch Eillieferungen möglichst zu vermeiden. Die Kennzahlen Reichweite des Bestands, Durchschnittsbestand, Lieferbereitschaftsgrad und Lagerumschlag sind geeignet, Bestandssünder zu identifizieren. ABC- und XYZ-Analysen sind geeignet, Materialklassen zu bilden, für die identische Bevorratungsstrategien (Bereitstellungs- und Dispositionsart) geeignet sind.

Blocklager

Das Blocklager ist eine spezielle Lagerart, bei der ohne Regale oder andere Vorrichtungen stapelfähige Kisten oder Paletten übereinander und nebeneinander gestapelt werden. Es ist variabel, da es sich jederzeit verändern lässt und kostengünstig, da keine Kosten für Lagereinrichtung anfallen.

claims, claim-Management

Begriff aus dem Anlagengeschäft. Claims sind sachliche, terminliche oder finanzielle Forderungen, die eine Vertragspartei zur Kompensation von Nachteilen an die kompensationspflichtige Partei stellt. Anlässe für claims sind Terminverzögerungen, sachliche Mängel bei der Ausführung, Änderungen der technischen Spezifikation.

Claim-Management umfasst Aktivitäten, die ex-ante ergriffen werden und Maßnahmen, die der Handhabung virulenter claims dienen. Eine defensive Claim-Strategie strebt eine bestmögliche Vermeidung claimrelevanter Ereignisse und eine angemessene Kompensation von Nachteilen an, wenn die Vermeidung scheitert. Geeignet sind die vorvertragliche und nachvertragliche Gewinnung und Dokumentation von Informationen und die Gestaltung von Verträgen, um eine günstige Ausgangsposition im Hinblick auf später mögliche claims zu schaffen.

Crossdocking

Cross Docking beschleunigt die Auftragsabwicklung, indem bestimmte eingehende Waren ohne Einlagerung direkt in den Warenausgang weitergeleitet werden, um unnötige Umschlags- und Transportvorgänge zu vermeiden. Die Cross Docking-Entscheidung wird vor der Ankunft der Waren getroffen (geplantes Cross Docking) oder bei der Ankunft der Lieferung (opportunistisches Cross Docking). Das Cross Docking wird durch eine Funktion des my SAp WM (Warehouse Management) unterstützt.

C-Teile Management

Da (scheinbar) von geringerer Bedeutung für das Bestandsmanagement, wurde den C-Beschaffungsobjekten im Bestandsmanagement bisher weniger Beachtung geschenkt: das Lager wird verbrauchsorientiert aufgefüllt, großzügige Sicherheitsbestände sichern die Lieferbereitschaft und große Bestellmengen werden mit Preisnachlässen des Lieferanten begründet. Bestandssünder in dieser C-Produktklasse sind Beschaffungsobjekte, die nur sporadisch benötigt, aber dauernd oder dezentral bevorratet werden, die hohe Bestände haben, aber sperrig sind, kurze Lebenszyklen aufweisen und gegen Ende ihres Lebens in großen Mengen bestellt werden.

Einkaufscontrolling

Das Einkaufscontrolling hat die Aufgabe Messgrößen (Key Performance Indicators KPI) für die Leistungen im Einkauf festzulegen und aus der Einkaufsstrategie abgeleitete Ziele abzuleiten. Die Ist-Werte werden mit den Vorgabewerten verglichen und Ursachen für Abweichungen analysiert. Auf der Grundlage der Ergebnisse der Abweichungsanalyse werden Maßnahmen vorgeschlagen.

Der Einkauf leistet über **Materialpreisänderungen** einen Ergebnisbeitrag. Die Materialpreisänderung (Vergleich der Materialpreise zweier aufeinander folgender Berichtsperioden) kann durch Bedingungen auf dem Beschaffungsmarkt, auf die der Einkäufer keinen Einfluss hat, verursacht werden. Materialpreisänderungen können auch der Erfolg von Verhandlungen, Lieferantenwechsel, Lieferantenentwicklung, Materialsubstitution und anderen preisorientierten Einkaufsmaßnahmen sein. Einsparungen und Einkaufserfolg sollten daher differenziert werden. Die **Prozessqualität** im Einkauf kann gemessen werden mittels der durchschnittlichen Wiederbeschaffungszeit oder der internen Bearbeitungszeit für Bedarfsanforderungen, der Fehlteilequote, der Beanstandungsquote. Die **Prozessproduktivität** im

Einkauf wird gemessen anhand der je Einkäufer getätigten Zahl Bestellungen, am Beschaffungsvolumen in €. Die Bedeutung des Einkaufs im Unternehmen kann an der **Cash-out-Quote** abgelesen werden. Sie misst das maverick-buying und vergleicht das Beschaffungsvolumen, das vom Einkauf verhandelt und abgewickelt wird mit dem gesamten Finanzvolumen mit externen Lieferanten. Wenn das Einkaufsvolumen deutlich niedriger ist als das externe Finanzvolumen wird ein großer Teil des Bedarfs an Dienstleistungen und Produkten „am Einkauf vorbei bestellt". Das Ziel im Verbindlichkeitenmanagement besteht darin, dass von Seiten des Einkaufs möglichst **lange Zahlungsziele** vereinbart werden.

Schild, D.: Der Einkaufscontroller – Freund und Helfer des strategischen Managements. Beschaffung Aktuell Januar 2005 S. 24–26, Espich, G., W.: Erfolg wird erst an der Messlatte sichtbar. Beschaffung Aktuell Juni 2003 S. 39–42.

Kalbfuß, W., Rüdrich, G.: Materialgruppenmanagement: Quantensprung in der Beschaffung. Wiesbaden 2000 S. 80f.

Entstörmanagement

umfasst präventive und reaktive Maßnahmen, um Schaden durch Anlagenausfall, fehlendes Material, Abweichungen von der Plan-Durchlaufzeit, kurzfristige Änderungen des Produktionsprogramms, fehlende Aufträge zu vermeiden oder zu minimieren. Die Instrumente werden systematisch und situationsspezifisch angewendet.
Wildemann, H.: Entstörmanagement als PPS-Funktion – Realisierung störungsrobuster Wertschöpfungsprozess. 2. Aufl. München 1995

E-Procurement

Der Begriff E-Procurement beschreibt die elektronisch unterstützte Beschaffung, die (teilweise) über Intranet, Internet oder Extranet abgewickelt wird. E-Procurement kann in unterschiedlichen Ausprägungen und mit unterschiedlicher Intensität betrieben werden:

Individuelle digitale Informationssuche und Informationsaustausch:
Internetgestützte Beschaffungsmarktforschung kann der Einkäufer auf den ihn interessierenden Beschaffungsmärkten, für „seine" Beschaffungsobjekte und Lieferanten durchführen, ohne sich mit anderen Einkäufern und Funktionsträgern in der Prozesskette abstimmen oder diese informieren zu müssen. Der Beschaffungsprozess bleibt unverändert, die sourcing-Strategie muss nicht geändert werden, der Einkäufer muss nur mit einem Internet-Anschluss ausgestattet werden. Durch internetgestützte Beschaffungsmarktforschung erreicht der Einkäufer eine verbesserte Markttransparenz, die bei Preisverhandlungen, zum Auffinden von Substitutionsprodukten und alternativen Lieferquellen genutzt werden kann. Die internetgestützte Kommunikation mit Lieferanten per E-Mail ist ebenfalls eine Gestaltungsform, die der einzelne Einkäufer individuell ohne größeren Abstimmungs- und Investitionsaufwand anwenden kann.

Individuelle Nutzung elektronischer Produktkataloge zur Unterstützung des strategischen oder operativen sourcings:
Elektronische Produktkataloge werden von Lieferanten, Verbänden und Maklern angeboten. Ihre Nutzung verspricht eine Beschleunigung der Anbahnungs- und Aushandlungsphase und erlaubt eine Online-Abfrage aktueller Preise und Verfügbarkeiten. Neben Senkung der

Transaktionskosten sind Preisreduzierungen zu erwarten. Dabei verwenden die Einkäufer unabhängig voneinander Shop-Systeme, Branchenportale oder Broker-Plattformen. Der Beschaffungsprozess bleibt unverändert oder wird geringfügig modifiziert. Der Internet-Einkauf (E-Purchasing) wird den bisherigen Methoden hinzugefügt. Die elektronische Beschaffungstransaktion wird an der Schnittstelle abgebrochen, an der sie die unternehmensinternen Geschäftsprozesse erreicht, da keine Verknüpfung des Internets mit dem ERP-System des Abnehmers besteht.

Wissens- und Lieferantenmanagement in einem Einkaufsintranet:
Der Aufbau eines Einkauf-Intranets für interne Bedarfsträger (Anforderer) und Einkäufer kann im Unternehmen Informationen über Lieferanten und Beschaffungsobjekte zentral aufbereiten und für alle zugänglich machen. Die Bereitstellung von Wissen und Erfahrungen der Einkäufer aus Verbesserungsprojekten, die Veröffentlichung erfolgreich praktizierter Preisvereinbarungen und Musterverträge dienen dem Wissensmanagement im Unternehmen. Die Einkäufer und internen Bedarfsträger werden auf diese Daten zugreifen, wenn die Informationen leicht zugänglich, verständlich aufbereitet und aktuell sind und für die individuelle Interessenlage des Anforderers oder Einkäufers relevant sind. Während die Nutzung von Suchmaschinen und Datenbanken für Beschaffungsmarktforschung und sourcing-Entscheidungen und der digitale Informationsaustausch zwischen einem Einkäufer und seinen Lieferanten eine Angelegenheit ist, die individuell gestaltet werden kann, entsteht beim Aufbau einer Intranetseite Abstimmungsaufwand zwischen Bedarfsträgern und Einkäufern, die gleiche Produkte benötigen oder die gleichen Lieferanten beschäftigen (können). Die Intranetseite ist so zu gestalten, dass sie eine hohe Akzeptanz bei den Zielgruppen erreicht. Soll die Intranetseite nicht nur genutzt werden, um Informationen abzurufen, sondern sollen die an der Beschaffung und Verwendung der Beschaffungsobjekte beteiligten Funktionsträger ihrerseits Informationen über die Leistungsfähigkeit eines Lieferanten eingeben, mit dem Ziel, auch bei verteilten Betriebsstätten und indirekten Produkten eine laufende Kontrolle der Lieferantenleistung zu gewährleisten (internetbasiertes Lieferantenmanagement), müssen Standards entwickelt werden, welche Informationen in welcher Form zu erfassen sind. Der erfolgreiche Aufbau und die intensive Nutzung einer unternehmensinternen Wissensdatenbank setzt daher einen Konsens über Informationen voraus, die für Einkäufer an verteilten Standorten von Interesse sind, sie erfordert auch eine Standardisierung der Informationsgewinnung und -darstellung, um Verständnis und Vertrauen der potenziellen Nutzer zu erzeugen, die Informationen abrufen, die sie nicht selbst erhoben haben.

Bedarfspublikation und Ausschreibungen über eine gemeinsame Einkaufshomepage:
Insbesondere große Unternehmen mit dezentralem operativem Einkauf entwickeln eine gemeinsame Einkaufshomepage mit dem Ziel eines einheitlichen Auftritts gegenüber dem Beschaffungsmarkt. Zu diesem Zwecke werden der Bedarf, Einkaufsbedingungen, Ansprechpartner und Aufbauorganisation erläutert, registrierten Lieferanten wird die Möglichkeit gegeben, technische Details über Zulieferkomponenten abzurufen. Die verschiedenen Betriebsstätten mit ihrem dezentralen Einkauf müssen sich über die Anforderungen an Lieferanten und deren Gewichtung einigen, es sind allgemein gültige – mindestens jedoch für bestimmte Produktsegmente verbindliche – Regelungen zu finden, wie Geschäftsprozesse zu gestalten sind, welche Lieferungs- und Zahlungsbedingungen gelten sollen, eventuell sind abweichende Spezifikationen von Material und Materialidentnummern aufeinander

abzustimmen. Bei entsprechendem Beschaffungsvolumen und ausreichender Attraktivität als Kunde kann die Einkaufshomepage genutzt werden, um Bedarfe auszuschreiben.

Umfassende elektronische Unterstützung der Beschaffung indirekter Produkte mit Anbindung an das ERP:

Eine umfassende Unterstützung des gesamten Beschaffungsprozesses, inklusive der Bedarfsklärung, Genehmigung, der Terminverfolgung bis zur Zahlungsabwicklung ist durch Nutzung von Desktop Purchasing Systemen (DTP-Systemen) möglich. Zur Umsetzung eines direct purchasing sind eine Reihe umfangreicher und komplexer Fragestellungen zu bearbeiten, die vor allem die Gestaltung der Geschäftsprozesse betreffen, die Auswahl des Anbieters und die Auswahl der Beschaffungsobjekte, die über ein DTP-System beschafft werden sollen (vgl. Abschnitt 5.3). Dabei sind alle Beschaffungsfunktionen und alle Bedarfsträger innerhalb des Unternehmens betroffen. Die Einspar- und Leistungsverbesserungspotenziale sind nur zu erschließen, wenn die bisher praktizierte Lieferantenpolitik (sourcing-Strategie) und die Geschäftsprozesse einer Prüfung unterzogen werden und eventuell modifiziert werden.

Zusammenarbeit mit Lieferanten im Extranet:

Unternehmen geben hier in Form einer geschlossenen Benutzgruppe Einblicke in bis dahin für Lieferanten und Kunden nicht zugängliche Systeme, die für den Beschaffungsprozess sinnvolle und aufschlussreiche Daten beinhalten. Softwareapplikationen zur supply chain – Automatisierung unterstützen den elektronischen Datenaustausch in den verschiedenen Stufen der Konzeption, Entwicklung, Fabrikation, Assemblierung und Distribution von Produkten und Dienstleistungen.

E-Procurement verspricht die folgenden Verbesserungen:

- Wettbewerb unter den Anbietern fördern,
- Verbesserung der Verhandlungsposition durch Volumenbündelung (zentraler strategischer Einkauf, Einkaufskooperationen) und erhöhte Markttransparenz,
- Zentrale Koordination der Lieferanten- und Kontraktpolitik,
- Vereinfachung, Beschleunigung und Standardisierung der Geschäftsprozesse,
- Systematische Nutzung von Unterschieden der Kostenposition der Anbieter durch global sourcing,
- Dezentralisierung der operativen Bestellabwicklung,
- Gestaltung zuverlässiger, schneller, einfacher und standardisierter Geschäftsprozesse,
- Optimierung der Lieferantenvielfalt und -bindung,
- Reduzierung der Artikelvielfalt.

Strub, M.: Einkauf auf dem Weg ins Internet-Zeitalter. Beschaffung Aktuell Juni 2000 S. 48–51. Brenner, W., Wilking, G.: Einkaufsseiten im Internet. Beschaffung Aktuell Juli 1999 S. 62–65. Brenner, W., Wilking, G.: Internet-basierte Einkaufsseiten aktiv nutzen. Beschaffung Aktuell August 1999 S. 54–56.

expediting

Terminüberwachung (Ausdruck aus dem Projektgeschäft); Expediting soll sicherstellen, dass der Lieferant qualitäts- und termingerecht liefert. Der expediting-Mitarbeiter verfolgt und dokumentiert die Arbeit des Lieferanten. Zu diesem Zweck fordert er regelmäßig reports vom Lieferanten über Meilenstein-Erreichung und besucht gegebenenfalls den Lieferanten vor Ort, um seine Angaben zu prüfen.

Da das Projektgeschäft typischerweise als Baustellenfertigung organisiert ist, ist eine klassische Qualitätsprüfung beim Abnehmer nicht möglich. Vor der Lieferung der Komponente an die Baustelle findet beim Lieferanten eine Endprüfung und Abnahme statt, die vorab vom Einkauf vertraglich geregelt wurde.

forward sourcing

Integration des Lieferanten in den Entwicklungsprozess

Incoterms

Im internationalen Handel häufig verwendete (13) Lieferbedingungen, die die Übernahme der Transportkosten und den Gefahrenübergang regeln. Die Incoterms gliedern sich in 4 Gruppen bestehend aus

- einer E-Klausel (EX Works, ab Werk – EXW)
- drei F-Klauseln (Free Carrier – FCA; Free Alongside SHIP- FAS; Free On Board – FOB)
- Vier C-Klauseln (Cost and Freight – CFR; Cost, Insurance und Freight – CIF; Carriage Paid to- Frachtfrei – CPT, Carriage and Insurance paid to – CIP)
- fünf D-Klauseln (Delivered at Frontier – DAF; Delivered EX Ship – DES; Delivered EX Qay – DEQ; Delivered Duty Unpaid – DDU; Delivery Duty Paid – DDP).

Indirektes Material

Merkmale: in der Regel werden keine Bedarfsprognosen erstellt und auf Grund des geringen Einkaufsvolumens häufig keine Rahmenverträge abgeschlossen. Es wird häufig nicht bevorratet und der Beschaffungsprozess wird häufig unter großem Zeitdruck durchgeführt und manchmal ohne den Einkauf einzuschalten. Die Dokumentation des Bedarfs ist häufig unvollständig, weil keine Bestellanforderung im ERP-System angelegt wurde oder weil das Material keinen Materialstammdatensatz hat, wird das Material an mehreren Standorten beschafft, die bei unterschiedlichen Lieferanten beziehen oder unterschiedliche ERP-Systeme benutzen, wird das gleiche Material mit verschiedenen Bezeichnungen und unter verschiedenen Materialidentnummern geführt. Eine Fortschreibung des Bedarfs ins Folgejahr (zur Vorbereitung einer Verhandlung soll der voraussichtliche Bedarf bestimmt werden) ist häufig nicht möglich, weil die Materialgruppe Bedarfe enthält, der erstmalig, einmalig oder nur sporadisch auftritt. Die Materialgruppe umfasst eine sehr große Anzahl verschiedener Artikel und wird bei einer vergleichsweise großen Zahl Lieferanten bezogen.

Industriepark

Aus der Automobilindustrie bekanntes Konzept, eine just-in-time Versorgung der Endmontage sicher zu stellen. Beispiel: Industriepark Rastatt für die Endmontage von DaimlerChrysler. Der Industriepark bezeichnet eine Fläche, die der gemeinschaftlichen Nutzung durch mehrere Unternehmen dient. Im Industriepark siedeln sich Zulieferer räumlich konzentriert, abnehmernah an, um die Endmontage des Abnehmers kostengünstig und unter hohen logistischen Anforderungen hinsichtlich Lieferzeit und -genauigkeit mit variantenreichen Modulen zu versorgen. Im Industriepark führen die Zulieferer abnehmerspezifische Fertigungs- und Logistikprozesse durch. Gleichartige Aufgaben werden einem gemeinschaftlich beauftragten Dienstleister übertragen (Bereitstellung und Instandhaltung von Infrastruktur, Transport).

Gareis, K.: Konzept des Industrieparks. In: Stölzle, W., Gareis, K. (Hrsg.): Integrative Management- und Logistikkonzepte. Wiesbaden 2002 S. 383–410

Kommissioniersysteme

Kommissionieren ist das Zusammenstellen von Artikeln aus einem Sortiment oder einer Teilmenge aus einer Gesamtmenge auf der Grundlage eines Kunden- oder internen Produktionsauftrags. Hinsichtlich der **Automatisierung** werden vollautomatische, halbautomatische und manuelle Kommissioniersysteme unterschieden. Hinsichtlich der **Organisationsform** werden ein- und zweistufige Systeme unterschieden: Bei einstufiger Kommissionierung wird jeder Auftrag separat kommissioniert, bei zweistufiger Kommissionierung wird zunächst ein Pool von Aufträgen gemeinsam kommissioniert und anschließend an einer Sammelstelle nach Aufträgen getrennt. Bei statischer Kommissionierung bewegt sich der Kommissionierer zur Ware, bei dynamischer Kommissionierung wird der benötigte Artikel über ein Regalförderfahrzeug aus dem Lager zum Kommissionierer gebracht. Nach Entnahme der gewünschten Menge erfolgt der automatische Rücktransport ins Lager. Die dynamische Kommissionierung hat den Vorteil entfallender Wegezeiten für den Kommissionierer, erfordert aber hohe Investitionen.

Kontraktlogistik

Unter dem Begriff Kontraktlogistik werden Geschäfte zusammengefasst, die mehrere logistische Funktionen integrieren, basierend auf einer langfristigen, arbeitsteiligen und vertraglich geregelten Kooperation zwischen einem Hersteller von Gütern und einem logistischen Systemdienstleister. Systemdienstleister bieten nicht nur die logistischen Kernaktivitäten Transport, Umschlag und Lagerhaltung an. Das Angebot wird ergänzt um Beratung und Auswahl der Transportverpackung, Ein- und Auspacken, Verwaltung und Steuerung von Ladungsträgern (Mehrwegverpackungen), Retourenbearbeitung, Rückführung von Leergut, Preisauszeichnung, Regalservice. Das Angebot des Systemdienstleister ist gekennzeichnet durch einen kundenspezifischen Leistungsumfang, durch Eigenverantwortung und Gestaltungsfreiheit. Die Kontraktlogistik erfordert die Beherrschung mehrerer Teilprozesse des Kunden sowie das Einbringen von Prozess- und IT-Know-How. Sie lässt sich nicht durch einzelne Aufträge vereinbaren, sondern bedarf eines mittel- bis langfristigen Rahmenvertrags.

Stölzle, W., Weber, J., Hofmann, E., Wallenburg, C. (Hrsg.): Handbuch der Kontraktlogistik. Management komplexer Logistikdienstleistungen. Weinheim 2006.

vgl. Zentes, J., Morschett, D.: Die Servicebausteine in der Logistik. In: Merkel, H., Bjelicic, B. (Hrsg.): Logistik und Verkehrswirtschaft im Wandel. München 2003, S. 419–436

vgl. Baumgarten, H., Zadek, H.: Struktur des Logistikdienstleistungsmarktes. In: Baumgarten, H., Wiendahl, H.-P., Zentes, J. (Hrsg.): Logistik-Mangement Berlin 2002 Kap. 9.01.01

KPI für SCM

KEY Performance Indicators des SCOR-Modells: Kundenwunschliefertreue – Liefertreue zum bestätigten Termin – Auftragsabwicklungszeit – Produktionssteigerungsflexibilität – Gesamte SCM-Kosten – Cash-To-Cash-Zykluszeit – Bestandsreichweite.

Becker, T.: Supply Chain Prozesse: Gestaltung und Optimierung. In: Busch, A., Dangelmaier, W. (Hrsg.): Integriertes SCM. Theorie und Praxis effektiver unternehmensübergreifender Geschäftsprozesse. Wiesbaden 2002 S. 63–87

Lastenheft + Pflichtenheft

Das **Lastenheft** des Auftraggebers beschreibt die Zielsetzungen, Aufgabenstellungen und Rahmenbedingungen eines Projekts und bedient sich dabei der Dokumentation des Ist-Zustands mit anschließender Erläuterung des Soll-Zustands. Es soll dem Auftragnehmer eine detaillierte Aufgabenbeschreibung liefern, auf deren Basis der Auftragnehmer einen Lösungsvorschlag entwickelt. Im Lastenheft werden die Anforderungen an das zu liefernde Produkt (Spezifikation) bzw. an die Dienstleistung beschrieben. Das Pflichtenheft wird nach der Auftragsvergabe vom Auftragnehmer erstellt. Es enthält das Lastenheft und beschreibt, wie die Anforderungen erfüllt werden. Der Auftragnehmer prüft die Realisierbarkeit und Widerspruchsfreiheit der im Lastenheft genannten Anforderungen. Das **Pflichtenheft** wird vom Auftraggeber genehmigt und wird damit Teil des Vertrags.

Aufbau eines Lastenhefts:

1. Aufgabenstellung

- Anlass/Symptome
- Ziel des Projekts/des Vorhabens
- Kurzbeschreibung des Projekts
- Eckdaten für das Projekt (Zeit/Mittel/personelle Ressourcen)

2. Unternehmen

- Branche, Produkte, Rechtsform, Größe
- Wirtschaftliche und organisatorische Rahmenbedingungen

3. Ist-Zustand

- Einbindung des Vorhabens in die Gesamtstrategie
- bereits durchgeführte, weitere geplante Aktivitäten
- Beschreibung der betroffenen Abläufe und Zuständigkeiten
- Darstellung der Schnittstellen

4. Soll-Zustand

lead buying

Lead Buyer beschaffen Warengruppen geschäftsbereichs- und standortübergreifend. Sie realisieren dabei Kostensenkungen durch Bündelungseffekte, durch Standardisierung und durch das Suchen und Aufdecken neuer, internationaler Beschaffungsalternativen.

letter of guarantee/of credit (L/C)

Akkreditiv/Bürgschaft – ein bedingtes Zahlungsversprechen der Bank eines Importeurs, in der sie sich gegenüber dem Exporteur einer Ware verpflichtet, **bei Vorlage festgelegter Dokumente** („bedingt"), Zahlung zu leisten. Der Käufer erhält die Gewissheit, dass er nur zahlen muss, wenn der Verkäufer geliefert hat und dies durch Vorlage ordnungsgemäßer Dokumente nachgewiesen hat. der Verkäufer hat die Gewissheit, dass er seinen Erlös erhält, wenn er ordnungsgemäß geliefert hat.

Lieferantenbewertung

Sammlung, Aufbereitung und Nutzung von Informationen über die Lieferleistung und das Leistungspotenzial von Lieferanten. Instrument des aktiven und systematischen Lieferantenmanagements. Grundlage für systematische Lieferantenauswahl, Verhandlungen mit Lieferanten und Lieferantenentwicklung. Die **ISO 9001** fordert, dass das Unternehmen Verfahrensanweisungen entwickelt, die festlegen, welche Lieferanten (meist Lieferanten direkten Materials) nach welchen Kriterien (meist Qualität, Lieferleistung und Leistungsfähigkeit) bewertet werden sollen und dass es Konsequenzen aus Bewertungsergebnissen festlegt.

Die Lieferantenbewertung wird in der Praxis systemunterstützt. **Festzulegen** sind vom Anwender Verfahren (Punkte, Noten) Kriterien, Gewichtungen, Verarbeitungsregeln und Klassifizierungen in Abhängigkeit von den Bewertungsergebnissen. Eine **automatische** Lieferantenbewertung verwendet Daten, die an anderer Stelle im Unternehmen unabhängig von der Lieferantenbewertung entstehen (z. B. das gebuchte Wareneingangsdatum im Vergleich zum „statistischen Lieferdatum" als Wunschtermin der gebuchten Bestellung) und errechnet Noten unter Anwendung eines festgelegten Algorithmus. Ein **standardisiertes** Lieferantenbewertungssystem legt Kriterien, Verarbeitungsregel und Gewichtungen unternehmensweit fest, um Transparenz der Ergebnisse zu erreichen, sodass Einkäufer anderer Materialgruppen oder an anderen Standorten sowie der Lieferant die Bewertung nachvollziehen können.

Teufel, T., Röhricht, J., Willems, P.: SAP-Prozesse: Planung, Beschaffung und Produktion. München 2000

Lieferavis

Information des Lieferanten an den Kunden über eine zu erwartende Lieferung. Er enthält z. B. die EAN oder NVE (Nummer der Versandeinheit z. B. Palette) zur eindeutigen Identifizierung der gelieferten Produkte und Liefermenge. Es ermöglicht dem Abnehmer, seine Wareneingangsprozesse zu planen und zu steuern (Personal, Planung der Anlieferung) und zeigt Abweichungen zwischen Bestell- und Anlieferungsmenge.

Lieferantenmanagement

Systematische und Strategische Gestaltung der Zusammenarbeit mit Lieferanten. Umfasst die Elemente Lieferantenerstauswahl (Zulassung), → Lieferantenbewertung, Lieferantenentwicklung, Lieferantenklassifizierung und Lieferantenausphasen (Trennung).

Materialgruppenmanagement

Gestaltungsansatz zur Bedarfsbündelung in diversifizierten und dezentralisierten Unternehmen. Um die Eigenfokussierung der Beschaffung zu überwinden soll der Beschaffungsprozess durch Teams gemanagt werden. Durch funktionsübergreifende Koordination sollen die Vorteile von dezentraler Beschaffung und Zentraleinkauf verbunden werden. Einem MGM-Team wird dauerhaft oder zur Lösung eines akuten Problems die Beschaffungsverantwortung für eine Baugruppe, ein Modul, ein System oder eine Dienstleistungsgruppe übergeben. Das Team wird mit Mitarbeitern aus technischen Fachabteilungen (Entwicklung, Produktion, Qualitätswesen) und aus Produktionsplanung und Einkauf besetzt. Wenn auch Vorgaben des Absatzbereichs hinterfragt werden sollen, werden Marketings/Vertrieb einbezogen.

Bellmann, K.: Produktion und Beschaffung – Management einer innerbetrieblichen Schnittstelle. In: Hahn, D., Kaufmann, L. (Hrsg.): Handbuch Industrielles Beschaffungsmanagement. 2. Aufl. Wiesbaden 2002 S. 361–379. Kleinaltenkamp. M.: Materialgruppenmanagement. In: Boutellier, R., Wagner, S., Wehrli, H.: Handbuch Beschaffung. Strategie, Methoden, Umsetzung. München Wien 2003 S. 167–178

Modullieferanten

Dem Modullieferanten wird eine übergeordnete **logistische Verantwortung** für die sequenzgenaue Anlieferung übertragen. Klassisches Beispiel sind Autositze. Motive für ein derartiges Outsourcing von Logistik- und Montageprozessen sind tarifliche Unterschiede und der Wunsch des OEM, das Investitionsrisiko und Kapitalbindung, die Gesamtverantwortung für die Gewährleistung und Komplexitätsmanagement auf den Zulieferer zu übertragen.

→ Systemlieferanten

Freudenberg, T.: Zulieferstrukturen im 21. Jahrhundert. In: Hahn, D., Kaufmann, L. (Hrsg.): Handbuch Industrielles Beschaffungsmanagement. 2. Aufl. Wiesbaden 2002 S. 153–164

Pönale

Begriff aus der Einkaufspraxis (poena, die Strafe) für eine **Verzugsstrafe**, eine Vertragsstrafe für verspätete Lieferungen. Die Vertragsstrafe ist in §§ 339–345 BGB geregelt – sie ist allgemein eine zusätzliche vertragliche Vereinbarung, in der der Lieferant dem Abnehmer die Zahlung einer Geldstrafe verspricht, falls er seine Verbindlichkeit nicht oder nicht richtig erfüllt. Die Verzugsstrafe ist eine vereinbarte Geldleistung, die in der vereinbarten Höhe ohne Rücksicht auf den tatsächlich entstandenen Schaden bezahlt werden muss. Außerdem steht dem einkaufenden Unternehmen das recht zu, den die Verzugsstrafe **übersteigenden** Schadensbetrag geltend zu machen, soweit dies nicht anders lautend vereinbart wurde.

Zweck der Vertragsstrafe ist zunächst die Sicherung des Liefertermins durch ein zusätzliches **Druckmittel**. Für den Abnehmer von großer Bedeutung ist auch die **Erleichterung** des

Schadensausgleichs: Wenn der Einkäufer im Verzugsfalle Schadensersatz fordert, muss er nachweisen, dass ein Schaden eingetreten ist, er muss die Höhe des nachweisbaren Schadens quantifizieren. Manche Schäden, die Opportunitätskostencharakter haben, werden nicht ersetzt. Der Schadensbeweis ist aufwändig und nicht immer möglich, weil er entsprechende Aufschreibungen nicht vorliegen.

Nach §§ 339, 276 und 280 BGB ist die Verzugsstrafe nur dann fällig, wenn die Lieferung infolge eines Umstands unterbleibt oder verzögert ist, den der Lieferant **zu vertreten** hat, d. h. wenn er vorsätzlich oder fahrlässig gehandelt hat. Weicht eine AGB-Klausel von wesentlichen Grundgedanken einer gesetzlichen Regelung ab, so liegt im Zweifel eine **unangemessene Benachteiligung** des Vertragspartners vor. Damit wäre eine Pönale, bei der die Strafe auch dann zu zahlen ist, wenn der Lieferant durch höhere Gewalt an der Lieferung gehindert wird, unwirksam!

Eine unangemessene Benachteiligung des Lieferanten sieht der Bundesgerichtshof auch in einer Pönale, die in den AEB vereinbart wird und eine **Obergrenze** von 5% des Auftragswertes übersteigt.

Beispiel für eine Pönale: Überschreiten Sie den vereinbarten Liefertermin gemäß Ziffer ... dieses Vertrags und kommen Sie dadurch in Verzug, zahlen Sie an uns pro angefangenen Werktag (alternativ Kalendertag, pro vollendete Kalenderwoche) eine Verzugsstrafe in Höhe von 0,15% des Gesamtauftragswerts, jedoch höchstens 5% des Gesamtauftragswerts.

Schmid, K: Verzugsstrafen – zusätzliches Druckmittel. Beschaffung Aktuell Heft 12 2004 S. 34–35

Präventives Qualitätsmanagement für Material

Materialqualität soll nicht durch umfangreiche Qualitätsprüfung und anschließende Nachbearbeitung oder Aussortieren sichergestellt werden. **Ziel** des präventiven Qualitätsmanagements ist die Zusammenarbeit mit Lieferanten, die eine fehlerfreie Anlieferung durch fehlerfreie Fertigungs- und Auslieferprozesse erreichen. **Instrumente** sind Erstmusterprüfung, Lieferantenselbstauskunft, Probelieferung, Überprüfen der Referenzen, Auswertung vorhandener Erfahrungen, Audit, Unterstützung des Lieferanten bei Qualitätsproblemen, vollständige und unmissverständliche Spezifikation, gemeinsame Qualitätsverbesserung und Entwicklung, Vereinbarung von Qualitätsmanagement-Maßnahmen beim Lieferanten.

Maiss, T.: Qualitätssicherung beginnt beim Lieferanten. Einkäufer im Markt Nr. 9 Mai 2004

Prozessverbesserung

Ansätze für Prozessverbesserungen hinsichtlich Qualität, Kosten oder Zeit sind grundsätzlich möglich durch: Verbesserung einer Aktivität, Eliminieren einer Aktivität, Änderung der Reihenfolge von Prozessschritten, Hinzufügen von Aktivitäten, Vereinen von Aktivitäten, Automatisieren von Aktivitäten, Beschleunigen und Prallelisieren von Aktivitäten.

Lohloff, P., Lohloff, H.-G.: Verwaltung im Visier: Optimierung der Büro- und Dienstleistungsprozesse. Zeitschrift für Führung+Organisation (ZfO) Jg. 62, Nr. 4 1993 S. 248–254.

Kuhn, A., Hellingrath, H.: Supply Chain Management: Optimierte Zusammenarbeit in der Wertschöpfungskette. Berlin Heidelberg 2002 S. 95

Qualitätskosten

Kosten, die durch die Erfüllung der Kundenforderungen, durch das Schaffen von Vertrauen, dass die Anforderungen erfüllt werden (notwendige Kosten, umfassen Fehlerverhütungs- und geplante Prüfkosten), entstehen sowie Verluste infolge des Nichterreichens von Qualität (ungeplante Prüfkosten, interne und externe Fehlerkosten, auch als Nichtkonformitätskosten bezeichnet).

Linß, G.: Qualitätsmanagement für Ingenieure. München 2002 S. 464

Qualitätsmanagement

Gesamtheit der qualitätsbezogenen Tätigkeiten und die Ableitung qualitätsbezogener Ziele. Qualitätsmanagement sind aufeinander abgestimmte Tätigkeiten zur Festlegung der Qualitätspolitik und der Qualitätsziele, der Qualitätsplanung, der Qualitätslenkung, der Qualitätssicherung und -verbesserung.

DIN EN ISO 9000-2000-12

Qualitätsmanagement-Handbuch

legt fest und beschreibt alle erforderlichen Verfahren, Prozesse, Verantwortlichkeiten und Ressourcen, mit denen qualitätsrelevante Forderungen des Kunden erfüllt werden sollen.

Pfeifer, T.: Qualitätsmanagement: Strategien-Methoden-Techniken. München 2001

Qualitätsmanagement-System

Die in einem Unternehmen eingesetzten Ressourcen (Mitarbeiter, Anlagen, Informationssysteme, Werkzeuge, Material), Techniken (Fertigungsverfahren, Prüfmethoden), Zuständigkeiten, Verantwortlichkeiten und Abläufe, mit denen die qualitätsrelevanten Forderungen des Kunden erfasst und erfüllt werden.

Binner, H.F.: Unternehmensübergreifendes Logistikmanagement. In: Conrad K., J. München 2002

Referenzmodell

Ein grundlegendes standardisiertes Modell, von dem ein unternehmensindividuelles Implementierungsmodell abgeleitet wird. Es besitzt ein hohes Maß an Allgemeingültigkeit und hat Vorgabecharakter. Das → SCOR-Modell ist ein Prozessreferenzmodell.

Reservierung

Die Reservierungspolitik hat einen großen Einfluss auf die Termintreue.

In der systemgestützten Bestandsführung wird eine Reservierung als zukünftiger Lagerabgang behandelt. Kommen neue Kundenaufträge hinzu mit einem Wunsch-Liefertermin vor den Reservierungen des letzten Planungslaufs, stellt sich die Frage, ob die alten Reservierungen bestehen bleiben sollen oder ob in jedem Planungslauf alle Reservierungen nach ihrem Bedarfstermin neu sortiert werden sollen. Dies entscheidet die Einstellung „**alte Reservierungen überschreiben**" bzw. „**nicht überschreiben**". Wird überschrieben, besteht die Gefahr, dass eine Reservierung von einem kurzfristigen Kundenauftrag verdrängt wird, obwohl der Kunde seinen Bedarf frühzeitig angemeldet hat. Um dies zu vermeiden kann die Einstellung gewählt werden „alte Reservierungen nicht überschreiben". Damit besteht aber die Gefahr, dass Planaufträge und Bestellaufträge mit einem Terminengpass ausgelöst werden, obwohl Bestand physisch vorhanden ist, die neue Reservierung zu bedienen.

RFID

„Radio Frequency Identification" auch Transpondertechnologie – auf der Basis von Funkwellen arbeitende Technologie zur **berührungslosen**, umfassenden **Identifizierung** von Objekten und Erfassung von Daten jeglicher Art. Alle notwendigen Produktinformationen (Hersteller, Artikelnummer, Gewicht, Charge) sind auf einem einzigen Etikett enthalten und für alle Stationen der supply chain abrufbar. RFID könnte sich als Konkurrenz zum bislang eingesetzten Produktkennzeichnungssystem, dem **Barcode**, entwickeln. Der RFID-Tag kann mehr Informationen speichern als der EAN-Code, mittels dem Electronoc Product Code (EPC) – eine weltweit gültige Seriennummer – lässt sich jeder registrierte Artikel individuell kennzeichnen, während der EAN-Code nur die Art des Produkts identifiziert werden kann. Der Transponder ist schneller lesbar und benötigt keine Sichtverbindung zum Lesegerät. Allerdings ist der Einsatz von RFID im vergleich zu Barcodes noch sehr teuer.

Einsatzmöglichkeiten von RFID in der Logistik: **Behältermanagement**: Mehrwegbehälter und -Ladeeinheiten können verwaltet und ihr Durchlauf durch die supply chain verfolgt werden; Sicherung der lückenlosen → **Rückverfolgbarkeit** besonders bei Lebensmitteln, Beobachtung des Bearbeitungs- und Sendungsstatus eines Produkts oder einer Sendung, Vermeidung von **Diebstahl**, **Beschleunigung** und **Automatisierung** der Ein- und Auslagerungsprozesse durch eine Pulkerfassung aller ausgehenden Artikel auf einer Palette.

Kelaiditis, N.: Das neue Zauberwort in der Warenidentifikation? Beschaffung Aktuell Heft 10/2003; Krampe, A.: Löst der Chip den Barcode ab? Logistik heute Heft 6 2001

Rückverfolgbarkeit (Traceability)

Bei Erkennen eines Material- oder Enderzeugnisfehlers stellt die Rückverfolgbarkeit sicher, dass betroffene Lieferungen und Kunden (stromabwärts) und Verursacher von Fehlern (stromaufwärts) schnell identifiziert werden und informiert werden können. Ein Identifikations- und Dokumentationssystem erlaubt es jederzeit festzustellen, wo sich ein Produkt zu einem bestimmten Zeitpunkt befindet, von wem und mit welchen Materialien es hergestellt wurde, durch wen es transportiert wurde und wo es aktuell gelagert wird. Traceability erfordert → Tracking und → Tracing.

Hersteller von Lebens- und Futtermitteln sind **gesetzlich verpflichtet**, die Vorlieferanten zu identifizieren und eine Aufzeichnung über die Empfänger der Produkte zu führen. Nach dem Produkthaftungsgesetz ist jeder Hersteller verpflichtet, die in Verkehr gebrachten Produkte zu beobachten. Werden nach dem Inverkehrbringen gefährliche Produktfehler erkennbar, muss der Hersteller Warnhinweise geben und Rückrufaktionen durchführen, um deliktische Schadensersatzansprüche zu vermeiden. Rückrufaktionen werden auch freiwillig durchgeführt, um **Imageschäden** zu vermeiden. Geht beim Hersteller eine Reklamation eines Enderzeugnisses (z. B. falsche Füllmenge oder eine allergische Reaktion, die auf einen fehlerhaften Rohstoff zurückzuführen sein könnte) ein, soll festgestellt werden, an welche Kunden die übrigen Erzeugnisse dieser Produktionslosgröße geliefert wurden. Die Rückverfolgbarkeit sichert die **Wirtschaftlichkeit einer Rückrufaktion**, da die Produkte oder Lieferungen isoliert werden können, die von einem Fehler betroffen sind und nicht alle Lieferungen im Zeitraum zurückgerufen werden müssen.

Datenbasis und Systemunterstützung: Mittels einer individuellen Codierung des Erzeugnisses, die unmittelbar nach der Fertigung auf der Verpackung angebracht wird, ist der Produktionszeitraum, die Anlage und Schicht bzw. Charge feststellbar (Tracing). Ein Tracking der Lieferungen ist möglich, wenn die NVE/SSCC-Nummern der verladenen Paletten (jede Palette erhält eine individuelle Nummer) pro Auftrag dokumentiert werden.

Centrale für Coorganisation GmbH (Hrsg.): Tracking & Tracing – Von der Strategie zur Praxis. Köln 2003

Schnittstellen

Schnittstellen sind Punkte in einer Prozesskette, an denen ein zu bearbeitendes Objekt (ein Auftrag) von einem Bearbeitungsprozess an einen anderen übergeben wird. Schnittstellen sind kritisch, weil sie Verzögerungen, Informationsverlust und (Doppel)Aufwand verursachen. Schnittstellen sind die Konsequenz der Arbeitsteilung. Typische innerbetriebliche Schnittstellen bestehen zwischen den Funktionsbereichen Absatz, Produktion und Beschaffung bei der Auftragsabwicklung und zwischen F&E, Marketing, Produktion und Einkauf bei der Neuproduktentwicklung. Externe Schnittstellen bestehen zwischen Abnehmer und Lieferant. Schnittstellenprobleme zeigen sich als Ressortegoismus, bei dem jede Funktion unkoordiniert ihre Bereichsziele verfolgt, als Dominanz eines Teilbereichs, als Gefahr der persönlichen Ressentiments zwischen den Mitarbeitern und Führungskräften der Bereiche. Die Folge von Schnittstellenproblemen sind Insellösungen und Teiloptimierungen, unabgestimmte Vorgehensweisen und kurzfristige Aktionen, Misstrauen und Puffer. Supply chain management empfiehlt eine prozessorientierte Organisation um die Anzahl der Schnittstellen zu reduzieren und eine möglichst enge Verzahnung der Prozessschritte durch vorauseilende Information und Abstimmung.

Bellmann, K.: Produktion und Beschaffung – Management einer innerbetrieblichen Schnittstelle. In: Hahn, D., Kaufmann, L. (Hrsg.): Handbuch Industrielles Beschaffungsmanagement. 2. Aufl. Wiesbaden 2002 S. 361–379

SCM-Konzepte

Koordination statt Puffer, Lieferantenintegration, Pull-Prinzip, postponement, VMI, Just-in-Time, forecasts, Verfügbarkeitsprüfung mit APS und CTP, collaborative Planning mit APS-Systemen, CPFR (Handel).

SCOR-Modell

Das **S**upply **C**hain **O**perations **R**eference Model wurde vom SUPPLY CHAIN Council, einem Zusammenschluss von international tätigen Unternehmen entwickelt und seither kontinuierlich weiterentwickelt. Es bietet einen branchenübergreifenden Industriestandard, mit dem sich unternehmensübergreifende supply chains beschreiben, bewerten und verbessern lassen. Es unterstützt das supply chain management bei der Strategie- und Zielfindung, bei der Festlegung von Soll-Zielerreichungsgraden und der Messung der Ziele, bei der Identifikation kritischer Prozessabschnitte, von Doppelaufwand und offener Schnittstellen. Es umfasst eine standardisierte Sprache und Darstellung der Prozesse, eine Kennzahlenhierarchie und best practices.

SCM-Strategien

Die supply chain Strategie legt **Leistungsmerkmale** fest, durch die sich die supply chain auszeichnen soll. **Effiziente** (lean) supply chains verfolgen primär das Ziel, Verschwendung zu eliminieren und die Produktion zu beruhigen. Kostenorientierte und kapazitätsorientierte Produktionsplanung stellen sicher, dass eine hohe und gleichmäßige Auslastung der Fertigung erreicht wird. Zentralisierte Lagerhaltung in Verbindung mit indirekten Transportsystemen sichern den Lieferservice bei geringstmöglichen Gesamtkosten. Die supply chain wird nach dem Push-Prinzip gesteuert. Wenn die Nachfrage stabil und daher berechenbar ist und die Variantenvielfalt gering ist, wenn die Vergleichbarkeit der Produkte sehr hoch und ihr Deckungsbeitrag gering ist und wenn die Rüstkosten in der Fertigung hoch sind, ist die effiziente supply chain Strategie zu wählen. Beispiele für Produkte, für die eine effiziente Supply chain Strategie geeignet wäre, sind Zahnpasta, Zucker, industrielle Standardprodukte.

Je kürzer die Lebenszyklen der Produkte, je promotionsintensiver und modeabhängiger die Produkte und daher unsicherer die Nachfrage, umso größer ist das Opportunitätskostenrisiko durch stockouts und unverkaufte Ware am Ende der Saison und des Produktlebens. Modische Kleidung, Gebäck, digitale Kameras sind in diese Produktgruppe einzuordnen. Die Priorität des supply chain management liegt hier auf der Fähigkeit der supply chain, kurze Durchlaufzeiten durch die gesamte supply chain zu erreichen (**Reaktionsfähige** -agile- supply chains). Sie senken die Abhängigkeit von Absatzprognosen, die gewöhnlich umso schlechter werden, je weiter sie in die Zukunft reichen. Reaktionsfähige supply chains legen besonderes Augenmerk auf die Produktionsflexibilität bezüglich Menge und Produktmix (Automatisierung, kurze Rüstzeiten) und wenden für Teile des order-to-payment-Prozesses das Pull-Prinzip an. Sie benötigen Puffer in den Kapazitäten und an Produktionsmaterial. Eine erfolgswirksame Aufgabe ist das frühzeitige Prognostizieren der Marktnachfrage.

Service Level Agreements

Vereinbarung zwischen Dienstleister und Kunde, die den Dienstleister zu einem bestimmten **Ergebnis** und den Kunden zur **Mitwirkung** verpflichtet. Ziel ist es, die Leistungen genau zu beschreiben, damit der Auftraggeber eine Grundlage für die Messung der Leistungen hat und der Auftragnehmer eine Basis für den Leistungsnachweis. Service Level Agreements beschreiben Milestones, Messverfahren, Vorleistungen des und Unterstützung durch den Kunden, eventuelle Bonus- und Malus-Regelungen.

Biermann, T.: Kompakt-Training Dienstleistungsmanagement. Ludwigshafen 2003

Ship-To-Stock

Wenn Produkte hinsichtlich der Beanstandungsquote einen so hohen Standard erreicht haben, dass Fehler bei der herkömmlichen Wareneingangsprüfung des Abnehmers nicht mehr zu erkennen sind, ist es sinnvoll auf die Wareneingangsprüfung zu verzichten. Die Vertragsparteien vereinbaren, dass der Lieferant die Lieferpapiere und die Verpackungseinheiten mit dem Vermerk bzw. einem Aufkleber „ship-to-stock" kennzeichnet. Die Wareneingangsprüfung beim Abnehmer beschränkt sich dann auf die Identifikationsprüfung anhand von Lieferpapieren, Bestellaufträgen und gelieferter Ware. Sofort erkennbare Schäden an der Verpackung oder am Produkt (Transportschäden) werden dem Lieferanten unverzüglich mitgeteilt. Das Produktionsmaterial wird während der Weiterverarbeitung beim Abnehmer geprüft. Dort festgestellte Fehler werden unverzüglich angezeigt. Der Lieferant informiert den Abnehmer über auftretende oder zu befürchtende Probleme. Die Ship-To-Stock-Vereinbarung ändert nichts an der Qualitätsverantwortung des Lieferanten. Sie wird nur mit Lieferanten geschlossen, mit denen schon eine längerfristige und vertrauensvolle enge Zusammenarbeit praktiziert wird.

Skip-Lot Verfahren

ein Verfahren der Stichprobenprüfung, bei dem einzelne Lieferungen **nicht** geprüft werden.

Linß, G.: Qualitätsmanagement für Ingenieure. München Wien 2002

Spend Management

identifiziert und realisiert Einsparpotenziale. Die Kennzahl Cashout-Quote (Einkaufsvolumen/Finanzvolumen mit externen Lieferanten · 100 gibt Antwort auf die Frage „wie viel wird am Einkauf vorbei bestellt?" (maverick buying). Das spend management basiert auf einer Analyse, wer was von wem zu welchen Konditionen kauft. Insbesondere Dienstleistungen werden typischerweise von vielen Mitarbeitern in verschiedenen Abteilungen geordert (Bsp. Kurierdienste, Bewirtung, Taxi, Hotel)

Henrichs, M.: Ausgaben senken und Einsparungen realisieren. Beschaffung Aktuell 1/2005 S. 27–29

Standardisierung

Ersetzen von Zeichnungsteilen durch Norm- oder Katalogteile, bei indirektem Material auch Reduzierung des Beschaffungsprogramms durch Einsatz **eines** Produkts bei gleichartigem Bedarf, der bisher durch verschiedene Produkte befriedigt wurde. Reduziert Prozess-, Bestands- und Einstandskosten.

Large, R.: Strategisches Beschaffungsmanagement – Eine praxisorientierte Einführung. 2. Auflage Wiesbaden 2000 S. 78

Submission

Ausschreibung – Öffentliche Aufforderung in der Presse oder auf dem Einkaufsportal, ein Angebot abzugeben (im Unterschied zur Anfrageaktion, die einen ausgewählten Kreis von Lieferanten auffordert). Die Angebote werden bis zu einem festgelegten Termin gesammelt und gleichzeitig eröffnet, sodass der Anbieter keine Gelegenheit hat, sein Angebot nachzu-bessern, wenn er Kenntnis der Konkurrenzangebote erhält. Den Zuschlag erhält das unter Berücksichtigung aller Umstände günstigste Angebot. Ausschreibungen/Submissionen kommen meist dann zum Einsatz, wenn komplexe, nicht standardisierte Produkte nachge-fragt werden, die auf anonymen Märkten nicht gehandelt werden. Die öffentliche Ausschrei-bung ist nach §3 Abs. 3 VOB bei der Vergabe staatlicher Aufträge vorgeschrieben.

Systemlieferanten

Systemlieferanten fassen Teile und Komponenten funktional zusammen und übernehmen die Gesamtverantwortung für Entwicklung und Erprobung der Funktionseinheit. Hierbei handelt es sich um ein **entwicklungsgetriebenes** Modell mit dem Ziel der Optimierung funktionaler Schnittstellen. Ein Beispiel sind Lenkungssysteme, Bremskontrollsysteme. Der Abnehmer verlagert die Entwicklungsverantwortung, weil er nicht über genügend Entwickler verfügt, weil er spezialisierte Entwicklerkompetenz nutzen will und um das Entwicklungsrisiko zu verlagern. → Modullieferanten

Freudenberg, T.: Zulieferstrukturen im 21. Jahrhundert. In: Hahn, D., Kaufmann, L. (Hrsg.): Handbuch Industrielles Beschaffungsmanagement. 2. Aufl. Wiesbaden 2002 S. 153–164

3PL Third-Party-Logistics Provider/4PL

Unternehmen, die ihren Ursprung im Bereich der Transport-Dienstleistungen haben (sog. KEP-Dienstleister, Kurier-Express-Paket-Dienstleister) und ihr Leistungsspektrum um dem Transport nahe stehende Dienstleistungen erweitert haben. Sie bieten grenzüberschreitende Dienstleistungen an, Lager, order processing, Sendungsverfolgung, Unterstützung bei der Logistikplanung. Sie binden sich langfristig an die Auftraggeber, arbeiten eigenverantwort-lich und haben Gestaltungsfreiheit für Teile der Wertschöpfungskette. 3PL werden auch als → Kontraktlogistiker bezeichnet.

Fourth Party Logistics Provider: von Anderson Consulting (heute Accenture) geprägter Begriff für einen **neutral** agierenden Netzwerk-Integrator, der zuständig ist für die Abstim-mung der Kapazitäten der einzelnen supply chain management-Partner, die Koordination des Einsatzes von externen Dienstleistern und der benötigten Ressourcen wie Transportmittel, Lager und Informationstechnologien. Wichtige Aufgabe ist auch das cost-benefit-sharing. Alternativ kann die Koordination der supply chain durch den dominierenden Partner über-nommen werden, also durch einen dominierenden Hersteller oder eine Handelskette.

vgl. Zadek, H.: Struktur des Logistik-Dienstleistungsmarktes. In: Baumgarten, H., Darkow, I.-L., Zadek, H. (Hrsg.): Supply Chain Steuerung und Services. Logistik-Dienstleister man-agen globale Netzwerke – Best Practices. Berlin Heidelberg 2004 S. 15–28.

vgl. Zentes, J., Morschett, D.: Die Servicebausteine in der Logistik. In: Merkel, H., Bjelicic, B. (Hrsg.): Logistik und Verkehrswirtschaft im Wandel. München 2003, S. 419–436

Time based Management

ergänzt das kosten- und qualitätsorientierte Supply Chain Management um Maßnahmen, die auf eine Verkürzung der Durchlaufzeit, der Reaktionszeit auf Veränderungen des Marktes und der Entwicklungszeit (Beschleunigung) oder Verbesserung der Termintreue gerichtet sind.

Hostettler, C.: Time Based Management. Controlling von zeitorientierten Strategien. Bern 1997

Schwellbach, U.: Zeitorientierung als Erfolgsfaktor in Industriebetrieben. In: Maier, F. (Hrsg.): Komplexität und Dynamik als Herausforderung für das Management. Festschrift zum 60. Geburtstag von Peter Milling. Wiesbaden 2004 S. 93–117

Total cost of ownership

Der Begriff wurde erstmals 1986 in Zusammenhang mit der Beurteilung von EDV-Systemen bekannt. Die Kosten, die bei der Beschaffung eines IT-Systems entstehen, sind im Vergleich zu den Kosten für Support, Administration und Betriebskosten eher gering. Aus dieser Erkenntnis heraus wurde die Forderung nach einem Vergleich der Gesamtkosten (**total cost approach**) laut. Der Vergleich von Handlungsmöglichkeiten auf der Basis von Gesamtkosten soll verhindern, dass Einsparungen bei einzelnen Kostenarten durch Steigerungen bei anderen Kostenarten überkompensiert wird.

Beim Vergleich von Handlungsmöglichkeiten im Einkauf (Auswahl eines Lieferanten, Anzahl und Bindung an Lieferanten, Auswahl zwischen Werkstoffalternativen u. a.) sind Angebotspreise des Lieferanten als Vergleichsmaßstab nicht ausreichend: Die Anbieter arbeiten in der Regel mit unterschiedlichen Preisnebenbedingungen. Diese umfassen die Frage, welcher Vertragspartner die Verantwortung und Kosten für Transport, Versicherung, Verpackung, Zoll u. ä. trägt, Zahlungsfristen und Skontobedingungen, von der Bestellmenge einer Artikelnummer abhängige Rabatte und vom Umsatz (Auftragswert über eine Periode und für mehrere Artikelnummern) abhängige Boni. Darüber hinaus ist es in vielen Beschaffungssituationen nicht ausreichend, auf der Grundlage der Kosten bis zur Übergabe des Beschaffungsobjekts an den Abnehmer eine Vergabeentscheidung zu treffen, Werkstoffe miteinander zu vergleichen oder strategische Entscheidungen im Bereich der Beschaffungsprogrammpolitik und Lieferantenpolitik zu begründen.

Je nach Fragestellung sind im Sinne eines total cost approach unterschiedliche Kostenarten in den Vergleich einzubeziehen. In der Literatur haben sich verschiedene Kostenabgrenzungen herausgebildet, die unterschiedliche Kostenwirkungen erfassen:

Die **Einstandskosten** umfassen die Gesamtkosten für die rechtliche und physische Verfügbarmachung des Beschaffungsobjekts bis an den Wareneingang des abnehmenden Unternehmens. Zur Berechnung der Einstandskosten wird der Angebotspreis des Lieferanten um kostenrelevante Lieferungs- und Zahlungsbedingungen bereinigt.

Eine Erweiterung der Perspektive um beim Abnehmer anfallende Materialgemeinkosten ist dann erforderlich, wenn die zum Vergleich anstehenden Handlungsmöglichkeiten Unterschiede aufweisen, auf die beim Abnehmer kostenwirksam reagiert wird. So ist ein Vergleich der Einstandskosten zweier Anbieter nicht sinnvoll, wenn sie unterschiedlichen Aufwand für die Bestellabwicklung verursachen (local gegenüber global sourcing, neuer gegenüber vertrautem Lieferanten), wenn sie Unterschiede in der Qualitätszuverlässigkeit oder Lieferzuverlässigkeit aufweisen, auf die mit verstärkten Prüfungen oder Materialbeständen reagiert

wird. Beim Vergleich strategischer Handlungsmöglichkeiten im Rahmen der Beschaffungsprogrammpolitik (Eigenerstellung oder Fremdbezug einer Leistung oder eines Produkts) und
Lieferantenpolitik (global sourcing, single sourcing) sowie bei erheblichen Unterschieden
der alternativen Anbieter im Hinblick auf Qualität, Versorgungssicherheiten und Bestellvor-
gaben sollte daher versucht werden, die **total cost of ownership** zu quantifizieren.

Die Kostenabgrenzung total cost of ownership erweitert die Perspektive der Einstandskosten
um die Kosten, die unternehmensintern bis zur Freigabe des Beschaffungsobjekts für die
Fertigung anfallen, also Transaktionskosten (für Information und Abstimmung mit dem
Lieferanten, für Lieferantenauswahl und Verhandlungen, administrativer Aufwand im Rahmen der Bestellabwicklung), Prüfkosten und Bestandskosten für Sicherheitsbestände und
höhere Ausgleichsbestände.

Die **life cycle cost** beziehen etwaige Unterschiede in der Nutzungs- und Entsorgungsphase
mit ein, wie sie beim Vergleich von Gebrauchsgütern anfallen oder bei Produkten, die am
Ende ihres Lebens Entsorgungskosten verursachen.

Tracking

Sendungsverfolgung – Verfolgung des Weges, den ein Produkt in der Lieferkette geht, vom
Lieferanten, über den Hersteller, den Handel, die logistischen Dienstleister und Umschlags-
punkte bis zum Kunden. Mittels Trackingnummern an der Versandeinheit, z. B. Palette Kar-
ton (Nummer der Versandeinheit NVE, international SSCC Serial Shipping Container Code)
können Empfänger und Sender über eine Internetplattform einsehen, wo sich die erwartete
Sendung bzw. die abgeschickte Sendung aktuell befindet.

Transaktionskosten

Als Transaktion wird der Prozess der Klärung und Vereinbarung eines Leistungsaustauschs
bezeichnet. Transaktionskosten sind Informations- und Kommunikationskosten, die bei der
Anbahnung, Vereinbarung, Kontrolle und Anpassung der Zusammenarbeit beim Abnehmer
und Zulieferer entstehen. Einfluss auf die Höhe der Transaktionskosten haben die Spezifizität der Leistungen/Produkte, die Unsicherheit und Komplexität der Umweltausprägungen
und die Transaktionshäufigkeit.

Pampel, J.: Instrumente für das kooperationsbezogene Controlling von Produktions- und
Transaktionskosten in der Supply Chain. In: Hahn/Kaufmann S. 697–728

Value Chain Analysis

Value Chain Analysis (Analyse der Wertschöpfungskette)

Geht zurück auf PORTER (Wettbewerbsvorteile – Spitzenleistungen erreichen und behaup-
ten. 4. Aufl. Frankfurt 1989). Die Wertschöpfungskette eines Unternehmens ist eine Kette
von wertsteigernden Aktivitäten. Die Gewinnspanne resultiert aus der Differenz der Kosten
der Wertschöpfungsaktivitäten und dem am Markt gemessenen Kundennutzen (Marktpreis).
Die Wertschöpfungskettenanalyse folgt dabei nicht den Prinzipien der Kostenartenrechnung
und nicht der Untergliederung des Unternehmens in Funktionsbereiche. Zweck des Analyse-
instruments ist eine wettbewerbs- und kundennutzenorientierte Unternehmensanalyse, d. h.

alle Unternehmensaktivitäten werden im Hinblick auf ihren Beitrag zur Befriedigung der Kundenbedürfnisse untersucht. Porter unterscheidet bei den Wertschöpfungsaktivitäten zwischen primären und unterstützenden Aktivitäten. Zu den primären zählen Eingangslogistik, Produktion, Marketing & Vertrieb, Ausgangslogistik und Kundendienst. Zu den unterstützenden Aktivitäten zählen die Beschaffung, Technologieentwicklung, Unternehmensinfrastruktur, Personalwesen. Innerhalb jeder der neun Kategorien fallen mehrere Aktivitäten an, die Bausteine von Wettbewerbsvorteilen bilden. Die Art und Weise, wie eine Aktivität ausgeführt wird, beeinflusst die Kosten und Effektivität anderer wertschöpfender Aktivitäten.

Die Analyse der Wertschöpfungskette zwingt das Unternehmen, prozessorientiert zu denken und ihre besondere Aufmerksamkeit auf die Aktivitäten zu richten, die für die Entstehung der Kosten verantwortlich sind.

Verfügbarkeitsprüfung

Automatische Aussagen über Liefertermine sind in ERP-Systemen nur für Produkte möglich, die lagerhaltig geführt werden (make-to-stock). Die Angaben über Liefertermine basieren auf einer Verfügbarkeitsprüfung (ATP-Available-to-Promise). Die Verfügbarkeitsprüfung nach ATP-Logik lässt eine **dynamische Bestandsprüfung** zu, die zukünftige Lagerabgänge und -zugänge berücksichtigt.

Über die **Prüfregel** bestimmt der Anwender, welche **Bestände** bei der Verfügbarkeitsprüfung berücksichtigt werden sollen. Hinsichtlich der **Lagerzugangselemente** legt der Anwender fest,

* ob feste Bestellungen oder auch Bestellanforderungen (die im Rahmen der rollierenden Planung nochmals geändert werden können) zu ihrem geplanten Anlieferungstermin berücksichtigt werden sollen,

* ob freigegebene Fertigungsaufträge oder auch Planaufträge (die ebenfalls einer rollierenden Planung unterliegen) zu ihrem spätesten Endtermin einbezogen werden sollen.

Wenn die Berechnung der ATP-Menge auch Bestellanforderungen und Planaufträge einbezieht, besteht ein Unsicherheitsfaktor, ob ein geplanter Lagerzugang auch zur vereinbarten Zeit erfolgt. Nur wenn die Vorgaben der Grobplanung verlässlich sind, die daraus resultierenden Bestellungen pünktlich eintreffen und die Fertigung termingerecht produzieren kann, ist auch auf die Liefertermin bestimmung durch Available-To-Promise Verlass.

Hinsichtlich der **Lagerabgangselemente** besteht die Möglichkeit, für Angebote eine Reservierung vorzunehmen.

Verhandlung vorbreiten
* Informationen über den Lieferanten einholen (z. B. aktuelles Liefervolumen, Anteil am gesamten Einkaufsvolumen, Erweiterungspotenzial der Zusammenarbeit – Absatzprogramm des Lieferanten, Informationen über den Verhandlungspartner – Kompetenzen, Ausbildung).

* Informationen über das /die Beschaffungsobjekte einholen (z. B. Bedarfsmerkmale wie Dringlichkeit, Regelmäßigkeit, Anfälligkeit gegenüber Qualitätsschwankungen, Preissteigerungen, Versorgungsstörungen, Bedeutung gemäß ABC-Analyse, Substituierbar-

keit des Materials und des Anbieters, Komponenten und Kostenstruktur anhand einer Preisstrukturanalyse), relative Verhandlungsstärke bestimmen.

- Verhandlungsziele festlegen (hinsichtlich Menge, Qualität, Preis, Lieferzeit, Gewährleistungs- und Schadensersatzrelevante Vertragsbedingungen, Pönale, Lieferverpflichtung); bei ausgeglichener Marktmacht: faire Aufteilung der Kostensteigerungen und -senkungen, gegenüber starken Lieferanten: Preissteigerung maximal entsprechend der Kostensteigerung, gegenüber schwachen Lieferanten: Abwehr einer Preissteigerung.

- mögliche Argumente des Verhandlungspartners zusammenstellen (z. B. Kapazitätsengpass, Tarifabschluss, häufige technische Änderungen, Abweichungen vom forecast, Bedarfsrückgang, Kostensteigerungen beim Vormaterial) und mögliche eigene Argumente gegenüberstellen (z. B. Referenzpotenzial, Ausweitung der Zusammenarbeit möglich, attraktive Wettbewerber, Kostensenkungen in der Vergangenheit ohne Preisanpassung, Kostenstruktur – geringe Bedeutung der Personal- oder Materialkosten, Gegengeschäfte), Argumente nach Bedeutung mit Punkten bewerten.

- Verhandlungsstrategie festlegen (z. B. Interesse an der Zusammenarbeit zeigen, jedoch auf Probleme der Preissteigerung für Kosten und Preispolitik auf den eigenen Absatzmärkten hinweisen, Ergebnisse der Preisstrukturanalyse vorlegen, Anreize – Festpreise, Abnahmeverpflichtung, gemeinsame Entwicklung – bieten, mit Abbruch der Lieferbeziehung drohen).

- Teilnehmerkreis und Verhandlungstaktik festlegen (Verhandlungsteam, Dramaturgie der Argumente festlegen z. B. Methode 3-4-1-6-2-5 schafft mehrere Höhepunkte, das wichtigste Argument mit 6 Punkten wird nicht zuerst behandelt, dem Verhandlungspartner bei wenig wichtigen Argumenten mit geringen Punkten Verhandlungserfolge zugestehen).

Strache, H.: Einkaufsverhandlungen souverän führen – Gewinn aushandeln. Wiesbaden 1993

Hirschsteiner, G.: Einkaufsverhandlungen. München Wien 2002

Vertragsarten im Einkauf
- Im BGB werden zunächst der **Kaufvertrag** und der **Werklieferungsvertrag** unterschieden. Gegenstand eines Kaufvertrags ist die Lieferung und Übereignung einer im Regelfall bei Vertragsabschluss bereits vorhandenen Sache (Bsp. Beschaffung von Elektronikteilen bei einem Händler). Ein Werklieferungsvertrag liegt vor, wenn sich der Lieferant verpflichtet, ein Produkt aus einem von ihm beschafften Material herzustellen. Diese Vertragsarten unterscheiden sich jedoch bezüglich der Gewährleistungs- und Schadensersatzansprüche **nicht**, wenn eine „vertretbare Sache" (in der Sprache der Einkäufer ein Serien- oder Massenprodukt, das den Charakter eines commodity hat) bezogen wird. Im neuen Schuldrecht (gilt seit 2002) ist ausdrücklich geregelt (&651 BGB), dass die Vorschriften über den Kauf Anwendung finden. Bei nicht vertretbaren Sachen (kundenspezifische Anpassungen, Zeichnungsteile) sind zusätzliche Regelungen zu beachten, die Rücktrittsmöglichkeiten (nach Kaufvertragsrecht nur, wenn die Sache mangelhaft ist, bei Verzug und Unmöglichkeit, bei Werklieferungsvertrag über nicht vertretbare Sachen ist eine Kündigung bis zur Vollendung des Werkes möglich), die Mitwirkung und Verantwortlichkeit des Bestellers (§§ 642ff) betreffen.

Beim Vertragstyp **Werkvertrag** muss das Produkt im Gegensatz zum Kauf hergestellt oder verändert werden. Der Werkvertrag zeichnet sich im Gegensatz zum **Dienstvertrag** dadurch aus, dass der Lieferant einen **Erfolg** schuldet (Bsp. Reparatur). Der Gesetzgeber hat eine **Abnahme** des Werkes durch den Besteller vorgesehen, mit der der Besteller die Leistung als im Wesentlichen vertragsgemäß anerkennt (§ 640). Unter Werkvertragsrecht fallen Leistungen an **unbeweglichen Gegenständen** (z. B. Erstellung eines Gebäudes). Beim Vertragstyp **Dienstvertrag** sind **Gewährleistungsansprüche** ausgeschlossen. Die Vergütung wird auch dann geschuldet, wenn der mit dem Abschluss des Dienstvertrags angestrebte Zweck nicht erreicht wird (Rechtsanwalt verliert Prozess).

Die in der Praxis geschlossenen Verträge lassen sich nicht immer eindeutig einem Vertragstyp zuordnen. Die Vertragsfreiheit des deutschen Rechts erlaubt es, von dem normierten Vertragstyp abzuweichen.

- Die Unterscheidung von **Rahmenvertrag** und **Einzelvertrag** bezieht sich auf die Vertragslaufzeit. Rahmenverträge sind die Grundlage für eine auf Dauer angelegte Geschäftsverbindung und regeln die für alle zukünftigen Abrufbestellungen gültigen Bedingungen. Sie können befristet und unbefristet sein und können eine Gesamtabnahmemenge oder -umsatz enthalten. Der **Sukzessivlieferungsvertrag** ist im Gesetz nicht geregelt. In der Praxis wird darunter teilweise ein Vertrag verstanden, der von vornherein Liefertermine und -menge in einer Periode vereinbart.

- **Individuelle tLAB** und **Allgemeine Einkaufsbedingungen** unterscheiden sich durch die Spezifizität der Vereinbarungen: Individuelle tLAB enthalten produktspezifische Regelungen wie die Verpackung und die Prüfschärfe, die Allgemeinen Einkaufsbedingungen regeln Lieferungs- und Zahlungsbedingungen, Gewährleistungsansprüche, die für alle Lieferanten und Produkte gelten sollen (soweit keine individuellen Vereinbarungen getroffen werden).

- Weitere Vertragstypen haben sich in der Praxis durch spezielle Vertragsinhalte herausgebildet. Beispiele sind der **Konsignationslagervertrag**, Fremdbevorratungsvertrag und Geschäftsbesorgungsvertrag. Beim **Fremdbevorratungsvertrag** unterhält der Lieferant einen vereinbarten Mindestbestand an Produkten, um den Kunden bei Abruf sofort beliefern zu können. Der Konsignationslagervertrag sieht vor, dass das Material beim Kunden lagert und nicht sofort nach der Lieferung bezahlt werden muss, sondern nach der Entnahme aus dem Lager. **Geschäftsbesorgungsverträge** werden mit Dienstleistern geschlossen, die für den Auftraggeber einmalig oder regelmäßig anfallende Aufgaben übernehmen. Beispiele sind die Einkaufsagentur, der logistische Dienstleister, der die Distributionslogistik eines Unternehmens übernimmt. Juristisch wird Dienst- und Werkvertragsrecht angewendet.

Melzer-Ridinger 2004 S. 90ff, Steckler, B., Pepels, W.: Handbuch für Rechtsfragen im Unternehmen. Band II Einkaufsrecht. Berlin 2002 Kap. 2

Wertanalyse

Im Gegensatz zur Preisverhandlung, bei der die Gewinnspanne des Lieferanten im Vordergrund steht, werden bei der Wertanalyse Kostensenkungspotenziale gesucht, indem das Produkt und seine wichtigsten kostenbestimmenden Komponenten in Frage gestellt werden. Ziel der Wertanalyse ist die Optimierung des Verhältnisses von Kosten zu Nutzen, wobei der Nutzen die Funktion eines Produktes oder Bauteils ist. Grundprinzip der Wertanalyse ist die Suche nach alternativen technischen Lösungen oder Werkstoffen, die eine bestimmte Funktion (bei Packmitteln z. B. Schutz der Umwelt vor einem Gefahrgut) zu geringeren Kosten erfüllen können. Vorgehensweise und Arbeitsschritte sind in einer DIN Norm geregelt. Ein wesentliches Element der Wertanalyse ist auch die Teamarbeit, es werden Entwicklungs-, Fertigungs-, Einkaufs- und Vertriebsspezialisten, eventuell auch des Lieferanten einbezogen.

Yard-Management

Das Yard-Management hat die Aufgabe, ankommende und abgehende Transporte zu koordinieren. Es leitet eingehende LKWs zu Toren und Entladerampen und plant die Entladungsreihenfolge, um die Wartezeiten der LKWs zu minimieren und die Kapazitäten des Warenein- und -ausgangs optimal zu nutzen. Das Yard-Management wird durch eine Funktion YM des mySAP SCM unterstützt.

Index

www.ingramcontent.com/pod-product-compliance
Lightning Source LLC
Chambersburg PA
CBHW061805210326
41599CB00034B/6890